해커스 오픽 매뉴얼

200% 활용법

온라인 실전모의고사 이용 방법

해커스인강(HackersIngang.com) 접속 ▶ 페이지 상단의 **[토스/오픽]** 클릭 ▶
상단의 **[MP3/자료 → 오픽 → 실전모의고사 프로그램]** 클릭 ▶ 본 교재의 **[실전모의고사 프로그램]** 이용하기

랜덤 모의고사 이용 방법

해커스인강(HackersIngang.com) 접속 ▶ 페이지 상단의 **[토스/오픽]** 클릭 ▶
상단의 **[MP3/자료 → 오픽 → 랜덤 모의고사]** 클릭 ▶ 본 교재의 **[랜덤 모의고사]** 이용하기

교재 MP3 이용 방법

해커스인강(HackersIngang.com) 접속 ▶
페이지 상단의 **[토스/오픽]** 클릭 ▶
상단의 **[MP3/자료 → 오픽 → 문제풀이 MP3]** 클릭하여 이용하기

* QR 코드로 교재 MP3 바로 가기

해커스인강 단과/종합 인강 20% 할인쿠폰

7EE2-D32C-FBD5-ABGJ * 쿠폰 등록 후 30일간 사용 가능

[이용방법]
해커스인강(HackersIngang.com) 사이트 접속 후 로그인 ▶
우측의 **[마이클래스 → 쿠폰]** 클릭 ▶ **[쿠폰/수강권 인증하기]**에 쿠폰번호 등록 후
강의 결제 시 사용 가능

* 본 쿠폰은 1회에 한해 등록 가능합니다.
* 쿠폰과 관련된 문의는 해커스 고객센터(02-537-5000)로 연락 바랍니다.

▲ 쿠폰 바로 사용하기

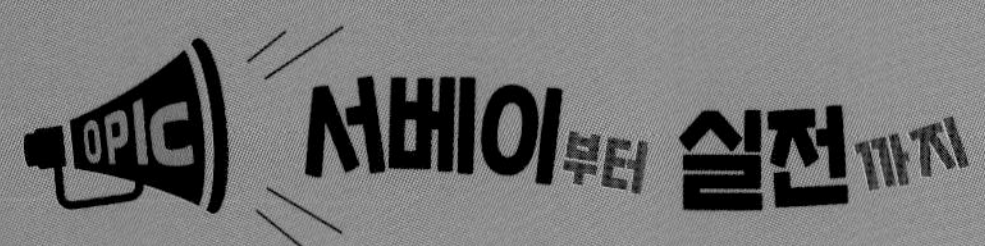

해커스 오픽 매뉴얼이 특별한 이유!

그대로 따라 하기만 하면 되니까!

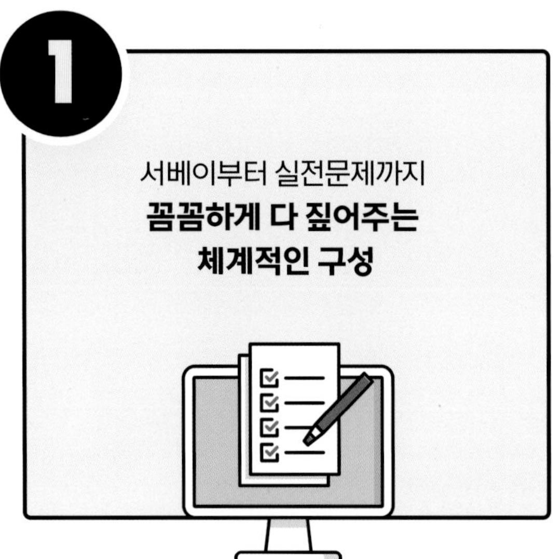

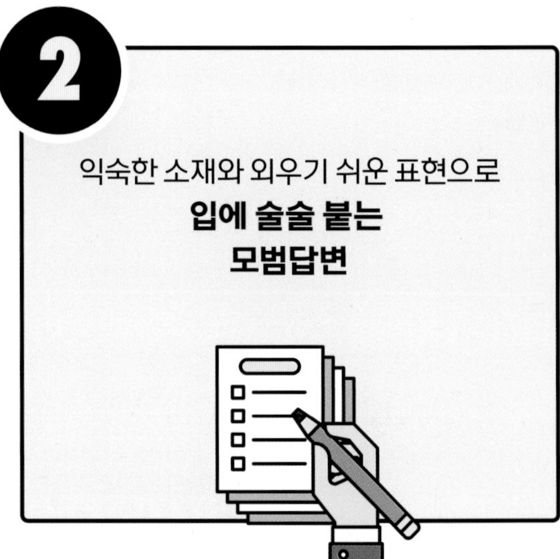

시험에 꼭 나오는 내용만 콕 짚어 알려주니까!

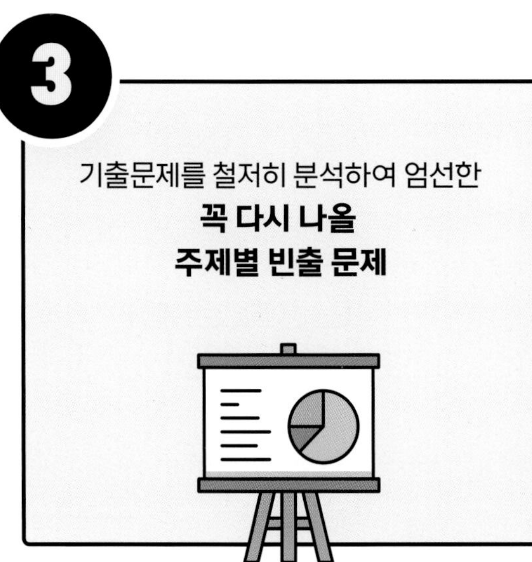

3

기출문제를 철저히 분석하여 엄선한

꼭 다시 나올
주제별 빈출 문제

4

실제 시험과 같은 화면과 구성으로

실전 감각을 키워주는
실전모의고사

따라만 하면 다 되는 **OPIc 단기 공략서**

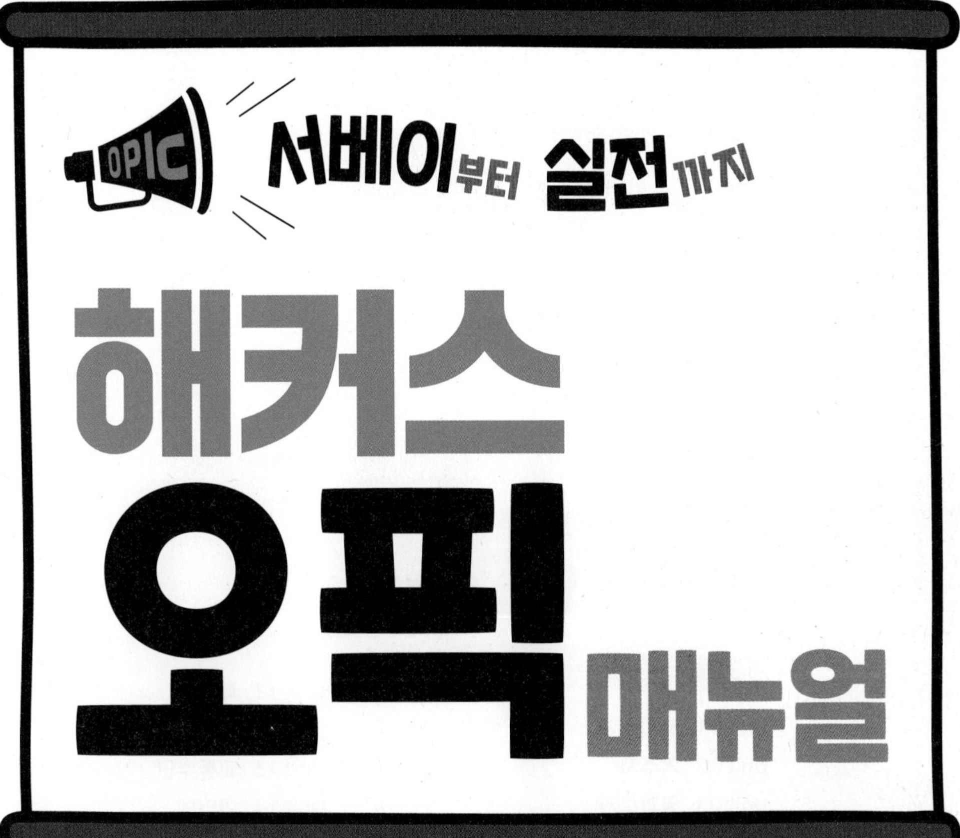

해커스 어학연구소

3단계

학습한 문제를 실제 화면으로 연습하는

OPIc 실전모의고사

온라인 실전모의고사 프로그램

1. 교재 내 QR 코드 스캔
실전모의고사 (p.240~289) 페이지 내의 '실제 화면으로 풀어보기' QR 코드를 스캔 후 이용하기

2. 해커스인강 사이트
해커스인강 (HackersIngang.com) 접속 → [토스/오픽 → MP3/자료 → 오픽 → 실전모의고사 프로그램] 클릭 → 교재 인증 후 이용하기

부록

Finish

OPIc IH~AL 달성!

이 책의 **특징**과 **구성**

단계별로 그대로 따라하기만 하면 OPIc을 쉽게 준비할 수 있어요.

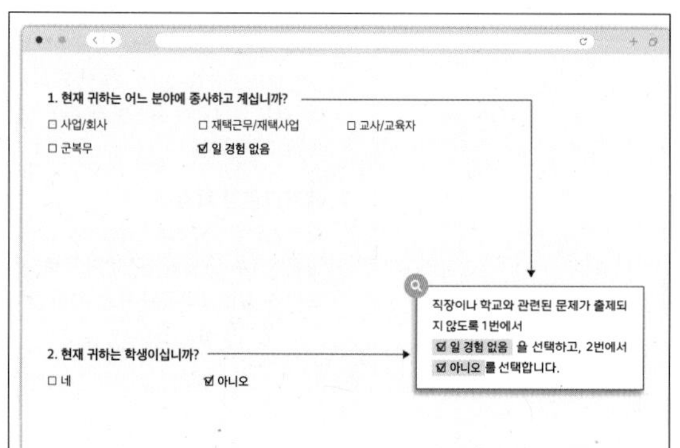

1. 현재 귀하는 어느 분야에 종사하고 계십니까?

□ 사업/회사 □ 재택근무/재택사업 □ 교사/교육자

□ 군복무 ☑ 일 경험 없음

2. 현재 귀하는 학생이십니까?

□ 네 ☑ 아니오

직장이나 학교와 관련된 문제가 출제되지 않도록 1번에서 ☑ 일 경험 없음 을 선택하고, 2번에서 ☑ 아니오 를 선택합니다.

1단계. 해커스가 골라주는

OPIc 서베이 & 난이도

오픽 목표 등급을 가장 쉽고 빠르게 달성할 수 있는 서베이 항목과 난이도를 알려드립니다. 해커스가 골라준 대로만 선택하면 내가 준비해야 할 문제 수가 대폭 줄고 전략적으로 시험을 대비할 수 있습니다.

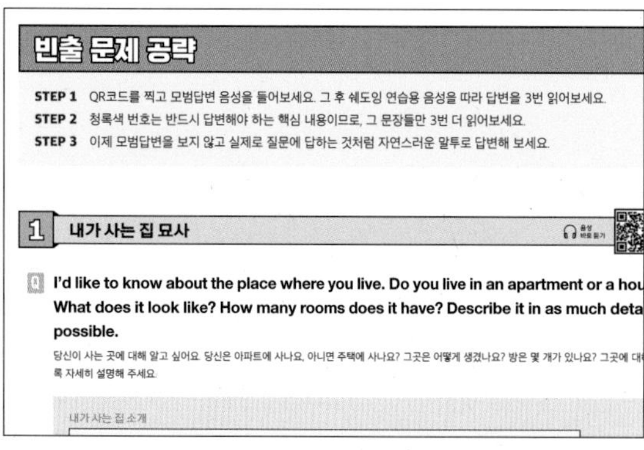

빈출 문제 공략

STEP 1 QR코드를 찍고 모범답변 음성을 들어보세요. 그 후 쉐도잉 연습용 음성을 따라 답변을 3번 읽어보세요.

STEP 2 청록색 번호는 반드시 답변해야 하는 핵심 내용이므로, 그 문장들만 3번 더 읽어보세요.

STEP 3 이제 모범답변을 보지 않고 실제로 질문에 답하는 것처럼 자연스러운 말투로 답변해 보세요.

1 내가 사는 집 묘사

Q **I'd like to know about the place where you live. Do you live in an apartment or a hou What does it look like? How many rooms does it have? Describe it in as much deta possible.**

당신이 사는 곳에 대해 알고 싶어요. 당신은 아파트에 사나요, 아니면 주택에 사나요? 그곳은 어떻게 생겼나요? 방은 몇 개가 있나요? 그곳에 대 록 자세히 설명해 주세요.

내가 사는 집 소개

2단계. 설정한 서베이 & 난이도에 따라

나한테 나올 OPIc 문제들

1단계에서 해커스가 골라주는 서베이와 난이도를 선택했을 때 시험에 출제될 수 있는 모든 설문 주제 문제와 최근 가장 자주 등장하는 돌발 주제 및 롤플레이 주제 문제들을 학습하여 시험에 철저하게 대비할 수 있습니다.

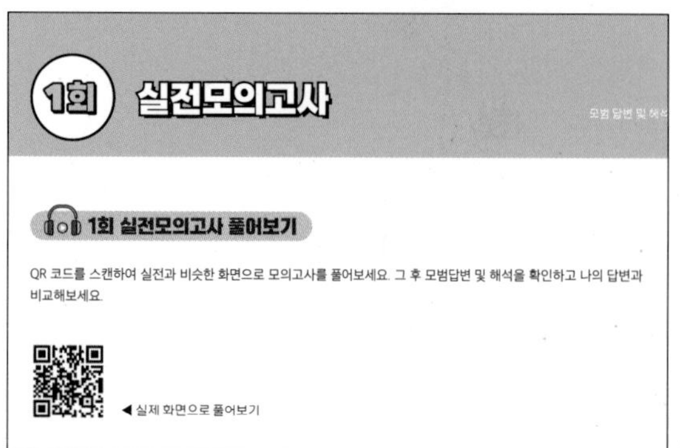

1회 실전모의고사

1회 실전모의고사 풀어보기

QR 코드를 스캔하여 실전과 비슷한 화면으로 모의고사를 풀어보세요. 그 후 모범답변 및 해석을 확인하고 나의 답변과 비교해보세요.

◀ 실제 화면으로 풀어보기

3단계. 실전처럼 연습하는

OPIc 실전모의고사

2단계에서 각 주제별 빈출 문제를 모두 학습한 후, 3단계에서는 실전모의고사 6회분과 QR 랜덤 모의고사로 실전에 철저하게 대비할 수 있습니다. 실제 오픽 시험과 동일한 화면으로 문제를 풀어 보면 실전 감각을 극대화할 수 있습니다.

쉽게 외워지는 답변으로 빠르게 목표 등급을 달성할 수 있어요.

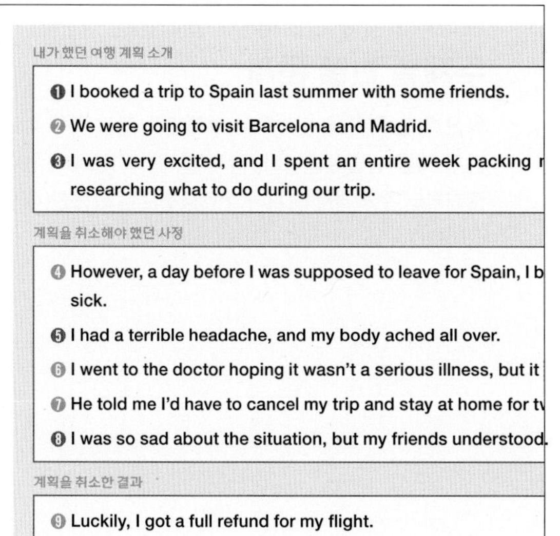

내가 했던 여행 계획 소개

❶ I booked a trip to Spain last summer with some friends.
❷ We were going to visit Barcelona and Madrid.
❸ I was very excited, and I spent an entire week packing r
researching what to do during our trip.

계획을 취소해야 했던 사정

❹ However, a day before I was supposed to leave for Spain, I b
sick.
❺ I had a terrible headache, and my body ached all over.
❻ I went to the doctor hoping it wasn't a serious illness, but it
❼ He told me I'd have to cancel my trip and stay at home for tv
❽ I was so sad about the situation, but my friends understood.

계획을 취소한 결과

❾ Luckily, I got a full refund for my flight.

입에 착 붙어 술술 나오는

모범 답변

한국인에게나 익숙한 소재와 원어민들이 일상에서 자주 쓰는 쉽고 간단한 표현을 사용한 모범 답변으로 한결 쉽게 학습하고 암기할 수 있습니다. 모범 답변 MP3 음성을 듣고, 쉐도잉 연습용 음성을 따라 여러 번 반복하면 확실하게 내 답변으로 만들 수 있습니다.

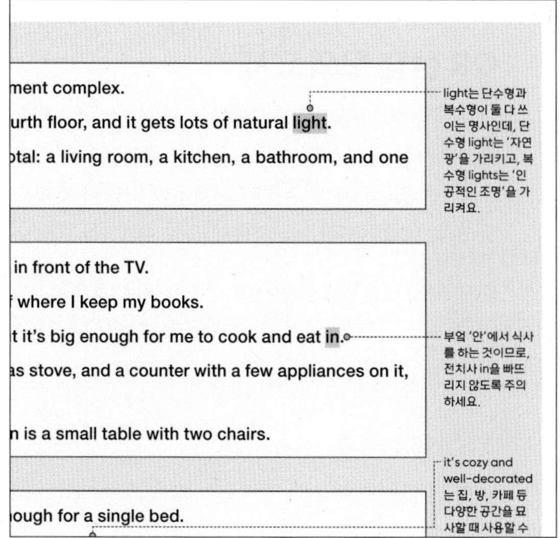

ment complex.
urth floor, and it gets lots of natural light.
otal: a living room, a kitchen, a bathroom, and one

light는 단수형과 복수형이 둘 다 쓰이는 명사인데, 단수형 light는 '자연광'을 가리키고, 복수형 lights는 '인공적인 조명'을 가리켜요.

in front of the TV.
where I keep my books.
t it's big enough for me to cook and eat in.
s stove, and a counter with a few appliances on it,

n is a small table with two chairs.

부엌 '안'에서 식사를 하는 것이므로, 전치사 in을 빠뜨리지 않도록 주의하세요.

ough for a single bed.

it's cozy and well-decorated는 집, 방, 카페 등 다양한 공간을 묘사할 때 사용할 수

과외선생님이 알려주는 것 같은

모범 답변 꿀팁

주의해야 하는 발음, 말할 때 빠뜨리기 쉬운 단어, 다른 문제에도 통하는 만능표현 등 답변을 말할 때 알아두면 유용한 설명을 제공하여 밀착 코칭을 받고 있는 듯한 학습 효과를 느낄 수 있습니다.

시험에 꼭 다시 나올 문제만 효율적으로 학습할 수 있어요.

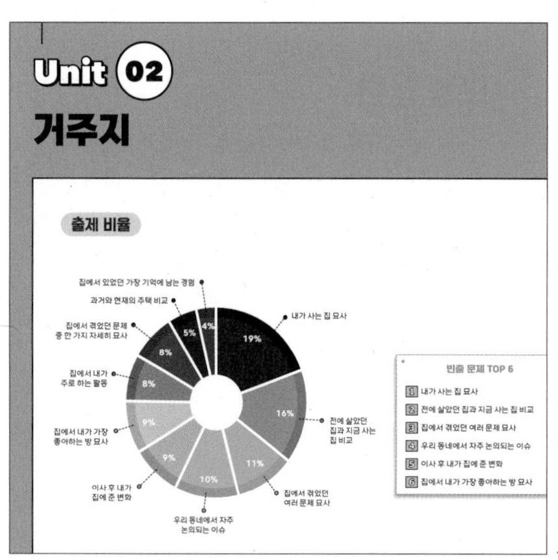

최신 기출 경향을 분석하여 엄선한

주제별 빈출 문제

최신 기출 경향을 분석하여 주제별로 가장 자주 나오는 문제를 선별했습니다. 다시 출제될 가능성이 높은 문제부터 순서대로 배치하여 효율적으로 학습할 수 있습니다.

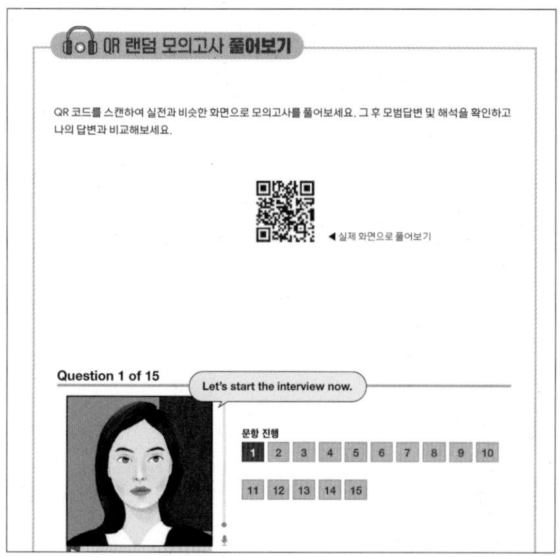

실전 느낌을 100% 살려서 빈틈없이 대비하는

QR 랜덤 모의고사

교재에 수록된 문제들이 랜덤으로 출제되는 QR 랜덤 모의고사를 풀어보며 실전과 동일한 환경에서 연습할 수 있습니다. 교재에 수록된 문제들을 다양한 조합으로 반복해 풀어보며 실전처럼 연습할 수 있습니다.

바로 써먹을 수 있는 표현으로 등급을 업그레이드 할 수 있어요.

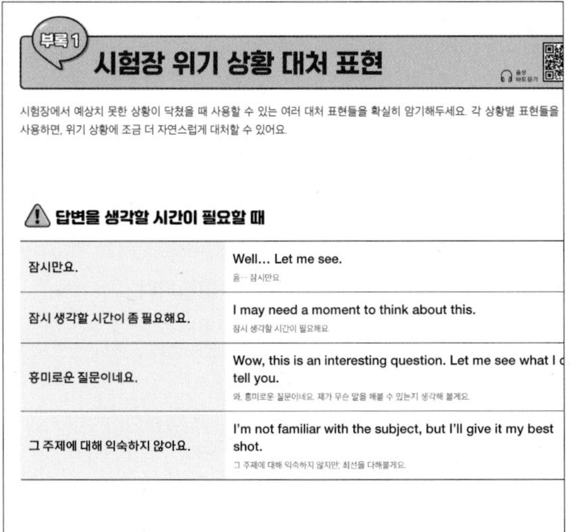

어떤 상황에도 당황하지 않고 대처하는

시험장 위기 상황 대처 표현

답변할 말이 바로 생각나지 않거나, 영어 표현이 갑자기 떠오르지 않는 등 머릿속이 하얘지는 위기 상황에 당황하지 않고 유연하게 대처할 수 있는 다양한 표현을 학습할 수 있습니다.

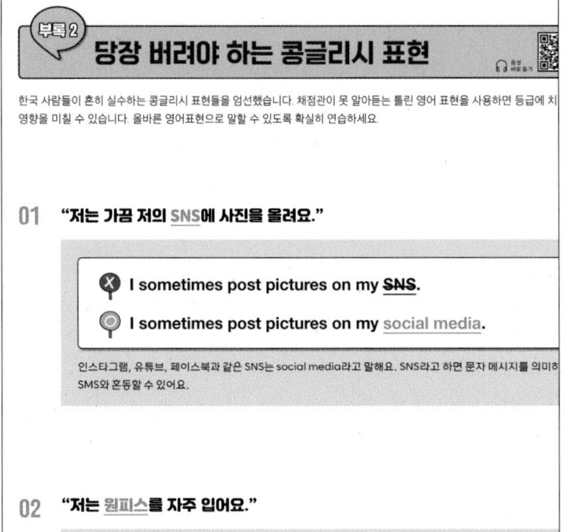

오픽 등급 절대 사수하기 위해

당장 버려야 하는 콩글리시 표현

한국인들이 흔히 사용하는 콩글리시 표현들을 올바른 영어 표현과 함께 제공합니다. 평소 자신의 말하기 습관을 점검하고 정확한 표현을 사용하여 감점 요소를 줄이고 목표 등급을 달성하는 데 한 걸음 더 가까워질 수 있습니다.

OPIc 알아보기

OPIc이란?

OPIc(Oral Proficiency Interview-computer)은 컴퓨터를 통해 진행되는 영어 말하기 시험입니다. 이 시험은 단순하게 문법이나 어휘, 영어 표현을 얼마나 많이 알고 있는지를 측정하는 것이 아니라 실제 생활에서 얼마나 효과적이고 적절하게 영어를 말할 수 있는지를 총체적으로 평가하는 언어 활용 능력 측정 시험입니다.

시험 시간	**총 60분** *Orientation 20분 + 본 시험 40분
문항 수	**12 또는 15문항** *Self Assessment에서 선택한 난이도에 따라, 12문제 또는 15문제가 출제됩니다. (난이도 1~2단계: 12문제, 난이도 3~6단계: 15문제)
답변 시간	**본 시험이 진행되는 40분 내에 모든 문제를 답해야 하며, 문제별 제한 시간은 없습니다.** *한 문제에 대한 권장 답변 시간은 약 2분이지만, 더 짧거나 길게 대답해도 됩니다.
시험특징	• **개인 맞춤형 평가** 시험 전 Background Survey(서베이)에서 각 응시자가 원하는 주제를 선택할 수 있습니다. 또한 자신의 말하기 수준에 맞는 난이도를 선택할 수 있습니다. • **수험자 친화형 시험** 실제 인터뷰와 유사한 형태의 시험으로, 실제 인터뷰 상황과 같이 질문을 못 들은 경우 질문을 한 번 더 들을 수 있습니다. • **종합적인 회화 능숙도 평가** OPIc 시험은 문항별로 수험자의 점수를 매기지 않고 시험 전반에 걸쳐 수험자의 회화 능력을 종합적으로 평가합니다. • **신속한 성적처리** 응시일로부터 5일 후 성적이 발표되어 기업 및 수험자에게 편리함을 제공합니다.
평가영역	• Global Tasks/Functions (과제 및 기능 수행) • Context/Content (문맥 및 내용) • Accuracy/Comprehensibility (정확성 및 의사전달 능력) • Text Type (문장 구성 능력)

 OPIc 시험 접수 및 성적 확인

- OPIc 시험은 공식 웹사이트(www.opic.or.kr)에서만 접수 가능합니다.
- 시험 접수 시 추가 금액을 지불하고 OPIc 세부 진단서를 신청할 경우, 개선이 필요한 언어 항목에 대한 진단표와 평가자 코멘트를 추가로 제공받을 수 있습니다.
- OPIc 성적은 응시일로부터 5일 후에 발표되며, 온라인으로만 확인 가능합니다.

 OPIc 등급 체계

OPIc 시험은 총 7개의 등급으로 되어 있으며, 지원하는 부서와 직무에 따라 상이하지만 IH 등급 이상을 요구하는 기업이 늘어나고 있는 추세입니다.

등급	등급별 요약 설명
AL (Advanced Low)	사건을 서술할 때 동사 시제를 일관적으로 관리하고, 사람과 사물을 묘사할 때 다양한 형용사를 사용한다. 적절한 위치에서 접속사를 사용하기 때문에 문장 간의 결속력도 높고, 문단의 구조를 능숙하게 구성할 수 있다. 익숙하지 않은 복잡한 상황에서도 문제를 설명하고 해결할 수 있는 수준의 능숙도이다.
IH (Intermediate High)	개인에게 익숙하지 않거나 예측하지 못한 복잡한 상황을 만날 때, 대부분의 상황에서 사건을 설명하고 문제를 효과적으로 해결하곤 한다. 발화량이 많고, 다양한 어휘를 사용한다.
IM (Intermediate Mid)	일상적인 소재뿐만 아니라 개인적으로 익숙한 상황에서는 문장을 나열하며 자연스럽게 말할 수 있다. 다양한 문장 형식이나 어휘를 실험적으로 사용하려고 하며, 상대방이 조금만 배려해주면 오랜 시간 대화가 가능하다.
IL (Intermediate Low)	일상적인 소재에서는 문장으로 말할 수 있다. 대화에 참여하고 선호하는 소재에서는 자신감을 가지고 말할 수 있다.
NH (Novice High)	일상적인 대부분의 소재에 대해서 문장으로 말할 수 있다. 개인 정보에 대해 질문을 하고 응답을 할 수 있다.
NM (Novice Mid)	이미 암기한 단어나 문장으로 말하기를 할 수 있다.
NL (Novice Low)	제한적인 수준이지만 영어 단어를 나열하며 말할 수 있다.

*IM(Intermediate Mid)의 경우 IM 1 < IM 2 < IM 3로 세분화하여 제공합니다.

OPIc 진행 순서

오리엔테이션 (약 20분)

| Background Survey (서베이)

Background Survey

- 이 Background Survey 응답을 기초로 개인 맞춤형 문항이 출제가 됩니다. 질문을 자세히 읽고 답변해 주시기 바랍니다.

1. 현재 귀하는 어느 분야에 종사하고 계십니까?
   - ◉ 사업/회사
   - ○ 가사
   - ○ 교사/교육자
   - ○ 군복무
   - ○ 일 경험 없음

   1.1 현재 귀하는 직업이 있으십니까?
   - ○ 네
   - ○ 아니오

2. 현재 귀하는 학생이십니까?
   - ○ 네
   - ○ 아니오

3. 현재 귀하는 어디에 살고 계십니까?

본인의 신분 및 관심 분야 선택

- 직업(학생, 직장인 등), 거주지, 여가 활동, 취미나 관심사, 운동, 휴가나 출장 등의 파트별로 해당하는 항목(주제)을 선택합니다.
- 여기에서 선택한 항목(주제)에 대한 문제가 시험에 출제됩니다.

TIP 자신이 선택할 항목을 미리 정하여 이 항목들을 중심으로 시험을 준비하는 것이 효과적입니다. 가장 효율적으로 시험을 준비할 수 있는 서베이 항목을 p. 18에서 확인하세요.

| Self Assessment (난이도)

Self Assessment

- 본 Self Assessment에 대한 응답을 기초로 개인 맞춤형 문항이 출제가 됩니다. 아래 여섯 단계의 샘플 답변을 들어보시고, 본인의 실력과 비슷한 수준을 선택하시기 바랍니다.

- ◉ 나는 10단어 이하의 단어로 말할 수 있습니다.
- ○ 나는 기본적인 물건, 색깔, 요일, 음식, 의류, 숫자 등을 말할수 있습니다. 나는 항상 완벽한 문장을 구사하지 못하고 간단한 질문도 하기 어렵습니다.
- ○ 나는 나 자신, 직장, 친한사람과 장소, 일상에 대한 기본적인 정보를 간단한 문장으로 전달할 수 있습니다. 간단한 질문을 할수 있습니다.
- ○ 나는 나자신, 일상, 일/학교와 취미에 대해 간단한 대화를 할수 있습니다. 나는 이 친근한 주제와 일상에 대해 쉽게 간단한 문장들을 만들 수 있습니다. 나는 또한 내가 원하는 질문도 할 수 있습니다.
- ○ 나는 친근한 주제와 가정, 일, 학교, 개인과 사회적 관심사에 대해 자신있게 대화할수 있습니다. 나는 일어난 일과 일어나고 있는 일, 일어날 일에 대해 합리적으로 자신있게 말할 수 있습니다. 필요한 경우 설명도 할수 있습니다. 일상 생활에서 예기치 못한 상황이 발생하더라도 임기응변으로 대처할 수 있습니다.
- ○ 나는 개인적, 사회적 또는 전문적 주제에 나의 의견을 제시하여 토론할 수 있습니다. 나는 다양하고 어려운 주제에 대해 정확하고 다양한 어휘를 사용하여 자세히 설명할 수 있습니다.

시험의 난이도 선택

- 본인의 말하기 능력과 비슷한 수준(난이도)을 선택하는 단계입니다. 샘플 오디오와 설명을 참고하여 선택한 난이도에 따라 오픽 시험의 난이도가 결정됩니다.
- Self Assessment 시험 화면에서 맨 위의 항목부터 차례대로 1~6 단계로, 6단계가 가장 어려운 난이도입니다.

TIP 시험을 보러 가기 전에 자신이 선택할 난이도를 미리 정해둡니다. 목표 등급 달성에 최적화된 난이도 선택 전략을 p.22에서 확인하세요.

Pre-Test Setup

1. PLAY 버튼(▶)을 클릭하여 질문을 청취합니다.

기기 점검

- 헤드폰에서 문제 음성이 잘 들리는지, 마이크를 통해 녹음이 제대로 이루어지는지 등, 시험에 필요한 기기들의 기능이 정상적으로 작동하는지 확인합니다.
- 제대로 작동하지 않는 기기가 있는 경우 손을 들어 감독관에게 해당 내용을 알리고 기기를 교체하거나 다른 컴퓨터를 배정받도록 합니다.

Sample Question

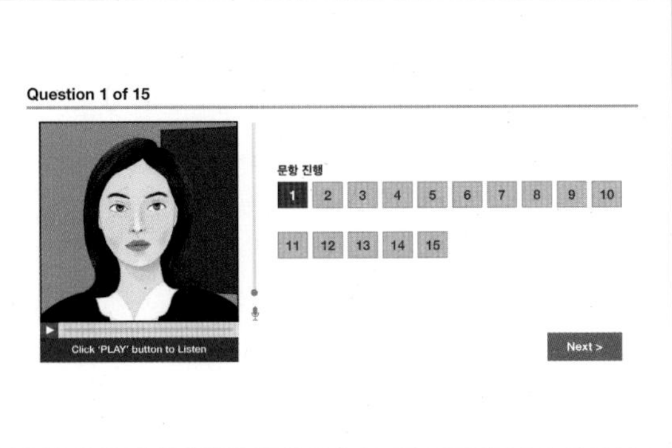

문제를 듣고 답변하는 방법 안내

- 화면 구성, 문제 청취 방법, 답변 방법이 안내됩니다.
- 실전에 들어가기 전에 샘플 문제에 대한 짧은 답변을 해보며 워밍업을 할 수 있습니다.
- 샘플 문제에 대한 답변은 시험 성적에 영향을 주지 않습니다.

OPIc 진행 순서

본 시험 (약 40분)

1st Session

1

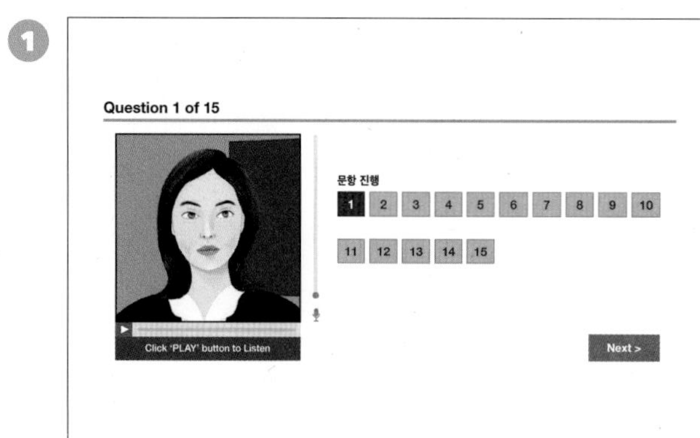

첫 번째 세션 (1~7번 문제)

- 7문제가 출제됩니다.
- 별도의 답변 준비 시간 없이 질문 청취가 끝나면 바로 답변 시간이 시작됩니다.
- 한 문제당 답변 제한 시간이 없으므로 총 40분의 시험시간 내에 각 문제의 답변시간을 스스로 조절하면 됩니다.

TIP 문제가 나온 후 5초 이내에 Replay 버튼을 누르면 문제를 한 번 더 들을 수 있습니다. 문제를 두 번 들어도 감점을 받지 않으므로 꼭 다시 들으면서 답변 준비 시간으로 활용하세요.

난이도 재조정

2

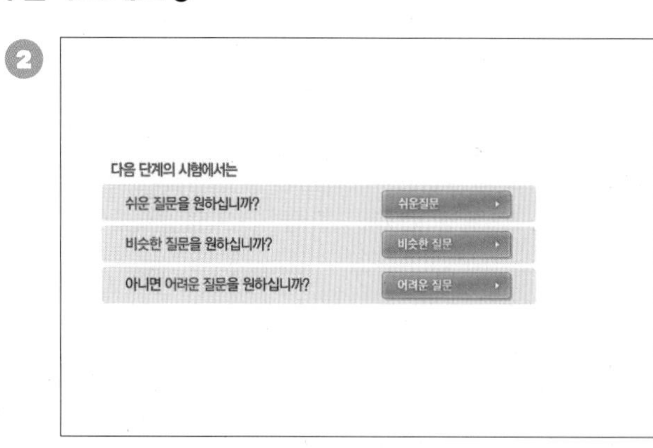

시험의 난이도 재조정

- 첫 번째 세션의 질문 난이도를 기준으로 쉬운 질문, 비슷한 질문, 어려운 질문 중 하나를 선택해 두 번째 세션의 난이도를 결정합니다.

TIP 난이도는 '비슷한 질문'으로 선택하도록 합니다.

2nd Session

3

Question 8 of 15
문항 진행
1 2 3 4 5 6 7 8 9 10
11 12 13 14 15
Click 'PLAY' button to Listen
Next >

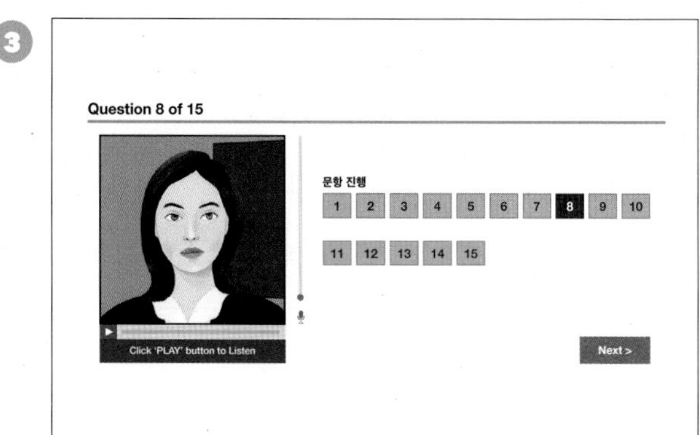

2번째 세션 (8~12/15번 문제)

- 재조정된 난이도의 문제가 출제됩니다.
- 5문제 또는 8문제가 출제됩니다.
- 시험 방식은 첫 번째 세션과 동일합니다.

OPIc 시험 화면 Sample

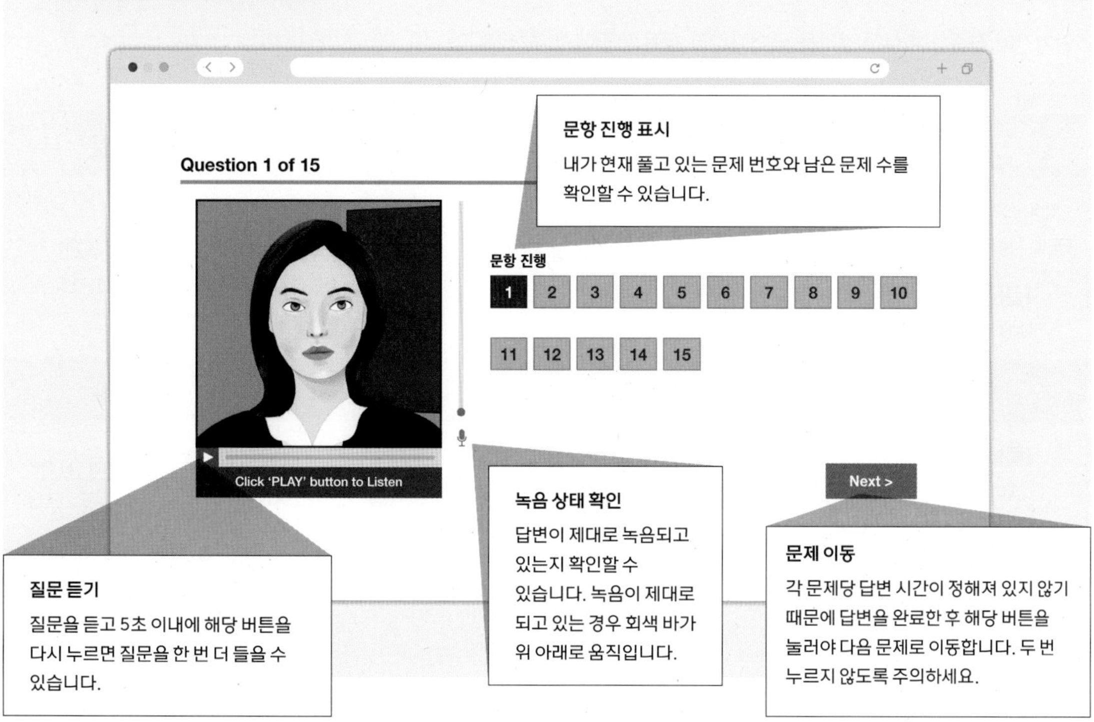

Question 1 of 15
문항 진행 표시
내가 현재 풀고 있는 문제 번호와 남은 문제 수를 확인할 수 있습니다.
문항 진행
1 2 3 4 5 6 7 8 9 10
11 12 13 14 15
Click 'PLAY' button to Listen
Next >
녹음 상태 확인
답변이 제대로 녹음되고 있는지 확인할 수 있습니다. 녹음이 제대로 되고 있는 경우 회색 바가 위 아래로 움직입니다.
질문 듣기
질문을 듣고 5초 이내에 해당 버튼을 다시 누르면 질문을 한 번 더 들을 수 있습니다.
문제 이동
각 문제당 답변 시간이 정해져 있지 않기 때문에 답변을 완료한 후 해당 버튼을 눌러야 다음 문제로 이동합니다. 두 번 누르지 않도록 주의하세요.

IH~AL 달성을 위한 학습 플랜

5일 벼락치기 학습 플랜

* 당장 빠른 시간 내에 오픽 성적이 필요하신 분들에게 추천합니다.

1일	2일	3일	4일	5일
해커스가 골라주는 OPIc 서베이 & 난이도 [설문 주제] Unit 01~08	[돌발 주제] Unit 01~07	[돌발 주제] Unit 08~16	[롤플레이 주제] Unit 01~13	[실전모의고사] 1~6회 [랜덤모의고사]

10일 단기 완성 학습 플랜

* 단기간에 집중하여 실전 감각을 극대화하고 싶은 분들에게 추천합니다.

1일	2일	3일	4일	5일
해커스가 골라주는 OPIc 서베이 & 난이도 [설문 주제] Unit 01~03	[설문 주제] Unit 04~08	[돌발 주제] Unit 01~05	[돌발 주제] Unit 06~10	[돌발 주제] Unit 11~15
6일	**7일**	**8일**	**9일**	**10일**
[돌발 주제] Unit 16 [롤플레이 주제] Unit 01~03	[롤플레이 주제] Unit 04~08	[롤플레이 주제] Unit 09~13	[실전모의고사] 1~3회	[실전모의고사] 4~6회 [랜덤모의고사]

20일 차근 차근 학습 플랜

* 차근 차근 실력을 향상하고 싶은 분들에게 추천합니다.

1일	2일	3일	4일	5일
해커스가 골라주는 OPIc 서베이 & 난이도 [설문 주제] Unit 01~02	[설문 주제] Unit 03~05	[설문 주제] Unit 06~08	[돌발 주제] Unit 01~03	[돌발 주제] Unit 04~06
6일	**7일**	**8일**	**9일**	**10일**
[돌발 주제] Unit 07~09	[돌발 주제] Unit 10~12	[돌발 주제] Unit 13~16	[롤플레이 주제] Unit 01~03	[롤플레이 주제] Unit 04~06
11일	**12일**	**13일**	**14일**	**15일**
[롤플레이 주제] Unit 07~09	[롤플레이 주제] Unit 10~13	[실전모의고사] 1회	[실전모의고사] 2회	[실전모의고사] 3회
16일	**17일**	**18일**	**19일**	**20일**
[실전모의고사] 4회	[실전모의고사] 5회	[실전모의고사] 6회	[랜덤모의고사]	[랜덤모의고사]

해커스가 골라주는

OPIc 서베이 & 난이도

01 **서베이** 이렇게 선택한다!
02 **난이도** 이렇게 선택한다!
03 **문제**는 이렇게 나온다!

설정한 서베이 & 난이도에 따라

나한테 나올 OPIc 문제들

학습한 문제를 실제 화면으로 연습하는

OPIc 실전모의고사

01 서베이 이렇게 선택한다!

서베이(Background Survey)에서 내가 선택하는 항목에 따라 오픽 시험에 출제되는 문제들이 달라집니다. 해커스가 OPIc 최신 출제 경향을 분석하여, 준비할 답변이 가장 적고 난이도도 쉬운 문제가 출제되는 최적의 서베이 항목을 골라놨으니, 시험장에서 그대로 선택하면 됩니다.

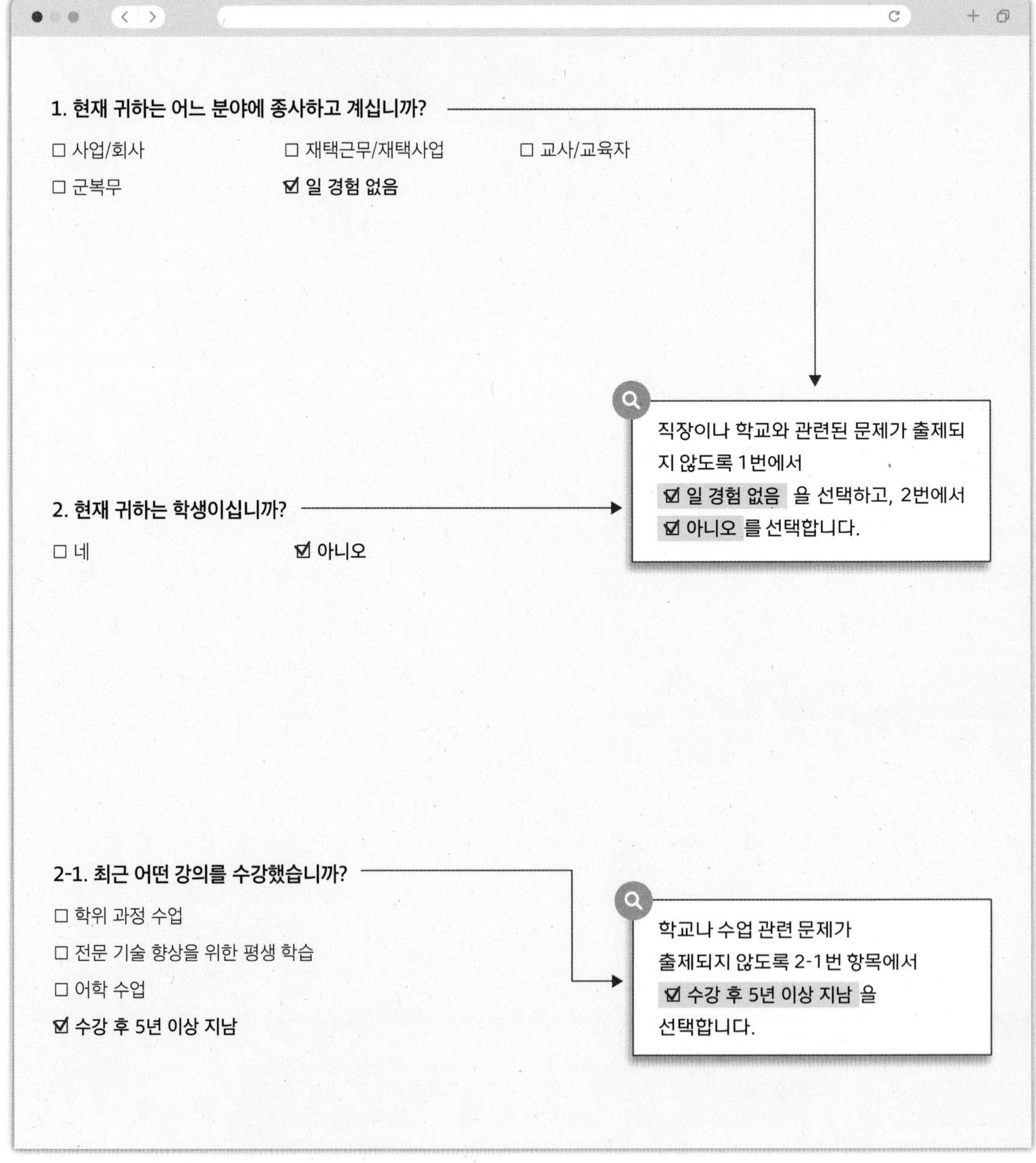

1. 현재 귀하는 어느 분야에 종사하고 계십니까?
☐ 사업/회사
☐ 재택근무/재택사업
☐ 교사/교육자
☐ 군복무
☑ 일 경험 없음
직장이나 학교와 관련된 문제가 출제되지 않도록 1번에서 ☑ 일 경험 없음 을 선택하고, 2번에서 ☑ 아니오 를 선택합니다.
2. 현재 귀하는 학생이십니까?
☐ 네
☑ 아니오
2-1. 최근 어떤 강의를 수강했습니까?
☐ 학위 과정 수업
☐ 전문 기술 향상을 위한 평생 학습
☐ 어학 수업
☑ 수강 후 5년 이상 지남
학교나 수업 관련 문제가 출제되지 않도록 2-1번 항목에서 ☑ 수강 후 5년 이상 지남 을 선택합니다.

3. 현재 귀하는 어디에 살고 계십니까?

☑ 개인주택이나 아파트에 홀로 거주

☐ 친구나 룸메이트와 함께 주택이나 아파트에 거주

☐ 가족 (배우자/자녀/기타 가족 일원)과 함께 주택이나 아파트에 거주

☐ 학교 기숙사

☐ 군대 막사

가족이나 룸메이트 관련 문제가 출제되지 않도록 3번 항목에서 ☑ 개인주택이나 아파트에 홀로 거주 를 선택합니다.

아래의 설문에서 총 12개 이상의 항목을 선택하십시오.

12개 이상의 항목을 선택할 수 있지만 해커스가 골라주는 딱 12개 항목만 선택하여 준비해야 하는 시험 범위를 최소화합니다.

4. 귀하는 여가 활동으로 주로 무엇을 하십니까? (두 개 이상 선택)

☑ **영화보기**	☑ **공원가기**	☐ 당구치기	☐ 요리 관련 프로그램 시청하기
☐ 클럽/나이트클럽 가기	☑ **해변가기**	☐ SNS에 글 올리기	☐ 차로 드라이브하기
☑ **공연보기**	☐ 캠핑하기	☐ 친구들과 문자 대화하기	☐ 스파/마시지샵 가기
☑ **콘서트보기**	☐ 주거 개선	☐ 시험대비 과정 수강하기	☐ 구직활동하기
☐ 박물관가기	☐ 술집/바에 가기	☐ 뉴스를 보거나 듣기	☐ 자원봉사하기
☐ 스포츠 관람	☐ 카페/커피전문점에 가기	☐ TV 시청하기	☐ 쇼핑하기
☐ 체스하기	☐ 게임하기	☐ 리얼리티 쇼 시청하기	

4번에서는 자신에게 해당하는 항목보다는 영어로 말하기 쉬운 항목을 선택하는 것이 유리합니다.

예) ☑ 영화보기 ☐ 체스하기

5. 귀하의 취미나 관심사는 무엇입니까? (한 개 이상 선택)

- □ 아이에게 책 읽어주기
- ☑ **음악 감상하기**
- □ 악기 연주하기
- □ 독서
- □ 혼자 노래 부르거나 합창하기
- □ 춤추기
- □ 글쓰기(편지, 단문, 시 등)
- □ 그림 그리기
- □ 요리하기
- □ 애완동물 기르기
- □ 주식투자하기
- □ 신문읽기
- □ 여행 관련 잡지나 블로그 읽기
- □ 사진 촬영하기

5번에서는 비교적 답변하기 쉬운 문제가 출제되는 ☑ 음악 감상하기 하나만 선택합니다.

6. 귀하는 주로 어떤 운동을 즐기십니까? (한 개 이상 선택)

- □ 농구
- □ 야구/소프트볼
- □ 축구
- □ 미식축구
- □ 골프
- □ 하키
- □ 크리켓
- □ 배구
- □ 테니스
- □ 배드민턴
- □ 하이킹/트레킹
- □ 낚시
- □ 탁구
- □ 수영
- □ 자전거
- □ 스키/스노우보드
- □ 아이스 스케이트
- ☑ **조깅**
- ☑ **걷기**
- □ 요가
- □ 하이킹/트레킹
- □ 낚시
- □ 헬스
- □ 태권도
- □ 운동 수업 수강하기
- ☑ **운동을 전혀 하지 않음**

6번에서는 선택해도 해당 주제의 문제가 출제되지 않는 ☑ 조깅 , ☑ 걷기 , ☑ 운동을 전혀 하지 않음 을 선택합니다.

7. 귀하는 어떤 휴가나 출장을 다녀온 경험이 있습니까? (한 개 이상 선택)

☐ 국내 출장 ☑ 국내 여행 ☑ 집에서 보내는 휴가

☐ 해외 출장 ☑ 해외 여행

7번에서는 같은 답변으로 장소만 바꿔 말할 수 있는 ☑ 국내여행 과 ☑ 해외여행 을 선택합니다.

일상적인 내용을 묻는 문제가 출제되기 때문에 비교적 답변을 준비하기 쉬운 ☑ 집에서 보내는 휴가 도 선택합니다.

02 난이도 이렇게 선택한다!

첫 번째 난이도 선택 난이도(Self-Assessment)에서 내가 선택한 말하기 수준에 따라 오픽 문제의 난이도가 설정됩니다. 총 2번 난이도를 선택해야 하는데, 해커스가 정해주는 대로 선택하면 원하는 등급을 가장 쉽고 효율적으로 달성할 수 있습니다.

○ Sampl Audio 나는 10단어 이하의 단어로 말할 수 있습니다.

○ Sampl Audio 나는 기본적인 물건, 색깔, 요일, 음식, 의류, 숫자 등을 말할 수 있습니다. 나는 항상 완벽한 문장을 구사하지는 못하고 간단한 질문도 하기 어렵습니다.

○ Sampl Audio 나는 나 자신, 직장, 친숙한 사람과 장소, 일상에 대한 기본적인 정보를 간단한 문장으로 전달할 수 있습니다. 간단한 질문을 할 수 있습니다.

○ Sampl Audio 나는 나 자신, 일상, 일/학교, 취미에 대해 간단한 대화를 할 수 있습니다. 나는 이런 친숙한 주제와 일상에 대해 일련의 간단한 문장들을 쉽게 만들어 낼 수 있습니다. 내가 필요한 것을 얻기 위한 질문도 할 수 있습니다.

☑ Sampl Audio **나는 친숙한 주제와 가정, 일/학교, 개인 및 사회적 관심사에 대해 대화할 수 있습니다. 나는 일어난 일과 일어나고 있는 일, 일어날 일에 대해 문장을 연결하여 말할 수 있습니다. 필요한 경우 설명도 할 수 있습니다. 일상생활에서 예기치 못한 상황이 발생하더라도 임기응변으로 대처할 수 있습니다.**

○ Sampl Audio 나는 일/학교, 개인적인 관심사, 시사 문제에 대한 어떤 대화나 토론에도 자신 있게 참여할 수 있습니다. 나는 대부분의 주제에 관해 높은 수준의 정확성과 폭넓은 어휘로 상세히 설명할 수 있습니다.

추가 난이도 선택 7번 문제가 끝나면 아래와 같이 난이도 재조정 화면이 나타납니다. 이때 난이도를 내리거나 올리지 말고 [비슷한 질문]을 선택합니다.

다음 단계의 시험에서는

쉬운 질문을 원하십니까? ▶ 쉬운 질문

비슷한 질문을 원하십니까? ▶ 비슷한 질문

아니면 어려운 질문을 원하십니까? ▶ 어려운 질문

난이도 1~2단계를 선택하면 총 12문제가 출제됩니다. 문제 수도 적고, 쉬운 문제들만 출제되어 시험은 수월하게 치를 수 있지만, 배점이 높은 고난도 문제가 출제되지 않기 때문에 높은 등급을 받기 어려우므로 선택하지 않습니다.

난이도 3단계부터는 총 15문제가 출제됩니다. 난이도 3~4 단계를 선택하면 답변하기 비교적 쉬운 문제가 많이 출제됩니다. 롤플레이 유형도 면접관에게 간단한 질문을 하는 쉬운 문제가 출제됩니다. 그러나 배점이 높은 고난도 문제는 출제되지 않아서 IH 이상의 등급을 받기 어려우므로 선택하지 않습니다.

난이도 5단계를 선택하면 3~4단계에 나오는 쉬운 문제뿐만 아니라, 배점이 높은 고난도 문제들도 출제되어 제일 높은 AL등급까지 충분히 받을 수 있으므로 5단계를 선택하도록 합니다.

난이도 6단계를 선택하면 서베이에서 선택하지 않은 돌발 주제의 문제 비율이 더 높아집니다. 또한 답변이 까다로운 고난도 문제들도 많이 출제되기 때문에 필요 이상으로 난이도가 높아져 오히려 높은 등급을 받기 어려울 수 있으므로 선택하지 않습니다.

질문의 난이도가 쉬워지면 배점이 높은 고난도 문제가 출제되지 않을 수 있고, 난이도를 높이면 문제가 필요 이상으로 어려워질 수 있으므로 [비슷한 질문]을 선택하는 것이 좋습니다. 참고로, 내가 난이도 5단계를 선택했고, 비슷한 문제를 선택한 경우 통상 난이도 5-5라고 부릅니다.

03 문제는 이렇게 나온다!

앞에서 골라준 대로 서베이와 난이도를 선택하면 총 15문제가 아래와 같은 구성으로 출제됩니다.

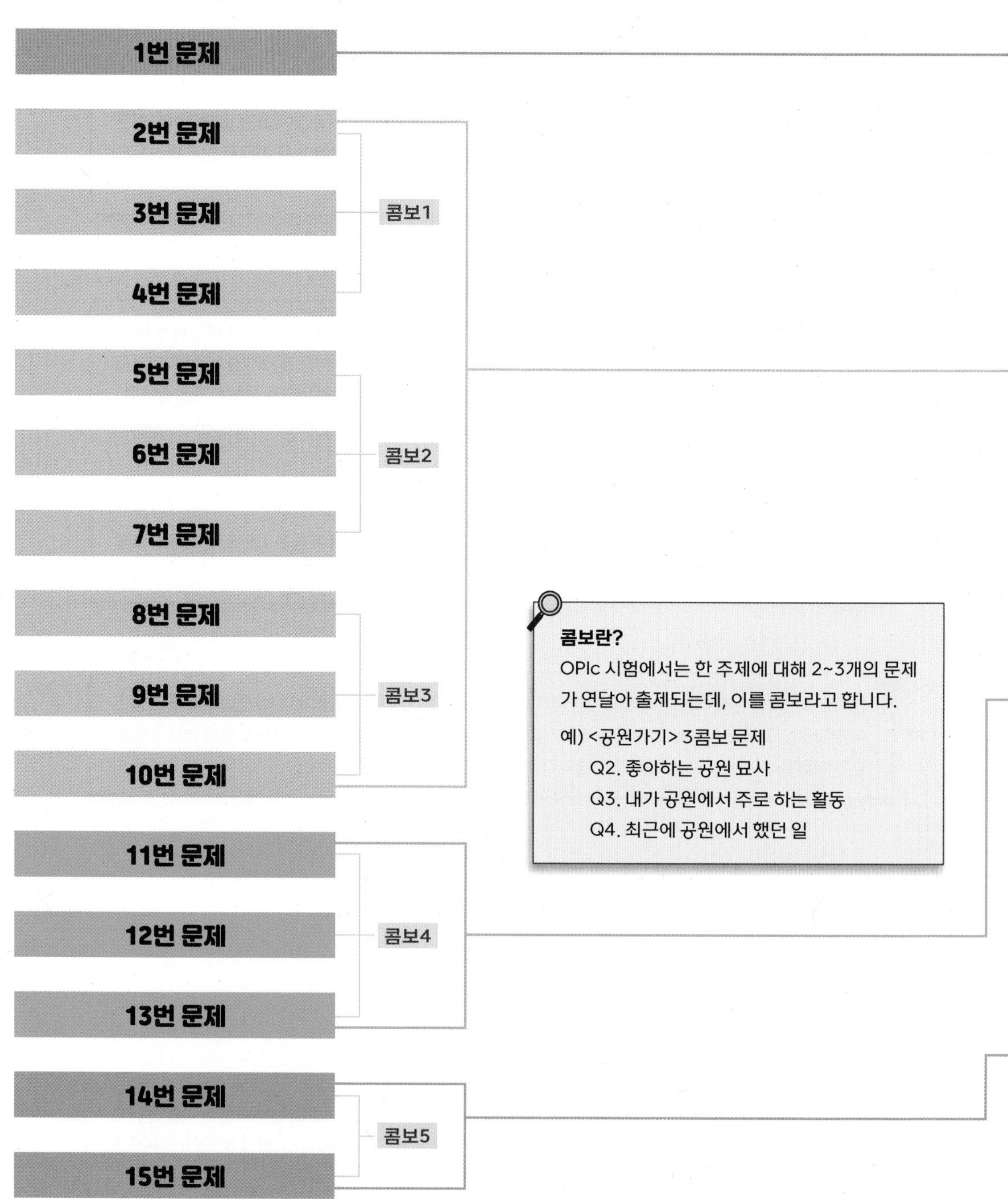

자기소개 문제(1번)

문제 소개 - 1번은 항상 자기소개 문제로 출제됩니다.
- 자기 자신을 간단히 소개하라는 문제입니다.

출제 경향 - 자기소개 문제는 채점되지 않아 OPIc 등급에 영향을 미치지 않지만, 앞으로 40분 동안 영어로 유창하게 답변할 수 있도록 준비하는 워밍업 단계로 활용합니다.

설문/돌발 주제 3콤보 문제(2~10번)

문제 소개 - 2~10번은 설문 또는 돌발 주제의 3콤보 문제가 출제됩니다.
- 서베이에서 내가 선택한 항목을 설문 주제라고 부르고, 서베이에 없지만 시험에 출제되는 주제를 돌발 주제라고 부릅니다.

출제 경향 - 설문 주제와 돌발 주제의 출제 비율은 둘 중 하나입니다. 설문 6문제와 돌발 3문제가 나오거나, 설문 3문제와 돌발 6문제가 나옵니다.

롤플레이 주제 3콤보 문제(11~13번)

문제 소개 - 11~13번은 롤플레이 주제 3콤보 문제가 출제됩니다.
- 어떤 상황을 주면서 역할극을 수행하라는 문제입니다.

출제 경향 - 롤플레이 문제는 주로 아래의 유형으로 출제됩니다.

예 · 주어진 상황에 맞게 질문하기 · 상황을 설명하고 대안 제시하기
· 예매하기/약속 잡기 · 상황을 설명하고 부탁/요청하기

- 11~12번은 주어진 상황에서 역할극을 수행하는 문제가 출제되고, 13번은 주로 12번의 상황과 비슷한 나의 경험을 말하라는 문제가 출제됩니다.

설문/돌발 주제 2콤보 문제(14~15번)

문제 소개 - 14~15번은 설문 또는 돌발 주제의 2콤보 문제가 출제됩니다.
- 주로 고난도 문제들이 출제되는데, 특히 AL을 목표로 하는 경우 14, 15번 문제에 잘 답변해야 합니다.

출제 경향 - 14~15번 문제는 주로 아래의 유형으로 출제됩니다.

예 · 두 가지 대상을 비교하는 문제
· 사회적 이슈에 대해 묻는 문제

해커스가 골라주는
OPIc 서베이 & 난이도

설정한 서베이 & 난이도에 따라
나한테 나올 OPIc 문제들

Ⅰ 설문 주제
Ⅱ 돌발 주제
Ⅲ 롤플레이 주제

학습한 문제를 실제 화면으로 연습하는
OPIc 실전모의고사

설문 주제

Background Survey(서베이)에서 내가 선택한 항목을 설문 주제라고 부릅니다.
오픽 15문제 중 5~9문제가 설문 주제에서 출제됩니다.

Unit 01

자기소개

자기소개 문제는 오픽에서 항상 1번 문제로 출제됩니다. 자기소개 답변은 채점되지 않기 때문에 OPIc 등급에 영향을 미치지는 않지만, 완벽하게 준비해서 말하면 본격적인 답변을 위한 워밍업도 되고, 자신 있게 시험을 시작할 수 있습니다.

1 학생

Q Let's start the interview now. Tell me a little bit about yourself.

이제 인터뷰를 시작하겠습니다. 자신에 대해 간단히 이야기해 주세요.

이름과 나이, 사는 곳

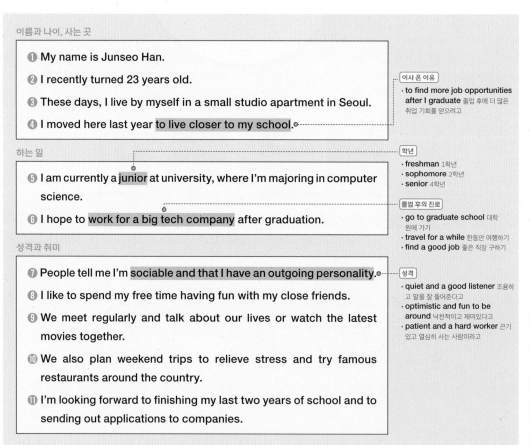

❶ My name is Junseo Han.
❷ I recently turned 23 years old.
❸ These days, I live by myself in a small studio apartment in Seoul.
❹ I moved here last year to live closer to my school.

이사 온 이유
· to find more job opportunities after I graduate 졸업 후에 더 많은 취업 기회를 얻으려고

하는 일

❺ I am currently a junior at university, where I'm majoring in computer science.
❻ I hope to work for a big tech company after graduation.

학년
· freshman 1학년
· sophomore 2학년
· senior 4학년

졸업 후의 진로
· go to graduate school 대학원에 가기
· travel for a while 한동안 여행하기
· find a good job 좋은 직장 구하기

성격과 취미

❼ People tell me I'm sociable and that I have an outgoing personality.
❽ I like to spend my free time having fun with my close friends.
❾ We meet regularly and talk about our lives or watch the latest movies together.
❿ We also plan weekend trips to relieve stress and try famous restaurants around the country.
⓫ I'm looking forward to finishing my last two years of school and to sending out applications to companies.

성격
· quiet and a good listener 조용하고 말을 잘 들어준다고
· optimistic and fun to be around 낙천적이고 재미있다고
· patient and a hard worker 끈기 있고 열심히 사는 사람이라고

❶ 제 이름은 한준서입니다. ❷ 저는 최근에 23살이 되었습니다. ❸ 요즘, 저는 서울에 있는 작은 원룸에서 혼자 살고 있습니다. ❹ 저는 작년에 학교 더 가까이에 살기 위해 이곳으로 이사했습니다. ❺ 저는 컴퓨터 공학을 전공하고 있는 대학교 3학년입니다. ❻ 저는 졸업 후에 큰 기술 회사에서 일하고 싶습니다. ❼ 사람들은 제가 사교적이고 외향적인 성격이라고 말합니다. ❽ 저는 제 여가 시간을 친한 친구들과 재미있게 보내는 데 사용하는 것을 좋아합니다. ❾ 우리는 정기적으로 만나서 우리의 일상에 대해 이야기를 하거나 함께 최신 영화를 봅니다. ❿ 우리는 또한 스트레스를 풀기 위해 주말여행을 계획하고 전국의 유명한 식당들에 가봅니다. ⓫ 저는 남은 2년의 학교생활을 마치고 회사들에 지원서를 보내기를 고대하고 있습니다.

어휘 · 표현 studio apartment 원룸 junior 3학년 sociable 사교적인, 붙임성 있는 outgoing 외향적인, 사교적인 personality 성격 relieve stress 스트레스를 풀다 application 지원(서)

2 취업 준비생

음성 바로 듣기

Q Let's start the interview now. Tell me a little bit about yourself.

이제 인터뷰를 시작하겠습니다. 자신에 대해 간단히 이야기해 주세요.

이름과 나이, 사는 곳

❶ My name is Jiyu Kim.

❷ I'm 26 years old.

❸ Currently, I live with my parents in the southern part of Seoul.

사는 곳
- alone in a studio apartment 혼자 원룸에
- with a roommate in Busan 룸메이트와 부산에

하는 일

❹ I graduated from university just two months ago.

❺ After I graduated, I started looking for a job in earnest.

❻ I would like to work in either marketing or advertising at a large company.

❼ I studied business in university, so I think my skills would be a good match for those departments.

일하고 싶은 회사
- in design at a start-up company 스타트업 회사에서 디자인을
- in product development 제품 개발 분야에서
- in social media marketing 마케팅 분야에서

성격과 관심사

❽ As for my personality, I am a bit of an introvert.

❾ I am fine with staying at home playing computer games or watching movies.

❿ However, I also like going out from time to time to meet my friends.

⓫ I am interested in what other people like and the reasons they like those things.

⓬ This interest would probably make me a good fit for marketing and advertising.

성격
- a homebody 집순이/집돌이
- on the quiet side 조용한 편
- a little shy but friendly 부끄러움이 좀 많지만 다정한

관심사
- fashion and social media 패션과 SNS
- how trends are different in different countries 다양한 나라에서 유행이 어떻게 다른지

❶ 제 이름은 김지유입니다. ❷ 저는 26살입니다. ❸ 현재 저는 부모님과 함께 서울의 남부 지역에 살고 있습니다. ❹ 저는 불과 두 달 전에 대학을 졸업했습니다. ❺ 졸업 하고 나서, 저는 본격적으로 일자리를 찾기 시작했습니다. ❻ 저는 대기업에서 마케팅이나 광고 일을 하고 싶습니다. ❼ 저는 대학에서 경영학을 공부했기 때문에, 제 능력이 그 부서들과 잘 어울릴 거라고 생각합니다. ❽ 저의 성격에 대해서 말하자면, 저는 약간 내성적인 사람입니다. ❾ 저는 집에서 컴퓨터 게임을 하거나 영화를 보는 것을 좋아합니다. ❿ 하지만, 저는 가끔 친구들을 만나러 나가는 것도 좋아합니다. ⓫ 저는 다른 사람들이 좋아하는 것과 그들이 그것들을 좋아하는 이유에 관심이 있습니다. ⓬ 이러한 관심은 아마도 저를 마케팅과 광고에 적합하게 만들 것입니다.

어휘 · 표현 in earnest 본격적으로 department 부서 introvert 내성적인 사람

3 직장인

음성 바로 듣기 

Q Let's start the interview now. Tell me a little bit about yourself.

이제 인터뷰를 시작하겠습니다. 자신에 대해 간단히 이야기해 주세요.

이름과 나이, 사는 곳, 하는 일

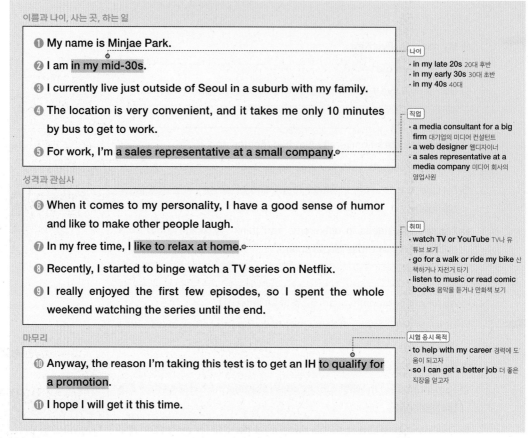

❶ My name is Minjae Park.
❷ I am **in my mid-30s**.
❸ I currently live just outside of Seoul in a suburb with my family.
❹ The location is very convenient, and it takes me only 10 minutes by bus to get to work.
❺ For work, I'm **a sales representative at a small company**.

나이
- in my late 20s 20대 후반
- in my early 30s 30대 초반
- in my 40s 40대

직업
- a media consultant for a big firm 대기업의 미디어 컨설턴트
- a web designer 웹디자이너
- a sales representative at a media company 미디어 회사의 영업사원

성격과 관심사

❻ When it comes to my personality, I have a good sense of humor and like to make other people laugh.
❼ In my free time, I **like to relax at home**.
❽ Recently, I started to binge watch a TV series on Netflix.
❾ I really enjoyed the first few episodes, so I spent the whole weekend watching the series until the end.

취미
- watch TV or YouTube TV나 유튜브 보기
- go for a walk or ride my bike 산책하거나 자전거 타기
- listen to music or read comic books 음악을 듣거나 만화책 보기

마무리

❿ Anyway, the reason I'm taking this test is to get an IH **to qualify for a promotion**.
⓫ I hope I will get it this time.

시험 응시 목적
- to help with my career 경력에 도움이 되고자
- so I can get a better job 더 좋은 직장을 얻고자

❶ 제 이름은 박민재입니다. ❷ 저는 30대 중반입니다. ❸ 저는 현재 서울 외곽에서 가족들과 함께 살고 있습니다. ❹ 위치가 매우 편리하고, 버스로 회사까지 가는데 10분밖에 안 걸립니다. ❺ 직장에 대해 말하자면, 저는 한 작은 회사의 영업 사원입니다. ❻ 저의 성격에 대해 말하자면, 저는 유머 감각이 뛰어나고 다른 사람들을 웃게 만드는 것을 좋아합니다. ❼ 저는 여가 시간에 집에서 쉬는 것을 좋아합니다. ❽ 최근에, 저는 넷플릭스에서 한 TV 시리즈를 정주행하기 시작했습니다. ❾ 첫 몇 회를 너무 재미있게 봐서 주말 내내 그것을 끝까지 봤습니다. ❿ 아무튼 제가 이 시험을 보는 이유는 IH를 받아서 승진 자격을 얻기 위해서입니다. ⓫ 이번에 그것을 받을 수 있으면 좋겠습니다.

어휘 · 표현 suburb 외곽, 교외 convenient 편리한, ~에 가까운 sales representative 영업 사원, 영업 담당자
binge watch 정주행하다, 빠른 시간 안에 여러 개의 TV 프로그램 에피소드를 보는 행위 qualify 자격을 얻다
promotion 승진, 진급

자기소개 핵심 표현

자기소개의 답변 아이디어 및 표현을 익히고 답변을 준비해보세요.

학교 관련 표현

학교생활	• 교환학생을 신청함	→ **applied to study abroad**
	• 장학금을 받았음	→ **got a scholarship**
	• 아르바이트하고 있음	→ **working a part-time job**
	• 휴학 중임	→ **am taking a semester off**
	• 내년에 복학할 것임	→ **will go back to school next year**
	• 여름/겨울 계절학기를 들을 예정임	→ **planning to take summer/winter session**
수업	• 따라가기 어려움	→ **a bit hard to swallow**
	• 시험 때 벼락치기 하지 않으려고 함	→ **try not to cram for the exam**
	• 중간고사를 위해 밤샘 공부함	→ **pull an all-nighter for the midterm**
	• 지난 학기에 전 과목 A 학점을 받음	→ **got straight A's last semester**

직장 관련 표현

업무 성향	• 압박을 받고도 일을 잘함	→ **work well under pressure**
	• 성과 내는 것을 원동력으로 삼음	→ **am results driven**
	• 새로운 도전이 필요하다고 느낌	→ **felt I needed new challenges**
	• 일 처리가 빠름	→ **get my work done quickly**
회사 생활	• 동료들과 잘 지냄	→ **get along with coworkers**
	• 출장을 자주 감	→ **often go on business trips**
	• 병가를 거의 내지 않음	→ **rarely take a sick leave**
	• 승진하기 위해 열심히 일함	→ **work hard to get a promotion**

성격·관심사 관련 표현

성격/성향	• 집돌이/집순이인 편임	→ **am kind of a homebody**
	• 매사에 긍정적인 태도를 갖고 있음	→ **have a positive attitude about everything**
	• 사람들과 잘 어울림	→ **socialize well with people**
관심사 / 취미	• 취미 부자임	→ **have multiple hobbies**
	• 새로운 취미를 찾았음	→ **picked up a new hobby**
	• 식물을 쑥쑥 잘 키움	→ **have a green thumb**
	• 고양이/강아지를 좋아하는 사람임	→ **am a cat person/dog person**
	• 스트레스를 날림	→ **melt away stress**

Unit 02
거주지

출제 비율

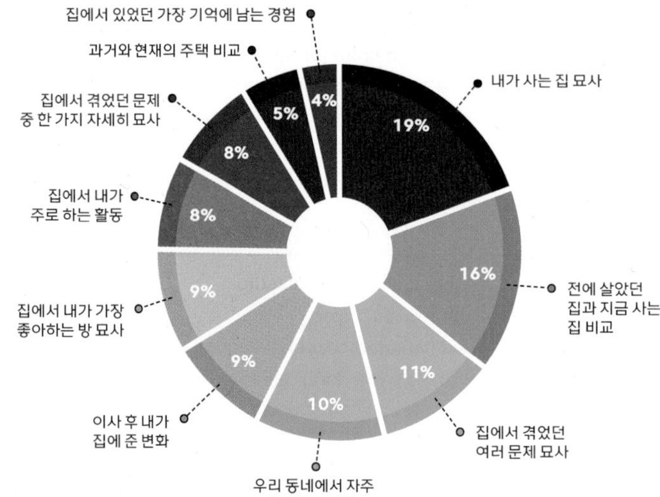

빈출 문제 TOP 6

1. 내가 사는 집 묘사
2. 전에 살았던 집과 지금 사는 집 비교
3. 집에서 겪었던 여러 문제 묘사
4. 우리 동네에서 자주 논의되는 이슈
5. 이사 후 내가 집에 준 변화
6. 집에서 내가 가장 좋아하는 방 묘사

빈출 콤보

- 콤보1 내가 사는 집 묘사 → 집에서 겪었던 여러 문제 묘사 → 집에서 겪었던 문제 중 한 가지 자세히 묘사
- 콤보2 집에서 내가 가장 좋아하는 방 묘사 → 전에 살았던 집과 지금 사는 집 비교 → 이사 후 내가 집에 준 변화
- 콤보3 내가 사는 집 묘사 → 전에 살았던 집과 지금 사는 집 비교 → 이사 후 내가 집에 준 변화
- 콤보4 과거와 현재의 주택 비교 → 우리 동네에서 자주 논의되는 이슈

빈출 문제 공략

STEP 1 QR코드를 찍고 모범답변 음성을 들어보세요. 그 후 쉐도잉 연습용 음성을 따라 답변을 3번 읽어보세요.

STEP 2 청록색 번호는 반드시 답변해야 하는 핵심 내용이므로, 그 문장들만 3번 더 읽어보세요.

STEP 3 이제 모범답변을 보지 않고 실제로 질문에 답하는 것처럼 자연스러운 말투로 답변해 보세요.

1 내가 사는 집 묘사

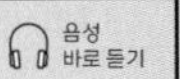

Q I'd like to know about the place where you live. Do you live in an apartment or a house? What does it look like? How many rooms does it have? Describe it in as much detail as possible.

당신이 사는 곳에 대해 알고 싶어요. 당신은 아파트에 사나요, 아니면 주택에 사나요? 그곳은 어떻게 생겼나요? 방은 몇 개가 있나요? 그곳에 대해 되도록 자세히 설명해 주세요.

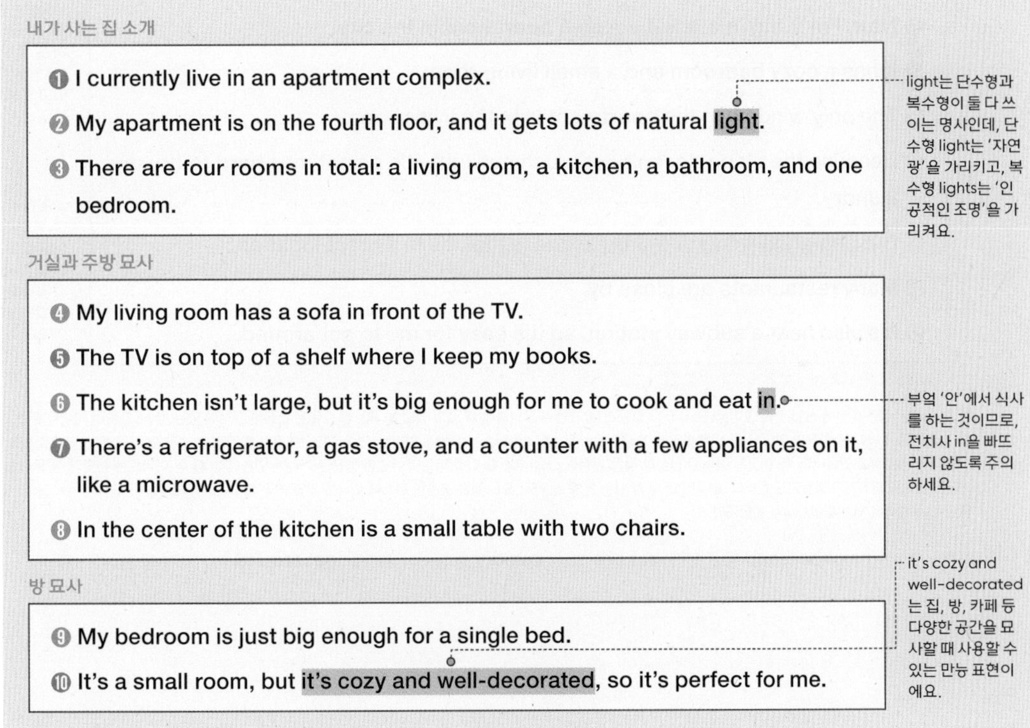

내가 사는 집 소개

❶ I currently live in an apartment complex.

❷ My apartment is on the fourth floor, and it gets lots of natural light.

❸ There are four rooms in total: a living room, a kitchen, a bathroom, and one bedroom.

light는 단수형과 복수형이 둘 다 쓰이는 명사인데, 단수형 light는 '자연광'을 가리키고, 복수형 lights는 '인공적인 조명'을 가리켜요.

거실과 주방 묘사

❹ My living room has a sofa in front of the TV.

❺ The TV is on top of a shelf where I keep my books.

❻ The kitchen isn't large, but it's big enough for me to cook and eat in.

❼ There's a refrigerator, a gas stove, and a counter with a few appliances on it, like a microwave.

❽ In the center of the kitchen is a small table with two chairs.

부엌 '안'에서 식사를 하는 것이므로, 전치사 in을 빠뜨리지 않도록 주의하세요.

방 묘사

❾ My bedroom is just big enough for a single bed.

❿ It's a small room, but it's cozy and well-decorated, so it's perfect for me.

it's cozy and well-decorated는 집, 방, 카페 등 다양한 공간을 묘사할 때 사용할 수 있는 만능 표현이에요.

❶ 저는 현재 아파트 단지에 살고 있습니다. ❷ 제 아파트는 4층에 있고, 자연광이 많이 들어옵니다. ❸ 총 4개의 분리된 방이 있는데, 거실, 부엌, 화장실, 그리고 침실 하나입니다. ❹ 거실에는 TV 앞에 소파가 있습니다. ❺ TV는 제가 책을 보관하는 선반 위에 올려져 있습니다. ❻ 부엌은 크지 않지만, 제가 요리하고 식사하기에는 충분히 큽니다. ❼ 냉장고, 가스레인지, 그리고 전자레인지와 같은 가전제품이 몇 개 놓여 있는 주방용 조리대가 있습니다. ❽ 부엌 중앙에는 의자 두 개가 있는 작은 식탁이 있습니다. ❾ 제 침실은 1인용 침대 하나가 딱 들어갈 만큼 충분히 큽니다. ❿ 작은 방이지만, 아늑하고 잘 꾸며져 있어서 저에게 딱 좋습니다.

어휘 · 표현 complex 단지 gas stove (가스)레인지 appliance 가전제품 cozy 아늑한, 편한

2 전에 살았던 집과 지금 사는 집 비교

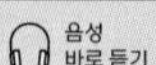

Q How is the home you lived in before different from the one you live in now? Compare the two places. Give as many details as possible.

전에 살았던 집은 지금 사는 집과 어떻게 다른가요? 그 두 곳을 비교해 주세요. 되도록 자세히 설명해 주세요.

전에 살았던 집의 특징

❶ My current home is much different from the one where I used to live.
❷ Until recently, I was living with my parents.
❸ They live in a four-bedroom apartment in a quiet neighborhood.
❹ It has large windows in every room, so there is always lots of sunlight.
❺ The apartment is in the suburbs, so there aren't many public transportation options.

어떤 지역의 교외를 가리키는 경우에는 'a suburb of 지역'이라고 하지만, 도심이 아닌 '교외'를 말하고 싶을 때는 suburbs라고 복수형으로 말해야 해요.

지금 사는 집의 특징

❻ Now, I'm living in a one-bedroom apartment in the city.
❼ It has a cozy bedroom and a small living room.
❽ The only window in the apartment is in the living room.
❾ Because the place doesn't get much sunlight, it's sometimes hard to dry my laundry.
❿ But one great thing about my place is that it's in a great location.
⓫ Many restaurants are close by.
⓬ It's also near a subway station, so it's easy for me to get around.

one-bedroom은 '(거실이 있는) 방 하나짜리'을 의미하고, '(거실이 없는) 원룸'은 studio라고 말해요.

one great thing about ~ is that은 어떤 것에 대한 장점 한 가지를 집어서 말할 때 사용할 수 있는 만능 표현이에요.

❶ 지금 사는 집은 예전에 살던 곳과 많이 다릅니다. ❷ 최근까지, 저는 부모님과 함께 살고 있었습니다. ❸ 그들은 조용한 동네에 있는 방 네 개짜리 아파트에 살고 있습니다. ❹ 그곳은 모든 방에 큰 창문이 있어서, 항상 햇빛이 많이 들어옵니다. ❺ 그 아파트는 교외에 있어서, 대중교통 선택지가 별로 없습니다. ❻ 지금, 저는 시내에 있는 방 하나 짜리 아파트에서 살고 있습니다. ❼ 이곳은 아늑한 침실과 작은 거실이 있습니다. ❽ 이 아파트의 유일한 창문은 거실에 있습니다. ❾ 이 아파트는 햇빛이 잘 들지 않기 때문에, 가끔은 빨래를 말리기가 힘들기도 합니다. ❿ 하지만 제가 사는 곳의 한 가지 좋은 점은 훌륭한 위치에 있다는 것입니다. ⓫ 많은 식당들이 가깝습니다. ⓬ 그곳은 또한 지하철역 근처에 있어서 제가 돌아다니기 편합니다.

어휘 · 표현 neighborhood 동네, 인근 suburb 교외 laundry 빨래, 세탁, 세탁물 get around (여기저기) 돌아다니다

3 집에서 겪었던 여러 문제 묘사

음성 바로 듣기 

Q There are always problems that happen in any home. Things break, projects do not go as planned, or people you live with don't cooperate. Tell me about some problems that have happened in your home.

어느 집에서나 항상 문제가 있어요. 물건이 깨지거나, 프로젝트가 계획대로 진행되지 않거나, 함께 사는 사람들이 협력하지 않죠. 당신의 집에서 일어난 몇 가지 문제에 대해 알려주세요.

집에서 겪었던 문제 1

❶ I've had several different problems to deal with in my home over the years.
❷ One time, I noticed that my air conditioner was leaking water.
❸ I called the repair service, but no one was available to come for several days.
❹ I had to wait a long time, and in the meantime I had to keep cleaning up the leaking water.

years 대신 year라고 해도 괜찮지만, 각각 의미가 조금 달라요. over the years는 '지난 몇 년 동안, 몇 년에 걸쳐'라는 뜻이고, over the year는 '지난 한 해 동안'이라는 뜻이에요.

집에서 겪었던 문제 2

❺ Another time, the light bulb in the bathroom went out.
❻ This happened at night, so it was too late to go buy a new one.
❼ I had to use the bathroom in the dark, which was very inconvenient.

방금 한 말에 대해 조금 더 부연 설명하고 싶을 때, which로 연결해서 말하면 돼요.

집에서 겪었던 문제 3

❽ There was also a problem with the toilet once.
❾ It wouldn't flush because too much toilet paper was stuck inside.
❿ I tried to unclog it on my own, but I had to call a plumber in the end.
⓫ He came over and managed to fix it for me.

managed to는 생략하고 말해도 괜찮지만, 수리가 어려웠다는 뉘앙스를 강조하고 싶을 때 붙여서 말해요.

❶ 지난 몇 년 동안 저는 집에서 처리해야 할 여러 다양한 문제들이 있었습니다. ❷ 한 번은, 에어컨에서 물이 새고 있는 것을 발견했습니다. ❸ 수리 센터에 전화했는데, 며칠 동안 올 수 있는 사람이 아무도 없었습니다. ❹ 저는 오래 기다려야 했고, 그동안에, 계속해서 새어 나오는 물을 치워야 했습니다. ❺ 또 어떤 때는, 욕실의 전구가 나갔습니다. ❻ 이것은 밤에 일어난 일이라, 새로운 것을 사러 가기에는 너무 늦은 시간이었습니다. ❼ 저는 어둠 속에서 화장실을 이용해야 했고, 그것은 매우 불편했습니다. ❽ 한 번은 화장실에도 문제가 있었습니다. ❾ 안에 화장지가 너무 많이 걸려서 물을 내릴 수 없었습니다. ❿ 제가 알아서 뚫어 보려고 했지만, 결국 배관공을 불러야 했습니다. ⓫ 그가 와서 저를 위해 그것을 고쳐줬습니다.

어휘 · 표현 leak (액체·기체가) 새다 inconvenient 불편한, 곤란한 flush (변기의) 물을 내리다 unclog (변기를) 뚫다, 장애물을 제거하다 plumber 배관공

4 우리 동네에서 자주 논의되는 이슈

Q What are some issues in your neighborhood? What caused them and what impact have they had on the community? Give as many details about the situation as you can.

당신의 동네에는 어떤 이슈들이 있나요? 무엇이 그것을 야기했고, 그것은 지역사회에 어떤 영향을 미쳤나요? 그 상황에 대해 가능한 한 자세히 설명해 주세요.

우리 동네의 이슈 소개

❶ A big issue that affects my neighborhood is real estate and rental prices.
❷ Because these costs have **skyrocketed** over the past few years, many people have been affected.

skyrocket은 '급등하다'라는 표현으로, 무언가가 비교적 짧은 기간에 많이 오른 현상을 묘사할 때 사용해요.

이 이슈가 지역사회에 미친 영향

❸ Whenever I go to local cafés, I hear people talking about how expensive their rent has become.
❹ They aren't sure if they can **afford to** keep living in the area.
❺ Many people have moved out to the suburbs to look for cheaper housing options.
❻ Sometimes, new people come, but they usually have to take out massive loans from a bank to live here.

afford to는 '~할 여유가 되다'라는 표현으로, 주로 금전적인 여유에 대해 말할 때 사용해요.

이 이슈에 대한 내 생각

❼ The government has tried to **counter the rising prices with a variety of new policies**.
❽ However, nothing seems to be working, and real estate prices keep increasing.
❾ If the trend doesn't change, I may need to consider a cheaper place somewhere else.

counter A with B는 'B(해결책)로 A(문제)에 대응하다'라고 표현할 때 사용해요.

❶ 우리 동네에 영향을 미치는 큰 이슈는 부동산 가격과 임대료입니다. ❷ 지난 몇 년 동안 이러한 비용이 급등했기 때문에, 많은 사람들이 영향을 받았습니다. ❸ 동네 카페에 갈 때마다 사람들이 집세가 얼마나 비싸졌는지에 대해 이야기하는 것을 듣습니다. ❹ 그들은 이 지역에서 계속 살 여유가 되는지 확신하지 못합니다. ❺ 많은 사람들이 더 저렴한 주거 옵션을 찾기 위해 교외로 이사했습니다. ❻ 가끔, 새로운 사람들이 이사 오기도 하지만, 보통 이곳에서 살기 위해 은행에서 거액의 대출을 받아야 합니다. ❼ 정부는 다양한 새로운 정책으로 상승하는 집세에 대응하려고 노력해 왔습니다. ❽ 하지만 그 무엇도 효과가 없는 것 같고, 부동산 가격은 계속 오르고 있습니다. ❾ 이러한 추세가 바뀌지 않는다면, 저도 다른 곳의 좀 더 저렴한 곳을 고려해야 할 것 같습니다.

어휘 · 표현 real estate 부동산 rental price 임대료 skyrocket 급등하다 afford 여유가 되다, 형편이 되다 loan 대출 counter (무엇의 악영향에) 대응하다 policy 정책, 방침

5 이사 후 내가 집에 준 변화

음성 바로 듣기

Q What did your house look like when you first moved in? What changes have you made to your house since then?

당신이 처음 이사 왔을 때 당신의 집은 어떻게 생겼었나요? 그 이후로 당신은 당신의 집에 어떤 변화를 주었나요?

처음 이사 왔을 때의 집 묘사

❶ When I first moved into my current home, the rooms were almost completely empty.
❷ My place only had a few essential appliances, like a gas stove, air conditioner, and refrigerator.
❸ So I had to buy everything else myself.

refrigerator [rifrídʒərèitər]의 발음에 주의하세요.

집에 준 변화

❹ I bought a microwave and a TV, and I ordered some furniture online.
❺ Now, I have a sofa to sit on while watching TV and a coffee table in front of it.
❻ My bed is small, but it's soft and comfortable.
❼ Plus, I bought it secondhand, so it was really cheap.
❽ I also brought a dresser from my parents' home that they weren't using.
❾ Finally, I received a lot of plants from my friends as housewarming gifts.
❿ I think they're the best part about my house because they add color and life to the rooms.

furniture는 복수형이 없다는 점에 주의하세요.

'집들이'는 영어로 housewarming이라고 말하면 돼요.

❶ 지금 사는 집으로 처음 이사했을 때, 방들은 거의 완전히 비어 있었습니다. ❷ 우리 집에는 가스레인지, 에어컨, 냉장고와 같은 몇 가지 필수적인 가전제품만 있었습니다. ❸ 그래서 저는 다른 모든 것을 직접 사야 했습니다. ❹ 저는 전자레인지와 TV를 샀고, 인터넷으로 몇 개의 가구를 주문했습니다. ❺ 지금, 저는 TV를 볼 때 앉아 있을 소파와 그 앞에 커피 테이블이 있습니다. ❻ 제 침대는 사이즈가 작지만, 푹신하고 편안합니다. ❼ 저는 그것을 중고로 사서 정말 저렴했습니다. ❽ 저는 부모님이 사용하지 않는 서랍장도 부모님 집에서 가져왔습니다. ❾ 마지막으로, 저는 친구들로부터 집들이 선물로 많은 식물을 받았습니다. ❿ 그것들은 방에 색깔과 생기를 더해주기 때문에 우리 집에서 가장 좋은 부분이라고 생각합니다.

어휘 · 표현 completely 완전히 essential 필수적인, 극히 중요한 furniture 가구 secondhand 중고로 dresser 서랍장, 옷장 housewarming 집들이

6 집에서 내가 가장 좋아하는 방 묘사

음성 바로 듣기

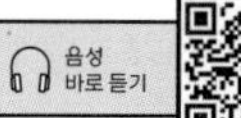

Q Please tell me about your house. What's your favorite room? What does it look like? Why do you like that room?

당신의 집에 대해 알려주세요. 당신이 가장 좋아하는 방은 어딘가요? 그곳은 어떻게 생겼나요? 당신은 그 방을 왜 좋아하나요?

종아하는 방 소개

❶ I live in an apartment with a kitchen, living room, and bedroom.
❷ Of these, I think I prefer my bedroom the most.

a는 living room과 bedroom 앞에 붙일 필요 없이 나열된 것 중 맨 앞에 있는 kitchen 앞에 한 번만 붙이면 돼요.

이 방의 내부 묘사

❸ The first thing you see in my bedroom is my bed.
❹ It's large and comfortable, with lots of pillows and cushions.
❺ A small window with nice curtains is right next to the bed.
❻ I open the curtains in the morning to let in sunlight.
❼ Next to my bed is my desk with my computer on it.
❽ I spend a lot of time at my desk either watching movies or playing online games.

위치를 더 강조해서 말하고 싶을 때 전치사구(Next to ~)를 먼저 말하면 돼요.

이 방의 특징

❾ My bedroom is a perfect place to relax.
❿ On the weekends, I stay in my bedroom almost all day, only leaving to eat.
⓫ I also like to open the window and enjoy the breeze.

I only leave to eat이라고 하면 같은 주어(I)가 반복하여 사용되기 때문에 only leaving to eat으로 말해요.

❶ 저는 부엌, 거실, 그리고 침실이 있는 아파트에 삽니다. ❷ 이중 저는 제 침실을 가장 좋아하는 것 같습니다. ❸ 제 침실에서 제일 먼저 보이는 것은 제 침대입니다. ❹ 그것은 크고 베개와 쿠션이 많아서 편안합니다. ❺ 침대 바로 옆에 멋진 커튼이 달린 작은 창문이 있습니다. ❻ 저는 햇빛이 들어오게 하기 위해 아침에 커튼을 엽니다. ❼ 제 침대 옆에는 컴퓨터가 올려져 있는 책상이 있습니다. ❽ 저는 많은 시간을 책상에서 영화를 보거나 온라인 게임을 하면서 보냅니다. ❾ 제 침실은 휴식을 취하기에 완벽한 장소입니다. ❿ 주말에, 저는 거의 하루 종일 침실에 머물면서 식사할 때만 나갑니다. ⓫ 저는 또한 창문을 열고 바람을 쐬는 것을 좋아합니다.

어휘 · 표현 comfortable 편안한, 쾌적한 pillow 베개 breeze (산들) 바람

추가 답변 아이디어 및 표현

추가 문제의 답변 아이디어 및 표현을 익히고 답변을 준비해보세요.

집에서 내가 주로 하는 활동

평일에 주로 하는 활동	• TV를 보고 SNS 사이트를 확인함 • 종종 음식을 배달시킴 • 때때로 직접 저녁을 차림 • 며칠마다 청소기를 돌리고 바닥을 닦음	→ watch TV or check social media sites → often order food → sometimes cook dinner for myself → vacuum and scrub the floors every few days
주말에 주로 하는 활동	• 일주일에 한 번 화장실을 청소함 • 쓰레기를 다 버림 • 가끔 친구들을 초대함	→ clean my bathroom once a week → take all my garbage out → sometimes invite friends to come over

집에서 겪었던 문제 중 한 가지 자세히 묘사

문제 상황 설명	• 에어컨이 고장 남 • 물이 온 바닥에 새어 나옴	→ had a problem with my air conditioner → was leaking water all over the floor
해결한 방법	• 공식 AS센터에 전화함 • 예약이 다 참 • 대신 지역 수리점에 전화함	→ called the official service center → were fully booked → called a local repair shop instead
결과	• 에어컨을 수리하러 옴 • 결국 돈이 많이 들었음	→ came to repair the air conditioner → ended up costing me a fortune

과거와 현재의 주택 비교

과거 집의 특징	• 대부분의 사람들이 주택이나 빌라에 살았음 • 에어컨이나 오븐이 없었음	→ most people lived in a house or villa → had no air conditioner or oven
현재 집의 특징	• 더 높은 건물의 아파트 단지들이 많아짐 • 가전제품들이 빌트인 되어 있음 • 레크리에이션을 위한 시설들이 있음	→ more apartment complexes with taller buildings → appliances are now built into the apartments → have recreational facilities
변화의 결과	• 현대 생활 방식에 맞게 변했음 • 거주자들의 삶의 질 또한 향상됨	→ changed to fit the modern lifestyle → quality of life for residents has also improved

집에서 있었던 가장 기억에 남는 경험

기억에 남는 경험 소개	• 저녁 파티를 열었음 • 가족들을 많이 초대함	→ hosted a dinner party → invited many family members
구체적인 설명	• 많은 다양한 요리를 만들었음 • 모두 즐거운 시간을 보냈음	→ cooked many different dishes → had an amazing time
결과와 느낀 점	• 벌써 조만간 다시 할 계획을 하고 있음	→ already planning to do it again in the near future

Unit 03
영화보기

출제 비율

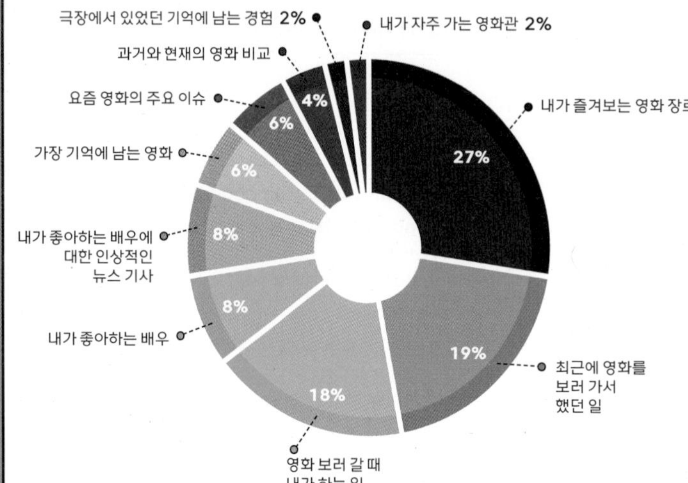

빈출 문제 TOP 6

1. 내가 즐겨보는 영화 장르
2. 최근에 영화를 보러 가서 했던 일
3. 영화 보러 갈 때 내가 하는 일
4. 내가 좋아하는 배우
5. 내가 좋아하는 배우에 대한 인상적인 뉴스 기사
6. 가장 기억에 남는 영화

빈출 콤보

- 콤보1 내가 즐겨보는 영화 장르 → 영화 보러 갈 때 내가 하는 일 → 내가 좋아하는 배우에 대한 인상적인 뉴스 기사
- 콤보2 내가 즐겨보는 영화 장르 → 최근에 영화를 보러 가서 했던 일 → 가장 기억에 남는 영화
- 콤보3 내가 즐겨보는 영화 장르 → 최근에 영화를 보러 가서 했던 일 → 극장에서 있었던 기억에 남는 경험
- 콤보4 과거와 현재의 영화 비교 → 요즘 영화의 주요 이슈

빈출 문제 공략

STEP 1 QR코드를 찍고 모범답변 음성을 들어보세요. 그 후 쉐도잉 연습용 음성을 따라 답변을 3번 읽어보세요.
STEP 2 청록색 번호는 반드시 답변해야 하는 핵심 내용이므로, 그 문장들만 3번 더 읽어보세요.
STEP 3 이제 모범답변을 보지 않고 실제로 질문에 답하는 것처럼 자연스러운 말투로 답변해 보세요.

1 내가 즐겨보는 영화 장르

음성 바로 듣기

Q You said that you enjoy watching movies in your background survey. What types of films do you like watching and why? Describe these kinds of movies with as many details as possible.

당신은 설문 조사에서 영화 보는 것을 즐긴다고 했습니다. 어떤 종류의 영화를 보는 것을 좋아하고 그 이유는 무엇인가요? 이런 종류의 영화들에 대해 되도록 자세히 설명해 주세요.

좋아하는 영화 장르 소개

❶ I enjoy watching blockbuster action movies.
❷ These movies usually have big action scenes and great special effects.

blockbuster는 엄청 난 위력을 지닌 폭탄의 이름에서 유래된 표현이라고 해요.

이 영화 장르를 좋아하는 이유

❸ In particular, I am a huge fan of action scenes.
❹ For me, an action movie doesn't need famous actors or a mind-blowing story.
❺ If the action parts are good, then I really enjoy it.
❻ For instance, some movies have impressive car chases, like *The Fast and Furious*.
❼ Other movies have interesting fight scenes or big battles.
❽ *The Matrix* is one of my favorite films because it has lots of unique fights against machines.

a huge fan of는 '~의 열성 팬'을 의미하는 표현으로, 무언가를 엄청 좋아한다고 말할 때 사용해요.

one of ~ 표현에서 of 뒤에는 꼭 복수형(films)으로 말해야 한다는 것에 주의하세요.

이 장르의 영화를 보는 경향

❾ Action movies are also really great to watch on a big screen.
❿ If I watch an action movie at home, I might even feel bored.
⓫ But in a movie theater, the big screen makes everything exciting.

사람을 설명할 때는 excited, 사물을 설명할 때는 exciting을 사용해요.

❶ 저는 블록버스터 액션 영화를 즐겨 봅니다. ❷ 이 영화들은 보통 화려한 액션 장면과 훌륭한 특수효과들이 있습니다. ❸ 특히, 저는 액션 장면들의 열성 팬입니다. ❹ 저에게 있어서 액션 영화는 유명한 배우나 아주 자극적인 줄거리가 필요하지 않습니다. ❺ 액션 부분이 좋으면 저는 정말 재미있게 봅니다. ❻ 예를 들어, *분노의 질주*와 같은 몇몇 영화들은 인상적인 자동차 추격전이 있습니다. ❼ 다른 영화들은 흥미진진한 격투 장면이나 큰 전투가 있습니다. ❽ *매트릭스*는 기계에 대항하는 독특한 싸움이 많기 때문에 제가 가장 좋아하는 영화 중 하나입니다. ❾ 액션 영화들은 또한 큰 화면으로 보기에 정말 좋습니다. ❿ 액션 영화를 집에서 보면 심지어 지루하게 느낄 수도 있습니다. ⓫ 하지만 영화관에서는 대형 스크린이 모든 것을 신나게 만듭니다.

어휘 · 표현 mind-blowing 아주 자극적인, 압도하는 impressive 인상적인 chase 추격(전), 추격하다

2 최근에 영화를 보러 가서 했던 일

음성 바로 듣기

Q Describe the most recent movie you went to watch. What happened on that day before, during, and after the film? Give as many details as possible.

당신이 가장 최근에 보러 간 영화에 대해 설명해 주세요. 그날 영화 상영 전, 상영 중, 상영 후에 무슨 일이 있었나요? 되도록 자세히 설명해 주세요.

영화 상영 전

❶ I recently went to see a movie with my best friend.

❷ A few hours before the movie, we used an app to select our seats and buy the tickets.

❸ The movie theater we went to is in a big shopping center.

❹ So we met a few hours early to eat and do some **window shopping**.

'아이쇼핑'은 영어로 eye shopping이 아닌 window shopping이라고 말해요.

영화 상영 중

❺ Finally, it was time to watch the movie.

❻ It was an interesting movie about **time travel**.

❼ I really like this kind of movie because it makes me think a lot.

time travel은 travel과 마찬가지로 명사와 동사로 모두 사용 가능해요.

영화 상영 후

❽ When the movie was over, we went to a café for some coffee.

❾ I asked my friend where she would go if she could time travel.

❿ She said she would go to the future, but I said I would go to the past.

⓫ We **had fun talking** about what life would be like in a different time.

'~하면서 즐거운 시간을 보내다'라고 말하고 싶을 때는 have fun -ing라고 말해요.

❶ 저는 최근에 가장 친한 친구와 영화를 보러 갔습니다. ❷ 영화 시작 몇 시간 전에, 우리는 앱을 사용하여 좌석을 선택하고 표를 샀습니다. ❸ 우리가 갔던 영화관은 큰 쇼핑 센터 안에 있습니다. ❹ 그래서 우리는 몇 시간 일찍 만나서 밥을 먹고 아이쇼핑도 좀 했습니다. ❺ 드디어, 영화를 볼 시간이 되었습니다. ❻ 그것은 시간 여행에 관한 흥미로운 영화였습니다. ❼ 이런 종류의 영화들은 많은 생각을 하게 해주기 때문에 정말 좋아합니다. ❽ 영화가 끝났을 때, 우리는 커피를 마시러 카페에 갔습니다. ❾ 저는 친구에게 시간 여행을 할 수 있다면 어디로 갈 것인지 물었습니다. ❿ 그녀는 미래로 갈 것이라고 했지만, 저는 과거로 갈 것이라고 했습니다. ⓫ 우리는 다른 시대의 삶은 어떨지에 대해 이야기하며 즐거운 시간을 보냈습니다.

어휘 · 표현 window shopping 아이쇼핑

3 영화 보러 갈 때 내가 하는 일

음성 바로 듣기 

Q Describe your usual routine when you go to watch a movie. What do you do before and after the film? Describe a typical day when you visit a movie theater from start to finish.

영화를 보러 갈 때 당신의 일반적인 루틴을 설명해 주세요. 당신은 영화 보기 전과 후에 무엇을 하나요? 당신이 영화관을 방문하는 날에 일반적으로 하는 일을 처음부터 끝까지 설명해 주세요.

영화 보기 전에 하는 일

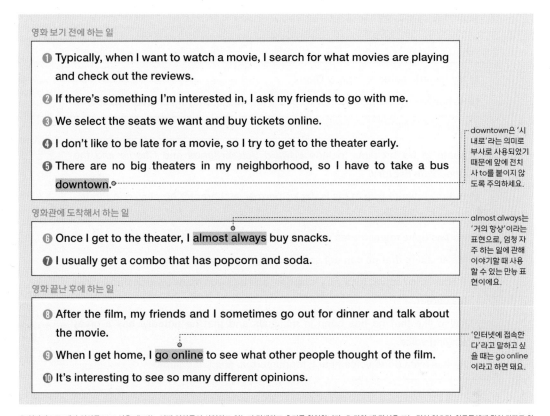

❶ Typically, when I want to watch a movie, I search for what movies are playing and check out the reviews.

❷ If there's something I'm interested in, I ask my friends to go with me.

❸ We select the seats we want and buy tickets online.

❹ I don't like to be late for a movie, so I try to get to the theater early.

❺ There are no big theaters in my neighborhood, so I have to take a bus downtown.

downtown은 '시내로'라는 의미로 부사로 사용되었기 때문에 앞에 전치사 to를 붙이지 않도록 주의하세요.

영화관에 도착해서 하는 일

❻ Once I get to the theater, I almost always buy snacks.

❼ I usually get a combo that has popcorn and soda.

almost always는 '거의 항상'이라는 표현으로, 엄청 자주 하는 일에 관해 이야기할 때 사용할 수 있는 만능 표현이에요.

영화 끝난 후에 하는 일

❽ After the film, my friends and I sometimes go out for dinner and talk about the movie.

❾ When I get home, I go online to see what other people thought of the film.

❿ It's interesting to see so many different opinions.

'인터넷에 접속한다'라고 말하고 싶을 때는 go online이라고 하면 돼요.

❶ 일반적으로, 제가 영화를 보고 싶을 때, 저는 어떤 영화들이 상영하고 있는지 검색하고 후기를 확인합니다. ❷ 만약 제 관심을 끄는 것이 있으면, 친구들에게 같이 가자고 합니다. ❸ 우리는 온라인으로 원하는 좌석을 선택하고 티켓을 구매합니다. ❹ 저는 영화에 늦는 것을 좋아하지 않기 때문에, 극장에 일찍 도착하려고 노력합니다. ❺ 우리 동네에는 큰 극장이 없어서, 시내로 버스를 타고 가야 합니다. ❻ 일단 극장에 도착하면, 저는 거의 항상 간식을 삽니다. ❼ 저는 주로 팝콘과 탄산음료가 있는 콤보를 구매합니다. ❽ 영화가 끝난 후, 친구들과 저는 가끔 저녁을 먹으러 나가서 영화에 대해 이야기합니다. ❾ 집에 도착하면, 저는 다른 사람들이 이 영화에 대해 어떻게 생각하는지 보기 위해 인터넷에 접속합니다. ❿ 매우 다양한 의견들을 보는 것은 흥미롭습니다.

어휘 · 표현 neighborhood 동네, 이웃 downtown 시내로 opinion 의견

4 내가 좋아하는 배우

Q Who is your favorite actor? Please tell me about him or her. What movies has he or she been in? Why do you like him or her so much? Give me as many details about this person as you can.

당신이 가장 좋아하는 배우는 누구인가요? 그 배우에 대해 알려주세요. 그 배우는 어떤 영화에 출연했었나요? 당신은 왜 그 배우를 그렇게 많이 좋아하나요? 그 사람에 대해 가능한 한 자세히 알려주세요.

좋아하는 배우 소개

❶ My favorite actor is Johnny Depp.

❷ He has been in numerous movies and is famous for playing unique characters.

and로 문장을 연결할 때 동사를 빠뜨리지 않도록 주의하세요.

이 배우의 특징

❸ Some of his hit films include *Edward Scissorhands* and *Charlie and the Chocolate Factory.*

우리말과 영어 원작의 영화 제목이 조금 다른 경우가 있는데, 되도록 원작 이름으로 말하는 게 좋아요.

❹ But my favorite role of his is Jack Sparrow, a character he played in *Pirates of the Caribbean.*

❺ He has done many drama and horror movies, too.

❻ It's amazing that he can act so differently in every film he's in.

❼ He has been acting for a very long time and has won many awards throughout his career.

❽ I also like that he has been in musicals and that he actually has a great singing voice.

❾ He has even done voice acting for numerous animated films.

'애니메이션 영화'는 영어로 animation film이 아닌 animated film 또는 animated movie라고 말해요.

이 배우에 대한 생각

❿ I think he is very talented, and I hope that he continues to make movies for many years to come.

for many years to come은 직역하면 '앞으로 올 수년 동안'이라는 의미지만, '앞으로도 계속해서'라는 뜻으로 쓰여요.

❶ 제가 가장 좋아하는 배우는 조니 뎁입니다. ❷ 그는 수많은 영화에 출연했고 독특한 캐릭터를 연기하는 것으로 유명합니다. ❸ 그의 히트 영화들 중에는 *에드워드 가위손*과 *찰리와 초콜릿 공장*이 포함되어 있습니다. ❹ 하지만 그의 역할 중 제가 가장 좋아하는 것은 *캐리비안의 해적*에서 그가 연기한 잭 스패로입니다. ❺ 그는 많은 드라마와 공포 영화도 찍었습니다. ❻ 그가 출연하는 모든 영화에서 그토록 다르게 연기할 수 있다는 것이 놀랍습니다. ❼ 그는 매우 오랜 시간 동안 연기를 해왔고 그의 경력 동안 많은 상을 수상했습니다. ❽ 저는 또한 그가 뮤지컬에 출연했다는 것과 실제로 노래하는 목소리가 훌륭하다는 점을 좋아합니다. ❾ 그는 심지어 수많은 애니메이션 영화에서 목소리 연기를 했습니다. ❿ 저는 그가 매우 재능이 있다고 생각하고 그가 앞으로도 계속해서 영화를 만들기를 바랍니다.

어휘 · 표현 numerous 수많은, 다수의 career 경력, 직업 voice acting 목소리 연기, 성우 animated film 애니메이션 영화 talented 재능이 있는

5 내가 좋아하는 배우에 대한 인상적인 뉴스 기사

음성 바로 듣기 

Q What actor do you like the most? What is a specific news story that you've heard about him or her? First, tell me about the actor, and then describe what happened in the story. What made this story so memorable for movie fans?

당신은 어떤 배우를 가장 좋아하나요? 당신이 그 배우에 대해 들은 특정한 뉴스 기사는 무엇인가요? 먼저 그 배우에 대해 알려주시고, 그다음에 그 기사에서 무슨 일이 있었는지 설명해 주세요. 무엇이 이 이야기를 영화 팬들에게 기억에 남도록 만들었나요?

좋아하는 배우 소개

❶ One of my favorite actors is Angelina Jolie.

❷ She has been acting since she was a teenager.

❸ She is mostly known as an action film star, but she has also been in dramas and comedies.

❹ I have always been a fan of her movies.

❺ However, I also appreciate her as a person.

> appreciate는 '좋아하다, 감사하다'라는 표현으로, like보다는 조금 더 존경하는 뉘앙스를 담고 있는 표현이에요.

이 배우와 관련된 뉴스

❻ One time, while filming a movie in Cambodia, she became concerned about the people there.

❼ Many were living in poor conditions because of the war.

> 바로 앞 문장에서 people이 사용되었기 때문에 반복하지 않고 Many로만 말해도 돼요.

❽ To help, she volunteered for many charities and even adopted a child from there.

❾ She also adopted orphans from Vietnam and Ethiopia.

❿ After that, she helped build schools in those countries as well.

⓫ She has given millions of dollars to help refugees and victims of war.

이 배우에 대한 생각

⓬ I love that she is not only a good actor but also a good person.

> not only A but also B는 'A뿐만 아니라 B'라는 표현으로, A와 B는 품사가 같아야 해요.

❶ 제가 가장 좋아하는 배우 중 한 명은 안젤리나 졸리입니다. ❷ 그녀는 십 대 때부터 연기를 해왔습니다. ❸ 그녀는 일반적으로 액션 영화 배우로 알려져 있지만, 그녀는 드라마와 코미디에도 출연했습니다. ❹ 저는 항상 그녀 영화의 팬이었습니다. ❺ 하지만, 저는 또한 그녀를 한 사람으로서 좋아합니다. ❻ 한 번은, 캄보디아에서 영화를 찍는 동안, 그녀는 그곳 사람들에 대해 걱정하게 되었습니다. ❼ 많은 사람들이 전쟁으로 인해 열악한 환경에서 살고 있었습니다. ❽ 도움을 주기 위해 그녀는 많은 자선 단체에서 봉사했고 심지어 그곳에서 한 아이를 입양하기도 했습니다. ❾ 그녀는 또한 베트남과 에티오피아에서 고아들을 입양했습니다. ❿ 그 후, 그녀는 또한 그 나라들에 학교를 짓는 것을 도왔습니다. ⓫ 그녀는 난민들과 전쟁의 희생자들을 돕기 위해 수백만 달러를 기부했습니다. ⓬ 저는 그녀가 좋은 배우일 뿐만 아니라 좋은 사람이라는 점이 좋습니다.

어휘 · 표현 appreciate 좋아하다, 감사하다 charity 자선 단체 adopt 입양하다 orphan 고아 refugee 난민, 망명자 victim 희생자

6 가장 기억에 남는 영화

Q Describe the most memorable movie you have watched. Who acted in it? What was the plot? Why was it so unforgettable?

당신이 봤던 가장 기억에 남는 영화에 대해 알려주세요. 누가 출연했나요? 줄거리가 무엇이었나요? 그렇게 기억에 남는 이유가 무엇이었나요?

인상적인 영화와 출연진 소개

❶ The most memorable movie I have seen is *Avengers: Endgame*.
❷ It came out in 2019 and is part of the Marble series.
❸ The film has a lot of famous actors in it.
❹ These include Robert Downey Jr., Chris Evans, and Scarlett Johansson.

the most memorable ~ is는 기억에 남는 경험을 말할 때 사용할 수 있는 만능 표현이에요.

이 영화의 줄거리

❺ *Endgame* came out after the movie *Infinity War*.
❻ In *Infinity War*, the villain Thanos erases half of life in the universe.
❼ In *Endgame*, the Avengers try to correct this and bring everyone back.
❽ They must also defeat Thanos, who is really powerful.
❾ I will always remember the ending, which was very moving.
❿ I even cried a little when some of my favorite characters died.

villain [vílən]은 한국어와 동일하게 [빌런]이라고 발음해요.

moving은 '가슴을 뭉클하게 하는'이라는 표현으로, 눈물날 만큼 슬픈 감정, 심금을 울리는 이야기 등에 대해 말할 때 사용해요.

이 영화가 인상적인 이유

⓫ In general, many people enjoy the Marvel movies.
⓬ There are more than 20 films in this series, and they are all kind of connected.
⓭ *Endgame* is like the final chapter, which makes it special for me and many other fans.

❶ 제가 본 영화 중 가장 기억에 남는 영화는 *어벤져스: 엔드게임*입니다. ❷ 그것은 2019년에 개봉되었고 마블 시리즈의 일부입니다. ❸ 그 영화에는 유명한 배우들이 많이 나옵니다. ❹ 이들은 로버트 다우니 주니어, 크리스 에반스, 그리고 스칼렛 요한슨을 포함됩니다. ❺ *엔드게임*은 영화 *인피니티 워* 이후에 나왔습니다. ❻ *인피니티 워*에서 악당 타노스는 우주의 생명의 절반을 없앱니다. ❼ *엔드게임*에서 어벤져스는 이를 바로잡고 모두를 되살리기 위해 노력합니다. ❽ 그들은 또한 정말 강력한 타노스를 물리쳐야 합니다. ❾ 저는 매우 가슴을 뭉클하게 했던 결말을 항상 기억할 것입니다. ❿ 저는 심지어 제가 좋아하는 캐릭터들 중 몇 명이 죽었을 때 조금 울기도 했습니다. ⓫ 일반적으로, 많은 사람들이 마블 영화를 즐깁니다. ⓬ 이 시리즈에는 20편 이상의 영화가 있고, 그것들은 모두 어느 정도 연결되어 있습니다. ⓭ *엔드게임*은 마치 그것의 마지막 장과 같고, 이 점은 그것을 저와 다른 많은 팬들에게 특별하게 만듭니다.

어휘 · 표현 come out 개봉하다, 나오다, 출시하다 villain 악당, 악인 defeat 물리치다, 이기다 ending 결말, 끝
moving 가슴을 뭉클하게 하는, 감동적인 connected 연결된, 관련이 있는

추가 답변 아이디어 및 표현

추가 문제의 답변 아이디어 및 표현을 익히고 답변을 준비해보세요.

요즘 영화의 주요 이슈

이슈 소개	• 요즘 영화에는 폭력적인 장면이 많음	→ so much violence in movies today
이슈가 미치는 영향	• 폭력을 보는 것에 익숙해짐 • 심지어 스스로 폭력적이게 될 수도 있음	→ become used to seeing violence → might even become violent themselves
해결 방법	• 아이들이 보는 것을 면밀히 주시해야 함 • 자녀 보호 기능을 설정할 수 있음	→ have to closely monitor what children watch → can set up parental controls

과거와 현재의 영화 비교

과거의 영화 특징	• 대부분 조명, 거울, 렌즈, 그리고 다른 기술로 만들어졌었음 • 저렴하고 가짜처럼 보였음	→ were mostly done with lights, mirrors, lenses, and other techniques → looked cheaper and fake
현재의 영화 특징	• 컴퓨터로 만들어짐 • 이전보다 더 많은 특수효과를 만들 수 있음 • 영화를 보기에 흥미진진하게 만듦	→ are handled by computers → can create more types of effects than ever before → make movies spectacular to watch

극장에서 있었던 기억에 남는 경험

인상적인 경험 소개	• 친구와 영화관에 갔음 • 극장에 가지고 들어갈 아이스 커피를 샀음	→ went to the movie theater with my friend → bought an iced coffee to bring into the theater
인상적인 경험 상세 설명	• 시작한 지 15분 만에 커피를 다 마셨음 • 일어나서 화장실이 가고 싶어졌음 • 정말 중요한 장면들을 놓쳤음	→ drank the whole coffee in the first 15 minutes → felt like I had to get up to use the bathroom → missed really important scenes
이 경험이 인상적인 이유	• 커피를 너무 마셔서 그 경험을 망쳤음	→ ruined the experience by drinking too much coffee

내가 자주 가는 영화관

자주 가는 영화관 소개	• 집에서 차로 조금만 가면 위치해있음 • 쇼핑몰 안에 있는 큰 극장임	→ located a short drive from my home → a large theater in a shopping mall
좋아하는 이유 1	• 좌석이 정말 편함 • 좋은 각도로 배열되어 있음	→ seating area is really comfortable → are arranged at a good angle
좋아하는 이유 2	• 훌륭한 매점이 있음 • 팝콘과 나초 같은 다양한 간식이 있음	→ has an excellent snack bar → has various snacks like popcorn and nachos

Unit 04

공원가기

출제 비율

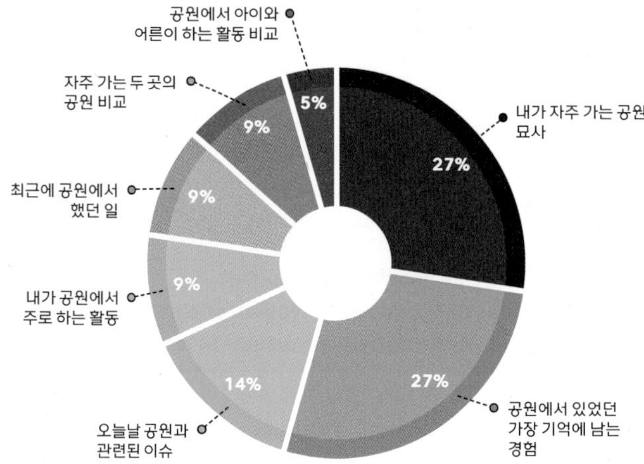

빈출 문제 TOP 4

1. 내가 자주 가는 공원 묘사
2. 공원에서 있었던 가장 기억에 남는 경험
3. 오늘날 공원과 관련된 이슈
4. 내가 공원에서 주로 하는 활동

빈출 콤보

- 콤보1 내가 자주 가는 공원 묘사 → 내가 공원에서 주로 하는 활동 → 공원에서 있었던 가장 기억에 남는 경험
- 콤보2 내가 자주 가는 공원 묘사 → 최근에 공원에서 했던 일 → 공원에서 있었던 가장 기억에 남는 경험
- 콤보3 자주 가는 두 곳의 공원 비교 → 오늘날 공원과 관련된 이슈
- 콤보4 공원에서 아이와 어른이 하는 활동 비교 → 오늘날 공원과 관련된 이슈

빈출 문제 공략

STEP 1 QR코드를 찍고 모범답변 음성을 들어보세요. 그 후 쉐도잉 연습용 음성을 따라 답변을 3번 읽어보세요.

STEP 2 청록색 번호는 반드시 답변해야 하는 핵심 내용이므로, 그 문장들만 3번 더 읽어보세요.

STEP 3 이제 모범답변을 보지 않고 실제로 질문에 답하는 것처럼 자연스러운 말투로 답변해 보세요.

1 내가 자주 가는 공원 묘사

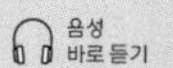

Q In your background survey, you indicated that you enjoy visiting parks. Describe a specific park you like going to. Where is it, and what does it look like? Why do you like it so much?

당신은 설문 조사에서 공원 방문하는 것을 즐긴다고 했습니다. 당신이 가기 좋아하는 특정 공원에 대해 설명해 주세요. 그 공원은 어디에 있고, 어떻게 생겼나요? 당신은 그곳을 왜 그렇게 좋아하나요?

좋아하는 공원 소개

❶ Going to parks is one of my favorite **pastimes.** ❷ Of the parks that I go to often, the one in my neighborhood is my favorite. ❸ It's a short walk from my house.

> pastimes 대신에 hobbies로 바꿔 말할 수 있어요.

이 공원에 대한 상세한 묘사

❹ It isn't a big park, but it's quiet and has some nice features. ❺ There is a small playground that the local kids play **in**, and some exercise equipment that older people use. ❻ The best thing is the trail that leads to the park. ❼ Whenever I feel like taking a walk, I always head to the park. ❽ In the fall, the autumn leaves there are beautiful, too.

> play 뒤에 전치사 in을 빠뜨리지 않도록 주의하세요.

이 공원이 특별한 이유

❾ What makes the park special to me is its peaceful and welcoming atmosphere. ❿ **It's nice to be away from the noise for a bit.** ⓫ Maybe some parks are more impressive, but it's my favorite place to relax.

> 공원이나 해변 같이 도시에서 벗어난 곳에 가는 장점에 대해 말할 때 쓸 수 있는 만능 표현이에요.

❶ 공원에 가는 것은 제가 가장 좋아하는 취미 중 하나입니다. ❷ 제가 자주 가는 공원 중 저는 우리 동네에 있는 것을 가장 좋아합니다. ❸ 집에서 조금만 걸어가면 되는 곳에 있습니다. ❹ 그곳은 큰 공원은 아니지만, 조용하고 몇 가지 멋진 특징을 가지고 있습니다. ❺ 그곳에는 동네 아이들이 다니는 작은 놀이터와 나이 든 사람들이 사용하는 운동 기구가 있습니다. ❻ 그곳의 가장 좋은 점은 공원으로 이어지는 산책로입니다. ❼ 저는 산책하고 싶은 생각이 들 때마다, 항상 그 공원으로 향합니다. ❽ 가을에는, 그곳의 단풍도 아름답습니다. ❾ 그 공원을 저에게 특별하게 만드는 것은 그곳의 평화롭고 안락해 보이는 분위기입니다. ❿ 잠시 도시의 소음에서 벗어날 수 있어서 좋습니다. ⓫ 몇몇 공원들이 더 인상적일 수는 있지만, 이곳이 제가 휴식을 취하기 가장 좋아하는 장소입니다.

어휘 · 표현 pastime 취미 neighborhood 동네, 인근 playground 놀이터 welcoming 안락해 보이는, 마음을 끄는 atmosphere 분위기 impressive 인상적인, 인상 깊은

2 공원에서 있었던 가장 기억에 남는 경험

음성 바로 듣기 

Q What is something interesting that has happened to you at a park? When did it happen? What were you doing at the time? Were you with anyone? Explain why it was so memorable.

공원에서 당신에게 일어났던 흥미로운 일은 무엇인가요? 그 일은 언제 일어났나요? 당신은 그때 무엇을 하고 있었나요? 누군가와 같이 있었나요? 그 일이 기억에 남는 이유를 설명해 주세요.

공원에서 기억에 남는 경험 소개

❶ A couple of years ago, I was going for a run in the park near my home.
❷ I was thirsty, so I went over to a nearby water fountain to fill up my bottle.
❸ As I **approached** the water fountain, I noticed someone sitting on a bench reading a book.
❹ I thought she looked like my **old friend** Jiwoo, who I used to go to school with.

이 경험이 기억에 남는 이유

❺ I wasn't sure, though, so I said her name.
❻ To my surprise, she looked up, and it was her!
❼ She smiled widely and asked how I was.
❽ I sat down beside her, and we talked for a few minutes about our lives.
❾ We exchanged phone numbers and made plans to get together for coffee.
❿ Today, we see each other regularly, and she is one of my **closest friends.**

approached 뒤에 to를 붙이지 않도록 주의하세요.

old friend는 '옛 친구, 오랜 친구'라는 표현으로, 친구 외에도 오래 함께 한 반려동물, 오래 사용한 물건 등에 대해 말할 때도 사용할 수 있어요.

best friends로 바꿔 말할 수도 있어요.

❶ 몇 년 전에, 저는 집 근처의 공원으로 조깅을 하러 가고 있었습니다. ❷ 저는 목이 말라서 물병을 채우러 근처에 있는 식수대로 갔습니다. ❸ 식수대에 다가가자, 근처 벤치에 앉아 책을 읽고 있는 사람이 저의 눈에 띄었습니다. ❹ 저는 그녀가 저와 함께 학교에 다녔던 제 옛 친구 지우를 닮았다고 생각했습니다. ❺ 하지만, 확실하지 않아서, 저는 그녀의 이름을 불렀습니다. ❻ 그녀가 고개를 들었고, 놀랍게도, 바로 그녀였습니다! ❼ 그녀는 활짝 웃으며 제 안부를 물었습니다. ❽ 저는 그녀 옆에 앉았고, 우리는 우리의 일상에 대해 몇 분 동안 이야기를 나눴습니다. ❾ 우리는 전화번호를 교환했고 만나서 커피를 마실 계획을 세웠습니다. ❿ 요즘, 우리는 정기적으로 서로를 만나고, 그녀는 저의 가장 친한 친구 중 한 명입니다.

어휘 · 표현 thirsty 목이 마른, 갈증이 나는 water fountain 식수대 approach 다가가다 exchange 교환하다 regularly 정기적으로, 주기적으로

3 오늘날 공원과 관련된 이슈

음성 바로 듣기 

Q What is the biggest problem associated with public parks today? What issue do people encounter these days while at public parks? What can be done about this? Give details.

오늘날 공원과 관련된 가장 큰 문제는 무엇인가요? 요즘 사람들은 공원에 있을 때 어떤 이슈에 직면하나요? 이것에 대해 무엇을 할 수 있을까요? 자세히 설명해 주세요.

요즘 공원의 주요 이슈 소개

❶ **In my opinion**, the main problem affecting public parks is litter.

❷ It's common to see paper, food trash, and plastic bottles all over the ground.

> 나의 의견이나 주장을 할 때, 서두에 사용할 수 있는 만능 표현이에요. I think보다는 더 형식적인 느낌을 주는 표현이에요.

이 이슈가 미치는 영향

❸ You want to relax and enjoy nature when you're at the park, but it's difficult if there is litter everywhere.

❹ People cannot even sit down on the grass because it's so dirty.

❺ Litter is also very dangerous for the animals that live there.

❻ If an animal **accidentally** eats some trash, it could die.

> '실수로'라고 말하고 싶을 때는 accidentally라고 하면 돼요.

이 이슈를 해결할 방법

❼ To solve this problem, I think cities need to add more trash cans and recycling bins in parks.

❽ People are **less likely to** leave their garbage on the ground if they can throw it away properly.

❾ It might be a little expensive to do this, but the government should spend more money to keep our parks clean.

> less likely to는 '~할 가능성이 더 적다'라는 표현으로, 반대로 '~할 가능성이 더 많다'는 more likely to라고 말해요.

❶ 제 생각에, 공원에 영향을 미치는 주요 문제는 쓰레기입니다. ❷ 땅 곳곳에서 종이, 음식물 쓰레기, 그리고 플라스틱병을 흔하게 볼 수 있습니다. ❸ 공원에 있을 때 휴식을 취하고 자연을 즐기고 싶지만, 곳곳에 쓰레기가 있다면 그것을 하기 어렵습니다. ❹ 사람들은 심지어 잔디 위에 앉을 수도 없는데, 그것은 그곳이 너무 더럽기 때문입니다. ❺ 쓰레기는 또한 그곳에 사는 동물들에게 매우 위험합니다. ❻ 만약 어느 동물이 실수로 쓰레기를 먹는다면, 그것은 죽을 수도 있습니다. ❼ 이 문제를 해결하기 위해, 저는 도시들이 더 많은 쓰레기통과 재활용 쓰레기통을 공원에 추가할 필요가 있다고 생각합니다. ❽ 만약 쓰레기를 올바르게 버릴 수 있다면 사람들이 쓰레기를 바닥에 버리고 갈 가능성이 더 적어집니다. ❾ 이렇게 하는 것은 비용이 좀 들 수도 있지만, 정부는 우리의 공원을 깨끗하게 유지하기 위해 더 많은 돈을 써야 합니다.

어휘 · 표현 litter 쓰레기 accidentally 실수로, 뜻하지 않게 bin (쓰레기)통

4 내가 공원에서 주로 하는 활동

Q What activities do you enjoy doing while at the park? For example, do you like to walk or exercise while there? Do you like to go with other people to the park, or do you prefer going alone? Tell me about a normal day at the park for you.

당신은 공원에 있는 동안 어떤 활동을 즐겨 하나요? 예를 들어, 당신은 그곳에 있는 동안 산책하거나 운동하는 것을 좋아하나요? 당신은 다른 사람들과 공원에 가는 것을 좋아하나요, 아니면 혼자 가는 것을 선호하나요? 당신에게 있어 공원에서의 평범한 하루에 대해 말해주세요.

공원에 가는 경향

❶ When I go to a park, I usually just go there for fresh air.
❷ I often do this on sunny days.
❸ Being among trees for a little while really refreshes me.
❹ Mostly, I like to go by myself, though sometimes I go with a friend.

just로 '신선한 공기를 마시는 것이 공원에서 하는 주된 활동'이라는 점을 강조하는 뉘앙스로 말할 수 있어요.

공원에서 하는 활동

❺ On a typical occasion, I go there by myself and sit by the fountain.
❻ It's a pretty spot that gets plenty of sunlight, so it's usually warm there.
❼ If the weather is really nice, I'll stay for a long time.
❽ Sometimes I bring a novel to read.
❾ After sitting, I usually stroll along the trails.
❿ I don't like to walk too fast because I'm interested in enjoying the environment.
⓫ The last part of my routine is enjoying the walk all the way back home.

'보통의 경우에'라고 말하고 싶을 때는 on a typical occasion이라고 하면 돼요.

해변에서 주로 하는 활동에 대해 이야기할 때도 사용할 수 있는 만능 표현이에요.

❶ 제가 공원에 갈 때, 저는 보통 신선한 공기를 마시기 위해 그곳에 갑니다. ❷ 저는 화창한 날에 종종 이것을 합니다. ❸ 잠시 동안 나무들 사이에 있는 것은 저를 정말 상쾌하게 합니다. ❹ 보통, 저는 혼자 가는 것을 좋아하지만, 가끔은 친구와 함께 가기도 합니다. ❺ 보통의 경우에, 저는 혼자 그곳에 가서 분수대 옆에 앉습니다. ❻ 그곳은 햇빛이 많이 드는 예쁜 장소라서 보통 따뜻합니다. ❼ 만약 날씨가 정말 좋다면, 저는 오랜 시간 머뭅니다. ❽ 가끔 저는 읽을 소설을 가져갑니다. ❾ 앉아 있은 후에, 저는 주로 산책로를 따라 산책합니다. ❿ 저는 주변 환경을 즐기는 것에 관심이 있기 때문에 너무 빨리 걷는 것을 좋아하지 않습니다. ⓫ 제 루틴의 마지막 부분은 집으로 돌아오는 내내 산책을 즐기는 것입니다.

어휘 · 표현 among ~ 사이에, ~에 둘러싸인 refresh 상쾌하게 하다, 생기를 되찾다 plenty of 많은 novel 소설 stroll 산책하다, 거닐다

추가 답변 아이디어 및 표현

추가 문제의 답변 아이디어 및 표현을 익히고 답변을 준비해보세요.

최근에 공원에서 했던 일

공원에 갔던 경험 소개	• 지난주에 엄마랑 공원에 갔음 • 날씨가 너무 좋았음	→ went to the park last week with my mom → the weather was so nice
공원에서 했던 활동	• 한동안 호수 주변을 걸었음 • 우리의 일상생활에 대해 이야기함 • 운동기구를 발견해서 잠시 사용함	→ walked around the lake for a while → talked about our daily lives → found some exercise equipment and used it for a bit
공원에서 느낀 점	• 공원에 약 한 시간 정도 머물렀음 • 하루를 마무리하는 상쾌한 방법이었음	→ stayed at the park for about an hour → was a refreshing way to end the day

자주 가는 두 곳의 공원 비교

비교 대상 소개	• 한강공원과 남산공원 • 서로 매우 다름	→ Hangang Park and Namsan Park → are very different from each other
한강공원의 특징	• 강을 따라 이어져 있음 • 보통 휴식을 취하기 위해 그곳에 감 • 축구장과 테니스 코트와 같은 많은 시설이 있음	→ runs along the river → usually go there to relax → has many facilities like soccer fields and tennis courts
남산공원의 특징	• 산에 위치해 있음 • 아름다운 산책로로 잘 알려져 있음 • 자연을 즐기기에 좋은 장소	→ located on a mountain → well-known for its beautiful walking trails → a great place to enjoy nature

공원에서 아이와 어른이 하는 활동 비교

공원 소개	• 강가에 있는 큰 공원에 자주 감 • 이곳엔 누구나 좋아할 만한 것이 있음	→ often go to the large park by the river → something for everybody there
아이들의 활동	• 잔디 위에서 뛰어다니기 좋아함 • 웃고 소리치며 게임을 함 • 종종 연을 날림	→ like to run around on the grass → play games, laughing and shouting → often fly kites
어른들의 활동	• 보통 덜 활동적임 • 무리 지어 앉아서 노는 것을 좋아함 • 맥주를 마시고 치킨도 주문함	→ are usually less active → like to sit in groups and hang out → drink beer and order fried chicken

Unit 05
해변가기

출제 비율

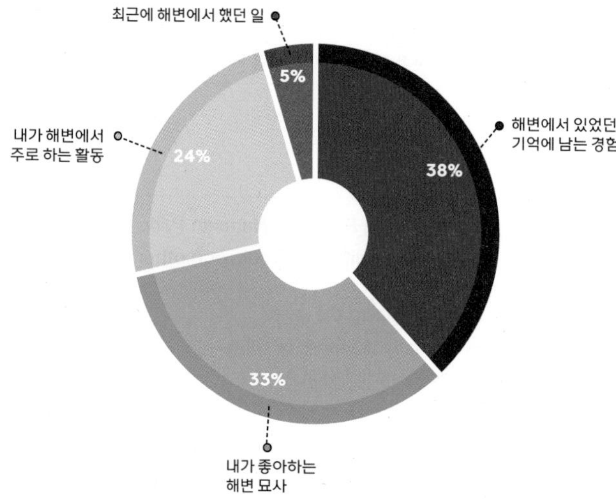

빈출 문제 TOP 3

1. 해변에서 있었던 기억에 남는 경험
2. 내가 좋아하는 해변 묘사
3. 내가 해변에서 주로 하는 활동

빈출 콤보

- 콤보1 내가 좋아하는 해변 묘사 → 내가 해변에서 주로 하는 활동 → 해변에서 있었던 기억에 남는 경험
- 콤보2 내가 좋아하는 해변 묘사 → 최근에 해변에서 했던 일 → 해변에서 있었던 기억에 남는 경험

빈출 문제 공략

STEP 1 QR코드를 찍고 모범답변 음성을 들어보세요. 그 후 쉐도잉 연습용 음성을 따라 답변을 3번 읽어보세요.

STEP 2 청록색 번호는 반드시 답변해야 하는 핵심 내용이므로, 그 문장들만 3번 더 읽어보세요.

STEP 3 이제 모범답변을 보지 않고 실제로 질문에 답하는 것처럼 자연스러운 말투로 답변해 보세요.

1 해변에서 있었던 기억에 남는 경험

음성 바로 듣기

Q Have you ever had a scary or memorable experience while at the beach? For instance, did you get stuck in bad weather or encounter something that stopped you from having fun? Tell me about the experience from beginning to end.

당신은 해변에 있는 동안 무서웠거나 기억에 남는 경험을 해본 적이 있나요? 예를 들어, 당신은 악천후를 만나거나, 당신이 즐기지 못하게 하는 무언가에 직면했나요? 그 경험에 대해 처음부터 끝까지 말해주세요.

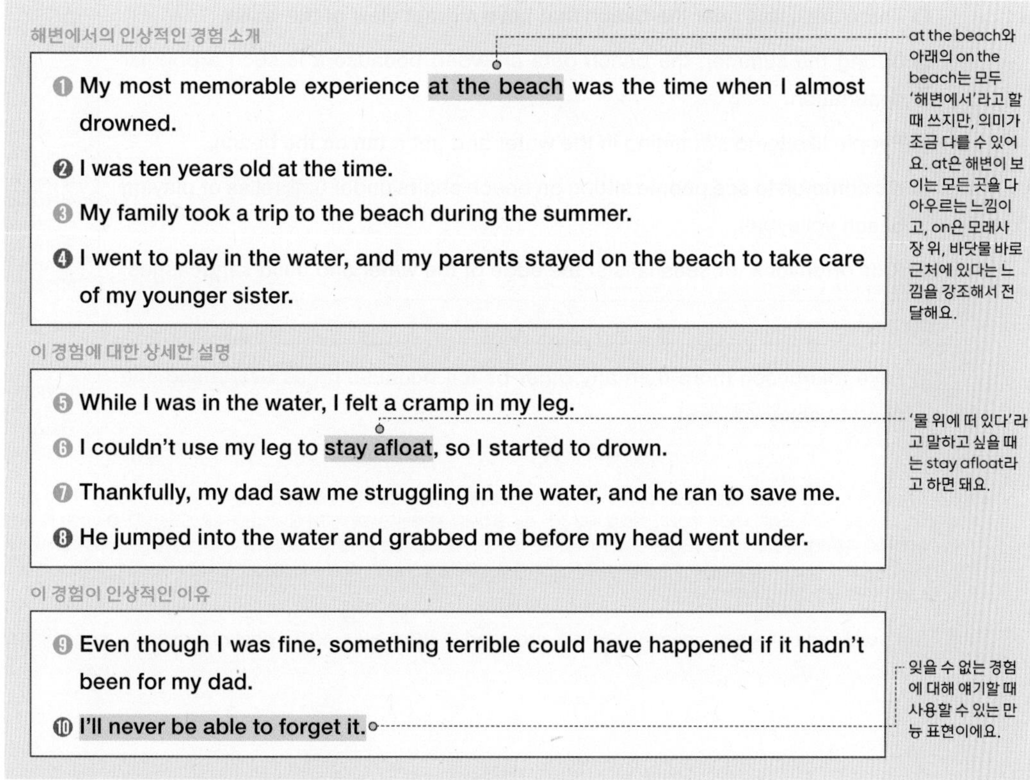

해변에서의 인상적인 경험 소개

❶ My most memorable experience at the beach was the time when I almost drowned.

❷ I was ten years old at the time.

❸ My family took a trip to the beach during the summer.

❹ I went to play in the water, and my parents stayed on the beach to take care of my younger sister.

이 경험에 대한 상세한 설명

❺ While I was in the water, I felt a cramp in my leg.

❻ I couldn't use my leg to stay afloat, so I started to drown.

❼ Thankfully, my dad saw me struggling in the water, and he ran to save me.

❽ He jumped into the water and grabbed me before my head went under.

이 경험이 인상적인 이유

❾ Even though I was fine, something terrible could have happened if it hadn't been for my dad.

❿ I'll never be able to forget it.

at the beach와 아래의 on the beach는 모두 '해변에서'라고 할 때 쓰지만, 의미가 조금 다를 수 있어요. at은 해변이 보이는 모든 곳을 다 아우르는 느낌이고, on은 모래사장 위, 바닷물 바로 근처에 있다는 느낌을 강조해서 전달해요.

'물 위에 떠 있다'라고 말하고 싶을 때는 stay afloat라고 하면 돼요.

잊을 수 없는 경험에 대해 얘기할 때 사용할 수 있는 만능 표현이에요.

❶ 해변에서의 가장 기억에 남는 경험은 제가 거의 물에 빠져 죽을 뻔했던 때였습니다. ❷ 그 당시에 저는 10살이었습니다. ❸ 우리 가족은 여름에 해변으로 여행을 갔습니다. ❹ 저는 물놀이를 하러 들어갔고, 부모님은 여동생을 돌보기 위해 해변에 머물렀습니다. ❺ 물속에 있는 동안, 저는 다리에 쥐가 난 것을 느꼈습니다. ❻ 저는 물 위에 떠 있기 위해 다리를 쓸 수 없어서 물에 잠기기 시작했습니다. ❼ 다행히도, 아빠는 제가 물속에서 허우적거리는 것을 보고 저를 구하러 달려오셨습니다. ❽ 아빠는 제 머리가 잠기기 전에 물에 뛰어들어 저를 붙잡았습니다. ❾ 비록 아무 일 없었지만, 아빠가 아니었더라면 끔찍한 일이 일어날 수도 있었습니다. ❿ 저는 그 일을 절대 잊을 수 없을 것입니다.

어휘 · 표현 drown 물에 빠져 죽다, 물에 잠기다 take care of ~을 돌보다 cramp (근육에 생기는) 쥐, 경련 afloat (물 위에) 뜬 struggle 허우적거리다, 버둥거리다 grab 붙잡다, 움켜잡다

2 내가 좋아하는 해변 묘사

음성 바로 듣기 

Q In your background survey, you mentioned that you enjoy visiting beaches. What is your favorite beach and why? Where is it? What does it look like? Give me as many details as possible.

당신은 설문 조사에서 해변에 가는 것을 즐긴다고 했습니다. 당신이 가장 좋아하는 해변은 무엇이고, 그 이유는 무엇인가요? 그곳은 어디에 있나요? 그곳은 어떻게 생겼나요? 되도록 자세히 알려주세요.

좋아하는 해변 소개

❶ My favorite beach is located about an hour's drive outside of the city.
❷ The beach is not that big, but it has a beautiful view of the sea.

이 해변에 대한 상세한 묘사

❸ I enjoy the walking trails along the beach because the scenery is so calm and peaceful.
❹ There are cafés near the beach that have a great view of the water.
❺ During the summer, the beach gets crowded because it is such a popular destination.
❻ People like to go swimming in the water and get a tan on the beach.
❼ It's common to see people sitting on beach chairs under umbrellas or playing beach volleyball.
❽ Kids often look for seashells at the edge of the water and build sandcastles.

이곳을 좋아하는 이유

❾ I like this beach more than any other beach because it has everything you need to enjoy yourself.

café[kæféi]의 발음에 주의하세요. 한국어 발음 그대로 [카페]로 발음하면 안 돼요.

'파라솔'은 영어로 parasol이 아닌 (beach) umbrella라고 말해요. 참고로, parasol은 양산을 의미해요.

어떤 장소에 있는 시설이나 그곳에서 할 수 있는 일들을 설명할 때 사용할 수 있는 만능 문장이에요.

❶ 제가 가장 좋아하는 해변은 차로 한 시간 정도 떨어진 도시 외곽에 위치해 있습니다. ❷ 그 해변은 그렇게 크지는 않지만, 바다의 아름다운 경치를 가지고 있습니다. ❸ 저는 그 경치가 너무 조용하고 평화롭기 때문에 해변의 산책로를 따라 걷는 것을 즐깁니다. ❹ 해변 근처에 바다가 잘 보이는 카페들이 있습니다. ❺ 여름에 이 해변은 매우 인기 있는 여행지이기 때문에 붐비게 됩니다. ❻ 사람들은 물속에서 수영하고 해변에서 선탠하는 것을 좋아합니다. ❼ 파라솔 아래의 해변용 의자에 앉아 있거나 비치발리볼을 하는 사람들을 흔히 볼 수 있습니다. ❽ 아이들은 종종 물가에서 조개껍데기를 찾고 모래성을 짓습니다. ❾ 저는 이 해변을 다른 어떤 해변보다 더 좋아하는데, 이곳에는 즐거운 시간을 보내기 위한 모든 것이 있기 때문입니다.

어휘 · 표현 walking trail 산책로 scenery 경치, 배경 crowded (사람들이) 붐비는, 복잡한 destination 여행지 edge 가, 가장자리, 끝

3 내가 해변에서 주로 하는 활동

음성 바로 듣기 

Q What do you like doing when you go to the beach? Describe a typical day at the beach for you.

당신은 해변에 갈 때 어떤 일을 하기 좋아하나요? 당신에게 있어 해변에서의 하루에 일반적으로 하는 일을 설명해 주세요.

해변에서 하는 활동 1

❶ When I go to the beach, I lay down my towel in an area that isn't too crowded.
❷ I apply sunscreen to my skin because I don't want to get burned.
❸ I set up my umbrella to have some shade.
❹ Then, I lie down and relax looking at the water.

'자외선 차단제'는 영어로 sun cream이 아닌 sunscreen이라고 말해요.

해변에서 하는 활동 2

❺ When I start feeling hot, I go into the water to cool down.
❻ I swim for a while because it is good exercise and I enjoy it.

특정한 운동 이름을 말하지 않고 운동 자체를 말할 때에는 관사(an) 없이 쓰여요.

해변에서 하는 활동 3

❼ I typically relax for a while longer before taking a walk along the edge of the water.
❽ Sometimes, if I see a nice seashell, I will pick it up and take home with me.

❶ 해변에 갈 때, 저는 너무 붐비지 않는 곳에 제 수건을 내려놓습니다. ❷ 저는 화상을 입고 싶지 않기 때문에 피부에 자외선 차단제를 바릅니다. ❸ 저는 그늘을 만들기 위해 파라솔을 설치합니다. ❹ 그러고 나서, 저는 누워서 바다를 바라보며 휴식을 취합니다. ❺ 덥다고 느끼기 시작하면, 저는 더위를 식히기 위해 물속으로 들어갑니다. ❻ 저는 잠시 동안 수영을 하는데, 수영은 좋은 운동이고 제가 좋아하는 것이기 때문입니다. ❼ 저는 보통 물가를 따라 산책하기 전에 잠시 더 휴식을 취합니다. ❽ 가끔, 예쁜 조개껍데기를 본다면, 저는 그것을 집에 가져가기도 합니다.

추가 답변 아이디어 및 표현

추가 문제의 답변 아이디어 및 표현을 익히고 답변을 준비해보세요.

최근에 해변에서 했던 일

해변에 간 경험 소개	• 지난달에 친구들과 해변에 감	➡ went to the beach last month with my friends
해변에서 한 활동	• 하루 종일 수영하고 게임 함 • 바다 위 석양을 바라봄 • 책을 들고 카페에 가서 시간을 보냄	➡ spent the whole day swimming and playing games ➡ watched the sunset over the water ➡ grabbed our books and spent time at a café
느낀 점	• 친구들과 함께 보낸 좋은 주말이었음	➡ was a great weekend with friends

Unit 06

음악 감상하기

출제 비율

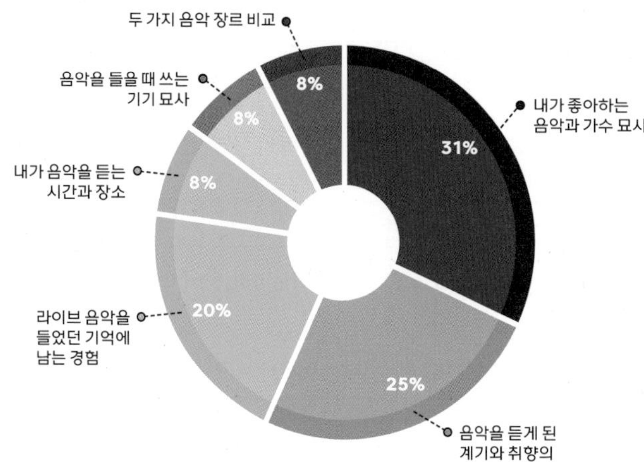

빈출 문제 TOP 4

1. 내가 좋아하는 음악과 가수 묘사
2. 음악을 듣게 된 계기와 취향의 변화
3. 라이브 음악을 들었던 기억에 남는 경험
4. 내가 음악을 듣는 시간과 장소

빈출 콤보

- 콤보1 내가 좋아하는 음악과 가수 묘사 → 음악을 듣게 된 계기와 취향의 변화 → 라이브 음악을 들었던 기억에 남는 경험
- 콤보2 내가 좋아하는 음악과 가수 묘사 → 내가 음악을 듣는 시간과 장소 → 음악을 듣게 된 계기와 취향의 변화
- 콤보3 두 가지 음악 장르 비교 → 음악을 들을 때 쓰는 기기 묘사

빈출 문제 공략

STEP 1 QR코드를 찍고 모범답변 음성을 들어보세요. 그 후 쉐도잉 연습용 음성을 따라 답변을 3번 읽어보세요.
STEP 2 청록색 번호는 반드시 답변해야 하는 핵심 내용이므로, 그 문장들만 3번 더 읽어보세요.
STEP 3 이제 모범답변을 보지 않고 실제로 질문에 답하는 것처럼 자연스러운 말투로 답변해 보세요.

1 내가 좋아하는 음악과 가수 묘사

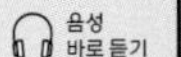

Q What kinds of music do you like? Tell me about some of your favorite musicians and artists.

당신은 어떤 종류의 음악을 좋아하나요? 당신이 가장 좋아하는 몇몇 음악가와 아티스트들에 대해 말해주세요.

좋아하는 음악 소개

❶ Although I enjoy listening to many different types of music, I like pop music the most.
❷ I love it because the songs are upbeat, joyful, and really positive.
❸ They put me in a good mood when I'm sad and relieve my stress.

dance music(댄스 음악), jazz music(재즈 음악), hip pop music(힙합 음악) 등 다양한 음악 장르로 바꿔 말할 수 있어요.

좋아하는 가수 소개

❹ There are many great pop artists that I like, but I've recently been listening to Ed Sheeran a lot.
❺ He has a very unique voice that is soft and calming but powerful at the same time.
❻ The melodies of his songs are also very interesting and memorable.
❼ In addition, the lyrics in his songs speak to me because they talk about his life experiences.
❽ I feel like many of my own experiences are like his, so I connect with his songs.
❾ That's why I love listening to his music.

speak to me은 '와닿다'라는 표현으로, 음악이나 예술 작품, 소설 등의 작품을 좋아하는 이유에 대해 이야기할 때 사용해요.

❶ 비록 저는 다양한 종류의 음악을 듣는 것을 좋아하지만, 저는 팝 음악을 가장 좋아합니다. ❷ 노래들이 경쾌하고, 즐겁고, 굉장히 긍정적이기 때문에 그것을 좋아합니다. ❸ 그것들은 제가 슬플 때 기분을 좋게 해주고 스트레스를 덜 수 있도록 도와줍니다. ❹ 제가 좋아하는 훌륭한 팝 아티스트들이 많지만, 최근에는 에드 시런을 많이 듣고 있습니다. ❺ 그는 부드럽고 차분하지만 동시에 힘이 있는 매우 독특한 목소리를 가지고 있습니다. ❻ 그의 노래의 멜로디 또한 매우 흥미롭고 기억하기 쉽습니다. ❼ 게다가, 그의 노래에 있는 가사는 그의 인생 경험들에 대해 이야기하기 때문에 저에게 와닿습니다. ❽ 저는 제 자신의 많은 경험들이 그의 것과 같다고 느껴서, 그의 노래들과 마음이 통합니다. ❾ 그것이 제가 그의 음악을 듣는 것을 좋아하는 이유입니다.

어휘 · 표현 upbeat 경쾌한, 즐거운 joyful 즐거운, 기쁜 relieve (불쾌감·고통 등을) 덜다, 후련하게 하다 unique 독특한, (아주) 특별한 calming 차분한, 잔잔한 memorable 기억하기 쉬운, 기억할 만한 lyric (노래의) 가사, 노래의

2 음악을 듣게 된 계기와 취향의 변화

Q You indicated in your background survey that you enjoy listening to music. When did you first begin listening to music? How did you listen to it at first? What was your favorite type of music in the past, and how has it changed? Describe how your tastes have evolved.

당신은 설문 조사에서 음악 듣는 것을 즐긴다고 했습니다. 당신은 언제 처음으로 음악을 듣기 시작했나요? 처음에는 그것을 어떻게 들었나요? 과거에 당신이 가장 좋아하던 음악의 종류는 무엇이었고, 어떻게 바뀌었나요? 당신의 취향이 어떻게 변화했는지 설명해 주세요.

음악을 듣게 된 계기와 어릴 적 음악 취향

❶ I first became interested in music when I was very young.
❷ However, I only listened to songs from animated movies at that point.
❸ When the characters in the movie sang, I would sing along with them.

listen은 자동사이기 때문에 뒤에 to를 빠뜨리지 않도록 주의하세요.

음악 취향의 변화

❹ As I got older, my music preferences changed, and I began to explore other types of music.
❺ I listened to hip-hop as a teenager and really enjoyed it for a while.
❻ It's catchy and the lyrics are powerful, so I felt like it gave me energy.
❼ I found out that I like songs that are upbeat because they put me in a good mood.

catchy는 '귀에 쏙쏙 들어오는'이라는 표현으로, 주로 수능 금지곡처럼 중독성 있는 노래에 대해 말할 때 사용해요.

요즘 즐겨 듣는 음악 소개

❽ These days, I listen to pop music the most.
❾ This is because it's joyful and the songs have positive messages.
❿ When I'm stressed or feeling sad, I listen to some pop music to feel better.

pop music은 하나의 장르를 지칭하는 표현이기 때문에 단수형으로 사용돼요. 따라서 뒤에 's'를 붙이지 않도록 주의하세요.

❶ 저는 아주 어렸을 때 처음으로 음악에 관심을 갖게 되었습니다. ❷ 하지만, 저는 그 시점에서는 오직 애니메이션 영화의 노래만을 들었습니다. ❸ 영화 속의 등장인물들이 노래를 부를 때, 저는 그들과 함께 노래를 따라 불렀습니다. ❹ 나이가 들면서, 제 음악 취향이 바뀌었고, 저는 다른 종류의 음악을 탐구하기 시작했습니다. ❺ 저는 십 대 때 힙합을 들었고 한동안 그것을 정말 즐겼습니다. ❻ 귀에 쏙쏙 들어오고 가사가 파워풀해서 힘이 나는 것 같았습니다. ❼ 저는 기분을 좋게 해주기 때문에 경쾌한 노래를 좋아한다는 것을 알게 되었습니다. ❽ 요즘, 저는 팝 음악을 가장 많이 듣습니다. ❾ 그 노래들은 즐겁고 긍정적인 메시지를 가지고 있기 때문입니다. ❿ 스트레스를 받거나 슬플 때, 저는 제가 기분이 나아지도록 팝 음악을 듣습니다.

어휘 · 표현 animated movie 애니메이션 영화 preference 취향, 선호(도) explore 탐구하다, 분석하다
catchy 귀에 쏙쏙 들어오는, 기억하기 쉬운

3 라이브 음악을 들었던 기억에 남는 경험

Q Reflect on a memorable experience when you were listening to live music. What happened? When and where was it? Were you with anyone? What band or artist was performing? Why was it so unforgettable?

라이브 음악을 듣고 있었을 때의 기억에 남는 경험을 떠올려보세요. 무슨 일이 있었나요? 언제 그리고 어디였나요? 당신은 누군가랑 같이 있었나요? 어떤 밴드나 아티스트가 공연하고 있었나요? 그것이 이토록 잊히지 않는 이유는 무엇인가요?

라이브 음악 감상 경험 소개

❶ I can still remember the time I attended my first concert very clearly.
❷ When I was a teenager, I **was obsessed with** this idol and really wanted to see him in concert.
❸ I had listened to his music for years and **knew all of his songs by heart**.
❹ When I heard that he was going to be performing in my city, I begged my parents for a ticket.
❺ I was thrilled when they agreed to let me go.

이 경험에 대한 상세한 설명

❻ I was 15 and had never been to a live show before, so I was very excited.
❼ As soon as the lights suddenly dimmed and he came on stage, the audience **went wild**.
❽ I started cheering at the top of my lungs.
❾ It was a dream come true to see my favorite singer in real life.

be obsessed with는 '~에 사로잡혀 있는'이라는 표현으로, 어떤 것을 집착할 만큼 아주 많이 좋아한다는 것을 말해요.

know ~ by heart는 '외우다'라는 표현으로, 노래 가사나 영화 대사와 같은 것을 마치 마음에 새겨 넣은 것처럼 완벽하게 암기했다는 것을 말해요.

go wild는 직역하면 '야생의 상태로 가다'라는 의미지만, '(마치 야생의 상태로 돌아간 듯이) 열광하다'라는 뜻으로 쓰여요.

❶ 저는 제가 처음 콘서트에 참석했을 때를 아직도 선명하게 기억할 수 있습니다. ❷ 제가 10대였을 때, 저는 어느 아이돌에 사로잡혀 있었고 콘서트에서 그를 꼭 보고 싶었습니다. ❸ 저는 수년간 그의 음악을 들었고 그의 모든 노래를 외웠습니다. ❹ 그가 우리 도시에서 공연한다는 소식을 들었을 때, 저는 부모님께 티켓을 간청했습니다. ❺ 부모님이 저를 보내주기로 동의했을 때 저는 황홀했습니다. ❻ 저는 15살이었고 전에 라이브 쇼에 가본 적이 없었기 때문에 매우 흥분되었습니다. ❼ 갑자기 조명이 어두워지고 그가 무대에 등장하자마자 관객들은 열광했습니다. ❽ 저도 있는 힘껏 소리 지르며 응원하기 시작했습니다. ❾ 제가 좋아하는 가수를 실제로 보게 되어 꿈이 이루어졌습니다.

어휘 · 표현 be obsessed with ~에 사로잡혀 있는, ~에 병적으로 집착하는 beg 간청하다, 애원하다
thrilled (너무 좋아서) 황홀해하는, 아주 흥분한 dim 어두워지다, (밝기가) 낮아지다

4 내가 음악을 듣는 시간과 장소

음성 바로듣기 

Q In your background survey, you indicted that you like listening to music. What is your favorite kind of music? Why do you like it so much? When and where do you enjoy listening to it? What device do you use to listen to it?

설문 조사에서, 당신은 음악 듣는 것을 좋아한다고 했습니다. 당신이 가장 좋아하는 종류의 음악은 무엇인가요? 그것을 왜 그렇게 좋아하나요? 언제 어디서 즐겨 듣나요? 어떤 기기를 사용해서 듣나요?

즐겨 듣는 음악 장르 소개

❶ My favorite type of music is definitely pop music.
❷ I guess I just like how it makes me feel.
❸ Even when I feel a bit down, listening to it improves my mood and energizes me.
❹ It makes me want to get up and move around.

I guess는 '아마도'라는 표현으로, I think보다 확실하지 않은 의견이나 생각을 말할 때 사용해요.

음악을 듣는 장소와 사용하는 기기

❺ I commute on the subway every day, so I usually listen to music on my way to work and on my way home.
❻ I have a playlist of my favorite songs on my smartphone.
❼ Whenever I'm at the station waiting for my train to arrive, I stick my earphones in and start listening to it.
❽ I find that listening to music makes the ride more enjoyable.
❾ I can focus on a song rather than the trip home, which is often uncomfortable because the subway gets crowded.

교통수단 이용 경향을 묻는 질문에 대한 답변으로도 사용할 수 있는 만능 표현이에요.

trip은 '여행'이라는 뜻 외에도 '(어디까지의) 여정, 이동'이라는 뜻으로도 쓰여요.

❶ 제가 가장 좋아하는 음악의 종류는 단연 팝 음악입니다. ❷ 아마도 저는 그것이 저에게 주는 느낌을 좋아하는 것 같습니다. ❸ 제가 조금 우울할 때도, 그것을 들으면 기분이 많이 좋아지고 기운이 납니다. ❹ 일어나서 움직이고 싶게 만듭니다. ❺ 저는 매일 지하철을 타고 통근하기 때문에, 출근길과 퇴근길에 주로 음악을 듣습니다. ❻ 저의 스마트폰에는 제가 좋아하는 노래들의 재생 목록이 있습니다. ❼ 저는 역에서 열차가 도착하기를 기다릴 때마다 이어폰을 꽂고 그것을 듣기 시작합니다. ❽ 저는 음악을 듣는 것이 이 여정을 더 즐겁게 해준다고 생각합니다. ❾ 지하철이 붐비게 돼서 불편할 때가 많은 집으로 가는 여정보다는, 노래에 집중할 수 있습니다.

어휘 · 표현 definitely 단연, 확실히, 분명히 mood 기분, 분위기 energize 기운이 나다, 활기를 북돋우다 commute 통근하다 ride 여정, 길

추가 답변 아이디어 및 표현

추가 문제의 답변 아이디어 및 표현을 익히고 답변을 준비해보세요.

음악을 들을 때 쓰는 기기 묘사

구분	아이디어	표현
요즘 사용되는 음악 감상 기기	• 스마트폰을 사용함	➡ use their smartphone
이 음악 감상 기기의 특징	• 편리함 • 항상 스마트폰을 가지고 다님 • 스마트폰에서 음악 스트리밍 서비스를 이용할 수 있음	➡ it is convenient ➡ always carry my smartphone with me ➡ can access music streaming services on smartphones
이 기기에 대한 생각	• 좋은 음질을 원함 • 비싼 스피커와 헤드폰을 구입함	➡ want better sound quality ➡ purchase expensive speakers and headphones

두 가지 음악 장르 비교

구분	아이디어	표현
비교 대상 소개	• 댄스 음악과 발라드를 즐겨 들음 • 많은 차이점이 있음	➡ enjoy listening to dance music and ballads ➡ have a number of differences
댄스 음악의 특징	• 매우 흥겹고 활기찬 분위기임 • 가사가 덜 진지함 • 매우 유쾌하고 신이 나게 함	➡ very upbeat and has an energetic mood ➡ the lyrics are less serious ➡ makes me feel very cheerful and excited
발라드의 특징	• 더 감정적인 편임 • 강렬한 보컬이 특징임 • 마음을 차분하고 평화로워지게 함 • 노래가 유난히 슬프면 우울해짐	➡ tend to be more emotional ➡ feature intense vocals ➡ make me feel calm and at peace ➡ feel melancholic if the song is particularly sad

Unit 07
국내·해외여행

출제 비율

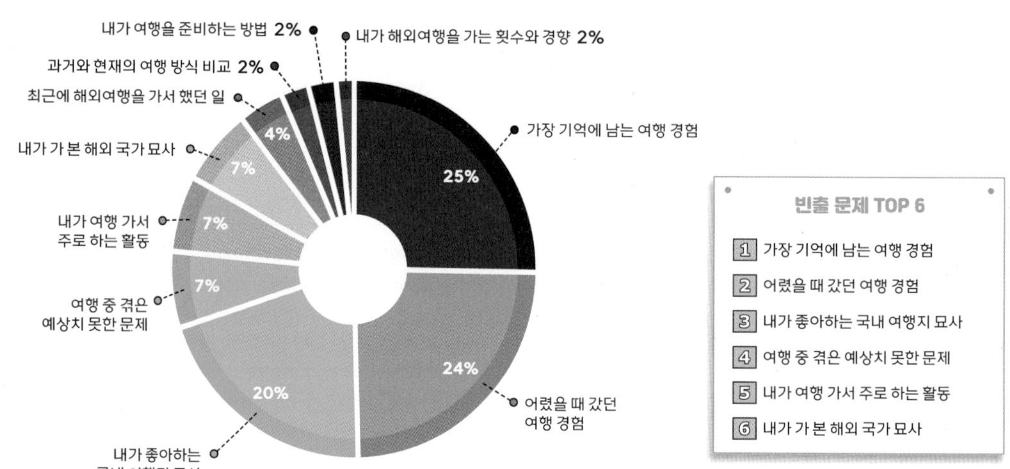

빈출 콤보

- 콤보1 내가 좋아하는 국내 여행지 묘사 → 어렸을 때 갔던 여행 경험 → 가장 기억에 남는 여행 경험
- 콤보2 내가 좋아하는 국내 여행지 묘사 → 내가 여행을 준비하는 방법 → 어렸을 때 갔던 여행 경험
- 콤보3 내가 가 본 해외 국가 묘사 → 내가 여행 가서 주로 하는 활동 → 어렸을 때 갔던 여행 경험
- 콤보4 내가 가 본 해외 국가 묘사 → 가장 기억에 남는 여행 경험 → 여행 중 겪은 예상치 못한 문제

빈출 문제 공략

STEP 1 QR코드를 찍고 모범답변 음성을 들어보세요. 그 후 쉐도잉 연습용 음성을 따라 답변을 3번 읽어보세요.
STEP 2 청록색 번호는 반드시 답변해야 하는 핵심 내용이므로, 그 문장들만 3번 더 읽어보세요.
STEP 3 이제 모범답변을 보지 않고 실제로 질문에 답하는 것처럼 자연스러운 말투로 답변해 보세요.

1 가장 기억에 남는 여행 경험

음성 바로 듣기 

Q Describe the most memorable experience you have had while on a trip. When was it, and where were you? What happened? Why was it so unforgettable? Describe the experience in detail.

여행 중 가장 기억에 남는 경험을 말해주세요. 언제 있었던 일이고 당신은 어디에 있었나요? 무슨 일이 벌어졌나요? 그것이 이토록 잊히지 않는 이유는 무엇인가요? 그 경험을 자세히 설명해 주세요.

기억에 남는 여행 경험 소개

❶ Many years ago, my parents and I went to Canada on vacation.
❷ However, when we arrived at the airport, our bags were nowhere to be found.
❸ After waiting in the baggage claim area, my father reported our luggage as missing.
❹ Luckily, the airport staff managed to locate our luggage.
❺ Apparently, it had been put on a flight to Africa.
❻ We were told it would take several days for us to get it back.

we couldn't find our bags로 말할 수도 있지만, 좀 더 당황스러웠던 당시 감정을 강조해서 전달할 수 있어요.

apparently는 '알고 보니, 듣자하니'라는 표현으로, '~이라더라'라는 뉘앙스를 주고 싶을 때 사용해요.

이 경험이 기억에 남는 이유

❼ We had packed everything we needed for our vacation in our luggage.
❽ We didn't want to put our vacation on hold, so we ended up going shopping to buy some necessary items.
❾ Our bags were delivered to us five days later, but I will always remember how our lost luggage almost ruined the trip.

'~을 미루다'라고 말하고 싶을 때는 put ~ on hold라고 하면 돼요.

❶ 수년 전에, 부모님과 저는 캐나다에 휴가를 갔습니다. ❷ 하지만, 우리가 공항에 도착했을 때, 우리의 가방은 어디에서도 찾을 수 없었습니다. ❸ 수화물 찾는 곳에서 기다린 후, 아버지가 우리 짐이 없어졌다고 신고했습니다. ❹ 다행스럽게도, 공항 직원이 우리 짐의 위치를 알아냈습니다. ❺ 알고 보니, 그것은 아프리카행 비행기에 잘못 실렸던 것이었습니다. ❻ 우리는 그것을 되찾는 데 며칠이 걸릴 것이라고 전해 들었습니다. ❼ 우리는 휴가에 필요한 모든 것을 짐가방에 챙겼었습니다. ❽ 우리는 휴가를 미루고 싶지 않았기 때문에, 결국 필요한 물건들을 사러 쇼핑을 가게 되었습니다. ❾ 우리의 가방은 5일 후에 우리에게 배달되었지만, 저는 우리의 잃어버린 짐이 어떻게 여행을 거의 망쳤는지 항상 기억날 것입니다.

어휘 · 표현 baggage 수하물 luggage 짐(가방) locate ~의 위치를 알아내다 apparently 알고 보니, 듣자 하니 necessary 필요한 ruin 망치다

2 어렸을 때 갔던 여행 경험

음성 바로 듣기 

Q Think about a trip you took when you were young. Where did you travel? Who went with you? What did you do during that trip?

당신이 어렸을 때 갔던 여행을 떠올려 보세요. 당신은 어디로 여행을 갔나요? 누가 당신과 함께 갔나요? 당신은 그 여행에서 무엇을 했나요?

어렸을 때 갔던 여행 소개

❶ When I was seven years old, I went to Thailand with my family.

❷ I was so excited to go because it was my first trip to another country. — abroad라고 바꿔 말할 수 있어요.

❸ Although I was nervous about riding on the plane, my mom helped me relax during the journey.

여행에서 했던 활동

❹ After a long flight, we arrived in Bangkok in the afternoon.

❺ A local tour guide picked us up at the airport to take us to our hotel. — 연음되어 발음하는 것에 주의하세요.

❻ The hotel was really nice, and it had a huge swimming pool.

❼ During our stay in Bangkok, we enjoyed many activities such as shopping and touring a palace.

❽ We also ate a lot of Thai food while we were there.

❾ Although it was unfamiliar to me, it was delicious. — 새로운 음식, 또는 외국 음식점을 방문한 경험에 대해 이야기할 때도 쓸 수 있는 만능 표현이에요.

이 여행에 대한 생각

❿ The trip was amazing, and I will always cherish my memories of it. — '추억을 간직하다'라고 말하고 싶을 때는 cherish my memories라고 하면 돼요.

❶ 제가 7살 때, 저는 가족과 함께 태국에 갔습니다. ❷ 저는 다른 나라로 가는 첫 여행이었기 때문에 너무 신이 났습니다. ❸ 비록 비행기를 타는 것이 긴장되었지만, 엄마가 이 여정 동안 제가 긴장을 풀 수 있도록 도와주셨습니다. ❹ 긴 비행 후, 우리는 오후에 방콕에 도착했습니다. ❺ 현지 관광 가이드가 우리를 호텔로 데려다주기 위해 공항에서 우리를 픽업했습니다. ❻ 호텔은 정말 훌륭했고, 거대한 수영장이 있었습니다. ❼ 방콕에 머무는 동안, 우리는 쇼핑과 왕궁 관광하기 같은 많은 활동들을 즐겼습니다. ❽ 우리는 그곳에 있는 동안 태국 음식도 많이 먹었습니다. ❾ 비록 그것은 저에게 생소했지만, 아주 맛있었습니다. ❿ 그 여행은 놀라웠고, 저는 항상 그 여행의 추억을 간직할 것입니다.

어휘 · 표현 nervous 긴장되는, 불안해하는 unfamiliar 생소한, 익숙하지 않은 cherish (마음속에) 간직하다

3 내가 좋아하는 국내 여행지 묘사

음성 바로 듣기

Q You mentioned in your background survey that you like to travel domestically. What places do you enjoy visiting? Do you like going to mountains or beaches more? Tell me about a specific area you like to visit, and explain why you like going there.

당신은 설문 조사에서 국내에서 여행하는 것을 좋아한다고 했습니다. 당신은 어떤 장소를 방문하는 것을 좋아하나요? 당신은 산에 가는 것을 더 좋아하나요, 아니면 해변에 가는 것을 더 좋아하나요? 당신이 방문하기 좋아하는 특정 지역에 대해 알려주시고, 왜 그곳에 가는 것을 좋아하는지 설명해 주세요.

좋아하는 국내 여행지 소개

❶ When I travel domestically, one of my favorite destinations is Busan.
❷ Not only are there many cultural attractions, but the scenery is beautiful.
❸ Busan is a coastal city, so it has a lot of beaches.
❹ It's also surrounded by mountains, so it offers the best of both worlds.

Not only 뒤에 주어와 동사가 도치되어 are there의 순서로 말해야 하는 점에 주의하세요.

산과 바다 중 더 선호하는 곳

❺ I enjoy going to the Haeundae Beach.
❻ It gets a bit crowded during the summer, but it's still worth visiting.
❼ There's nothing like swimming on really hot summer days.
❽ At night, there are a lot of musicians who perform in the areas surrounding the beach, and I really enjoy that sort of atmosphere.

There's nothing like는 직역하면 '같은 것이 없다'라는 의미지만, '~만큼 좋은 것은 없다'라는 뜻으로 쓰여요.

이 여행지를 추천하는 이유

❾ Finally, I'd recommend going to Busan for its delicious food.
❿ If you're a fan of seafood like me, it's kind of like paradise.

recommend 다음에 to 없이 바로 going을 사용하는 것에 주의하세요. recommend to go라고 하면 어색하게 들려요.

❶ 제가 국내에서 여행을 할 때, 가장 좋아하는 장소 중 한 곳은 부산입니다. ❷ 그곳은 문화적 명소가 많을 뿐만 아니라, 풍경도 아름답습니다. ❸ 부산은 해안 도시라서 해변이 많습니다. ❹ 그곳은 또한 산으로 둘러싸여 있어서, 두 가지 장점을 모두 제공합니다. ❺ 저는 해운대 해변에 가는 것을 좋아합니다. ❻ 그곳은 여름 동안에는 약간 붐비지만, 갈 만한 가치가 있습니다. ❼ 정말 더운 여름날에 수영만큼 좋은 것은 없습니다. ❽ 밤에는, 해변 주변의 공간에서 공연하는 음악가들이 많은데, 저는 그런 분위기를 아주 좋아합니다. ❾ 마지막으로, 저는 맛있는 음식을 위해 부산에 가는 것을 추천합니다. ❿ 당신이 만약 저처럼 해산물을 좋아한다면, 그곳은 천국 같은 곳입니다.

어휘 · 표현 domestically 국내에서 destination 장소, 목적지 scenery 풍경, 경치 coastal 해안의, 연안의 surround 둘러싸다, 에워싸다 paradise 천국

4 여행 중 겪은 예상치 못한 문제

음성 바로 듣기

Q Describe an issue you've faced while on a trip. What happened, and how did you handle it? Give as many details as possible.

여행 중에 당신이 직면했던 문제에 대해 설명해 주세요. 무슨 일이 있었고 당신은 그것에 어떻게 대처했나요? 되도록 자세히 설명해 주세요.

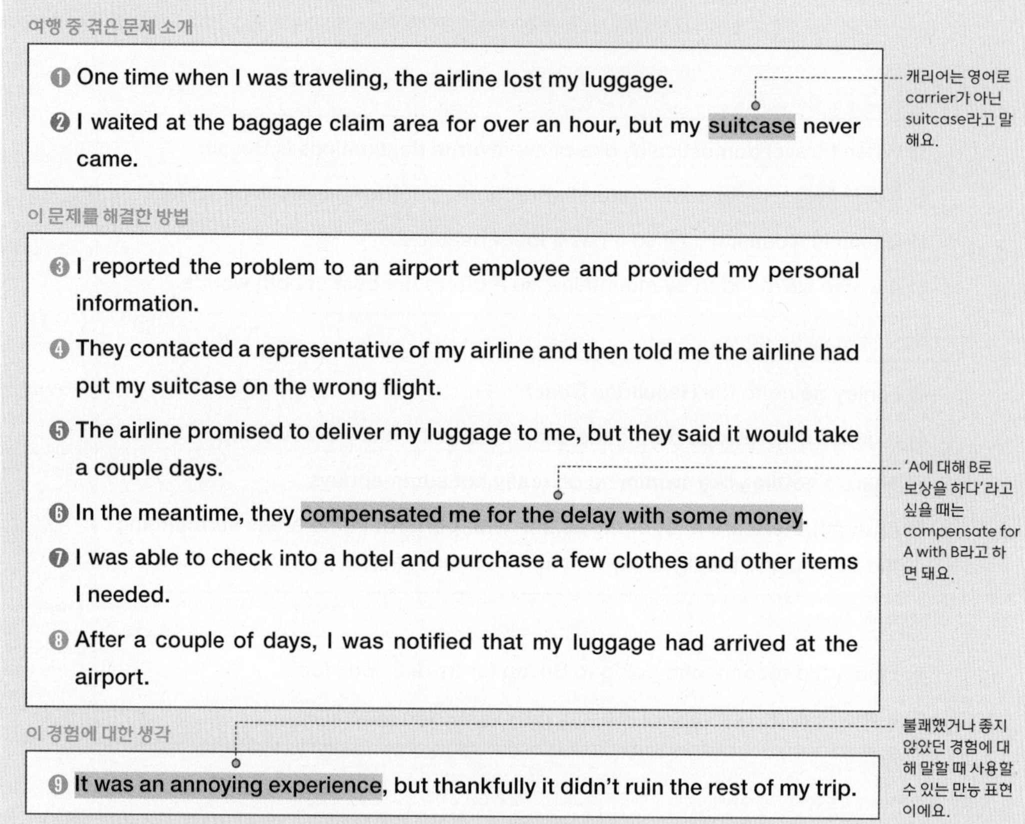

여행 중 겪은 문제 소개

❶ One time when I was traveling, the airline lost my luggage.
❷ I waited at the baggage claim area for over an hour, but my suitcase never came.

캐리어는 영어로 carrier가 아닌 suitcase라고 말해요.

이 문제를 해결한 방법

❸ I reported the problem to an airport employee and provided my personal information.
❹ They contacted a representative of my airline and then told me the airline had put my suitcase on the wrong flight.
❺ The airline promised to deliver my luggage to me, but they said it would take a couple days.
❻ In the meantime, they compensated me for the delay with some money.
❼ I was able to check into a hotel and purchase a few clothes and other items I needed.
❽ After a couple of days, I was notified that my luggage had arrived at the airport.

'A에 대해 B로 보상을 하다'라고 싶을 때는 compensate for A with B라고 하면 돼요.

이 경험에 대한 생각

❾ It was an annoying experience, but thankfully it didn't ruin the rest of my trip.

불쾌했거나 좋지 않았던 경험에 대해 말할 때 사용할 수 있는 만능 표현이에요.

❶ 한 번은 제가 여행 중이었을 때, 항공사가 제 짐을 잃어버렸습니다. ❷ 저는 수하물 찾는 곳에서 한 시간 넘게 기다렸지만 제 캐리어는 나오지 않았습니다. ❸ 저는 공항 직원에게 문제를 알렸고 저의 개인 정보를 제공했습니다. ❹ 그들은 항공사의 담당자에게 연락을 했고, 항공사가 제 캐리어를 잘못된 비행기에 실었다고 말해줬습니다. ❺ 항공사는 제 짐을 저에게 배달해주기로 약속했지만, 며칠이 걸릴 것이라고 말했습니다. ❻ 그동안, 그들은 지연되는 것에 대해 약간의 돈으로 보상해주었습니다. ❼ 저는 호텔에 체크인하고 옷 몇 벌과 필요한 다른 물건들을 살 수 있었습니다. ❽ 며칠이 지난 후, 저는 제 짐이 공항에 도착했다고 통지받았습니다. ❾ 짜증 나는 경험이었지만, 다행히도 그것이 제 남은 여행을 망치지는 않았습니다.

어휘 · 표현 suitcase 캐리어, 여행 가방 employee 직원 airline 항공사 compensate 보상하다, 보상금을 주다
notify 통지하다, (공식적으로) 알리다 annoying 짜증 나는, 거슬리는 ruin 망치다, 엉망으로 만들다

5 내가 여행 가서 주로 하는 활동

음성 바로 듣기 

Q What activities do you like to do while on vacation? Why do you like these activities?

당신은 휴가 중 어떤 활동을 하는 것을 좋아하나요? 이런 활동들을 좋아하는 이유는 무엇인가요?

내가 보통 휴가를 보내는 법

❶ I usually travel abroad during my vacation to places I have never been to before.

전치사 to를 빠뜨리지 않도록 주의하세요.

휴가를 가서 하는 활동 1

❷ After I arrive at my destination, I visit the popular tourist attractions.

❸ Although these are usually crowded, they are definitely worth checking out.

휴가를 가서 하는 활동 2

❹ When I get hungry, I go to restaurants with great reviews online.

❺ I'm kind of a foodie, so trying the local cuisine is important to me.

맛집을 찾아다니거나 새로운 레시피에 도전하는 등 음식과 요리에 관심이 많은 사람을 a foodie라고 불러요.

휴가를 가서 하는 활동 3

❻ I also set aside time to shop at traditional markets.

❼ These are great places to buy souvenirs for friends and family members.

휴가를 가서 하는 활동 4

❽ Throughout my vacation, I take lots of pictures and upload them to social media sites.

❾ I want to share memories of my trip with everyone back home.

❿ These are the activities I like to do wherever I go on vacation.

'추억'을 말하고 싶을 때 memories를 복수형으로 말해야 하는 것에 주의하세요. 참고로 memory는 '기억(력)'을 말해요.

❶ 휴가 때 보통 제가 전에 가본 적 없는 곳으로 해외여행을 갑니다. ❷ 목적지에 도착한 후, 저는 인기 있는 관광지를 방문합니다. ❸ 비록 이들은 일반적으로 붐비지만, 확실히 둘러볼 가치가 있습니다. ❹ 배가 고파지면, 저는 온라인에서 좋은 리뷰가 있는 레스토랑에 갑니다. ❺ 저는 미식가인 편이라서 현지 요리를 도전해보는 것이 저에게 중요합니다. ❻ 저는 또한 전통 시장에서 쇼핑할 시간을 떼어 놓습니다. ❼ 이곳들은 친구들과 가족들을 위한 기념품을 사기에 좋은 장소들입니다. ❽ 여행하는 내내, 저는 사진을 많이 찍어서 소셜 미디어 사이트에 올립니다. ❾ 저는 한국에 있는 모두와 제 여행의 추억을 공유하고 싶습니다. ❿ 이것들은 제가 어디로 휴가를 가던지 제가 좋아하는 활동들입니다.

어휘 · 표현 tourist attraction 관광지 crowded 붐비는 foodie 미식가 cuisine 요리 set aside 떼어 놓다 souvenir 기념품

6 내가 가 본 해외 국가 묘사

Q Think about a place you have gone to on vacation. What is it like? Where is it? What are the local people like and what is interesting or unique about it?

당신이 휴가 때 갔던 곳을 떠올려 보세요. 그곳은 어떤가요? 어디에 있는 곳인가요? 현지인들은 어떻고, 그곳의 흥미롭거나 독특한 점은 무엇인가요?

방문했던 해외 국가 소개

❶ For my last vacation, I visited Japan.

❷ It is one of my favorite places to go.

❸ Japan is right next to Korea, so it only takes about two hours by plane.

one of my favorite ~이라고 말할 때 이어지는 명사(places)는 복수형으로 말해야 하는 점에 주의하세요.

그 국가의 자연환경

❹ One of the best things about Japan is the beautiful scenery.

❺ It has many mountains, and if you go in spring, there are cherry blossoms everywhere.

❻ If you go in winter, you can enjoy the natural hot springs.

'온천'은 영어로 hot spring이라고 말해요. 참고로 spring은 '샘'이라는 뜻도 있어요.

그 나라의 사람들

❼ Japan is also very clean, and the people are polite.

❽ If you are lost or don't understand something, someone is always happy to help you.

'기꺼이 ~하다'라고 말하고 싶을 때는 be happy to ~라고 하면 돼요.

그 나라의 음식

❾ Finally, Japan has a great food culture.

❿ Sushi and ramen are famous, but there are also a lot of unique desserts.

⓫ Japan offers so many things to do and see that I never get bored when I visit.

❶ 지난 휴가 때, 저는 일본을 방문했습니다. ❷ 이곳은 제가 가장 좋아하는 여행지 중 한 곳입니다. ❸ 일본은 한국 바로 옆에 있어서 비행기로 약 2시간밖에 안 걸립니다. ❹ 일본의 제일 좋은 점 중 하나는 아름다운 풍경입니다. ❺ 그곳은 많은 산이 있고, 봄에 가면 벚꽃이 널려 있습니다. ❻ 겨울에 가면, 천연 온천을 즐길 수 있습니다. ❼ 일본은 또한 매우 깨끗하고, 사람들은 예의 바릅니다. ❽ 만약 당신이 길을 잃었거나 뭔가를 이해하지 못하면, 항상 누군가가 기꺼이 도와줍니다. ❾ 마지막으로, 일본은 좋은 음식 문화를 가지고 있습니다. ❿ 초밥과 라멘이 유명하지만, 특이한 디저트 또한 많이 있습니다. ⓫ 일본은 볼 것과 할 것을 너무 많이 제공해서 저는 그곳을 방문할 때마다 절대 지루하지 않습니다.

어휘 · 표현 by plane 비행기로 cherry blossom 벚꽃 hot spring 온천 polite 예의 바른

추가 답변 아이디어 및 표현

추가 문제의 답변 아이디어 및 표현을 익히고 답변을 준비해보세요.

최근에 해외여행을 가서 했던 일

방문한 여행지 및 선정 이유	• 태국을 방문함 • 따뜻한 곳으로 가고 싶었음	➡ visited Thailand ➡ wanted to go somewhere that was warm
여행 중 했던 활동	• 해변에서 수영함 • 서핑과 스쿠버 다이빙을 해봤음 • 많은 식당에서 식사하고 현지 요리를 먹어봄	➡ went swimming in the ocean ➡ tried surfing and scuba diving ➡ ate at many restaurants and tried the local cuisine
느낀 점	• 즐겁고 편안한 휴가	➡ a very fun and relaxing vacation

과거와 현재의 여행 방식 비교

여행 방식에 생긴 변화 1	• 어떤 나라들은 좋은 관계를 맺지 못했음 • 그 사이를 여행하는 것은 다소 어려웠음 • 더 많은 나라들이 좋은 관계를 형성했음 • 사람들이 그 사이를 여행하는 것이 쉬워졌음	➡ some countries didn't have close relationships ➡ traveling between them was rather hard ➡ more countries have formed close bonds ➡ easier for citizens to travel between them
여행 방식에 생긴 변화 2	• 출입국 관리관들은 많은 질문을 해야 했음 • 컴퓨터에서 정보를 확인할 수 있음 • 해외여행의 많은 과정을 빨라지게 함	➡ immigration officers had to ask a lot of questions ➡ can check things on their computers ➡ makes the process of international travel easier

내가 여행을 준비하는 방법

여행 준비 Step 1	• 어디를 가고 싶은지 정함 • 비행기표를 예매함	➡ decide where I want to go ➡ book my flight
여행 준비 Step 2	• 호텔을 알아보기 시작함 • 관광지까지의 거리를 봄 • 그 장소의 물가가 어떤지 알아봄	➡ start looking for hotels ➡ look at their distance from attractions ➡ look up how much things cost in the place
여행 준비 Step 3	• 며칠 전에 미리 짐을 싸기 시작함 • 반드시 여행 보험을 듦	➡ start packing a few days ahead of time ➡ make sure to get travel insurance

내가 해외여행을 가는 횟수와 경향

해외여행 횟수 및 장소	• 일 년에 한 번은 여행하려고 함 • 일본, 베트남, 태국 같은 곳에 감	➡ try to travel at least once a year ➡ visit places like Japan, Vietnam, and Thailand
해외여행을 함께 가는 사람들	• 가족이나 친구들이 종종 나와 함께 감 • 좋은 시간을 함께 보낼 수 있음	➡ my family or friends often come with me ➡ can spend some quality time together
해외여행에서 하는 활동	• 아름다운 사원들을 방문함 • 음식 투어도 함	➡ visit many beautiful temples ➡ also take a food tour

Unit 08

집에서 보내는 휴가

출제 비율

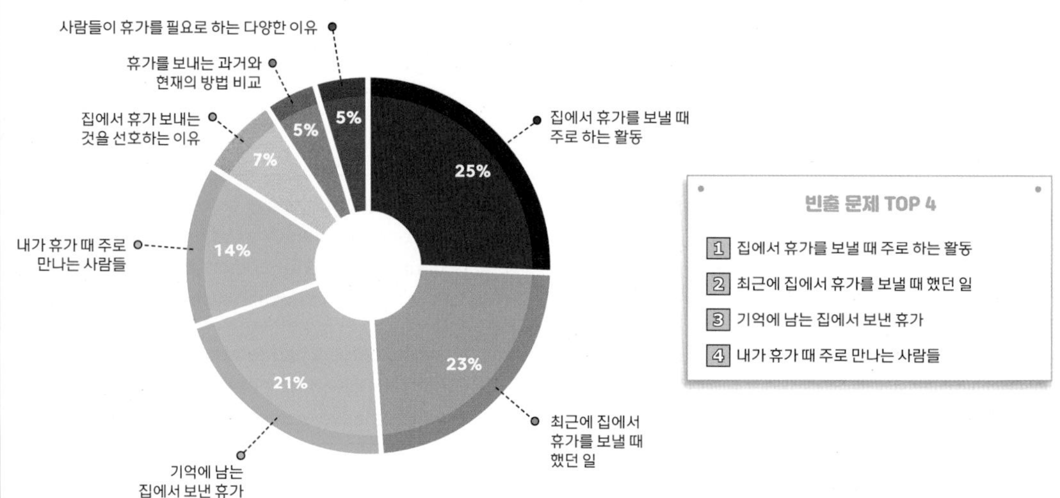

빈출 콤보

- 콤보1 집에서 휴가를 보낼 때 주로 하는 활동 → 기억에 남는 집에서 보낸 휴가 → 최근에 집에서 휴가를 보낼 때 했던 일
- 콤보2 내가 휴가 때 주로 만나는 사람들 → 최근에 집에서 휴가를 보낼 때 했던 일 → 기억에 남는 집에서 보낸 휴가
- 콤보3 휴가를 보내는 과거와 현재의 방법 비교 → 사람들이 휴가를 필요로 하는 다양한 이유
- 콤보4 집에서 휴가를 보낼 때 주로 하는 활동 → 사람들이 휴가를 필요로 하는 다양한 이유

빈출 문제 공략

STEP 1 QR코드를 찍고 모범답변 음성을 들어보세요. 그 후 쉐도잉 연습용 음성을 따라 답변을 3번 읽어보세요.
STEP 2 청록색 번호는 반드시 답변해야 하는 핵심 내용이므로, 그 문장들만 3번 더 읽어보세요.
STEP 3 이제 모범답변을 보지 않고 실제로 질문에 답하는 것처럼 자연스러운 말투로 답변해 보세요.

1 집에서 휴가를 보낼 때 주로 하는 활동

음성 바로 듣기

Q You mentioned in your background survey that you like staying at home more than traveling during your vacations. Why do you prefer being at home? What do you do during this time at home? Give as many details as you can.

당신은 설문 조사에서 휴가 동안 여행하는 것보다 집에 있는 것을 더 좋아한다고 했습니다. 당신이 집에 있는 것을 더 선호하는 이유는 무엇인가요? 당신은 이 시간 동안 집에서 무엇을 하나요? 되도록 자세히 설명해 주세요.

집에서 휴가 보내는 것을 선호하는 이유

❶ I prefer to spend my vacations at home because traveling can be stressful and expensive.
❷ It's not that I don't like traveling.
❸ I enjoy seeing the world and doing new things.
❹ But when I'm on vacation, I often feel like I have to do a lot of sightseeing.
❺ Usually, this makes me more tired in the end.
❻ I return to work feeling as though I need another vacation just to recover.

It's not that은 '~가 아니라는 것은 아니고'를 의미하는 표현으로 앞서 한 이야기에 반대되는 말을 강조하고 싶을 때 사용할 수 있어요.

enjoy 다음에는 동명사(seeing)로 말해야 한다는 점에 주의하세요.

집에서 휴가를 보낼 때 주로 하는 활동

❼ However, when I spend my vacations at home, I can rest and recharge.
❽ I mainly catch up on sleep and engage in my hobbies.
❾ I also relax by watching my favorite TV shows and going for long walks in the park.
❿ Furthermore, I make an effort to spend quality time with my family.
⓫ We get together and enjoy good food while catching up.

catch up on은 '~을 보충하다, 만회하다'라는 표현으로, 밀린 일이나 취미생활, 잠을 몰아서 한다고 말할 때 사용할 수 있어요.

❶ 여행은 스트레스를 주거나 비용이 많이 들 수 있기 때문에 저는 집에서 휴가를 보내는 것을 선호합니다. ❷ 제가 여행을 좋아하지 않는다는 것은 아닙니다. ❸ 저는 세계를 돌아보고 새로운 것을 하는 것을 즐깁니다. ❹ 하지만 휴가를 가면, 저는 종종 많은 관광을 해야 한다고 느낍니다. ❺ 보통, 이것은 결국 저를 더 피곤하게 만듭니다. ❻ 저는 오직 회복하기 위해 또 다른 휴가가 필요한 것 같은 기분으로 직장에 복귀하게 됩니다. ❼ 하지만, 집에서 휴가를 보낼 때, 저는 쉬고 재충전할 수 있습니다. ❽ 저는 주로 잠을 보충하고 취미생활을 합니다. ❾ 저는 또한 제가 가장 좋아하는 TV쇼를 보고 공원에서 긴 산책을 하면서 휴식을 취합니다. ❿ 뿐만이 아니라, 저는 가족과 함께 좋은 시간을 보내기 위해 노력합니다. ⓫ 우리는 함께 모여서 밀린 대화를 하면서 좋은 음식을 먹습니다.

어휘 · 표현 sightseeing 관광 recover 회복하다 recharge 재충전하다

2 최근에 집에서 휴가를 보낼 때 했던 일

음성 바로 듣기 

Q Give specific examples of things you did while on your last vacation at home. Describe everything you did from the start to the end of the vacation. What activities did you do? Who did you see?

가장 최근에 집에서 휴가를 보낼 때 당신이 했던 일들의 구체적인 예를 들어주세요. 휴가의 시작부터 끝까지 당신이 한 모든 것을 말해주세요. 어떤 활동을 하셨나요? 누구를 만났나요?

휴가 초반에 했던 일

❶ I did a lot of different things during the last vacation I spent at home.
❷ On the first day, I went out to do some grocery shopping so I would have enough food to eat at home.
❸ On that day, I also cleaned my apartment because I had been too busy to do it before.
❹ The next day, my parents came over to visit me, and we had dinner together.
❺ I hadn't seen them in a few months, so there was a lot to catch up on.

> 내가 너무 바빴던 시기는 휴가 이전이기 때문에 과거완료형(had been)으로 말해야 한다는 점에 주의하세요.

휴가 후반에 했던 일

❻ During the next couple of days, I mostly stayed inside, watching TV and shopping online.
❼ At the end of the week, I went out to meet my friends.
❽ We had the whole day to hang out, so we went shopping, saw a movie, and ate dinner together.
❾ I stayed out late because I was still on vacation.

> hang out은 '어울려 놀다'를 의미하는 표현이에요.

집에서 보낸 휴가에 대한 생각

❿ In general, it was really relaxing and enjoyable.

> In general은 '전반적으로'라는 표현으로, 답변의 마지막에 내용을 전체적으로 요약하며 마무리할 때 사용해요.

❶ 저는 가장 최근에 집에서 보낸 휴가 동안 많은 다양한 일들을 했습니다. ❷ 첫째 날에는, 집에서 먹을 음식을 충분히 하기 위해 장을 보러 나갔습니다. ❸ 그날, 저는 또한 아파트를 청소했는데, 이것은 이전에 너무 바빠서 하지 못했기 때문입니다. ❹ 그 다음날, 부모님이 저를 방문하기 위해 오셨고, 우리는 함께 저녁을 먹었습니다. ❺ 저는 부모님과 몇 달 동안 만나지 못했어서 밀린 이야기가 많았습니다. ❻ 그다음 며칠 동안, 저는 대부분 실내에 머물면서 TV를 보고 온라인 쇼핑을 했습니다. ❼ 그 주의 끝에는 친구들을 만나러 나갔습니다. ❽ 우리는 하루 종일 어울려 놀 시간이 있어서, 쇼핑도 하고 영화도 보고 저녁도 같이 먹었습니다. ❾ 저는 아직 휴가 중이었기 때문에 늦게까지 밖에 있었습니다. ❿ 전반적으로, 그것은 정말 편안하고 즐거웠습니다.

어휘 · 표현 grocery shopping 장보기 enjoyable 즐거운

3 기억에 남는 집에서 보낸 휴가

음성 바로 듣기

Q Describe a memorable vacation you had at home. When was it? What did you do during it? Who did you see? Why was it special?

당신이 집에서 보낸 기억에 남는 휴가에 대해 말해주세요. 그것은 언제였나요? 그 기간 동안 당신은 무엇을 했나요? 누구와 만났나요? 그것이 특별했던 이유는 무엇이었나요?

집에서 보낸 가장 인상적인 휴가 소개

❶ My most memorable vacation at home took place last summer.

❷ I didn't go anywhere like I usually do because I was trying to save money.

❸ I went to the museum once and saw some movies, but other than that, I just stayed at home.

휴가 중 친구를 초대한 경험

❹ At one point, I got bored and decided to catch up with some friends.

❺ Everyone was busy with their own lives, so it was hard to find time to see one another.

❻ I invited my close friends over.

❼ I was really excited and planned to cook a nice meal.

❽ However, once they arrived, I started talking to them and forgot I was supposed to be cooking.

invite someone over는 '누군가를 초대하다'라는 표현으로, over를 통해 주어(I)가 있는 장소로 초대한다는 의미를 담고 있기 때문에 초대한 장소는 생략해도 돼요.

이 경험이 인상적인 이유

❾ I will always remember this vacation because I accidentally burned all the food.

❿ I was embarrassed, and we ended up having to get food delivered.

end up -ing는 '결국 ~하게 되다'라는 표현으로, 예상치 못한 상황으로 인해 어떤 행동을 하게 됐다는 것을 의미해요.

❶ 저의 가장 기억에 남는 집에서 보낸 휴가는 지난여름에 있었습니다. ❷ 저는 돈을 아끼려고 했기 때문에 평소에 가던 것처럼 어딘가로 가지 않았습니다. ❸ 박물관에 한 번 가고 영화를 몇 편 보았지만, 그 외에는 그냥 집에 있었습니다. ❹ 어느 순간, 저는 지루해져서 몇몇 친구들과 오랜만에 만나기로 결심했습니다. ❺ 모두들 각자의 삶으로 바빴기 때문에, 서로를 볼 시간을 내기 어려웠습니다. ❻ 저는 친한 친구들을 초대했습니다. ❼ 저는 정말 신이 났고 맛있는 음식을 만들 계획을 세웠습니다. ❽ 하지만, 그들이 도착하자, 저는 그들과 이야기하기 시작했고 제가 요리를 하고 있어야 했다는 것을 잊었습니다. ❾ 실수로 음식을 다 태웠기 때문에 저는 이 휴가를 항상 기억할 것입니다. ❿ 저는 당황스러웠고, 우리는 결국 음식을 배달시키게 됐습니다.

어휘 · 표현 accidentally 실수로 embarrassed 당황스러운, 쑥스러운

2단계 서베이부터 실전까지 해커스 오픽 매뉴얼

4 내가 휴가 때 주로 만나는 사람들

음성 바로듣기

Q Tell me about the people you like to see and spend time with on vacation. Who do you spend time with, and what do you do together? Give as many details as you can.

당신이 휴가 때 만나고 싶고 함께 시간을 보내는 것을 좋아하는 사람들에 대해 말해 주세요. 당신은 누구와 시간을 보내고, 무엇을 함께 하나요? 가능한 한 많은 세부사항을 알려 주세요.

휴가 때 만나는 사람들 1

❶ While on vacation, I often call up my best friends, Jisu and Subin.

❷ I try to meet them for coffee or dinner whenever possible.

❸ Sometimes, they come over to my place for dinner.

❹ I'm not a great cook, so we usually order a bunch of food.

❺ We always have fun together and we can talk for hours.

❻ It's great to hang out without worrying about going to work the next day.

휴가 때 만나는 사람들 2

❼ I also enjoy seeing my family during my vacations.

❽ They live far away, so I will stay with them for a few days.

❾ We don't do anything special, but we enjoy our time together.

❿ Overall, my vacation is a great time to see the people I care about.

call 뒤에 up을 붙이면 '전화하다'는 의미를 더 명확하게 전달할 수 있어요.

whenever it is possible에서 it is를 생략하고 말해도 돼요.

I don't cook well이라고 할 수도 있지만, 회화에서는 I'm not a good cook이라고 더 자주 말해요.

❶ 휴가 기간 동안에 저는 제 가장 친한 친구인 지수와 수빈에게 자주 전화합니다. ❷ 저는 가능할 때마다 그들을 만나 커피나 저녁을 먹으려고 노력합니다. ❸ 가끔, 그 친구들이 저녁을 먹으러 우리 집으로 옵니다. ❹ 저는 요리를 잘 못해서, 보통 저희는 음식을 많이 시켜 먹습니다. ❺ 저희는 항상 함께 재미있게 놀고, 몇 시간 동안이고 수다를 떨 수 있습니다. ❻ 그 다음날 출근할 걱정 없이 놀 수 있어서 좋습니다. ❼ 저는 또한 휴가 기간 동안 가족들을 만나는 것을 좋아합니다. ❽ 가족들은 멀리 살아서 저는 며칠 동안 그들과 함께 있곤 합니다. ❾ 저희는 뭔가 특별한 것을 하진 않지만, 함께 있는 시간을 즐깁니다. ❿ 전반적으로, 저의 휴가는 제가 아끼는 사람들을 볼 수 있는 좋은 시간입니다.

어휘 · 표현 a bunch of 많은, 다수의 care 아끼다, 마음을 쓰다

추가 답변 아이디어 및 표현

추가 문제의 답변 아이디어 및 표현을 익히고 답변을 준비해보세요.

집에서 휴가 보내는 것을 선호하는 이유

집에서 휴가를 보내는 이유 1	• 청소와 빨래가 밀렸음 • 밀린 집안일을 할 시간이 생김	➡ fallen behind on cleaning and laundry ➡ gives me time to catch up on my chores
집에서 휴가를 보내는 이유 2	• 평소에 못 한 취미생활을 즐길 수 있음 • 놓친 영화와 드라마를 볼 수 있음 • 운동을 할 수 있음 • 맛있는 동네 식당에 가볼 수 있음	➡ can catch up on my hobbies at home ➡ can watch the movies and TV series I missed ➡ can get in some exercise ➡ try some good local restaurants
집에서 휴가를 보내는 이유 3	• 비용을 절약하게 해줌 • 더 중요한 곳에 돈을 쓸 수 있음	➡ lets me save money ➡ can use it for more important expenses

휴가를 보내는 과거와 현재의 방법 비교

과거에 휴가를 보냈던 방식	• 해외여행은 매우 비싸게 여겨졌었음 • 국내 여행만 갔었음	➡ traveling overseas was seen as very expensive ➡ only took domestic trips
요즘 휴가의 특징 1	• 해외로 휴가를 가는 것을 좋아함 • 휴가 가서 새로운 경험하는 것을 좋아함	➡ like to go on vacations abroad ➡ like to get away and have new experiences
요즘 휴가의 특징 2	• 해외여행에 피곤함을 느낌 • 비싼 곳으로 여행하는 것에 질렸음 • 휴가 동안 집이나 집 근처에 머무름	➡ getting tired of traveling abroad ➡ sick of traveling to expensive places ➡ stay at home or near their home during vacation

사람들이 휴가를 필요로 하는 다양한 이유

휴가가 필요한 이유	• 일상에서 벗어나서 휴식을 취하기 위함	➡ to take a break from their daily routines
휴가를 보내는 경향 1	• 여행과 휴식을 위해 휴가를 씀 • 해외여행을 예약함	➡ use their vacations for traveling and to relax ➡ book overseas trips
휴가를 보내는 경향 2	• 새로운 것들을 경험하고 싶어 함 • 집에 머물면서 쉬는 것을 좋아함	➡ want to experience new things ➡ like to stay home and relax

돌발 주제

서베이(Background Survey)에 나오지 않지만 시험에 출제되는 주제를 돌발 주제라고 부릅니다.
오픽 15개의 문제 중 2~6개의 문제가 돌발 주제에서 출제됩니다.

Unit 01

명절·모임

출제 비율

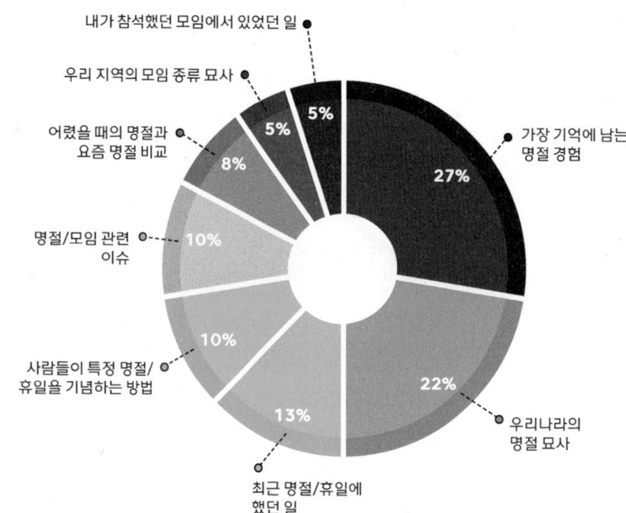

빈출 문제 TOP 4

1. 가장 기억에 남는 명절 경험
2. 우리나라의 명절 묘사
3. 최근 명절/휴일에 했던 일
4. 사람들이 특정 명절/휴일을 기념하는 방법

빈출 콤보

- 콤보1 우리나라의 명절 묘사 → 사람들이 특정 명절/휴일을 기념하는 방법 → 가장 기억에 남는 명절 경험
- 콤보2 우리나라의 명절 묘사 → 가장 기억에 남는 명절 경험 → 최근 명절/휴일에 했던 일
- 콤보3 우리 지역의 모임 종류 묘사 → 내가 참석했던 모임에서 있었던 일 → 가장 기억에 남는 명절 경험
- 콤보4 어렸을 때의 명절과 요즘 명절 비교 → 명절/모임 관련 이슈

빈출 문제 공략

STEP 1 QR코드를 찍고 모범답변 음성을 들어보세요. 그 후 쉐도잉 연습용 음성을 따라 답변을 3번 읽어보세요.
STEP 2 청록색 번호는 반드시 답변해야 하는 핵심 내용이므로, 그 문장들만 3번 더 읽어보세요.
STEP 3 이제 모범답변을 보지 않고 실제로 질문에 답하는 것처럼 자연스러운 말투로 답변해 보세요.

1 가장 기억에 남는 명절 경험

음성 바로 듣기 

Q What is the most memorable holiday you've ever had? Where was it? What happened? Why was it so unforgettable?

당신이 보냈던 가장 기억에 남는 명절은 무엇인가요? 어디에서 있었나요? 무슨 일이 있었나요? 그 경험이 왜 그렇게 기억에 남나요?

가장 기억에 남는 명절 소개

❶ I had a memorable holiday when I was younger during the Lunar New Year.
❷ My family and I went to the countryside to stay with my grandparents during the long Lunar New Year weekend.

'(음력)설, 구정'은 영어로 Lunar New Year이라고 말해요. 참고로 New Year는 1월 1일 새해를 가리켜요.

이 명절에 했던 일

❸ Many members of my extended family came to visit too, so it was like a huge family reunion.
❹ To celebrate the holiday, children usually bow before their elders and receive money from them.
❺ Since so many family members were there, I received a lot of money then.

family reunion은 '가족 모임'이라는 표현으로, 흩어진 가족들이 한자리에 다시 모인 모임을 가리켜요. 참고로 '이산가족의 상봉'도 같은 표현으로 말할 수 있어요.

이 명절이 특별했던 이유

❻ At the time, I remember I wanted an expensive LEGO set that I couldn't afford.
❼ I was so excited about all the money I received because I was finally able to go buy it.
❽ The LEGO set was even more special to me because it reminded me of my family.

excited about은 한 번에 연음으로 발음해야 한다는 점에 주의하세요.

❶ 저는 더 어렸을 때 음력 설에 기억에 남는 명절을 보냈습니다. ❷ 우리 가족과 저는 긴 음력 설 연휴 주말 동안 조부모님과 함께 머물기 위해 시골에 갔습니다. ❸ 우리 대가족의 많은 분들도 방문하러 오셨기 때문에, 마치 큰 가족 모임 같았습니다. ❹ 이 명절을 기념하기 위해, 어린이들은 보통 어른들 앞에서 절을 하고 그들로부터 돈을 받습니다. ❺ 정말 많은 가족들이 그곳에 와 있어서, 저는 그때 많은 돈을 받았습니다. ❻ 그 당시, 저는 제가 살 수 없는 비싼 레고 세트를 원했던 것으로 기억합니다. ❼ 저는 마침내 그것을 사러 갈 수 있었기 때문에, 제가 받은 많은 돈에 대해 매우 흥분했습니다. ❽ 그 레고 세트는 가족을 생각나게 했기 때문에 저에게 한층 더욱 특별했습니다.

어휘 · 표현 Lunar New Year (음력) 설, 구정 countryside 시골, 전원 지대 extended family 대가족, (먼) 친척 reunion 모임, 동창회 elder 어른, 나이가 더 많은

2 우리나라의 명절 묘사

음성 바로 듣기 

Q What are some holidays in your country that everyone celebrates? What do they do on these days?

당신의 나라에서 모든 사람들이 기념하는 명절에는 어떤 것들이 있나요? 사람들은 이날들에 무엇을 하나요?

우리나라의 명절 1

❶ One of the most important holidays in Korea is the Lunar New Year.
❷ The Lunar New Year usually **takes place in** January or February and lasts for three days.
❸ During this holiday, people eat rice cake soup, Korean pancakes, beef ribs, and dumplings.
❹ The Lunar New Year is a very busy time because a lot of people travel to visit their family.
❺ Usually, people go to their grandparents' home.
❻ That's because honoring our elders is an important part of this holiday.

take place in은 '~에 열리다'라는 표현으로, in 뒤에는 날짜나 장소를 붙여서 사용해요.

우리나라의 명절 2

❼ Another important holiday in Korea is **Korean Thanksgiving**.
❽ This holiday normally happens in September and was originally meant to celebrate having a plentiful harvest.
❾ It is also celebrated over three days, with family members gathering across the country.
❿ During this holiday, people exchange gifts and eat a lot of traditional foods.

'추석'은 영어로 Korean Thanksgiving이라고 말해요. 한국어 발음 그대로 추석[ɔhuseok]이라고 말하면 추석이 무엇인지 설명을 붙여줘야 해서 영어 표현으로 말하는 게 좋아요.

❶ 한국에서 가장 중요한 명절 중 하나는 음력 설입니다. ❷ 음력 설은 보통 1월이나 2월에 열리고 3일 동안 지속됩니다. ❸ 이 명절 동안, 사람들은 떡국, 부침개, 소갈비, 그리고 만두를 먹습니다. ❹ 음력 설은 가족을 방문하기 위해 많은 사람들이 이동하기 때문에 매우 바쁜 시기입니다. ❺ 보통, 사람들은 그들의 조부모님 댁에 갑니다. ❻ 이는 어른들을 공경하는 것이 이 명절의 중요한 부분이기 때문입니다. ❼ 한국의 또 다른 중요한 명절은 추석입니다. ❽ 이 명절은 보통 9월에 열리고 본래 풍성한 수확을 거둔 것을 기념하기 위한 것이었습니다. ❾ 이 또한 3일에 걸쳐 기념되며 전국에서 가족들이 모입니다. ❿ 이 명절 동안 사람들은 선물을 주고받고 많은 전통 음식을 먹습니다.

어휘 · 표현 rice cake 떡 rib 갈비(뼈) dumpling 만두 honor 공경하다, 경의를 표하다 plentiful 풍성한, 풍부한 harvest 수확, 추수 exchange 주고받다, 교환하다

3 최근 명절/휴일에 했던 일

음성 바로 듣기

Q Think about the last holiday you celebrated. What activities did you do during this holiday? Describe it from beginning to end.

당신이 가장 최근에 기념한 명절에 대해 떠올려보세요. 그 명절 동안 당신은 어떤 활동들을 했나요? 그 경험에 대해 처음부터 끝까지 말해주세요.

최근에 기념한 명절 소개

❶ The last holiday I celebrated was Korean Thanksgiving.

❷ It was just a small gathering of my parents, my brother, and myself.

❸ We had planned to go visit our relatives for the holiday, but the plans didn't work out, so we stayed home together.

❹ Before the holiday, I shopped online to buy a gift for my parents.

❺ I gave them some **red ginseng**, and they really appreciated it.

'홍삼'은 영어로 red ginseng이라고 해요. 여기서 ginseng은 '인삼'을 의미해요.

이 명절에 했던 일

❻ Although we didn't do anything special for the holiday, we still made some traditional food.

❼ We ate a big meal together and then sat around in the living room.

❽ **Sometimes** we watched TV programs, and other times we just chatted while having some fruit or dessert.

sometimes는 '때때로, 가끔'을 의미하고, sometime은 '언젠가', some time은 '얼마 동안(짧지 않은) 시간'을 의미해요.

이 경험에 대한 생각

❾ Compared to how this holiday usually goes, it was much **calmer and more relaxing** to spend it at home with just my family.

calm의 비교급은 calmer라고 말하고, relaxing의 비교급은 more relaxing이라고 말해야 한다는 것에 주의하세요.

❶ 제가 가장 최근에 기념한 명절은 추석이었습니다. ❷ 저의 부모님, 오빠, 그리고 저만의 작은 모임이었습니다. ❸ 우리는 명절에 친척들을 방문하려고 계획했었지만, 계획이 잘 풀리지 않아서, 우리는 함께 집에 머물렀습니다. ❹ 명절 전에, 저는 부모님께 드릴 선물을 사기 위해 온라인 쇼핑을 했습니다. ❺ 저는 부모님에게 홍삼을 드렸고, 부모님은 정말 고마워했습니다. ❻ 비록 우리는 명절을 위해 특별한 것을 하지 않았지만, 우리는 그래도 몇몇 전통 음식을 만들었습니다. ❼ 우리는 함께 푸짐한 식사를 한 다음 거실에 둘러앉았습니다. ❽ 때때로 우리는 TV 프로그램을 봤고, 다른 때에는 과일이나 디저트를 먹으면서 수다를 떨었습니다. ❾ 평소에 이 명절을 보내던 것에 비해, 집에서 우리 가족끼리만 함께 보내는 것이 훨씬 더 차분하고 편안했습니다.

어휘 · 표현 relative 친척 red ginseng 홍삼 appreciate 고마워하다, 환영하다 calm 차분한, 침착한

4 사람들이 특정 명절/휴일을 기념하는 방법

음성 바로 듣기 

Q Select a specific holiday and describe the people, activities, and traditions associated with it. When is the holiday? What types of food are made for it? Do families gather on this holiday? If so, what do they do together for it?

특정 명절을 선택하고 이와 관련된 사람, 활동, 그리고 전통을 설명해 주세요. 그 명절은 언제인가요? 그날을 위해 어떤 종류의 음식이 만들어지나요? 이 명절에 가족들이 모이나요? 만약 그렇다면, 그들은 그것을 위해 함께 무엇을 하나요?

명절/휴일 소개

❶ One of the biggest holidays in my country is Korean Thanksgiving, which lasts three days.

❷ If the holiday **overlaps with** a weekend, sometimes it is celebrated longer.

overlap with는 '~과 겹치다'라는 표현으로, with는 생략할 수 있지만 함께 사용하는 것이 더 자연스러워요.

이 명절/휴일에 하는 일

❸ During this holiday, family members come together to share a meal.

❹ People often travel to visit their families, so the traffic can be terrible.

❺ If family members live far apart, Thanksgiving is often the **only** time they see each other.

only를 더 강하게 읽으면 '유일한 시간'이라는 점을 더 강조하는 뉘앙스로 말할 수 있어요.

❻ So the holiday is a good opportunity to catch up.

❼ Some of the traditional dishes that people prepare for this holiday are rice cakes, Korean pancakes, and beef ribs.

❽ It is also a time when people give gifts to their parents and grandparents as a show of respect.

❾ Families may also go to nearby burial sites to pay their respects to **departed** relatives.

dead(죽은)라는 말은 가급적으로 사용하지 않는 것이 좋아요. 대신 departed(고인이 된), 또는 passed away(돌아가신)을 사용해요.

❶ 우리나라에서 가장 큰 명절 중 하나는 삼 일 동안 지속되는 추석입니다. ❷ 만약 명절이 주말과 겹친다면, 때때로 그것은 더 길게 기념됩니다. ❸ 이 명절 동안, 가족 구성원들은 함께 식사를 나누기 위해 모입니다. ❹ 사람들은 종종 가족을 방문하기 위해 이동하기 때문에, 교통이 끔찍할 수 있습니다. ❺ 만약 가족 구성원들이 멀리 떨어져 산다면, 추석은 종종 그들이 서로를 보는 유일한 시간입니다. ❻ 그래서, 이 명절은 서로 못다 한 이야기를 할 수 있는 좋은 기회입니다. ❼ 이 명절을 위해 사람들이 준비하는 몇몇 전통 요리에는 떡, 부침개, 소갈비가 있습니다. ❽ 이것은 또한 사람들이 존경의 표시로 부모님과 조부모님께 선물을 드리는 시기이기도 합니다. ❾ 가족들은 또한 고인이 된 친척들에게 경의를 표하기 위해 가까운 곳의 산소로 갈 수도 있습니다.

어휘 · 표현 overlap 겹치다, 포개지다 traffic 교통(량), 통행 respect 존경, 경의 nearby 가까운 곳의, (바로) 가까이에 burial site 산소, 묘, 매장터 departed 고인이 된, 세상을 떠난 relative 친척

추가 문제의 답변 아이디어 및 표현을 익히고 답변을 준비해보세요.

명절/모임 관련 이슈

명절/모임 관련 이슈 1	• 비용이 많이 들 수 있음 • 음식만 해도 비용이 엄청나게 들 것임	→ can be very expensive → food alone will cost a lot of money
명절/모임 관련 이슈 2	• 갈등으로 이어질 수 있음 • 사람들이 모이면 논쟁이 생길 수 있음	→ can lead to conflicts → arguments can break out when people gather
이로 인한 결과	• 전 가족과 모이지 않는 선택을 함 • 집에 머무르거나 심지어 해외로 나감	→ choose not to gather with their whole family → stay at home or even go abroad

어렸을 때의 명절과 요즘 명절 비교

어렸을 때 명절의 특징	• 사랑하는 사람들을 보기 위해 모였음 • 엄청난 가짓수의 요리를 준비했음	→ people gathered to see loved ones → prepared a huge number of dishes
명절에 생긴 변화 1	• 음식 준비에 많은 시간을 쓰지 않음 • 시장이나 온라인에서 명절 음식을 살 수 있음	→ don't spend so much time preparing food → can buy holiday dishes at the market or online
명절에 생긴 변화 2	• 많은 사람들이 해외로 감 • 대신 쉬고 싶어 함	→ a lot of people go abroad → want to relax instead

우리 지역의 모임 종류 묘사

우리 지역의 모임 종류 1	• 친목 모임이 많음 • 식당이나 바에서 만남 • 함께 만나, 술도 마시고 같이 즐김	→ have a lot of social gatherings → meet at a restaurant or bar → get together, grab some drinks, and have fun
우리 지역의 모임 종류 2	• 특별한 날을 기념하기 위해 모임 • 생일 파티와 송년회를 위해 모임	→ gather to celebrate special events → meet for birthday parties and year-end parties
이 모임들에 대한 생각	• 이런 모임들에 가는 것을 즐김 • 이전보다 덜 생기는 것 같음	→ enjoy going to these gatherings → seem to happen less often than they did before

내가 참석했던 모임에서 있었던 일

최근에 참석한 모임 소개	• 고등학교 동창회가 있었음 • 연례행사임	→ had a high school reunion → is an annual event
모임에서 있었던 일	• 우리의 고등학교 근처 식당에 모였음 • 고등학교 시절에 대한 이야기를 나눴음 • 식사를 마친 후 바에 갔음	→ gathered in a restaurant near our old high school → chatted about our high school days → went to a bar after finishing eating
느낀 점	• 즐거운 시간이었음 • 우리의 다음 모임이 기대됨	→ was an enjoyable time → look forward to our next gathering

Unit 02
산업

출제 비율

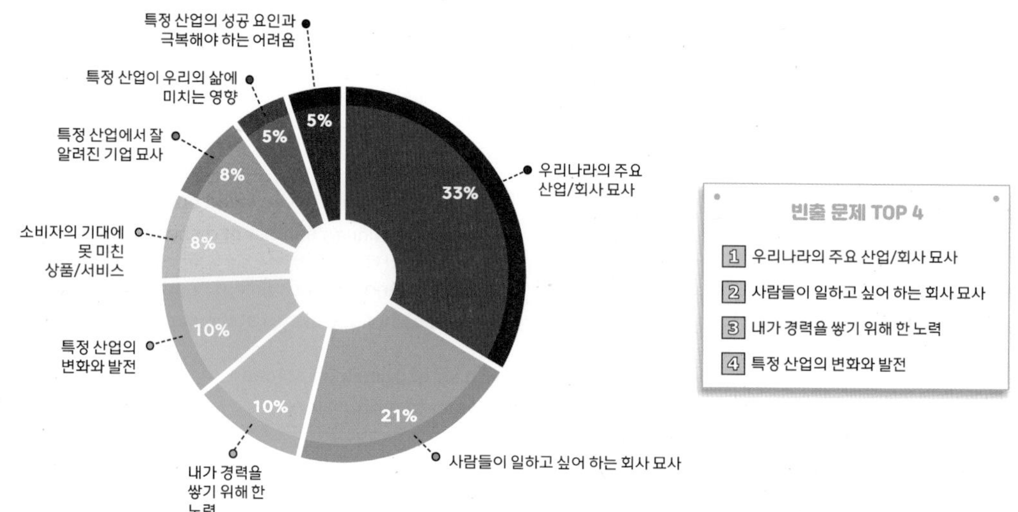

빈출 콤보

- 콤보1 우리나라의 주요 산업/회사 묘사 → 사람들이 일하고 싶어 하는 회사 묘사 → 내가 경력을 쌓기 위해 한 노력
- 콤보2 우리나라의 주요 산업/회사 묘사 → 특정 산업에서 잘 알려진 기업 묘사 → 특정 산업의 성공 요인과 극복해야 하는 어려움
- 콤보3 우리나라의 주요 산업/회사 묘사 → 특정 산업이 우리의 삶에 미치는 영향 → 특정 산업에서 잘 알려진 기업 묘사
- 콤보4 특정 산업의 변화와 발전 → 소비자의 기대에 못 미친 상품/서비스

빈출 문제 공략

STEP 1 QR코드를 찍고 모범답변 음성을 들어보세요. 그 후 쉐도잉 연습용 음성을 따라 답변을 3번 읽어보세요.
STEP 2 청록색 번호는 반드시 답변해야 하는 핵심 내용이므로, 그 문장들만 3번 더 읽어보세요.
STEP 3 이제 모범답변을 보지 않고 실제로 질문에 답하는 것처럼 자연스러운 말투로 답변해 보세요.

1 우리나라의 주요 산업/회사 묘사

Q Talk about a major industry or company in your country. How did this industry or company become so successful?

당신 나라의 주요 산업이나 회사에 대해 이야기해 주세요. 이 산업이나 회사는 어떻게 그렇게 성공하게 되었나요?

우리나라의 주요 산업 소개

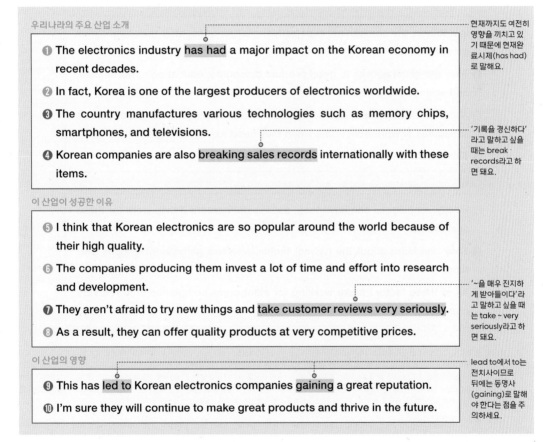

❶ The electronics industry has had a major impact on the Korean economy in recent decades.
❷ In fact, Korea is one of the largest producers of electronics worldwide.
❸ The country manufactures various technologies such as memory chips, smartphones, and televisions.
❹ Korean companies are also breaking sales records internationally with these items.

현재까지도 여전히 영향을 끼치고 있기 때문에 현재완료시제(has had)로 말해요.

'기록을 경신하다'라고 말하고 싶을 때는 break records라고 하면 돼요.

이 산업이 성공한 이유

❺ I think that Korean electronics are so popular around the world because of their high quality.
❻ The companies producing them invest a lot of time and effort into research and development.
❼ They aren't afraid to try new things and take customer reviews very seriously.
❽ As a result, they can offer quality products at very competitive prices.

'~을 매우 진지하게 받아들이다'라고 말하고 싶을 때는 take ~ very seriously라고 하면 돼요.

이 산업의 영향

❾ This has led to Korean electronics companies gaining a great reputation.
❿ I'm sure they will continue to make great products and thrive in the future.

lead to에서 to는 전치사이므로 뒤에는 동명사(gaining)로 말해야 한다는 점을 주의하세요.

❶ 전자 산업은 최근 수십 년 동안 한국 경제에 큰 영향을 끼쳤습니다. ❷ 사실, 한국은 전 세계적으로 가장 큰 전자제품 생산국 중 하나입니다. ❸ 우리나라는 메모리 칩, 스마트폰, 텔레비전과 같은 다양한 기술들을 생산합니다. ❹ 한국 기업들은 또한 이 제품들로 국제적으로 판매 기록을 경신하고 있습니다. ❺ 저는 한국의 전자제품들이 높은 품질로 인해 전 세계적으로 이토록 인기가 많다고 생각합니다. ❻ 그것들을 생산하는 회사들은 연구와 개발에 많은 시간과 노력을 투자합니다. ❼ 그들은 새로운 것을 시도하는 것을 두려워하지 않고 고객의 평가를 매우 진지하게 받아들입니다. ❽ 그 결과로, 그들은 매우 경쟁력 있는 가격에 양질의 제품을 제공할 수 있습니다. ❾ 이것은 한국의 전자 회사들이 좋은 평판을 얻도록 이끌었습니다. ❿ 저는 그들이 앞으로도 계속해서 좋은 제품을 만들고 번창할 것이라고 확신합니다.

어휘 · 표현 electronic 전자(제품) manufacture 생산하다, 제조하다 competitive 경쟁력 있는, 뒤지지 않는 reputation 평판, 명성 thrive 번창하다, 잘 자라다

2 사람들이 일하고 싶어 하는 회사 묘사

Q Tell me about the companies that young people in your country want to work for. Why are young people so interested in them?

당신 나라의 젊은이들이 일하고 싶어 하는 회사에 대해 알려주세요. 젊은이들이 그 회사들에 그렇게 관심을 갖는 이유는 무엇인가요?

사람들이 일하고 싶어 하는 회사의 특징 1

❶ These days, many young people in Korea are interested in working for electronics companies.

❷ These companies are appealing to job seekers because of their high salaries.

❸ The industry is very successful, so the companies can afford to give their employees these wages.

salaries와 아래의 wages는 서로의 유의어라서 바꿔 말할 수 있어요.

사람들이 일하고 싶어 하는 회사의 특징 2

❹ In addition, the companies, especially the larger ones, offer their employees great benefits.

❺ They are given access to good product discounts, education opportunities, and savings programs.

❻ Also, the companies will sometimes allow employees to have flexible schedules or work from home when they need to.

❼ This provides them with a better work-life balance overall.

are given access는 직역하면 '접근(권한)을 받다'는 의미이지만, 어떤 혜택들을 이용할 수 있다는 의미로 쓰여요.

'일과 삶의 균형(워라벨)'이라고 말하고 싶을 때는 work-life balance라고 하면 돼요.

사람들이 일하고 싶어 하는 회사의 특징 3

❽ Finally, employees can have long, successful careers if they work for these companies.

❾ They can learn about the newest technology and gain valuable skills over time.

❿ All of these factors make working for electronics companies in Korea very popular.

'가치 있는 역량을 습득하다'라고 말하고 싶을 때는 gain valuable skill이라고 하면 돼요.

❶ 요즘, 한국의 많은 젊은이들은 전자 회사에서 일하는 것에 관심이 있습니다. ❷ 이 회사들은 높은 급여 때문에 구직자들에게 매력적입니다. ❸ 그 산업은 매우 성공적이어서, 회사들은 직원들에게 이러한 임금을 줄 여유가 있습니다. ❹ 게다가, 그 회사들, 특히 대기업들은 직원들에게 큰 혜택들을 제공합니다. ❺ 그들은 상당한 제품 할인, 교육 기회, 그리고 저축 상품을 이용할 수 있습니다. ❻ 또한, 그들은 때때로 직원들이 유연 근무를 하거나 필요할 때 재택근무를 하도록 허용합니다. ❼ 이것은 그들에게 전반적으로 더 나은 일과 삶의 균형을 제공합니다. ❽ 마지막으로, 직원들이 이러한 회사에서 일한다면, 그들은 길고 성공적인 경력을 가질 수 있습니다. ❾ 그들은 최신 기술에 대해 배우고 시간이 지나면서 가치 있는 역량을 습득할 수 있습니다. ❿ 이 모든 요소들이 한국의 전자 회사에서 일하는 것을 매우 인기 있게 만듭니다.

어휘 · 표현 appealing 매력적인, 흥미로운 job seeker 구직자 salary 급여, 월급 wage 임금 saving 저축, 예금 flexible 유연한 valuable 가치 있는

3 내가 경력을 쌓기 위해 한 노력

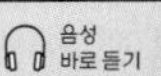

Q What are some efforts you have made to further your career? Give me all the details.

당신은 당신의 경력을 쌓기 위해 어떤 노력을 해왔나요? 되도록 자세히 알려주세요.

경력을 쌓기 위해 한 노력 1

❶ I put a lot of effort into making a successful career.

❷ First of all, I took the time to carefully prepare my **resumé** and cover letter.

❸ I researched examples of what these should look like and wrote many drafts of them.

resumé [rézumèi]의 발음에 주의하세요.

경력을 쌓기 위해 한 노력 2

❹ In addition, I took a few online courses to get the license required for the job position I wanted.

❺ These included difficult assignments and lessons that **took up** a lot of my free time.

take up은 다양한 의미를 가진 숙어인데, 뒤에는 시간이나 공간과 관련된 표현이 이어질 때는 '~을 빼앗다, 차지하다'로 해석돼요.

경력을 쌓기 위해 한 노력 3

❻ I also organized a group with my friends to prepare for job interviews.

❼ We wrote questions and **practiced interviewing** one another.

❽ Then, we gave each other feedback that would help us when we had our real interviews.

'~하는 연습을 하다'라고 말하고 싶을 때, practice 뒤에 동명사(interviewing) 형태로 말해야 한다는 것에 주의하세요.

경력을 쌓기 위해 한 노력 4

❾ Lastly, I **completed a few internships** at companies that are related to the career I wanted.

❿ These positions helped me learn valuable skills and make connections with people in my field.

'인턴십을 마치다'라고 말하고 싶을 때는 did an intership보다는 complete an internship이라고 하는 것이 더 자연스럽게 들려요.

❶ 저는 성공적인 경력을 쌓는 데 많은 노력을 했습니다. ❷ 우선, 저는 시간을 내서 저의 이력서와 자기소개서를 꼼꼼히 준비했습니다. ❸ 저는 이것들이 어떤 형태여야 하는지에 대한 예시들을 조사했고 초안을 많이 썼습니다. ❹ 게다가, 저는 제가 원하는 직무에 필요한 자격증을 따기 위해 몇몇 온라인 과정을 수강했습니다. ❺ 이것들은 저의 여가 시간을 많이 빼앗은 어려운 과제들과 수업들을 포함했습니다. ❻ 저는 또한 취업 면접을 준비하기 위해 친구들과의 그룹도 조직했습니다. ❼ 우리는 질문을 적고 서로 인터뷰하는 연습을 했습니다. ❽ 그러고 나서, 우리는 실제 인터뷰를 할 때 도움이 될 만한 피드백을 서로에게 주었습니다. ❾ 마지막으로, 저는 제가 원하는 직업과 관련된 회사에서 인턴십을 몇 개 마쳤습니다. ❿ 이러한 직무들은 제가 가치 있는 기술을 배우고 제 분야의 사람들과 관계를 맺는 데 도움을 주었습니다.

어휘 · 표현 resumé 이력서 cover letter 자기소개서 draft 초안

4 특정 산업의 변화와 발전

Q Talk about an industry or company that has changed a lot in your country. What is it like now? How has it changed? Talk about specific examples that show how the industry or company has evolved.

당신의 나라에서 상당히 많이 변화한 산업이나 회사에 대해 말해주세요. 지금은 어떤가요? 그것은 어떻게 변했나요? 그 산업이나 회사가 어떻게 발전해 왔는지 보여주는 구체적인 예시를 들어 말해주세요.

연예 산업의 과거

❶ The Korean entertainment industry has grown significantly over time.
❷ In the past, content such as Korean music was mostly made to fit the tastes of domestic audiences.
❸ It was popular in some other countries such as China and Japan, but it wasn't well-known everywhere.

'콘텐츠'를 의미하는 content는 단수형으로만 사용되므로 뒤에 's'를 붙이지 않도록 주의하세요.

연예 산업의 현재와 미래

❹ However, these days Korean entertainment has gone global.
❺ K-pop especially has become a sensation in many countries all over the world.
❻ Nowadays, it's not surprising to see a few K-pop songs in the top spots of the international Billboard chart.
❼ Korean movies are also receiving international awards.
❽ This has led to more Korean films being shown in foreign movie theaters.
❾ With people becoming more interested in Korean entertainment, the industry is only going to grow in time.
❿ It's definitely one of the most promising industries of the country.

'전 세계로 진출하다'라고 말하고 싶을 때는 go global이라고 하면 돼요.

영화가 '상영되는' 것이니 수동태(being shown)로 말하는 것에 주의하세요.

❶ 한국의 연예 산업은 시간이 지나면서 크게 성장했습니다. ❷ 과거에, 한국 음악과 같은 콘텐츠는 대부분 국내 관객들의 취향에 맞게 제작되었습니다. ❸ 그것은 중국과 일본과 같은 몇몇 다른 나라에서 인기가 있었지만, 모든 곳에서 잘 알려지지는 않았습니다. ❹ 하지만, 요즘 한국 연예계는 전 세계로 진출했습니다. ❺ 특히 K팝은 전 세계 많은 나라에서 센세이션을 일으키고 있습니다. ❻ 요즘에는, 몇 곡의 K팝 노래가 세계적인 빌보드 차트의 상위권에 있는 것을 보는 것은 놀라운 일이 아닙니다. ❼ 한국 영화 또한 국제적 상들을 받고 있습니다. ❽ 이것은 더 많은 한국 영화들이 외국 영화관에서 상영되는 것으로 이어졌습니다. ❾ 사람들이 한국 연예계에 더 관심을 가지게 되면서, 그 산업은 시간이 지남에 따라 성장할 일만 남았습니다. ❿ 그것은 분명히 이 나라에서 가장 유망한 산업 중 하나입니다.

어휘 · 표현 entertainment 연예(계), 예능 taste 취향 domestic 국내의 promising 유망한

추가 답변 아이디어 및 표현

추가 문제의 답변 아이디어 및 표현을 익히고 답변을 준비해보세요.

소비자의 기대에 못 미친 상품/서비스

문제가 있었던 상품/서비스 1	• 스마트폰의 배터리에 몇몇 문제 • 폭발하기 시작해서 재산상 손해를 입혔음	➡ some issues with the batteries of smartphones ➡ exploded and caused property damage
문제가 있었던 상품/서비스 2	• 배터리가 전보다 빠르게 닳았음 • 보조 배터리를 가지고 다녀야 했음	➡ batteries were running out faster than before ➡ had to carry around portable phone chargers
이 문제의 영향	• 매우 실망했음 • 이 문제들을 해결하기 위해 노력했음	➡ became very disappointed ➡ worked hard to solve them

특정 산업에서 잘 알려진 기업 묘사

잘 알려진 기업 소개	• 삼성은 가장 큰 전자 회사 중 하나임	➡ Samsung is one of the largest electronics companies
이 기업의 특징 1	• 모바일 기기의 세계적인 공급자 • 전 세계에 사무실과 공장이 있음 • 고품질의 제품을 제공함	➡ a global supplier of mobile devices ➡ has offices and factories around the world ➡ provides high-quality products
이 기업의 특징 2	• 좋은 고객 서비스를 제공하기 위해 노력함 • 많은 고객 서비스 센터가 있음	➡ tries to provide good customer service ➡ has many customer service centers

특정 산업이 우리의 삶에 미치는 영향

특정 산업 소개	• 전자제품 산업 • 한국 사회에 큰 영향을 끼쳤음 • 다양한 방법으로 우리의 삶을 향상시킴	➡ the electronics industry ➡ has had a profound impact on Korean society ➡ improved our lives in a variety of ways
이 산업의 다양한 영향	• 삶의 질을 상당히 높여줬음 • 우리의 삶을 더 쉽게 만들었음 • 사람들과 더 쉽게 소통할 수 있게 해줬음	➡ did wonder for our quality of life ➡ made our lives easier ➡ made it easier to communicate with others

특정 산업의 성공 요인과 극복해야 하는 어려움

전자제품 산업 소개	• 수년 동안 엄청나게 성장했음 • 한국에서 가장 큰 산업 중 하나	➡ has grown tremendously over the years ➡ one of the largest industries in Korea
이 산업의 성공 요인	• 연구 개발에 많은 투자를 했음 • 가장 똑똑한 사람들이 이 분야에서 일함	➡ invested a lot in research and development ➡ smartest people work in this field
이 산업이 겪는 어려움	• 수출에 크게 의존함 • 세계 경기에 영향을 받음 • 국제 관계에 영향을 받음	➡ highly dependent on exports ➡ is affected by the global economy ➡ is affected by international relations

Unit 03
집안일 거들기

출제 비율

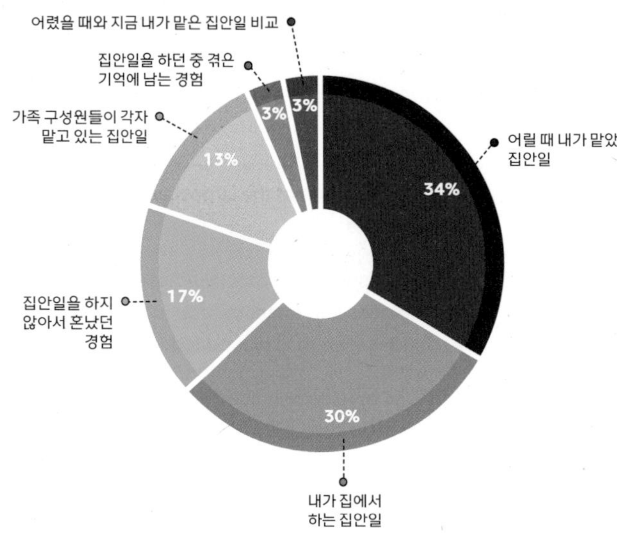

빈출 문제 TOP 4

1. 어릴 때 내가 맡았던 집안일
2. 내가 집에서 하는 집안일
3. 집안일을 하지 않아서 혼났던 경험
4. 가족 구성원들이 각자 맡고 있는 집안일

빈출 콤보

- 콤보1 내가 집에서 하는 집안일 → 어릴 때 내가 맡았던 집안일 → 집안일을 하지 않아서 혼났던 경험
- 콤보2 가족 구성원들이 각자 맡고 있는 집안일 → 어릴 때 내가 맡았던 집안일 → 집안일을 하지 않아서 혼났던 경험
- 콤보3 가족 구성원들이 각자 맡고 있는 집안일 → 내가 집에서 하는 집안일 → 어렸을 때와 지금 내가 맡은 집안일 비교
- 콤보4 가족 구성원들이 각자 맡고 있는 집안일 → 집안일을 하던 중 겪은 기억에 남는 경험 → 어렸을 때와 지금 내가 맡은 집안일 비교

빈출 문제 공략

STEP 1 QR코드를 찍고 모범답변 음성을 들어보세요. 그 후 쉐도잉 연습용 음성을 따라 답변을 3번 읽어보세요.
STEP 2 청록색 번호는 반드시 답변해야 하는 핵심 내용이므로, 그 문장들만 3번 더 읽어보세요.
STEP 3 이제 모범답변을 보지 않고 실제로 질문에 답하는 것처럼 자연스러운 말투로 답변해 보세요.

1 어릴 때 내가 맡았던 집안일

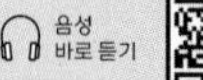

Q Were you given household chores as a child? What did you do? How did you complete them?

당신은 어렸을 때 집안일을 맡았나요? 당신은 무엇을 했나요? 그 집안일들을 어떻게 완료했나요?

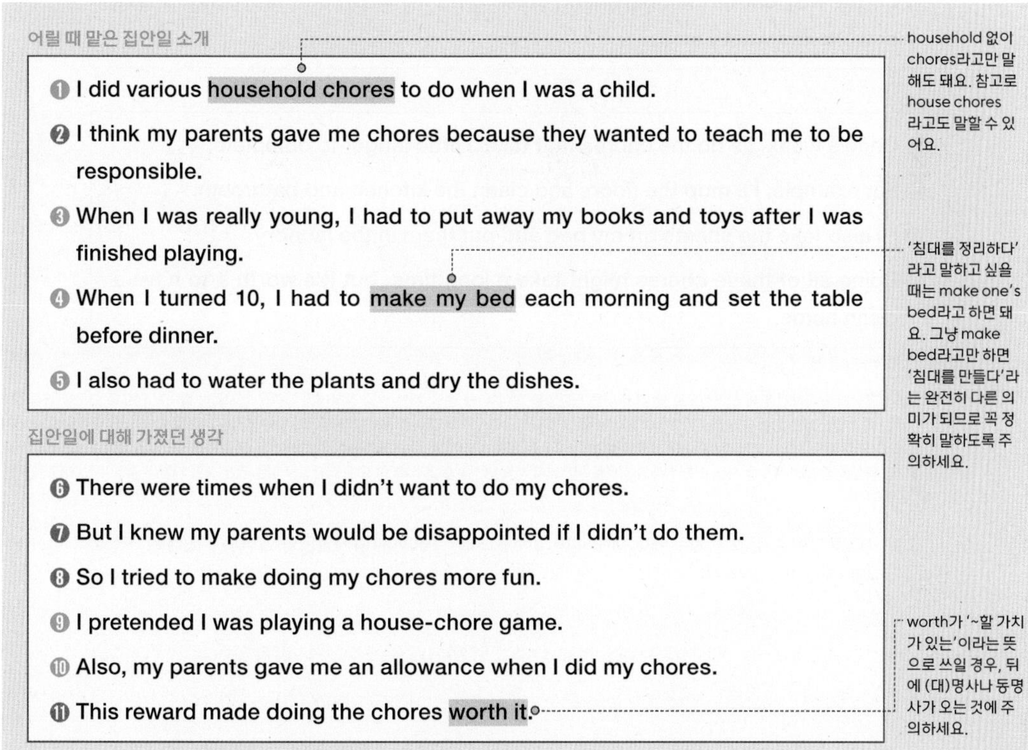

어릴 때 맡은 집안일 소개

❶ I did various household chores to do when I was a child.
❷ I think my parents gave me chores because they wanted to teach me to be responsible.
❸ When I was really young, I had to put away my books and toys after I was finished playing.
❹ When I turned 10, I had to make my bed each morning and set the table before dinner.
❺ I also had to water the plants and dry the dishes.

집안일에 대해 가졌던 생각

❻ There were times when I didn't want to do my chores.
❼ But I knew my parents would be disappointed if I didn't do them.
❽ So I tried to make doing my chores more fun.
❾ I pretended I was playing a house-chore game.
❿ Also, my parents gave me an allowance when I did my chores.
⓫ This reward made doing the chores worth it.

household 없이 chores라고만 말해도 돼요. 참고로 house chores라고도 말할 수 있어요.

'침대를 정리하다'라고 말하고 싶을 때는 make one's bed라고 하면 돼요. 그냥 make bed라고만 하면 '침대를 만들다'라는 완전히 다른 의미가 되므로 꼭 정확히 말하도록 주의하세요.

worth가 '~할 가치가 있는'이라는 뜻으로 쓰일 경우, 뒤에 (대)명사나 동명사가 오는 것에 주의하세요.

❶ 저는 어렸을 때 다양한 집안일을 했습니다. ❷ 부모님께서는 제게 책임감을 갖도록 가르치기 원하셔서 집안일을 주신 것 같습니다. ❸ 제가 정말 어렸을 때, 저는 다 놀고 난 후 제 책과 장난감을 치워야 했습니다. ❹ 제가 10살이 되었을 때, 저는 매일 아침 침대를 정리하고 저녁 식사 전에 식탁을 차려야 했습니다. ❺ 저는 또한 식물에 물을 주고 접시의 물기를 닦아야 했습니다. ❻ 저의 집안일을 하기 싫었던 때가 있었습니다. ❼ 하지만 저는 제가 그것을 하지 않는다면 부모님이 실망하실 거라는 걸 알고 있었습니다. ❽ 그래서, 저는 집안일 하는 것을 더 재미있게 만들려고 노력했습니다. ❾ 저는 제가 집안일 게임을 하고 있다고 상상했습니다. ❿ 또한, 제가 집안일을 했을 때 부모님은 저에게 용돈을 주셨습니다. ⓫ 이 보상은 집안일 하는 것을 할 가치가 있게 만들었습니다.

어휘 · 표현 household chores 집안일 set the table (수저를 놓는 등) 식탁을 차리다 pretend ~라고 상상하다, ~인 척하다
allowance 용돈, 비용 worth 가치가 있는

2 내가 집에서 하는 집안일

Q Describe what you do to maintain a clean and comfortable home. What types of household chores do you do?

깨끗하고 편안한 집을 유지하기 위해 당신이 하는 일을 설명해 주세요. 당신은 어떤 종류의 집안일들을 하나요?

평소 하는 집안일

❶ I regularly do a few different chores to keep my house clean.
❷ Every day, I make sure to wash any dirty dishes so they don't pile up in the kitchen sink.
❸ In addition, I vacuum all of the rooms in my home.
❹ I do this because dust and hair will accumulate quickly if I don't.
❺ On my way out of the apartment, I also grab my trash and recycling to take down to the waste area.

'진공청소기로 청소하다'라고 말하고 싶을 때는 vacuum이라고 하면 돼요.

가끔씩 하는 집안일

❻ Once a week, I'll do the chores that take a little longer to complete.
❼ For example, I'll mop the floors and clean the kitchen and bathroom.
❽ I'll also take the sheets off my bed and put them in the laundry.
❾ Doing all of these chores might take a long time, but it's worth it to have a clean home.

습관적으로 하는 행동을 말하고 싶을 때 will을 써서 말하는 것이 자연스러워요.

❶ 저는 집을 깨끗하게 유지하기 위해 정기적으로 몇 가지 다른 집안일을 합니다. ❷ 매일, 저는 부엌 싱크대에 더러운 접시들이 쌓이지 않도록 그것들을 꼭 설거지합니다. ❸ 더불어, 저는 집에 있는 모든 방을 진공청소기로 청소합니다. ❹ 그렇지 않으면 먼지와 머리카락이 빨리 쌓이기 때문에 저는 이것을 합니다. ❺ 아파트에서 나오는 길에, 저는 또한 쓰레기장으로 가지고 내려갈 쓰레기와 재활용품을 들고 갑니다. ❻ 일주일에 한 번, 저는 완료하는 데 시간이 좀 더 걸리는 집안일을 합니다. ❼ 예를 들어, 저는 바닥을 닦고 부엌과 욕실을 청소합니다. ❽ 저는 또한 침대의 시트를 벗겨내서 세탁실에 넣습니다. ❾ 이 모든 집안일을 하는 것은 오랜 시간이 걸릴 수 있지만, 깨끗한 집을 갖는 것은 가치가 있습니다.

어휘 · 표현 regularly 정기적으로, 자주 accumulate 쌓이다, 모이다 recycling 재활용(품) mop (대걸레로) 닦다 laundry 세탁실, 세탁물

3 집안일을 하지 않아서 혼났던 경험

음성 바로 듣기

Q When you were a child, did you ever get in trouble for not doing your chores? If so, when did this happen and what chores did you fail to complete? Talk about what occurred and how you handled the situation.

어렸을 때, 당신은 집안일을 하지 않아서 혼난 적이 한 번이라도 있나요? 만약 그렇다면, 언제 이런 일이 일어났고, 당신은 어떤 집안일을 마치지 못했나요? 무슨 일이 일어났는지, 그리고 그 상황을 어떻게 처리했는지에 대해 이야기해 주세요.

집안일을 하지 않아 혼났던 경험 소개

❶ I **was supposed to** keep my room clean.

❷ It was the only house chore I had to do, but it was also one of my least favorite things to do.

❸ My room was often very messy, and my mom got upset every time she saw it.

❹ She usually scolded me, and I had to start cleaning it right away.

❺ However, sometimes my mom just cleaned my room for me.

be supposed to는 '~을 해야 한다, ~하기로 되어 있다'라는 표현으로, 특히 과거 시제로 쓰일 경우 일이 계획이나 의도대로 일어나지 않았음을 의미해요.

집안일을 하지 않아서 생긴 문제

❻ One day, I **returned home** and saw that my room was neat and clean.

❼ I was so happy until I realized that I couldn't find my favorite video game.

❽ My mom **had accidentally thrown** it away while she was cleaning.

❾ I was very upset, but there was nothing I could do.

returned 다음에 전치사(to)를 쓰지 않도록 주의하세요.

엄마가 실수로 버린 시점은 내가 발견하기 전이니 과거완료(had thrown) 시제를 쓰는 것이 자연스러워요.

이 경험을 통해 배운 점

❿ After that day, I always made sure to clean my room myself.

❶ 저는 제 방을 깨끗하게 유지해야 했습니다. ❷ 그것은 제가 해야 했던 유일한 집안일이었지만, 또한 제가 가장 싫어하는 일 중 하나이기도 했습니다. ❸ 제 방은 종종 매우 지저분했고 엄마는 그것을 볼 때마다 화를 냈습니다. ❹ 엄마는 보통 저를 꾸짖었고, 저는 즉시 방의 청소를 시작해야 했습니다. ❺ 하지만, 가끔씩은 엄마가 그냥 저를 대신해서 제 방을 청소해 주셨습니다. ❻ 어느 날, 저는 집으로 돌아와 제 방이 정돈되고 깨끗해진 것을 보았습니다. ❼ 저는 제가 가장 좋아하는 비디오 게임을 찾을 수 없다는 것을 깨닫기 전까지 너무 기뻤습니다. ❽ 엄마가 청소하다가 실수로 그것을 버린 것이었습니다. ❾ 저는 매우 속상했지만, 제가 할 수 있는 것은 아무것도 없었습니다. ❿ 그날 이후로, 저는 항상 제 방을 꼭 직접 청소하고자 합니다.

어휘 · 표현 messy 지저분한, 엉망인 upset 화난, 속상한 scold 꾸짖다, 혼내다 neat 정돈된, 단정한 throw away 버리다

4 가족 구성원들이 각자 맡고 있는 집안일

음성 바로 듣기 

Q How are household tasks divided in your home now? What chores do you normally do? What tasks do your family members usually complete? How do you feel about this distribution? Is it fair?

지금 당신의 집에서는 집안일을 어떻게 나누고 있나요? 당신은 보통 어떤 집안일을 하나요? 당신의 가족 구성원들은 보통 어떤 일을 완수하나요? 이 분배에 대해 어떻게 생각하나요? 공평한가요?

내가 하는 집안일

❶ In my household, everyone helps with the household chores.
❷ I am usually responsible for doing the dishes after dinner and the laundry twice a week.
❸ However, that's not really all I do.
❹ If a room looks messy, I will always tidy it up and put things back where they belong.

everyone은 단수 명사이므로 단수 동사(helps)로 말해야 하는 것에 주의하세요.

tidy it up은 한 단어처럼 연음으로 발음해야 하는 것에 주의하세요.

가족들이 하는 집안일

❺ My younger brother takes out the trash and waters the plants.
❻ He's also responsible for keeping his room clean.
❼ My father vacuums and sometimes does the grocery shopping.
❽ If something breaks around the house, he tries to fix it.
❾ My mother cooks and does most of the cleaning around the house.

grocery [gróusəri]의 발음에 주의하세요.

집안일 분배에 대한 생각

❿ However, I don't think it's fair that she does almost all the housework since she also has a full-time job.
⓫ I think we should help her out more.

a full-time job은 '(전 시간 근무하는) 일'을 의미해요. 참고로 '아르바이트', 또는 '시간제 근무'는 a part-time job이라고 말해요.

❶ 우리 집에서는, 모두가 집안일을 돕습니다. ❷ 저는 보통 저녁 식사 후 설거지하는 것과 일주일에 두 번 빨래하는 것을 담당하고 있습니다. ❸ 하지만, 그것이 제가 하는 일의 전부는 아닙니다. ❹ 만약 어느 방이 지저분해 보이면, 저는 항상 그곳을 정리하고 물건들을 원래 있던 곳에 돌려놓을 것입니다. ❺ 제 남동생은 쓰레기를 버리고 식물에 물을 줍니다. ❻ 그는 또한 그의 방을 깨끗하게 유지하는 것을 책임지고 있습니다. ❼ 아빠는 청소기를 돌리고 가끔 장을 봅니다. ❽ 집에서 무언가 고장이 나면, 아빠는 그것을 고치려고 합니다. ❾ 엄마는 요리하고 집 안 청소의 대부분을 합니다. ❿ 하지만, 엄마는 일도 하고 있기 때문에 엄마가 거의 모든 집안일을 하는 것이 불공평하다고 생각합니다. ⓫ 저는 우리가 엄마를 더 많이 도와야 한다고 생각합니다.

어휘 · 표현 tidy ~ up ~을 정리하다, ~을 정돈하다 vacuum 청소기를 돌리다, 청소기로 청소하다 do grocery shopping 장을 보다 full-time job (전 시간 근무하는) 일, 정규직

추가 답변 아이디어 및 표현

추가 문제의 답변 아이디어 및 표현을 익히고 답변을 준비해보세요.

집안일을 하던 중 겪은 기억에 남는 경험

집안일을 하게 된 상황 소개	• 함께 집에서 맛있는 저녁 식사를 함 • 비싼 그릇과 잔을 사용했음	➡ had a nice dinner together at home ➡ used all of the expensive plates and glasses
겪은 문제에 대한 상세한 설명	• 설거지를 하겠다고 했음 • 실수로 하나를 싱크대에 떨어뜨렸음 • 큰 소리를 내며 많은 조각으로 깨졌음	➡ offered to wash the dishes ➡ accidentally dropped one in the sink ➡ broke into many pieces and made a loud noise
느낀 점	• 비싼 그릇이라 속상했음 • 아무도 다치지 않아서 안도했음	➡ upset because the plate had cost a lot of money ➡ was relieved because no one had been hurt

어렸을 때와 지금 내가 맡은 집안일 비교

어렸을 때 했던 집안일	• 내게 많은 집안일을 시키지 않았음 • 내 방만 치우게 했음 • 내가 공부하는 데 더 많은 시간을 쓰길 원했음	➡ didn't give me many chores ➡ only made me clean my room ➡ wanted me to spend more time studying
지금 하는 집안일	• 식사 후 설거지를 함 • 바닥에 걸레질하거나 빨래를 함 • 화장실 바닥을 문질러서 깨끗하게 함	➡ wash the dishes after meals ➡ mop the floor or do the laundry ➡ scrub the bathroom to make sure it's clean

Unit 04
날씨·계절

출제 비율

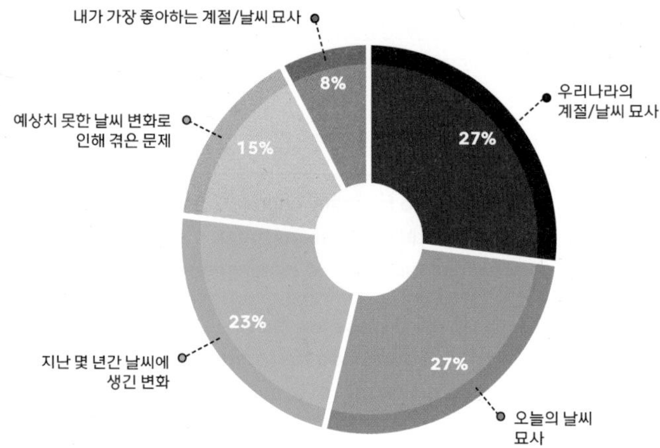

빈출 문제 TOP 5

1. 우리나라의 계절/날씨 묘사
2. 오늘의 날씨 묘사
3. 지난 몇 년간 날씨에 생긴 변화
4. 예상치 못한 날씨 변화로 인해 겪은 문제
5. 내가 가장 좋아하는 계절/날씨 묘사

빈출 콤보

- 콤보1 우리나라의 계절/날씨 묘사 → 오늘의 날씨 묘사 → 지난 몇 년간 날씨에 생긴 변화
- 콤보2 우리나라의 계절/날씨 묘사 → 지난 몇 년간 날씨에 생긴 변화 → 예상치 못한 날씨 변화로 인해 겪은 문제
- 콤보3 우리나라의 계절/날씨 묘사 → 오늘의 날씨 묘사 → 내가 가장 좋아하는 계절/날씨 묘사
- 콤보4 우리나라의 계절/날씨 묘사 → 내가 가장 좋아하는 계절/날씨 묘사 → 예상치 못한 날씨 변화로 인해 겪은 문제

빈출 문제 공략

STEP 1 QR코드를 찍고 모범답변 음성을 들어보세요. 그 후 쉐도잉 연습용 음성을 따라 답변을 3번 읽어보세요.
STEP 2 청록색 번호는 반드시 답변해야 하는 핵심 내용이므로, 그 문장들만 3번 더 읽어보세요.
STEP 3 이제 모범답변을 보지 않고 실제로 질문에 답하는 것처럼 자연스러운 말투로 답변해 보세요.

1 우리나라의 계절/날씨 묘사

음성 바로 듣기 

Q What are the seasons like in your country? How many are there? How are they different from one another? Talk about the weather in each one.

당신 나라의 계절들은 어떠한가요? 몇 개의 계절이 있나요? 그 계절들은 서로 어떻게 다른가요? 각 계절의 날씨에 대해 이야기해 주세요.

우리나라의 봄 묘사

❶ There are four distinct seasons in Korea: spring, summer, fall, and winter.
❷ The weather is generally warm in spring.
❸ However, the weather occasionally gets cold, so you still need to wear a jacket.
❹ It's also a good idea to wear a mask because the air quality is often poor due to high levels of fine dust.

우리나라의 여름 묘사

❺ Summer in Korea is very hot and humid.
❻ For a few weeks each summer, there is a lot of rain caused by monsoons.

monsoon [mansúːn]의 발음에 주의하세요. mon은 [몬]이 아닌 [만]으로 발음해요.

우리나라의 가을 묘사

❼ It starts to get cooler and drier in fall as the leaves turn to red and yellow.
❽ In my opinion, fall in Korea has the perfect weather for outdoor activities.

우리나라의 겨울 묘사

❾ Finally, it is usually very cold in the winter.
❿ There is sometimes snow, but the amount can vary a lot depending on where you live.
⓫ Clearly, the weather in Korea changes a lot from season to season.

❶ 한국에는 봄, 여름, 가을, 그리고 겨울의 네 가지 뚜렷한 계절이 있습니다. ❷ 봄에는 날씨가 대체로 따뜻합니다. ❸ 다만, 이따금 날씨가 추워지기 때문에, 여전히 가끔은 재킷을 입어야 합니다. ❹ 미세먼지가 많아 종종 공기의 질이 좋지 않기 때문에 마스크를 쓰는 것도 좋은 생각입니다. ❺ 한국의 여름은 매우 덥고 습합니다. ❻ 매년 여름 몇 주 동안, 장마로 인해 많은 비가 내립니다. ❼ 가을에는 나뭇잎들이 빨갛고 노랗게 변하면서, 점점 더 시원해지고 건조해지기 시작합니다. ❽ 제 생각에, 한국의 가을은 야외활동하기에 완벽한 날씨를 제공합니다. ❾ 마지막으로, 겨울에는 보통 매우 춥습니다. ❿ 가끔 눈이 오기도 하지만, 사는 곳에 따라 양이 많이 달라질 수 있습니다. ⓫ 확실히 한국의 날씨는 계절마다 많이 변합니다.

어휘·표현 distinct 뚜렷한, 분명한 occasionally 이따금, 가끔 air quality 공기의 질 fine dust 미세먼지 humid 습한 monsoon 장마, 우기 outdoor 야외의

2 오늘의 날씨 묘사

Q Describe the weather in your location now. What is it like?

지금 당신이 있는 곳의 날씨를 설명해 주세요. 날씨가 어떤가요?

오늘 날씨의 특징

❶ The weather right now is sunny, but there are a few clouds in the sky.

❷ Every once in a while, a cloud blocks the sun.

❸ However, the sun is shining most of the time.

❹ Actually, I have to wear my sunglasses because it's so bright outside.

❺ There is a slight breeze, but it doesn't feel very cold.

❻ In fact, it feels quite warm when you're in the sunshine and not in the shade.

'이따금씩, 가끔'이라고 말하고 싶을 때는 every once in a while이라고 하면 돼요. 참고로 비슷한 의미인 sometimes는 every once in a while보다는 좀 더 자주 일어난다는 느낌을 줘요.

오늘 날씨의 특이사항

❼ I want the weather to stay like this, but the forecast says it will rain in the afternoon.

❽ Light rain is expected, and the temperature is supposed to drop.

❾ To me, that seems unlikely because I can't see any rain clouds.

❿ Also, the weather has been nice for a couple of days now.

⓫ I don't think it's going to change all of a sudden.

'약한'이라고 말하고 싶을 때는 단어 앞에 light를 추가하면 돼요. 반대로 '강한'은 heavy를 붙여서 말해요.

❶ 지금 이 순간의 날씨는 화창하지만, 하늘에 구름이 조금 껴있습니다. ❷ 이따금씩, 구름이 태양을 가립니다. ❸ 하지만, 대부분의 시간에는 태양이 비추고 있습니다. ❹ 사실 밖이 너무 밝아서 저는 선글라스를 써야 합니다. ❺ 미풍이 약간 불긴 하지만, 그다지 춥게 느껴지지는 않습니다. ❻ 사실, 그늘에 있지 않고 햇빛에 있을 때는 꽤 따뜻하게 느껴집니다. ❼ 저는 날씨가 이대로 유지되길 바라지만, 예보에서 오후에 비가 올 거라고 말합니다. ❽ 약한 비가 오리라 예상되고, 기온도 떨어질 것으로 예상됩니다. ❾ 저에게는, 비구름이 보이지 않기 때문에 그럴 가능성은 거의 없어 보입니다. ❿ 또한, 요즘 며칠째 날씨가 좋았습니다. ⓫ 저는 이것이 갑자기 바뀔 것 같지는 않습니다.

어휘 · 표현 breeze 미풍, 산들바람 shade 그늘 forecast (날씨) 예보

3 지난 몇 년간 날씨에 생긴 변화

음성 바로 듣기

Q How has the weather changed during the past few decades? How does the weather now compare to in the past? Please explain the differences.

지난 몇십 년 동안 날씨가 어떻게 변했나요? 과거와 비교해서 지금의 날씨는 어떤가요? 차이점을 설명해 주세요.

날씨에 생긴 변화 1

❶ The weather has definitely changed over the past few years.

❷ In the past, each of the four seasons lasted for about three months.

❸ However, due to global warming, spring and fall are significantly shorter than before, and winter and summer are much longer.

much longer 뒤에 than before를 붙이지 않도록 주의하세요. 앞에서 이미 than before라고 말했으므로 반복하지 않는 게 좋아요.

날씨에 생긴 변화 2

❹ Another way the weather has changed is that there is more fine dust in the air than there used to be.

❺ This is a major problem in Korea, and everyone is affected.

❻ People have to wear masks, and most households have an air purifier.

'미세먼지'는 영어로 fine dust라고 말해요. 여기서 fine은 '미세한, 세밀한'이라는 의미에요.

날씨에 생긴 변화 3

❼ Furthermore, typhoons, happen more frequently, and when they do happen, they are more intense than before.

❽ I've read that they are twice as powerful as they used to be because the seas are warmer now.

❾ This is a serious issue since they not only cause damage but also take people's lives.

typhoon [taifúːn]의 발음에 주의하세요. 'ph'는 'f'로 발음해요.

❶ 날씨는 지난 몇 년 동안 확실히 변했습니다. ❷ 과거에는, 각각의 사계절이 약 3개월 동안 지속되었습니다. ❸ 하지만, 지구온난화로 인해, 봄과 가을은 이전보다 현저히 짧고, 겨울과 여름은 훨씬 깁니다. ❹ 날씨가 바뀐 또 다른 방향은 예전보다 공기 중에 미세먼지가 더 많다는 것입니다. ❺ 이것은 한국에서는 주요한 문제이고, 모든 사람들이 영향을 받습니다. ❻ 사람들은 마스크를 써야 하고, 대부분의 가정에는 공기청정기가 있습니다. ❼ 게다가, 태풍은 더 자주 발생하고, 태풍이 발생했을 때, 그것들은 이전보다 더 거셉니다. ❽ 지금 바다가 더 따뜻해졌기 때문에 태풍이 예전보다 두 배나 더 강력하다는 기사를 읽었습니다. ❾ 태풍은 피해를 야기할 뿐만 아니라 인명을 앗아가기 때문에 심각한 문제입니다.

어휘 · 표현 significantly 현저히 typhoon 태풍 intense 거센

4 예상치 못한 날씨 변화로 인해 겪은 문제

Q Tell me about a time when unexpected weather caused an issue for you. What was the problem, and how did you deal with it? Was anyone with you? Describe the situation and outcome.

예상치 못한 날씨가 당신에게 문제를 일으켰던 때에 대해 알려주세요. 무엇이 문제였고, 당신은 그것에 어떻게 대처했나요? 누군가 당신과 같이 있었나요? 그 상황과 결과를 설명해 주세요.

날씨가 갑자기 변했던 경험 소개

❶ A few months ago, I met my friends at the park for a picnic.
❷ There wasn't much sun because there were clouds in the sky.
❸ However, I didn't think it was going to rain.
❹ I'd checked the weather forecast in the morning, and it wasn't supposed to rain.
❺ My friends and I enjoyed our picnic, and then we relaxed for a while.
❻ While we were relaxing, it started raining.

'햇빛이 별로 없었다'라고 말하고 싶을 때는 there wasn't much sun이라고 하면 돼요. '햇빛'이기 때문에 sunlight라고 말해야 할 것 같지만 그냥 sun이라고 말하는 것이 자연스러워요.

갑자기 변한 날씨에 대한 대처

❼ The rain wasn't coming down hard, so we thought it wouldn't last for very long.
❽ We continued talking and enjoying ourselves.
❾ Then, out of nowhere, there was a sudden downpour.
❿ None of us had an umbrella, unfortunately, and we got soaked.
⓫ We quickly packed up our picnic stuff and ran to the subway station.

out of nowhere는 '느닷없이, 갑자기'라는 표현으로, 갑작스럽고 전혀 예상하지 못한 상황에 대해 말할 때 사용해요.

이 경험으로 인한 결과

⓬ I ended up catching a bad cold and was really sick for several days.

end up 다음에 동명사(catching) 형태로 말해야 하는 것에 주의하세요.

❶ 몇 달 전, 저는 소풍을 가기 위해 공원에서 친구들을 만났습니다. ❷ 하늘에 구름이 껴있어서 햇빛이 별로 없었습니다. ❸ 하지만, 저는 비가 올 거라고는 생각하지 못했습니다. ❹ 아침에 일기 예보를 확인했는데, 비가 오지 않는 것으로 되어 있었습니다. ❺ 친구들과 저는 소풍을 즐겼고, 그 후 잠시 휴식을 취했습니다. ❻ 우리가 휴식을 취하고 있을 때, 비가 내리기 시작했습니다. ❼ 비가 세게 내리지 않아서, 우리는 비가 아주 오래 내리지 않을 거라고 생각했습니다. ❽ 우리는 계속 이야기를 나누며 즐겼습니다. ❾ 그런데, 느닷없이, 갑작스런 폭우가 쏟아졌습니다. ❿ 불행하게도, 우리 중 누구도 우산을 가지고 있지 않았고, 우리는 흠뻑 젖었습니다. ⓫ 우리는 재빨리 소풍 짐을 싸서 지하철역으로 달려갔습니다. ⓬ 저는 결국 심한 감기에 걸리게 되었고 며칠 동안 정말 아팠습니다.

어휘 · 표현 weather forecast 일기 예보 downpour 폭우 soaked 흠뻑 젖은

5 내가 가장 좋아하는 계절/날씨 묘사

음성 바로 듣기 

Q What is your favorite season? Tell me about some popular activities people do during that season in your country. What do you like to do during this season?

당신이 가장 좋아하는 계절은 무엇인가요? 당신의 나라에서 그 계절에 사람들이 하는 인기 있는 활동들에 대해 말해주세요. 당신은 이 계절에 무엇을 하는 것을 좋아하나요?

내가 가장 좋아하는 계절 소개

❶ My favorite season is fall.

❷ The weather is usually very **cool yet sunny** during the fall.

이 계절에 사람들이 주로 하는 활동

❸ So people like to do **outside activities.**

❹ Going hiking in the mountains is very popular because of the leaves changing colors.

❺ The trees become covered in bright red, yellow, and orange leaves at this time.

❻ People also like to have picnics near a river or a lake.

❼ It's fun to talk with friends and eat delicious food while enjoying the beautiful weather.

이 계절에 내가 주로 하는 활동

❽ **What I like doing the most** in the fall **is** camping.

❾ I often go to a campsite on the weekend with friends or family members.

❿ Cooking food over a campfire is a lot of fun.

⓫ And I like staying up late and looking at the stars sparkling in the sky.

⓬ Overall, camping is the perfect way to relieve my stress after a busy week.

A yet B는 'A하지만 (동시에) B하다'라는 표현으로, A와 B에는 cool(시원한)과 sunny(화창한)처럼 서로 상반되는 것들이 들어가요.

outdoor activities라고 바꿔 말할 수도 있어요.

What I like doing the most is는 내가 좋아하는 활동을 말할 때 사용할 수 있는 만능 표현이에요.

❶ 제가 가장 좋아하는 계절은 가을입니다. ❷ 가을 동안 날씨는 보통 매우 시원하지만 동시에 화창합니다. ❸ 그래서 사람들은 야외활동을 하는 것을 좋아합니다. ❹ 산으로 하이킹을 가는 것은 변하는 나뭇잎의 색깔 때문에 매우 인기가 있습니다. ❺ 이 시기에 나무들은 밝은 빨간색, 노란색, 그리고 오렌지색 잎으로 뒤덮이게 됩니다. ❻ 사람들은 또한 강이나 호수 근처에 소풍 가는 것을 좋아합니다. ❼ 아름다운 날씨를 즐기면서 친구들과 이야기하고 맛있는 음식을 먹는 것은 즐겁습니다. ❽ 제가 가을에 가장 하기 좋아하는 것은 캠핑입니다. ❾ 저는 주말에 종종 친구들이나 가족들과 캠핑장에 갑니다. ❿ 모닥불 위에서 음식을 요리하는 것은 매우 재미있습니다. ⓫ 그리고 저는 늦게까지 깨어 있으면서 하늘에서 반짝이는 별들을 보는 것을 좋아합니다. ⓬ 전반적으로, 캠핑은 바쁜 한 주 후에 스트레스를 푸는 완벽한 방법입니다.

어휘 · 표현 campsite 캠핑장, 야영지 campfire (야영장의) 모닥불 sparkle 반짝이다, 생기 넘치다

Unit 05
은행

출제 비율

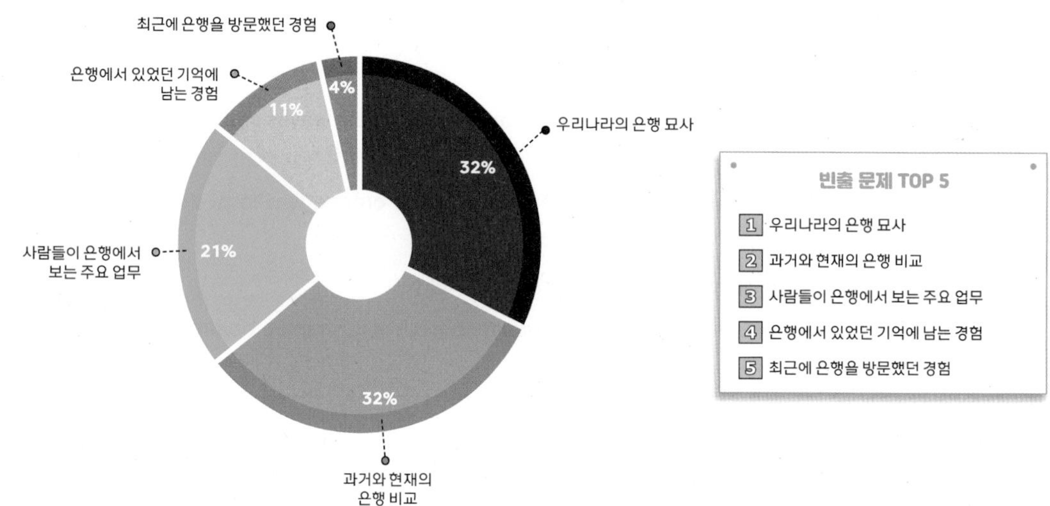

빈출 콤보

- 콤보1 우리나라의 은행 묘사 → 사람들이 은행에서 보는 주요 업무 → 과거와 현재의 은행 비교
- 콤보2 우리나라의 은행 묘사 → 과거와 현재의 은행 비교 → 은행에서 있었던 기억에 남는 경험
- 콤보3 우리나라의 은행 묘사 → 사람들이 은행에서 보는 주요 업무 → 최근에 은행을 방문했던 경험
- 콤보4 우리나라의 은행 묘사 → 최근에 은행을 방문했던 경험 → 은행에서 있었던 기억에 남는 경험

빈출 문제 공략

STEP 1 QR코드를 찍고 모범답변 음성을 들어보세요. 그 후 쉐도잉 연습용 음성을 따라 답변을 3번 읽어보세요.
STEP 2 청록색 번호는 반드시 답변해야 하는 핵심 내용이므로, 그 문장들만 3번 더 읽어보세요.
STEP 3 이제 모범답변을 보지 않고 실제로 질문에 답하는 것처럼 자연스러운 말투로 답변해 보세요.

1 우리나라의 은행 묘사

음성 바로 듣기

Q Tell me about banks in your country. Describe their locations, designs, and operating hours. Give as many details about them as possible.

당신 나라의 은행들에 대해 알려주세요. 은행의 위치, 디자인, 그리고 운영 시간에 대해 설명해 주세요. 그것들에 대해 되도록 자세히 알려주세요.

우리나라 은행의 위치

❶ There are banks all over the place in Korea.

❷ Most of them are located in places where there are many people.

❸ For instance, subway stations almost always have a bank next to them.

우리나라 은행의 모습 묘사

❹ Most banks have an area with a row of ATMs.

❺ Inside the bank entrance, there is usually a security guard standing near a machine.

❻ You or the security guard presses the machine to print out a ticket with a waiting number.

❼ After receiving the ticket, you sit in the waiting area.

❽ Behind the waiting area chairs, there are some tables with forms that you can fill out.

ATM은 한국말과 동일하게 A, T, M 으로 각 알파벳을 따로 읽어요.

fill out과 fill in 모두 '작성하다'를 의미하지만, fill in은 빈칸을 '채워서' 작성하는 느낌을 주고, fill out은 어떤 방식으로든 문서를 작성해서 완성하는 느낌을 준다는 차이가 있어요.

우리나라 은행의 운영 시간

❾ As for the operating hours, most banks are only open from 9:30 a.m. to 4:00 p.m.

❿ But there are a few that are open in the evening or on the weekend.

business hours라고도 바꿔 말할 수 있어요.

❶ 한국에는 도처에 은행이 있습니다. ❷ 그것들의 대부분은 사람이 많은 곳에 위치해 있습니다. ❸ 예를 들어, 지하철역은 거의 항상 그 옆에 은행이 있습니다. ❹ 대부분의 은행들은 ATM이 줄지어 있는 공간이 있습니다. ❺ 은행 출입구 안에는 보통 기계 근처에 서 있는 경비원이 있습니다. ❻ 당신이나 경비원이 기계를 눌러 대기 번호가 있는 티켓을 출력합니다. ❼ 티켓을 받은 후, 대기 구역에 앉습니다. ❽ 대기 구역의 의자 뒤에, 작성할 수 있는 양식이 있는 몇몇 테이블들이 있습니다. ❾ 영업 시간에 대해 말하자면, 대부분의 은행이 오전 9시 30분부터 오후 4시까지만 영업합니다. ❿ 하지만 저녁이나 주말에 문을 여는 곳이 몇 군데 있습니다.

어휘 · 표현 entrance 출입구 security guard 경비원 fill out 작성하다

2 과거와 현재의 은행 비교

Q Banking has undergone many changes because of technology. Have you noticed any of these changes in your country? What was banking like in the past? Describe how it compares to the way it is now. Give as many details as you can.

은행 업무는 기술로 인해 많은 변화를 겪었습니다. 당신은 당신의 나라에서 이러한 변화들을 알아차렸나요? 과거에 은행 업무는 어땠나요? 그것이 지금과 비교하여 어떤지 설명해 주세요. 가능한 한 자세히 알려주세요.

과거 은행의 특징

❶ Banking has changed a lot since I was a kid.
❷ In the past, people had to do all their banking in person, so there used to be more bank branches.
❸ I remember going with my mother, and she would do things like update her bankbook or deposit cash.

'은행 업무'를 의미하는 banking은 단수형으로만 쓰이므로 복수형(bankings)으로 사용하지 않도록 주의하세요.

지금 은행의 특징

❹ Nowadays, almost everyone does those things online.
❺ And people don't even use cash very much.
❻ As a result, fewer people visit the bank.
❼ So a lot of bank branches are closing.
❽ In some places, it's hard to find one these days.
❾ And when you do, you often have to wait in a long line.
❿ Some banks even charge a commission fee to use certain services.

everyone은 단수 취급하기 때문에 뒤에 단수형 동사(does)를 사용한다는 점에 주의하세요.

이 변화로 인한 영향

⓫ These changes to banking are not a problem for younger people.
⓬ But for senior citizens who have difficulty using technology, banking has become quite inconvenient.

과거부터 지금까지 계속되고 있는 현상을 묘사하고 싶을 때는 현재완료 시제(has become)를 사용해서 말해요.

❶ 제가 어렸을 때 이후로 은행 업무는 많이 변했습니다. ❷ 과거에는, 사람들이 직접 모든 은행 업무를 해야 했었기 때문에 은행 지점들이 더 많이 있었습니다. ❸ 저는 엄마와 함께 갔던 것이 기억나는데, 엄마는 통장 정리를 하거나 현금을 입금하는 것과 같은 일들을 하곤 했습니다. ❹ 요즘에는, 거의 모든 사람들이 그런 것들을 온라인에서 합니다. ❺ 그리고 사람들은 심지어 현금을 많이 사용하지도 않습니다. ❻ 그 결과, 더 적은 사람들이 은행을 방문합니다. ❼ 그래서 많은 은행 지점들이 문을 닫고 있습니다. ❽ 어떤 곳에서는, 요즘 은행 지점을 찾아보기가 어렵습니다. ❾ 그리고 그곳을 발견한다면, 당신은 종종 긴 줄을 서서 기다려야 합니다. ❿ 어떤 은행들은 심지어 특정 서비스를 이용하기 위한 수수료를 부과하기도 합니다. ⓫ 이러한 은행 업무의 변화들은 젊은 사람들에게는 문제가 아닙니다. ⓬ 하지만 기술을 사용하는 데 어려움을 겪는 노인들에게, 은행 업무는 꽤 불편해졌습니다.

어휘 · 표현 bankbook (은행) 통장 deposit 입금하다, 예금하다 commission fee 수수료 senior 노인, 연장자 inconvenient 불편한, 곤란한

3 사람들이 은행에서 보는 주요 업무

음성 바로 듣기 

Q What are people's banking habits like in your country? Do people visit the bank frequently? What kinds of tasks do they do there? Give as many details as possible.

당신 나라에서는 사람들이 은행 업무를 보는 경향이 어떻나요? 사람들은 은행을 자주 방문하나요? 그들은 그곳에서 어떤 종류의 업무를 보나요? 되도록 자세히 설명해 주세요.

은행 업무를 보는 경향

❶ People in Korea go to the bank only for special purposes.

❷ Most people use smartphone applications for **basic banking tasks**.

❸ And you can just go to an ATM to withdraw or deposit cash.

송금이나 잔고 확인 등의 '기본적인 은행 업무'를 통틀어 말하고 싶을 때는 basic banking tasks라고 하면 돼요.

은행을 방문하는 목적

❹ So most people I know need a special reason to visit the bank.

❺ For instance, they might go there to open a savings account or get a credit card.

❻ If you need a loan, you have to go there to ask for one.

❼ For all of these things, a bank employee needs to see your **ID** and will have you sign various documents.

❽ One other time Koreans go to the bank is before traveling overseas.

❾ They often visit a bank before a trip to get cash in a foreign currency.

❿ If you change your money when you are abroad, you may get a worse exchange rate.

ID는 identification의 줄임말로 '신분증'을 의미해요. 참고로 계정 아이디를 말하고 싶을 때는 user를 붙여 user ID라고 말해야 혼동하지 않아요.

❶ 한국에서 사람들은 특별한 목적을 위해서만 은행에 갑니다. ❷ 대부분의 사람들은 기본적인 은행 업무를 위해 스마트폰 애플리케이션을 사용합니다. ❸ 그리고 현금을 인출하거나 입금하기 위해서는 그냥 현금 자동 인출기로 가면 됩니다. ❹ 그래서 제가 아는 대부분의 사람들은 은행을 방문하기 위해 특별한 이유가 필요합니다. ❺ 예를 들어, 그들은 예금 계좌를 개설하거나 신용 카드를 수령하기 위해 그곳에 갈 수 있습니다. ❻ 만약 대출이 필요하다면, 그것을 요청하기 위해 그곳에 가야 합니다. ❼ 이 모든 것들을 위해, 은행 직원은 당신의 신분증을 확인해야 하고 당신이 다양한 서류에 서명하게 할 것입니다. ❽ 한국인들이 은행에 가는 또 다른 때는 해외여행 전입니다. ❾ 그들은 종종 여행 전에 외화로 현금을 받기 위해 은행에 방문합니다. ❿ 만약 당신이 해외에 있을 때 돈을 환전한다면, 당신은 더 나쁜 환율이 적용될 수도 있습니다.

어휘 · 표현 withdraw (계좌에서 돈을) 인출하다 foreign currency 외화 exchange rate 환율

4 은행에서 있었던 기억에 남는 경험

음성 바로 듣기 

Q Talk about a memorable banking experience you've had. For example, you could describe a time when you encountered a problem at the bank. What happened during the situation, and how did you handle it?

당신이 겪었던 기억에 남는 은행 업무 경험에 대해 이야기해 보세요. 예를 들어, 은행에서 문제가 발생했을 때에 대해 말할 수 있습니다. 그 상황에서 무슨 일이 있었고, 당신은 그것에 어떻게 대처했나요?

은행에서 생겼던 문제 소개

❶ I remember one time I had to withdraw some cash late at night.

❷ So I went to a bank that had ATM machine.

❸ But when I entered my PIN number, I got an error message.

❹ And I must have entered the code incorrectly several times because the machine ate my card.

❺ I stood there staring at the machine in shock.

카드나 계좌의 '비밀번호'는 영어로 PIN number라고 말해요. 참고로 PIN은 [pin]으로 읽어요.

이 문제를 해결한 방법

❻ The only thing I could do was call the bank.

❼ So I called the 24-hour hotline.

❽ I waited on hold for a long time before I got in touch with a person.

❾ When I did, I explained what happened, but the person told me there was nothing he or she could do.

❿ I had to wait until the morning and talk to a bank teller.

'(통화 중에) 기다리다'라고 말하고 싶을 때는 wait on hold라고 하면 돼요.

이 경험을 통해 배운 점

⓫ Ever since then, I've been very careful about entering my PIN number.

ever since then은 과거 어떤 시점 이후로 계속되는 현상을 설명할 때 사용하는 만능 표현으로, 이어지는 내용에는 현재완료 시제(I've been)가 사용돼요.

❶ 한 번은 밤늦게 현금을 인출해야 했던 기억이 납니다. ❷ 그래서 저는 현금인출기가 있는 은행에 갔습니다. ❸ 그런데 비밀번호를 입력했을 때, 오류 메시지가 떴습니다. ❹ 그리고 그 기계가 제 카드를 먹은 것을 보니 아무래도 제가 코드를 여러 번 잘못 입력한 것 같았습니다. ❺ 저는 충격을 받은 채로 기계를 응시하며 그곳에 서 있었습니다. ❻ 제가 할 수 있는 유일한 일은 은행에 전화하는 것이었습니다. ❼ 그래서 24시간 상담 전화로 전화를 걸었습니다. ❽ 저는 누군가와 연락이 닿기 전까지 오랫동안 기다렸습니다. ❾ 연결됐을 때, 저는 무슨 일이 일어났는지 설명했지만, 그 사람은 저에게 그가 할 수 있는 것이 아무것도 없다고 말했습니다. ❿ 저는 아침까지 기다렸다가 은행원들과 얘기해야 했습니다. ⓫ 그때 이후로, 저는 비밀번호를 입력하는 것에 매우 조심스러워졌습니다.

어휘 · 표현 hotline (특정 문제에 대한) 상담 전화, 서비스 전화 bank teller 은행원

5 최근에 은행을 방문했던 경험

음성 바로 듣기 

Q Describe the last banking experience you had. When and where did it happen? What bank did it involve? How helpful were the bank employees, and did you achieve what you went to the bank for? Please discuss the whole experience.

가장 최근에 있었던 은행 업무 경험을 설명해 주세요. 그것은 언제 어디에서 일어났나요? 어느 은행이 관련되어 있나요? 은행 직원들은 얼마나 도움이 되었고, 당신은 은행에 간 목적을 달성했나요? 그 경험 전체에 대해 이야기해 주세요.

은행 방문 시기와 목적

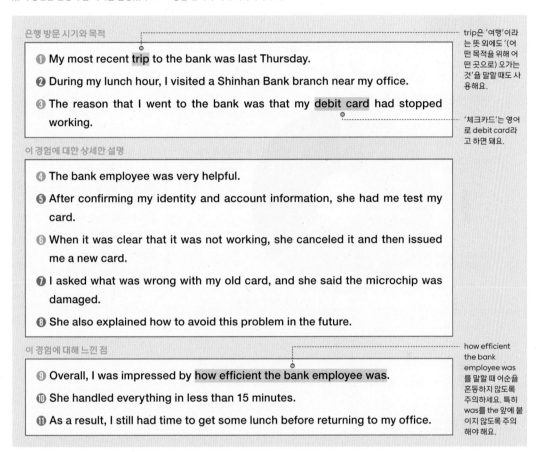

❶ My most recent trip to the bank was last Thursday.

❷ During my lunch hour, I visited a Shinhan Bank branch near my office.

❸ The reason that I went to the bank was that my debit card had stopped working.

trip은 '여행'이라는 뜻 외에도 '(어떤 목적을 위해 어떤 곳으로) 오가는 것'을 말할 때도 사용해요.

'체크카드'는 영어로 debit card라고 하면 돼요.

이 경험에 대한 상세한 설명

❹ The bank employee was very helpful.

❺ After confirming my identity and account information, she had me test my card.

❻ When it was clear that it was not working, she canceled it and then issued me a new card.

❼ I asked what was wrong with my old card, and she said the microchip was damaged.

❽ She also explained how to avoid this problem in the future.

이 경험에 대해 느낀 점

❾ Overall, I was impressed by how efficient the bank employee was.

❿ She handled everything in less than 15 minutes.

⓫ As a result, I still had time to get some lunch before returning to my office.

how efficient the bank employee was를 말할 때 어순을 혼동하지 않도록 주의하세요. 특히 was를 the 앞에 붙이지 않도록 주의해야 해요.

❶ 제가 가장 최근에 은행에 간 것은 지난 목요일이었습니다. ❷ 점심시간에, 저는 사무실 근처에 있는 신한은행 지점을 방문했습니다. ❸ 제가 은행에 간 이유는 저의 체크카드가 작동을 멈췄기 때문입니다. ❹ 은행 직원은 매우 도움이 되었습니다. ❺ 제 신분과 계좌 정보를 확인한 후, 그녀는 저에게 제 카드를 테스트해보라고 했습니다. ❻ 그것이 작동하지 않는 것이 확실해지자, 그녀는 그것을 취소하고 나서 새로운 카드를 발급해 줬습니다. ❼ 저는 제 예전 카드에 무슨 문제가 있는지 물었고, 그녀는 마이크로칩이 손상되었다고 말했습니다. ❽ 그녀는 또한 향후에 이 문제를 피하는 방법도 설명해 줬습니다. ❾ 전반적으로, 저는 은행 직원이 얼마나 효율적이었는지에 대해 감명받았습니다. ❿ 그녀는 모든 것을 15분 이내에 처리했습니다. ⓫ 결과적으로, 저는 사무실로 돌아가기 전에 여전히 점심을 먹을 시간이 있었습니다.

어휘 · 표현 debit card 체크 카드, 직불 카드 confirm 확인하다, 확실히 하다 account 계좌 impressed 감명받은, 인상 깊게 생각하는 handle 처리하다, 다루다

Unit 06

건강

출제 비율

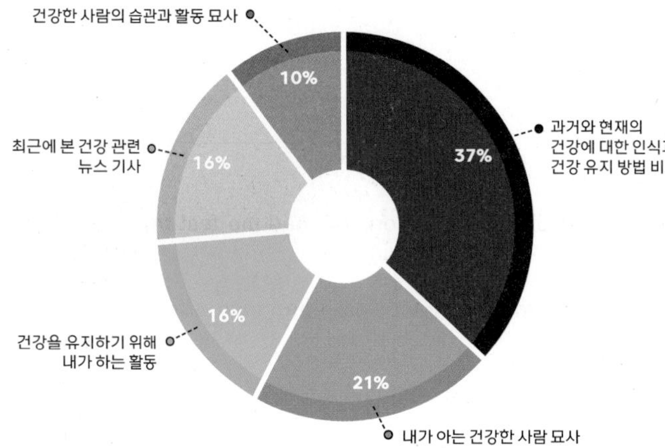

빈출 문제 TOP 5

1. 과거와 현재의 건강에 대한 인식과 건강 유지 방법 비교
2. 내가 아는 건강한 사람 묘사
3. 건강을 유지하기 위해 내가 하는 활동
4. 최근에 본 건강 관련 뉴스 기사
5. 건강한 사람의 습관과 활동 묘사

빈출 콤보

- 콤보1 내가 아는 건강한 사람 묘사 → 건강한 사람의 습관과 활동 묘사 → 과거와 현재의 건강에 대한 인식과 건강 유지 방법 비교
- 콤보2 내가 아는 건강한 사람 묘사 → 건강한 사람의 습관과 활동 묘사 → 건강을 유지하기 위해 내가 하는 활동
- 콤보3 과거와 현재의 건강에 대한 인식과 건강 유지 방법 비교 → 최근에 본 건강 관련 뉴스 기사

빈출 문제 공략

STEP 1 QR코드를 찍고 모범답변 음성을 들어보세요. 그 후 쉐도잉 연습용 음성을 따라 답변을 3번 읽어보세요.
STEP 2 청록색 번호는 반드시 답변해야 하는 핵심 내용이므로, 그 문장들만 3번 더 읽어보세요.
STEP 3 이제 모범답변을 보지 않고 실제로 질문에 답하는 것처럼 자연스러운 말투로 답변해 보세요.

1 과거와 현재의 건강에 대한 인식과 건강 유지 방법 비교

음성 바로 듣기

Q People's definitions of what good health is and how to stay healthy change often. What did people do to keep healthy when you were young? What was thought of as a healthy diet back then? What did people do for exercise? Describe how our opinions related to health have developed over time.

좋은 건강이 무엇이고 어떻게 건강을 유지하는지에 대한 사람들의 정의는 자주 바뀝니다. 당신이 어렸을 때 사람들은 건강을 유지하기 위해 무엇을 했나요? 그 당시에는 어떤 것이 건강한 식습관으로 여겨졌나요? 사람들은 운동으로 무엇을 했나요? 건강과 관련된 우리의 생각이 시간이 지남에 따라 어떻게 발전했는지 설명해 주세요.

과거 사람들의 건강에 대한 인식과 유지 방법

❶ Overall, I believe that people cared less about their health in the past.
❷ They took it for granted and thought they were healthy as long as they weren't sick.
❸ They didn't care as much about diet or exercise.

take ~ for granted는 '~을 당연하게 여기다'라는 표현으로, 어떤 사람이나 대상을 너무 당연히 여겨서 소중함을 잊는 것을 의미해요.

지금 사람들의 건강에 대한 인식과 유지 방법

❹ In contrast, many people today care about these parts of their health, too.
❺ They aren't just worried about getting sick.
❻ For example, they try to maintain balanced diets with fruits and vegetables.
❼ Lots of people also work out regularly.
❽ Some prefer to go to the gym while others go bike riding and hiking.
❾ Finally, people receive medical checkups more frequently nowadays.
❿ The government even sends them reminders about when to make appointments.
⓫ More information about keeping healthy is available, so people are more cautious about their health.

대조되는 두 가지 내용을 한 문장으로 말하고 싶을 때, 절과 절을 while로 연결해서 말해요.

❶ 전반적으로, 저는 과거에 사람들이 자신의 건강에 대해 덜 신경을 썼다고 생각합니다. ❷ 그들은 건강을 당연하게 여겼고 병에 걸리지 않은 한 자신이 건강하다고 생각했습니다. ❸ 그들은 식습관이나 운동에 대해 그렇게 많이 신경 쓰지 않았습니다. ❹ 대조적으로, 오늘날 많은 사람들은 그들의 건강의 이러한 부분들에도 신경을 씁니다. ❺ 그들은 병에 걸리는 것만 걱정하는 것이 아닙니다. ❻ 예를 들어, 그들은 과일과 채소로 균형 잡힌 식단을 유지하려고 노력합니다. ❼ 많은 사람들은 또한 규칙적으로 운동을 합니다. ❽ 어떤 사람들은 헬스장에 가는 것을 선호하는 반면 다른 사람들은 자전거를 타고 등산을 갑니다. ❾ 마지막으로, 요즘 사람들은 더 자주 건강 검진을 받습니다. ❿ 정부는 심지어 사람들에게 언제 예약을 잡아야 하는지에 대한 알림을 보냅니다. ⓫ 건강을 유지하는 것에 대한 더 많은 정보를 얻을 수 있기 때문에, 사람들은 그들의 건강에 대해 더 주의를 기울입니다.

어휘 · 표현 diet 식습관, 식단 maintain 유지하다, 지키다 balanced 균형 잡힌 checkup 건강 검진 reminder 알림, 상기시키는 것 appointment 예약, 약속 cautious 주의를 기울이는, 조심스러운

2 내가 아는 건강한 사람 묘사

음성 바로 듣기

Q Describe a person you know who manages to have a healthy lifestyle. What do they look like? What do they usually eat? What are their exercise habits? Talk about how you know this person.

당신이 아는 사람 중 건강한 생활방식을 유지하는 사람을 묘사해주세요. 그는 어떻게 생겼나요? 그는 보통 무엇을 먹나요? 그의 운동 습관은 무엇인가요? 이 사람을 어떻게 아는지 이야기해 주세요.

내가 아는 건강한 사람 소개

❶ Let me tell you about my friend Taewoo.
❷ He is about average height, but he is very muscular.
❸ This is because he **works out** all the time.

건강과 몸매 관리 등을 위해 운동하는 것을 work out이라고 해요. 특히 헬스장에 가거나 홈 트레이닝을 하는 것과 같은 운동은 exercise보다는 work out으로 표현해요.

그 사람의 식습관

❹ He's also very careful about his **diet**.
❺ He avoids eating anything sweet or greasy.
❻ When he goes to restaurants, he orders bland foods and never drinks more than one beer.
❼ Instead, he enjoys eating foods that are healthy, like fresh fruits and salads.

diet은 '다이어트'라는 뜻도 있지만, '식단, 식습관' 등을 의미하는 표현으로 더 많이 사용돼요.

그 사람을 알게 된 계기 및 그의 운동 습관

❽ We first met each other in high school.
❾ He was my classmate, and we sat next to each other.
❿ Taewoo was serious about **fitness** even back then.
⓫ He went jogging three or four times a week.
⓬ He still does that, but he also lifts weights nowadays, too.

fitness는 health로 바꿔 말할 수 있어요.

그 사람에 대한 나의 생각

⓭ Anyway, I think he does a great job of leading a healthy life.
⓮ He's always so happy and energetic.
⓯ I think more people should be like Taewoo.

❶ 제 친구 태우에 대해 알려드리겠습니다. ❷ 그의 키는 평균 정도지만, 그는 매우 근육질입니다. ❸ 이는 그가 항상 운동을 하기 때문입니다. ❹ 그는 또한 자신의 식단에 매우 신경을 씁니다. ❺ 그는 달거나 기름진 것은 뭐든 먹지 않습니다. ❻ 식당에 가면, 그는 싱거운 음식을 주문하고 절대로 맥주를 한 잔 이상 마시지 않습니다. ❼ 대신, 그는 신선한 과일과 샐러드 같은 건강에 좋은 음식을 즐겨 먹습니다. ❽ 우리는 고등학교에서 서로를 처음 만났습니다. ❾ 그는 저의 같은 반 친구였고, 우리는 서로의 옆에 앉았습니다. ❿ 그때도 태우는 건강에 대해서 진지했습니다. ⓫ 그는 일주일에 서너 번씩 조깅을 했습니다. ⓬ 그는 지금도 그것을 하지만, 요즘은 근력 운동도 합니다. ⓭ 아무튼, 저는 그가 건강한 삶을 잘살고 있다고 생각합니다. ⓮ 그는 항상 매우 행복하고 활기찹니다. ⓯ 저는 더 많은 사람들이 태우처럼 되어야 한다고 생각합니다.

어휘 · 표현 muscular 근육질인 work out 운동을 하다 greasy 기름진, 기름을 많이 쓴 bland 싱거운, 자극적이지 않은 fitness (신체적인) 건강, 신체 단련 lift weights 근력 운동을 하다 energetic 활기찬, 활동적인

3 건강을 유지하기 위해 내가 하는 활동

음성 바로 듣기

Q What is one habit you've picked up to stay healthy? Why did you start doing it? How has it impacted your health overall? Give as many details about it as possible.

당신이 건강을 유지하기 위해 몸에 익힌 한 가지 습관은 무엇인가요? 그것을 시작한 이유는 무엇인가요? 그것이 당신의 건강에 전반적으로 어떤 영향을 미쳤나요? 그것에 대해 되도록 자세히 알려주세요.

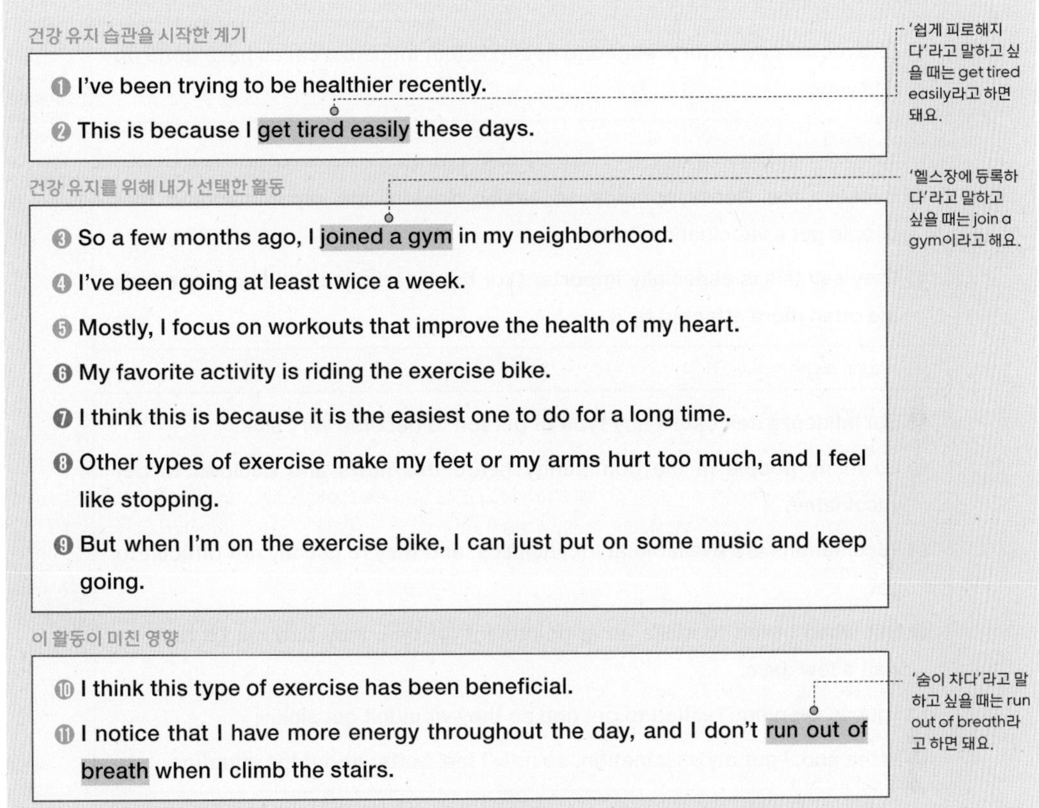

건강 유지 습관을 시작한 계기

❶ I've been trying to be healthier recently.

❷ This is because I **get tired easily** these days.

'쉽게 피로해지다'라고 말하고 싶을 때는 get tired easily라고 하면 돼요.

건강 유지를 위해 내가 선택한 활동

❸ So a few months ago, I **joined a gym** in my neighborhood.

❹ I've been going at least twice a week.

❺ Mostly, I focus on workouts that improve the health of my heart.

❻ My favorite activity is riding the exercise bike.

❼ I think this is because it is the easiest one to do for a long time.

❽ Other types of exercise make my feet or my arms hurt too much, and I feel like stopping.

❾ But when I'm on the exercise bike, I can just put on some music and keep going.

'헬스장에 등록하다'라고 말하고 싶을 때는 join a gym이라고 해요.

이 활동이 미친 영향

❿ I think this type of exercise has been beneficial.

⓫ I notice that I have more energy throughout the day, and I don't **run out of breath** when I climb the stairs.

'숨이 차다'라고 말하고 싶을 때는 run out of breath라고 하면 돼요.

❶ 저는 최근에 더 건강해지기 위해 노력하고 있습니다. ❷ 왜냐하면 제가 요즘 쉽게 피로해지기 때문입니다. ❸ 그래서 몇 달 전에, 저는 우리 동네에 있는 헬스장에 등록했습니다. ❹ 저는 적어도 일주일에 두 번은 가고 있습니다. ❺ 주로, 저는 심장의 건강을 증진시키는 운동을 집중적으로 합니다. ❻ 제가 가장 좋아하는 활동은 실내 자전거 타기입니다. ❼ 그것은 오랫동안 하기에 가장 쉬운 운동이기 때문인 것 같습니다. ❽ 다른 운동은 저의 발이나 팔을 너무 아프게 하고, 멈추고 싶어집니다. ❾ 하지만 실내 자전거를 탈 때는, 그냥 음악을 틀고 계속할 수 있습니다. ❿ 저는 이런 종류의 운동이 유익했다고 생각합니다. ⓫ 저는 제가 하루 종일 더 많은 에너지를 가지고 있고, 계단을 오를 때 숨이 차지 않는다는 것을 발견했습니다.

어휘 · 표현 exercise bike 실내 자전거 beneficial 유익한, 이로운

4 최근에 본 건강 관련 뉴스 기사

음성 바로 듣기 

Q Talk about a recent news story associated with health. What happened in the story? How did people react to this news?

건강과 관련된 최근 뉴스 기사에 대해 이야기해 주세요. 그 기사에서 무슨 일이 일어났나요? 사람들은 이 뉴스에 어떻게 반응했나요?

건강 관련 뉴스 소개

❶ One recent news story related to health is that influenza cases have gone up this year.

'증가했다'라고 말하고 싶을 때는 have gone up이라고 하면 돼요. have increased로 바꿔 말할 수도 있어요.

이 뉴스에 대한 상세한 설명

❷ Because the illness spreads so easily, doctors are recommending that people get a vaccination for it.

❸ They say this is especially important for the elderly and children since they are often more affected by it.

이 뉴스에 대한 사람들의 반응

❹ But influenza can cause any type of person to become very sick.

❺ So many people in the community heard this news and decided to get vaccinated.

❻ Vaccinations are available at local clinics, and they're usually not difficult to get.

clinic은 '동네 병원'이나 '의원'을 의미하고, hospital은 큰 대형병원을 가리켜요.

❼ But when I tried to make an appointment for one, they told me I'd have to wait a few days.

❽ I guess everyone rushed to get one so they wouldn't get sick.

❾ In the end, I got my vaccination, so now I feel better about the situation.

❶ 건강과 관련된 한 최근 뉴스 기사는 올해 독감 감염 사례가 증가했다는 것입니다. ❷ 그 병이 너무 쉽게 퍼지기 때문에, 의사들은 사람들에게 그것에 대한 예방 접종을 받을 것을 권장하고 있습니다. ❸ 그들은 노인들과 어린이들이 종종 더 많은 영향을 받기 때문에 그들에게 이것이 특히 중요하다고 말합니다. ❹ 하지만 독감은 어떤 유형의 사람이든 매우 아프게 할 수 있습니다. ❺ 그래서, 지역사회의 많은 사람들이 이 뉴스에 대해 듣고 예방 접종을 맞기로 결심했습니다. ❻ 예방 접종은 동네 병원에서 맞을 수 있으며, 보통 어렵지 않게 맞을 수 있습니다. ❼ 하지만 제가 예방 접종을 맞기 위해 예약을 하려고 했을 때, 그들은 제게 며칠을 기다려야 한다고 말했습니다. ❽ 다들 아프지 않기 위해 서둘러 그것을 맞으려고 한 것 같았습니다. ❾ 결국, 저도 예방 접종을 맞았기 때문에, 이제 상황에 대해 마음이 한결 더 나아졌습니다.

어휘 · 표현 influenza 독감 illness 병, 아픔 vaccination 예방 접종, 예방 주사 vaccinate 예방 접종을 맞히다

5 건강한 사람의 습관과 활동 묘사

음성 바로 듣기 

Q Beside eating healthy, what are some things people do to maintain their health? What activities and exercises do they do? What do they do in their free time? Describe the ways people stay healthy.

건강한 음식을 먹는 것 외에, 사람들이 건강을 유지하기 위해 하는 것들에는 무엇이 있나요? 그들은 어떤 활동과 운동을 하나요? 그들은 그들의 여가시간에 무엇을 하나요? 사람들이 건강을 유지하는 방법을 설명해 주세요.

건강한 사람들의 일상 습관

❶ Other than monitoring their diets, people also make sure to get enough exercise to stay healthy.
❷ Some people go to the gym and lift weights to exercise.
❸ Others prefer to just incorporate it into their daily life.
❹ For example, they might bike to work or take long walks with their dogs.

bike는 '자전거'라는 명사뿐만 아니라 '자전거를 타다'라는 동사의 의미로도 쓰여요.

그들이 하는 운동과 여가 활동

❺ Many people also like to participate in physical activities that are more social.
❻ They may join sports teams that meet during the week.
❼ Or they may just like to gather with friends for casual games of basketball in the evenings.
❽ Families can enjoy being active together, too.
❾ Some families spend their weekends hiking, or they visit the park for a game of badminton.

enjoy 다음에는 동명사(being) 형태로 말해야 하는 것에 주의하세요.

건강해지는 습관에 대한 생각

❿ In general, exercise is very important for our health, and luckily there are many ways to do it.

❶ 식단을 모니터링 하는 것 외에도, 사람들은 또한 건강을 유지하기 위해 충분한 신체 활동을 하려고 합니다. ❷ 어떤 사람들은 이러한 운동을 하기 위해 헬스장에 가서 근력 운동을 합니다. ❸ 다른 사람들은 일상생활 속에 그것을 포함시키는 것을 선호합니다. ❹ 예를 들어, 그들은 자전거를 타고 출근하거나 개와 함께 긴 산책을 할 수 있습니다. ❺ 많은 사람들은 또한 더 사회적인 신체 활동에 참여하는 것을 좋아합니다. ❻ 그들은 주중에 만나는 스포츠 동호회에 가입할 수도 있습니다. ❼ 아니면, 그들은 그저 저녁에 가벼운 농구 경기를 하기 위해 친구들과 모이는 것을 좋아할 수도 있습니다. ❽ 가족들도 함께 활동하는 것을 즐길 수도 있습니다. ❾ 어떤 가족들은 주말에 등산을 하면서 시간을 보내거나, 배드민턴 게임을 위해 공원을 방문할 수도 있습니다. ❿ 일반적으로, 운동은 우리의 건강에 매우 중요하고, 다행히도 그것을 할 수 있는 많은 방법들이 있습니다.

어휘 · 표현 incorporate (일부를) 포함시키다 physical 신체의, 육체의 casual 가벼운, 대충하는

Unit 07

지형·야외활동

출제 비율

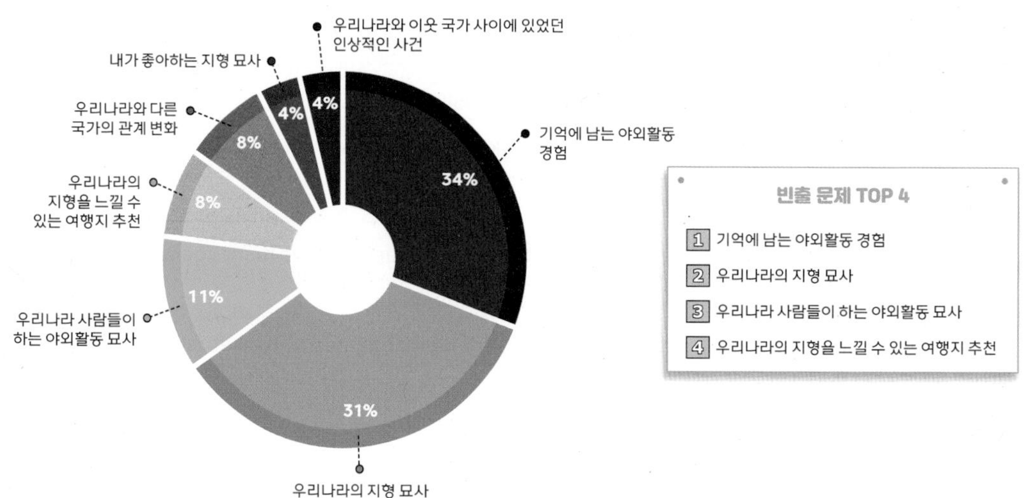

빈출 콤보

- 콤보1 우리나라의 지형 묘사 → 우리나라 사람들이 하는 야외활동 묘사 → 기억에 남는 야외활동 경험
- 콤보2 우리나라의 지형 묘사 → 내가 좋아하는 지형 묘사 → 기억에 남는 야외활동 경험
- 콤보3 우리나라의 지형 묘사 → 우리나라의 지형을 느낄 수 있는 여행지 추천 → 기억에 남는 야외활동 경험
- 콤보4 우리나라와 다른 국가의 관계 변화 → 우리나라와 이웃 국가 사이에 있었던 인상적인 사건

빈출 문제 공략

STEP 1 QR코드를 찍고 모범답변 음성을 들어보세요. 그 후 쉐도잉 연습용 음성을 따라 답변을 3번 읽어보세요.
STEP 2 청록색 번호는 반드시 답변해야 하는 핵심 내용이므로, 그 문장들만 3번 더 읽어보세요.
STEP 3 이제 모범답변을 보지 않고 실제로 질문에 답하는 것처럼 자연스러운 말투로 답변해 보세요.

1 기억에 남는 야외활동 경험

음성 바로 듣기

Q Describe the most memorable outdoor experience that you've had. What happened? Where and when was it? Give as many details about it as you can.

당신에게 있었던 가장 기억에 남는 야외 경험을 설명해 주세요. 무슨 일이 있었나요? 그것은 어디였고, 언제였나요? 가능한 한 그것에 대해 자세히 말해 주세요.

인상적인 야외활동 경험 소개

❶ When I was in middle school, my class visited a nearby mountain.
❷ I didn't think climbing it would be very tough, and I was excited to go.
❸ When I got ready on the morning of the trip, I wore comfortable clothes.
❹ However, I didn't think about my shoes and just wore my regular sneakers.
❺ This was a mistake as I should have worn hiking boots.

이 경험에 대한 상세한 설명

❻ The trail was more difficult than I thought it would be.
❼ It had rained the night before, so the ground was wet and slippery.
❽ As I was walking up a steep part of the trail, I slipped.
❾ Thankfully, my friend caught me before I fell down.
❿ I could have twisted an ankle or even broken my leg.

이 경험을 통해 배운 점

⓫ Because of this, I know how important it is to be prepared for outdoor activities.

climbing [kláimiŋ] 발음에 주의하세요. 'b'는 묵음이에요.

should have는 '~했어야 했다'라는 표현으로, 후회되는 일에 대해 말할 때 주로 사용해요.

could have의 발음에 주의하세요. 한 단어처럼 연음해서 읽어야 더 자연스럽게 들려요.

❶ 제가 중학생이었을 때, 우리 반은 근처 산을 방문했습니다. ❷ 저는 그것을 오르는 것이 매우 힘들 것이라고 생각하지 않았고, 가는 것이 신이 났습니다. ❸ 여행 당일 아침에 준비할 때, 저는 편안한 옷을 입었습니다. ❹ 하지만, 저는 신발에 대해 생각하지 않고 그냥 평소 신는 스니커즈를 신었습니다. ❺ 등산화를 신었어야 했는데 이건 실수였습니다. ❻ 산길은 제가 생각했던 것보다 더 힘겨웠습니다. ❼ 전날 밤에 비가 와서, 땅이 축축하고 미끄러웠습니다. ❽ 산길의 가파른 부분을 걸어 올라가던 중, 저는 미끄러졌습니다. ❾ 다행히도, 제가 넘어지기 전에 친구가 저를 잡았습니다. ❿ 저는 발목을 삐거나 심지어 다리가 부러질 수도 있었습니다. ⓫ 이로 인해, 저는 야외활동에 채비를 갖추는 것이 얼마나 중요한지 깨달았습니다.

어휘 · 표현 tough 힘든, 어려운 hiking boots 등산화 slippery 미끄러운 steep 가파른, 비탈진 ankle 발목

2단계

서베이부터 실전까지 해커스 오픽 매뉴얼

2 우리나라의 지형 묘사

음성 바로 듣기 

Q What are some of your country's geographic features? How do they compare to the geographic features of other countries? Describe them with as many details as you can.

당신 나라의 지리적 특징에는 어떤 것들이 있나요? 그것들은 다른 나라들의 지리적 특징들과 어떻게 비교되나요? 가능한 한 자세히 설명해 주세요.

우리나라 지형의 특징 1

❶ **Korea is a peninsula, so it is surrounded by water on three sides.**

❷ **There's water to the west, south, and east of the country.**

'반도'는 영어로 peninsula라고 말해요. 외우기 어렵다면 생략하고 Korea is surrounded by water on three side로만 말해도 돼요.

우리나라 지형의 특징 2

❸ **In addition to Korea's many beaches, 70 percent of the country is covered by mountains.**

❹ **However, the mountains are not very tall compared to those in other countries.**

❺ **It only takes several hours to climb many of them, making them popular with hikers.**

우리나라 지형의 특징 3

❻ **Korea is also unique because it has thousands of small islands.**

❼ **Most of them are deserted, but many people live on Jeju, which is Korea's largest island.**

❽ **It is located in the south and has an inactive volcano called Hallasan in the middle.**

❾ **Hallasan is actually Korea's tallest mountain.**

'휴화산'은 영어로 inactive volcano라고 말해요. 참고로 '활화산'은 active volcano라고 해요.

우리나라 지형에 대한 생각

❿ **Compared to other countries, Korea is quite small.**

⓫ **But in spite of this, it is geographically diverse.**

in spite of는 '그럼에도 불구하고'라는 표현으로, 보통 of 뒤로는 긍정적인 내용이 이어져요.

❶ 한국은 반도라서, 삼면이 바다로 둘러싸여 있습니다. ❷ 이 나라의 서쪽, 남쪽, 그리고 동쪽에 바다가 있습니다. ❸ 한국의 많은 해변 외에도, 이 나라의 70퍼센트는 산으로 덮여 있습니다. ❹ 하지만, 그 산들은 다른 나라에 있는 것들에 비해 그리 높지 않습니다. ❺ 대부분 등산하는 데 몇 시간밖에 걸리지 않아서, 등산객들에게 인기가 있습니다. ❻ 한국은 또한 수천 개의 작은 섬들이 있기 때문에 독특합니다. ❼ 그것들 대부분은 사람이 없지만, 한국에서 가장 큰 섬인 제주에는 많은 사람들이 살고 있습니다. ❽ 그것은 남쪽에 위치해 있고 중간에 한라산이라고 불리는 휴화산이 있습니다. ❾ 한라산은 사실 한국에서 가장 높은 산입니다. ❿ 다른 나라들과 비교했을 때, 한국은 꽤 작습니다. ⓫ 하지만 그럼에도 불구하고, 이곳은 지리적으로 다양합니다.

어휘 · 표현 peninsula 반도 deserted 사람이 없는 inactive volcano 휴화산 geographically 지리적으로

3 우리나라 사람들이 하는 야외활동 묘사

음성 바로 듣기

Q What types of outdoor activities do people do in your country? Do the geographical features of your country affect the kinds of activities people do? Why do people enjoy these activities?

당신의 나라에서는 사람들이 어떤 종류의 야외활동을 하나요? 당신 나라의 지리적 특징이 사람들이 하는 활동의 종류에 영향을 미치나요? 사람들이 이런 활동들을 즐기는 이유는 무엇인가요?

우리나라 사람들이 자주 하는 야외활동1

❶ Koreans enjoy a variety of outdoor activities throughout the year.
❷ Since Korea has a lot of mountains, many people go hiking.
❸ In fact, it's pretty normal for hiking trails to be filled with people every weekend.
❹ I think people enjoy hiking so much because it is good exercise.
❺ It is also a way to socialize, so there are many climbing groups.
❻ The members get to enjoy nature and also make friends.

pretty는 '예쁜'을 의미하는 형용사뿐만 아니라 '꽤', '어느 정도'를 의미하는 부사로도 사용돼요.

우리나라 사람들이 자주 하는 야외활동2

❼ Camping is also a very popular activity among Koreans.
❽ After working all week, people like to get away from the city.
❾ They listen to the sounds of nature and enjoy the peace and quiet.

캠핑하기, 해변가기, 여행가기 등 다양한 야외활동을 하는 이유에 대해 말할 때 사용할 수 있는 만능 표현이에요.

우리나라 사람들이 자주 하는 야외활동3

❿ In addition to the mountains, there are numerous beaches in Korean.
⓫ People go swimming and enjoy water sports.
⓬ Surfing is particularly popular with young adults these days.
⓭ Beaches are also a great place for families to have fun in summer.

❶ 한국인들은 일 년 내내 다양한 야외활동을 즐깁니다. ❷ 한국은 산이 많기 때문에, 많은 사람들이 등산을 갑니다. ❸ 사실, 주말마다 등산로가 사람들로 가득 치는 것은 꽤 흔한 일입니다. ❹ 등산은 좋은 운동이기 때문에 사람들이 많이 즐기는 것 같습니다. ❺ 그것은 또한 사람들과 어울리는 방법이기 때문에, 많은 등산 동호회들이 있습니다. ❻ 동호회 멤버들은 자연을 즐기고 친구도 사귈 수 있습니다. ❼ 캠핑 또한 한국인들 사이에서 매우 인기 있는 활동입니다. ❽ 일주일 내내 일한 후에, 사람들은 도시를 벗어나는 것을 좋아합니다. ❾ 그들은 자연의 소리를 듣고 평화와 고요함을 즐깁니다. ❿ 산 외에도, 한국에는 수많은 해변이 있습니다. ⓫ 사람들은 수영을 하고 수상 스포츠를 즐깁니다. ⓬ 서핑은 요즘 청년들에게 특히 인기가 있습니다. ⓭ 해변은 또한 여름에 가족들이 재미있게 놀기에 좋은 장소입니다.

어휘 · 표현 pretty 꽤, 어느 정도 socialize (사람들과) 어울리다, 사회화시키다 quiet 고요함

4 우리나라의 지형을 느낄 수 있는 여행지 추천

Q There must be many great places to visit in your country. If you had to recommend a popular place, which one would it be and why?

당신의 나라에는 방문하기 좋은 장소들이 많이 있을 것입니다. 만약 당신이 인기 있는 장소를 추천해야 한다면, 그곳은 어디이고 그 이유는 무엇인가요?

추천하는 여행지 소개

❶ I would recommend Jeju Island, since it is a popular destination for tourists.
❷ The island features beautiful scenery, including both beaches and mountains.
❸ It also has a warmer climate that's distinct from that of the mainland.

would를 붙이면 그냥 recommend라고만 말했을 때보다 좀 더 부드러운 뉘앙스로 말할 수 있어요.

앞에서 이미 나온 weather를 반복하지 않기 위해 that을 사용해서 표현을 풍부하게 할 수 있어요.

이곳을 추천하는 이유 1

❹ The mountains across the island offer a range of hiking trails.
❺ Visitors can choose long or short trails according to their preferences.

이곳을 추천하는 이유 2

❻ There are also a variety of water activities, such as snorkeling, surfing, and even scuba diving.

이곳을 추천하는 이유 3

❼ Restaurants on the island provide delicious local food, such as black pork and seafood.
❽ There are trendy cafés everywhere with a great view of the sea.

이곳을 추천하는 이유 4

❾ It is easy to get to Jeju Island by plane as it takes roughly an hour from anywhere on the mainland.
❿ This makes it an easy and worthwhile place to visit when traveling in Korea.

제주도는 섬이므로, 이를 기준으로 한국의 다른 지역은 mainland(본토)라고 말할 수 있어요.

❶ 저는 제주도를 추천하고 싶은데, 그것은 관광객들에게 인기 있는 여행지이기 때문입니다. ❷ 그 섬은 해변과 산 둘 모두를 포함한 아름다운 경치가 특징입니다. ❸ 그곳은 또한 본토의 것과 구별되는 더 따뜻한 기후를 가지고 있습니다. ❹ 섬 도처에 있는 산들은 다양한 등산로를 제공합니다. ❺ 방문객들은 그들의 취향에 따라 길거나 짧은 길을 선택할 수 있습니다. ❻ 스노클링, 서핑, 그리고 심지어 스쿠버 다이빙과 같은 다양한 수상 레저들도 있습니다. ❼ 섬의 식당들은 흑돼지와 해산물과 같은 맛있는 지역 음식을 제공합니다. ❽ 바다가 잘 보이는 트렌디한 카페들이 곳곳에 있습니다. ❾ 제주도는 본토 어디서든 약 1시간 정도 소요되기 때문에 비행기로 가기 쉽습니다. ❿ 이것은 한국에서 여행할 때 제주도를 방문하기 쉽고 가치 있는 장소로 만듭니다.

어휘 · 표현 feature 특징, 특징을 이루다 climate 기후 distinct 구별되는, 별개의 mainland 본토 preference 취향, 선호(도), 애호 worthwhile 가치 있는

추가 답변 아이디어 및 표현

추가 문제의 답변 아이디어 및 표현을 익히고 답변을 준비해보세요.

우리나라와 다른 국가의 관계 변화

한국과 일본의 관계	• 우여곡절이 많았음 • 36년간 한국을 점령했었음	→ has had many ups and downs → occupied Korea for 36 years
관계 개선을 위한 노력	• 관계 개선을 위해 노력했음 • 수년간 무역이 늘었음	→ tried to make a better relationship → trade of goods has increased over the years
관계 개선이 어려운 이유	• 과거에 대해 사과하지 않았음 • 양국 모두에 부정적인 영향을 미쳤음	→ has not apologized for the past → has had negative effects on both countries

내가 좋아하는 지형 묘사

좋아하는 지형 소개	• 내가 가장 좋아하는 지형은 해변임	→ my favorite geographical feature is the beach
이 지형을 좋아하는 이유	• 아름답고 평화로움 • 편안하게 만듦	→ beautiful and peaceful → makes me feel relaxed
이 지형을 방문하는 경향	• 여름에 매우 붐빔 • 주로 겨울에 감	→ very busy in the summer → usually go in the winter

우리나라와 이웃 국가 사이에 있었던 인상적인 사건

북한과의 인상적인 사건	• 한국 전쟁 • 한반도는 분단되었음 • 많은 외교적 노력이 있었음 • 대부분 효과가 없었음이 드러남	→ the Korean war → the Korean peninsula was divided → many diplomatic efforts were made → turned out to be ineffective
북한과의 관계에 대한 생각	• 긴장감이 계속 높아지고 있음 • 오래 지속될 평화가 빨리 오기를 바람	→ tensions continue to rise → hope that long-lasting peace will come soon

Unit 08
기술

출제 비율

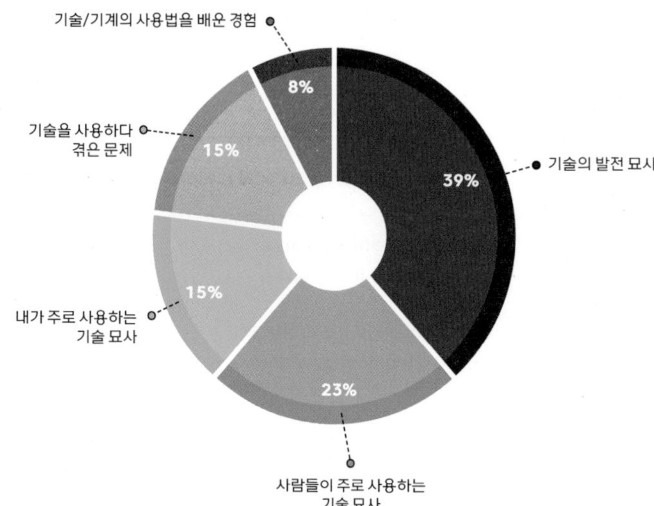

빈출 문제 TOP 5

1. 기술의 발전 묘사
2. 사람들이 주로 사용하는 기술 묘사
3. 내가 주로 사용하는 기술 묘사
4. 기술을 사용하다 겪은 문제
5. 기술/기계의 사용법을 배운 경험

빈출 콤보

- 콤보1 사람들이 주로 사용하는 기술 묘사 → 내가 주로 사용하는 기술 묘사 → 기술의 발전 묘사
- 콤보2 사람들이 주로 사용하는 기술 묘사 → 기술의 발전 묘사 → 기술을 사용하다 겪은 문제
- 콤보3 사람들이 주로 사용하는 기술 묘사 → 내가 주로 사용하는 기술 묘사 → 기술을 사용하다 겪은 문제
- 콤보4 사람들이 주로 사용하는 기술 묘사 → 기술/기계의 사용법을 배운 경험 → 기술을 사용하다 겪은 문제

빈출 문제 공략

STEP 1 QR코드를 찍고 모범답변 음성을 들어보세요. 그 후 쉐도잉 연습용 음성을 따라 답변을 3번 읽어보세요.
STEP 2 청록색 번호는 반드시 답변해야 하는 핵심 내용이므로, 그 문장들만 3번 더 읽어보세요.
STEP 3 이제 모범답변을 보지 않고 실제로 질문에 답하는 것처럼 자연스러운 말투로 답변해 보세요.

1 기술의 발전 묘사

음성 바로 듣기 

Q Technology is developing quickly these days. What are some ways you've noticed that technology has changed? How has technology progressed since you were young? Give as many details as possible.

오늘날 기술은 빠르게 발전하고 있습니다. 당신이 기술이 변했다는 것을 알게 된 점들에는 어떤 것들이 있나요? 당신이 어릴 적 이후에 기술은 어떻게 발전했나요? 되도록 자세히 말해주세요.

기술의 발전 소개

❶ In the past few years, technology has evolved a lot.
❷ We are seeing new models of different technologies being released all the time.
❸ However, one trend I have noticed with many technologies is that they're becoming slimmer and lighter.

발전된 기술의 예시

❹ Take computers, for instance.
❺ When I was a child, computers were large and difficult to move.
❻ The majority of them were also desktops and took up a lot of space.
❼ Even the laptops that were released back then were heavy.
❽ That's all changed now, though.
❾ These days, it's very easy to find small, light laptops that can be carried around with no problem.
❿ Similarly, desktops have also become more compact.

'~을 예로 들어보다'라고 말하고 싶을 때는 take ~, for instance라고 하면 돼요.

'노트북'은 영어로 notebook이 아닌 laptop이라고 말해요.

발전된 기술이 미치는 영향

⓫ Other types of technologies such as phones and televisions are following this trend, too.
⓬ With all of this technological development, life has become more convenient.

<과거와 현재의 전화기 비교> 또는 <생활에 유용한 가구·가전>에 대한 질문의 답변에도 사용할 수 있는 만능 표현이에요.

❶ 지난 몇 년 동안, 기술은 많이 발전했습니다. ❷ 우리는 다양한 기술의 새로운 모델이 출시되는 것을 항상 보고 있습니다. ❸ 하지만, 제가 많은 기술에서 발견한 한 가지 경향은 그것들이 점점 더 얇아지고 가벼워지고 있다는 것입니다. ❹ 컴퓨터를 예로 들어보겠습니다. ❺ 제가 어렸을 때, 컴퓨터는 크고 이동하기 어려웠습니다. ❻ 이들 중 대다수는 또한 데스크톱이었고 공간을 많이 차지했습니다. ❼ 그 당시 출시된 노트북들마저도 무거웠습니다. ❽ 하지만, 지금은 그 모든 것이 바뀌었습니다. ❾ 오늘날, 문제없이 들고 다닐 수 있는 작고 가벼운 노트북을 찾는 것은 매우 쉽습니다. ❿ 마찬가지로, 데스크톱도 더 소형화되었습니다. ⓫ 휴대폰과 텔레비전 같은 다른 종류의 기술들도 이러한 경향을 따라가고 있습니다. ⓬ 이 모든 기술 발전으로, 삶은 더 편리해졌습니다.

어휘 · 표현 release 출시하다, 발표하다 compact 소형화되다, 소형의, 작은 convenient 편리한, 간편한

2 사람들이 주로 사용하는 기술 묘사

음성 바로 듣기

Q What are some popular technologies in your country? Describe the type of technology that people use the most. Why is it used so much?

당신의 나라에서 인기 있는 기술에는 어떤 것들이 있나요? 사람들이 가장 많이 사용하는 종류의 기술을 설명해 주세요. 그것은 왜 그렇게 많이 쓰이나요?

우리나라 사람들이 많이 사용하는 기술 소개

❶ There are various popular technologies in Korea including smartphones and tablets.

❷ However, the most commonly used one is the Internet.

> one으로 앞에서 말한 technology를 반복하지 않고 말할 수 있어요.

이 기술의 특징 1

❸ The best thing about the Internet in Korea is that it's incredibly fast.

❹ In fact, Korea has one of the fastest Internet speeds in the world.

❺ People can easily watch videos on their phones without waiting a long time for them to load.

❻ Internet searches also take seconds, and there's no issue using different apps.

> take seconds는 직역하면 '몇 초가 걸리다'라는 의미지만, '단 몇 초만 걸리다, 빠르다'라는 뜻으로 쓰여요.

이 기술의 특징 2

❼ In addition, there's Wi-Fi everywhere in Korea, which is really convenient.

❽ Most restaurants, cafés, and public buildings have Wi-Fi.

❾ There's even Wi-Fi on our trains and buses.

❿ So if someone needs to find out how to get somewhere, they can look it up using free Internet.

⓫ It makes getting around and accessing information easy for everyone.

> Wi-Fi는 셀 수 없는 불가산 명사이므로 뒤에 's'를 붙이지 않도록 주의하세요.

❶ 한국에는 스마트폰과 태블릿을 포함한 다양한 인기 있는 기술들이 있습니다. ❷ 하지만, 가장 일반적으로 사용되는 것은 인터넷입니다. ❸ 한국 인터넷의 가장 좋은 점은 그것이 엄청나게 빠르다는 것입니다. ❹ 사실, 한국은 세계에서 인터넷 속도가 가장 빠른 나라 중 하나입니다. ❺ 사람들은 휴대폰으로 동영상이 로딩될 때까지 오랜 시간을 기다릴 필요 없이 쉽게 그것을 볼 수 있습니다. ❻ 인터넷 검색에도 단 몇 초만 걸리고, 여러 가지 앱을 사용하는 것도 문제가 없습니다. ❼ 게다가, 한국에는 어디에나 와이파이가 있어서 정말 편리합니다. ❽ 대부분의 식당, 카페, 그리고 공공건물에는 와이파이가 있습니다. ❾ 심지어 우리의 기차와 버스에도 와이파이가 있습니다. ❿ 그래서, 만약 어떤 사람이 어딘가로 가는 방법을 찾아봐야 한다면, 그들은 무료 인터넷을 사용해서 그것을 찾을 수 있습니다. ⓫ 그것은 돌아다니는 것과 정보를 찾는 것을 모든 사람들에게 쉽게 해줍니다.

어휘 · 표현 incredibly 엄청나게 access information 정보를 찾다

3 내가 주로 사용하는 기술 묘사

음성 바로 듣기

Q What kind of technology do you usually use? What kinds of daily activities do you use it for?

당신은 주로 어떤 기술을 사용하나요? 당신은 그것을 어떤 종류의 일상 활동에 사용하나요?

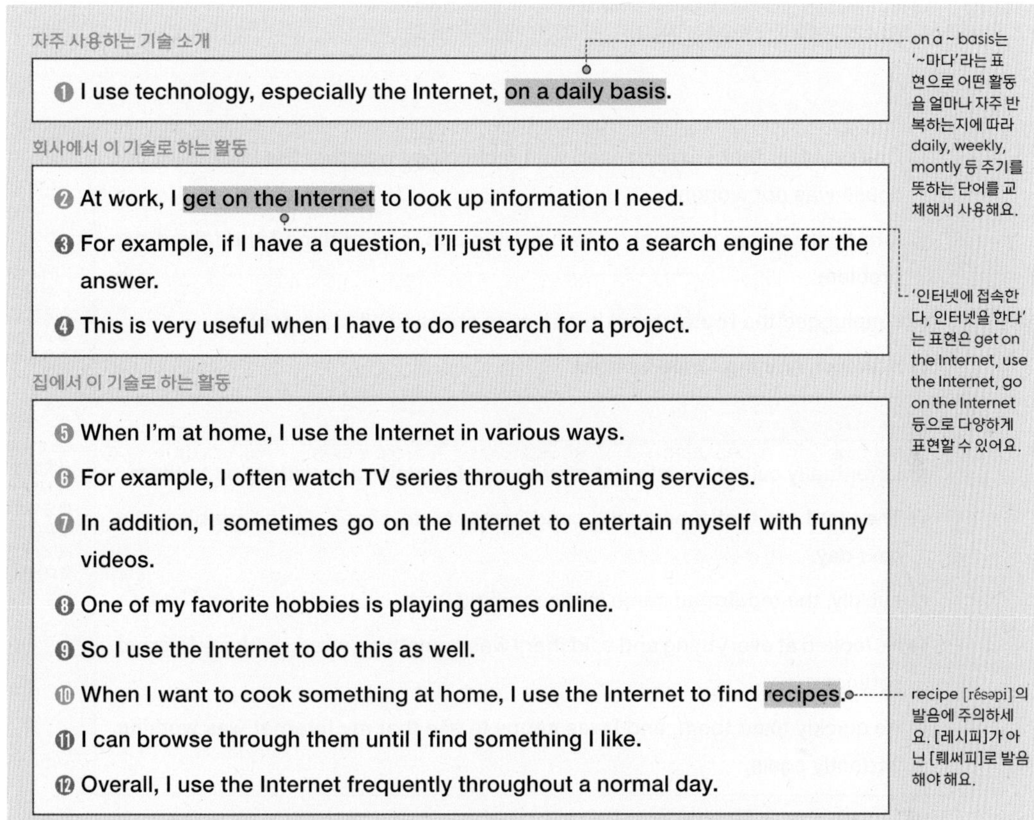

자주 사용하는 기술 소개

❶ I use technology, especially the Internet, on a daily basis.

회사에서 이 기술로 하는 활동

❷ At work, I get on the Internet to look up information I need.

❸ For example, if I have a question, I'll just type it into a search engine for the answer.

❹ This is very useful when I have to do research for a project.

집에서 이 기술로 하는 활동

❺ When I'm at home, I use the Internet in various ways.

❻ For example, I often watch TV series through streaming services.

❼ In addition, I sometimes go on the Internet to entertain myself with funny videos.

❽ One of my favorite hobbies is playing games online.

❾ So I use the Internet to do this as well.

❿ When I want to cook something at home, I use the Internet to find recipes.

⓫ I can browse through them until I find something I like.

⓬ Overall, I use the Internet frequently throughout a normal day.

on a ~ basis는 '~마다'라는 표현으로 어떤 활동을 얼마나 자주 반복하는지에 따라 daily, weekly, montly 등 주기를 뜻하는 단어를 교체해서 사용해요.

'인터넷에 접속한다, 인터넷을 한다'는 표현은 get on the Internet, use the Internet, go on the Internet 등으로 다양하게 표현할 수 있어요.

recipe [résəpi]의 발음에 주의하세요. [레시피]가 아닌 [뤠써피]로 발음해야 해요.

❶ 저는 기술, 특히 인터넷을 날마다 사용합니다. ❷ 직장에서, 저는 제가 필요한 정보를 찾기 위해 인터넷에 접속합니다. ❸ 예를 들어, 만약 제가 질문이 있으면, 저는 답을 찾기 위해 그것을 검색 엔진에 입력합니다. ❹ 이것은 제가 프로젝트를 위해 조사를 해야 할 때 매우 유용합니다. ❺ 제가 집에 있을 때, 저는 다양한 방법으로 인터넷을 사용합니다. ❻ 예를 들어, 저는 종종 스트리밍 서비스를 통해 TV 시리즈를 봅니다. ❼ 게다가, 저는 가끔 재미있는 비디오로 저 자신을 즐겁게 하기 위해 인터넷에 접속합니다. ❽ 제가 가장 좋아하는 취미 중 하나는 온라인에서 게임을 하는 것입니다. ❾ 그래서 저는 이것을 하기 위해서도 인터넷을 사용합니다. ❿ 집에서 무언가를 요리하고 싶을 때, 저는 요리법을 찾기 위해 인터넷을 사용합니다. ⓫ 제 마음에 드는 무언가를 찾을 때까지 그것들을 훑어볼 수 있습니다. ⓬ 전반적으로, 저는 일반적인 하루 내내 인터넷을 자주 사용합니다.

어휘 · 표현 on a daily basis 날마다, 일상적으로, 매일 entertain 즐겁게 하다 recipe 요리법, 조리법 browse 훑어보다, 둘러보다

4 기술을 사용하다 겪은 문제

음성 바로 듣기 

Q What is a problem that you've had with technology? For example, have you ever had trouble using a device? Has a device failed to work properly for you? Describe the situation in detail. What did you do about it?

당신이 겪었던 기술과 관련된 문제는 무엇인가요? 예를 들어, 당신은 장치를 사용하는 데 어려움을 겪은 적이 있나요? 당신이 사용할 때 장치가 제대로 작동하지 않았나요? 상황을 자세히 설명해 주세요. 당신은 그것에 대해서 무엇을 했나요?

기술 사용 중 겪은 문제 소개

❶ One problem that I experienced with technology was that the Internet at my house was not working.

❷ It happened very suddenly a few months ago, and nothing I tried fixed the problem.

❸ I unplugged the router, reset it, and even checked all of its cables.

❹ However, nothing I tried worked.

'(인터넷) 공유기'는 영어로 router라고 해요. 참고로 router는 [rúːtər]로 발음해요.

이 문제를 해결한 방법

❺ I eventually called my Internet provider and explained the situation to them.

❻ They told me that they would send someone to check on the problem the next day.

❼ Luckily, the repairman came in the morning.

❽ He looked at everything and said there was something wrong with my Internet settings.

❾ He quickly fixed them, and I was happy to see that my Internet was working perfectly again.

eventually는 '결국'이라는 표현으로, 앞서 여러 노력을 했으나 아무 소용이 없어서 '결국' 다른 행동을 취했다는 뉘앙스를 줘요.

이 경험에 대해 느낀 점

❿ Living without the Internet for just one day was actually a lot harder than I thought it would be.

just를 붙여서 '단 하루 동안이었지만'이라는 뉘앙스를 강조해서 말할 수 있어요.

❶ 제가 경험한 기술과 관련된 한 가지 문제는 집의 인터넷이 작동하지 않았던 것이었습니다. ❷ 그것은 몇 달 전에 매우 갑작스럽게 일어났고, 제가 시도했던 어떤 것도 그 문제를 해결하지 못했습니다. ❸ 저는 공유기의 플러그를 뽑고, 그것을 초기화했고, 심지어 모든 케이블도 확인했습니다. ❹ 그러나 제가 시도했던 어느 것도 효과가 없었습니다. ❺ 저는 결국 인터넷 공급업체에 전화를 걸었고 그들에게 상황을 설명했습니다. ❻ 그들은 저에게 다음 날 문제를 확인할 사람을 보내겠다고 했습니다. ❼ 다행히도, 수리 기사가 아침에 왔습니다. ❽ 그는 모든 것을 살펴보았고 제 인터넷 설정에 무슨 문제가 있다고 말했습니다. ❾ 그는 재빨리 그것을 고쳤고, 저는 제 인터넷이 다시 완벽하게 작동하는 것을 보고 기뻤습니다. ❿ 단 하루 동안이었지만 인터넷 없이 사는 것은 사실 제가 생각했던 것보다 훨씬 더 힘들었습니다.

어휘 · 표현 router (인터넷) 공유기 reset 초기화 repairman 수리 기사, 수리공

5 기술/기계의 사용법을 배운 경험

음성 바로 듣기

Q How did you learn about using a technology? Where did you find information about it? Tell me about the process in detail.

당신은 기술을 사용하는 것을 어떻게 배웠나요? 당신은 그것에 대한 정보를 어디서 찾았나요? 그 과정에 대해 자세히 알려주세요.

사용법을 배운 최신 기술/기계 소개

❶ I bought a new smartwatch just a few months ago.

❷ It seemed like it could do a lot.

❸ But I only knew how to check the time and send messages with it at first.

사용법을 배운 과정

❹ I wanted to learn how to use the other functions.

❺ So I began watching online videos about them.

❻ I did this instead of reading the manual because I find videos more helpful.

❼ The people in them showed me exactly what to do for each feature, step by step.

❽ It helped me understand the technology a lot better.

begin 뒤에 watching 대신 to watch를 써도 의미의 차이가 없어요.

step by step은 '단계별로'라는 표현이에요.

사용법을 배운 결과

❾ Now, I use my smartwatch for all kinds of things.

❿ For example, I control my music app on my smartphone with it, and I track my workouts.

⓫ I can even track my heart rate and take phone calls on it.

⓬ I'm so glad I took the time to learn about these features.

무언가를 해서 '다행이다'라고 말하고 싶을 때는 glad라고 말하면 돼요.

❶ 저는 불과 몇 달 전에 새 스마트워치를 샀습니다. ❷ 그것은 많은 것을 할 수 있을 것 같았습니다. ❸ 하지만 저는 처음에는 그것으로 시간을 확인하고 메시지를 보내는 방법만 알았습니다. ❹ 저는 다른 기능들을 어떻게 사용하는지 배우고 싶었습니다. ❺ 그래서 저는 그것들에 대한 온라인 비디오를 보기 시작했습니다. ❻ 저는 비디오가 더 도움이 된다고 느끼기 때문에 설명서를 읽는 대신에 이것을 했습니다. ❼ 비디오에 나온 사람들은 제게 각 기능을 이용하기 위해 무엇을 해야 하는지 정확히, 단계별로 보여주었습니다. ❽ 그것은 제가 그 기술을 훨씬 더 잘 이해할 수 있도록 도와주었습니다. ❾ 이제, 저는 온갖 종류의 일에 스마트워치를 사용합니다. ❿ 예를 들어, 저는 이것으로 스마트폰의 음악 앱을 제어하고, 제 운동을 기록합니다. ⓫ 저는 심지어 그것으로 심장 박동을 기록하고 전화를 받을 수도 있습니다. ⓬ 이러한 기능에 대해 알아보는 시간을 가져서 정말 다행입니다.

어휘 · 표현 function 기능 track 기록하다, 추적하다 workout 운동 glad 다행인, 기쁜, 좋은

Unit 09

전화

출제 비율

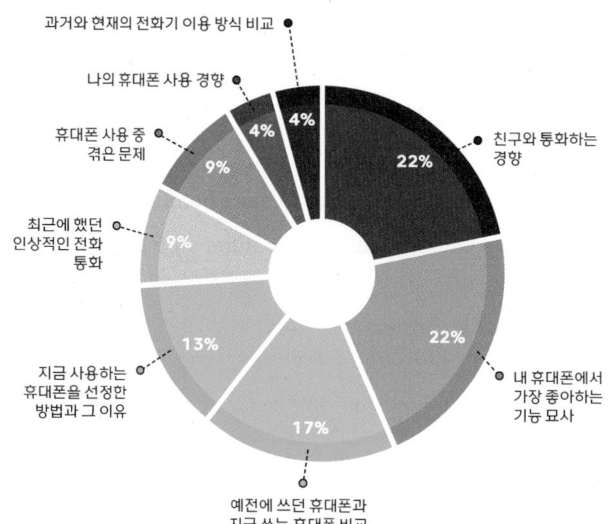

빈출 문제 TOP 4

1. 친구와 통화하는 경향
2. 내 휴대폰에서 가장 좋아하는 기능 묘사
3. 예전에 쓰던 휴대폰과 지금 쓰는 휴대폰 비교
4. 지금 사용하는 휴대폰을 선정한 방법과 그 이유

빈출 콤보

- 콤보1 내 휴대폰에서 가장 좋아하는 기능 묘사 → 친구와 통화하는 경향 → 예전에 쓰던 휴대폰과 지금 쓰는 휴대폰 비교
- 콤보2 내 휴대폰에서 가장 좋아하는 기능 묘사 → 예전에 쓰던 휴대폰과 지금 쓰는 휴대폰 비교 → 휴대폰 사용 중 겪은 문제
- 콤보3 친구와 통화하는 경향 → 나의 휴대폰 사용 경향 → 지금 사용하는 휴대폰을 선정한 방법과 그 이유
- 콤보4 지금 사용하는 휴대폰을 선정한 방법과 그 이유 → 친구와 통화하는 경향 → 최근에 했던 인상적인 전화 통화

빈출 문제 공략

STEP 1 QR코드를 찍고 모범답변 음성을 들어보세요. 그 후 쉐도잉 연습용 음성을 따라 답변을 3번 읽어보세요.

STEP 2 청록색 번호는 반드시 답변해야 하는 핵심 내용이므로, 그 문장들만 3번 더 읽어보세요.

STEP 3 이제 모범답변을 보지 않고 실제로 질문에 답하는 것처럼 자연스러운 말투로 답변해 보세요.

1 친구와 통화하는 경향

음성 바로 듣기 

Q How often do you talk on the phone with your friends? What time of day do you usually speak? Who do you talk to? What are the usual conversation topics, and how long are the discussions?

당신은 당신의 친구들과 얼마나 자주 전화 통화를 하나요? 당신은 보통 하루 중 어느 시간대에 통화하나요? 누구랑 통화하나요? 일반적인 대화 주제들은 무엇이고, 통화는 얼마나 오래 하나요?

친구와 연락하는 수단

❶ I normally use messenger apps to chat with friends.
❷ However, I also occasionally talk to them on the phone when we have experiences to share.
❸ This is because it's easier to describe long stories over the phone than through text.
❹ Typing everything can take too much time.

전화 통화 시간대 및 나누는 내용

❺ So when I want to call a friend, I try to get a hold of them in the evening.
❻ This is usually when we are free.
❼ We then talk about interesting things that happened during our days.
❽ We also often make plans for the weekend.
❾ However, my favorite part of these calls is offering each other advice on different matters.
❿ It makes me feel closer to them.

'~와 연락하다'라고 말하고 싶을 때는 get hold of라고 하면 돼요.

advice [ædváis]와 발음이 비슷한 advise [ædváiz]에 주의하세요. advice는 '조언'을 의미하는 명사이고, advise는 '조언하다'를 의미하는 동사에요.

전화 통화 길이

⓫ Sometimes we speak for only 15 minutes, but other times we talk for hours.
⓬ It just depends on what's going on in our lives.

❶ 저는 보통 친구들과 수다 떨 때 메신저 앱을 사용합니다. ❷ 하지만, 저는 얘기를 나누고 싶은 경험이 있을 때는 가끔 그들과 전화 통화로 대화하기도 합니다. ❸ 긴 이야기를 전화로 설명하는 것이 문자로 설명하는 것보다 더 쉽기 때문입니다. ❹ 모든 것을 타자로 치는 것은 시간이 너무 많이 걸릴 수 있습니다. ❺ 그래서 친구에게 전화를 하고 싶을 때, 저는 저녁에 그들과 연락하려고 합니다. ❻ 이것은 보통 우리가 한가할 때입니다. ❼ 그러고 나서 우리는 하루 동안 일어난 흥미로운 일들에 대해 이야기합니다. ❽ 우리는 또한 종종 주말을 위한 계획을 세우기도 합니다. ❾ 하지만, 이 통화 중에서 제가 가장 좋아하는 부분은 다양한 문제들에 대해 서로에게 조언을 해주는 것입니다. ❿ 그것은 저를 그들과 더 가깝게 느끼게 해줍니다. ⓫ 때때로 우리는 15분 동안만 대화하지만, 다른 때는 몇 시간 동안 얘기하기도 합니다. ⓬ 그것은 단지 우리의 일상에서 무슨 일이 일어나고 있는지에 달려 있습니다.

어휘 · 표현 occasionally 가끔, 이따금 advice 조언, 충고

2 내 휴대폰에서 가장 좋아하는 기능 묘사

음성 바로 듣기 

Q Which of your phone's features do you like the most? Do you like the camera or another application? Explain why you like this feature.

당신은 휴대폰의 기능 중에서 어떤 것을 가장 좋아하나요? 카메라 또는 또다른 앱이 마음에 드나요? 이 기능이 마음에 드는 이유를 설명해 주세요.

휴대폰에서 가장 좋아하는 기능과 이유

❶ The feature I enjoy the most on my phone is the camera.
❷ One of my hobbies is taking pictures.
❸ So a good camera is very important to me when selecting a phone.

one of 뒤에는 복수형(hobbies)이 와야 한다는 점에 주의하세요.

그 기능에 대한 상세한 설명 1

❹ My current phone has an incredible camera that takes high-quality photographs.
❺ I can zoom in and take pictures of objects that are far away.
❻ But I can also take detailed photographs of things that are near, like plates of food.

'고품질의, 고급의'라고 말하고 싶을 때는 high-quality라고 하면 돼요. 반대로 '저품질의, 질이 낮은'은 low-quality라고 말해요.

그 기능에 대한 상세한 설명 2

❼ Another cool aspect of my phone's camera is that it recommends different filters.
❽ It does this based on what I'm taking a photograph of.
❾ For example, if I take a picture of the beach, it will give me a few different filters that will make the photograph look even more beautiful.
❿ This is a really useful feature that has let me take pictures I will always cherish.

of가 없으면 완전한 문장이 되지 않아 문법적으로 틀리기 때문에 빠뜨리지 않도록 주의하세요.

❶ 제 휴대폰에서 제가 가장 즐기는 기능은 카메라입니다. ❷ 저의 취미 중 하나는 사진을 찍는 것입니다. ❸ 그래서 좋은 카메라는 휴대폰을 고를 때 저에게 매우 중요합니다. ❹ 제 현재 휴대폰은 고품질의 사진을 찍을 수 있는 굉장한 카메라를 가지고 있습니다. ❺ 저는 확대해서 멀리 있는 물체를 찍을 수 있습니다. ❻ 하지만 저는 또한 음식 접시와 같은 가까이에 있는 것들의 상세한 사진도 찍을 수 있습니다. ❼ 제 휴대폰 카메라의 또 다른 멋진 측면은 그것이 여러 필터를 추천해준다는 것입니다. ❽ 이것은 제가 어떤 것의 사진을 찍는지를 기반으로 그것을 해줍니다. ❾ 예를 들어, 만약 제가 해변의 사진을 찍는다면, 그것은 사진을 훨씬 더 아름답게 보이게 할 몇 가지 다른 필터를 제공할 것입니다. ❿ 이것은 제가 영원히 간직할 사진을 찍을 수 있게 해준 정말 유용한 기능입니다.

어휘 · 표현 high-quality 고품질의, 고급의 aspect 측면 cherish 간직하다, 소중히 여기다

3 예전에 쓰던 휴대폰과 지금 쓰는 휴대폰 비교

음성 바로 듣기

Q What phone did you use when you were young? What was it like? How did it compare to the phone you have now?

당신은 어렸을 때 어떤 휴대폰을 사용했나요? 그 휴대폰은 어땠나요? 당신이 지금 가지고 있는 휴대폰과 비교했을 때 어땠나요?

어렸을 때 사용했던 휴대폰의 특징

❶ When I was young, phone technology was not very advanced.
❷ So one of the first phones I used was a slide phone.
❸ This phone was popular at the time because it was small.
❹ It also had a nice design.
❺ However, it was quite heavy for its size.
❻ I mainly used it to make phone calls and send text messages.
❼ It did have a camera I could use.
❽ But the quality of the photographs it took was not great.
❾ That phone is very different to the one I have now.

'슬라이드 폰'은 영어로 slide phone이라고 하고, '폴더폰'은 flip phone이라고 말해요.

did를 붙여서 '있긴 했다'라는 뉘앙스로 말할 수 있어요.

different to와 different from 모두 '~과 다르다'를 의미하지만, 회화에는 different to가 더 많이 사용돼요.

지금 사용하는 휴대폰의 특징

⓾ With my current phone, I can do almost anything.
⓫ I can easily browse websites, take stunning photographs, and play mobile games.
⓬ It's also lighter, slimmer, and easier to use.
⓭ Those are the major differences between the two models.

'굉장히 아름다운, 멋진'이라고 말하고 싶을 때는 stunning이라고 하면 돼요.

❶ 제가 어렸을 때는, 기술이 별로 발달되지 않았습니다. ❷ 그래서 제가 처음 사용한 휴대폰 중 하나는 슬라이드 폰이었습니다. ❸ 이 휴대폰은 작아서 그 당시에 인기가 많았습니다. ❹ 그것은 또한 멋진 디자인을 가지고 있었습니다. ❺ 하지만, 그것은 크기에 비해 꽤 무거웠습니다. ❻ 저는 주로 전화를 걸거나 문자 메시지를 보내기 위해 그것을 사용했습니다. ❼ 그것에는 제가 사용할 수 있는 카메라가 있긴 했습니다. ❽ 하지만 그것이 찍은 사진들의 화질은 좋지 않았습니다. ❾ 그 휴대폰은 지금 제가 가지고 있는 것과 매우 다릅니다. ⓾ 저의 지금 휴대폰으로는, 거의 모든 것을 할 수 있습니다. ⓫ 저는 쉽게 웹사이트를 둘러보고, 굉장히 아름다운 사진을 찍고, 모바일 게임을 할 수 있습니다. ⓬ 그것은 또한 더 가볍고 더 얇고 사용하기 더 쉽습니다. ⓭ 그것들이 두 기종 사이의 주요 차이점입니다.

어휘·표현 advanced 발달된, 선진의 browse 둘러보다, 인터넷을 돌아다니다 stunning 굉장히 아름다운, 멋진

4 지금 사용하는 휴대폰을 선정한 방법과 그 이유

음성 바로 듣기

Q How did you select your current phone? Where did you hear about it from? Did you do a lot of research before choosing it? Describe the whole experience of selecting your phone.

현재 사용 중인 휴대폰을 어떻게 선택했나요? 어디서 그것에 대해 들었나요? 당신은 그것을 선택하기 전에 많은 조사를 했나요? 휴대폰을 선택했던 전체 경험을 설명해 주세요.

휴대폰 선택 방법 Step 1

❶ I took many careful steps before choosing my phone.
❷ There are so many models these days.
❸ So I first did some online research about different smartphones.
❹ I also asked my friends to suggest ones they liked.

about을 on으로 바꿔 말할 수 있어요.

휴대폰 선택 방법 Step 2

❺ I then made a list of phone features I needed.
❻ For example, I wanted it to be fast so I could play games.
❼ I also wanted a long battery life.
❽ I looked at the recommendations and figured out which ones had these features.

battery life는 한 번 충전 후 사용할 수 있는 '배터리 사용 시간'을 가리켜요. 참고로 배터리 교체가 필요할 때까지 사용할 수 있는 기간, 즉 '배터리 수명'은 battery lifespan이라고 말해요.

휴대폰 선택 방법 Step 3

❾ Then, I set a maximum price I could pay per month for a phone and narrowed down my options.
❿ Once I made a decision, I looked up where I could get the best deal on the model I wanted.
⓫ I found one on an online store and made the purchase.
⓬ I'm very happy with my phone now, so I am glad I did lots of research.

one on an online store를 발음할 때 one on an을 연음으로 빠르게 발음하면서 뒤의 online store까지 한 번에 발음할 수 있도록 연습하세요.

❶ 저는 제 휴대폰을 선택하기 전에 여러 신중한 절차를 밟았습니다. ❷ 요즘에는 기종이 너무 많습니다. ❸ 그래서 저는 처음에 서로 다른 스마트폰들에 대한 온라인 조사를 했습니다. ❹ 저는 또한 친구들에게 그들이 좋아하는 것들을 추천해달라고 요청했습니다. ❺ 그런 다음 제게 필요한 휴대폰 기능의 목록을 만들었습니다. ❻ 예를 들어, 저는 게임을 할 수 있도록 그것이 빠르기를 원했습니다. ❼ 저는 또한 긴 배터리 사용 시간도 원했습니다. ❽ 저는 추천받은 것들을 보고 이중 어떤 것들이 이러한 기능을 가지고 있는지 파악했습니다. ❾ 그러고 나서, 저는 한 달에 지불할 수 있는 최대 금액을 정하고 선택의 폭을 좁혔습니다. ❿ 일단 결정을 내리고 나서, 제가 원하는 기종을 가장 좋은 가격으로 살 수 있는 곳을 찾아보았습니다. ⓫ 저는 가격을 온라인 상점을 찾았고 구매를 했습니다. ⓬ 저는 지금 휴대폰이 매우 만족스럽고 많은 조사를 한 것이 만족스럽습니다.

어휘 · 표현 recommendation 추천 narrow down 좁히다, 줄이다 glad 만족한, 기쁜

추가 답변 아이디어 및 표현

추가 문제의 답변 아이디어 및 표현을 익히고 답변을 준비해보세요.

최근에 했던 인상적인 전화 통화

최근에 한 전화 통화 소개	• 내 엄마와 통화했음 • 나의 안부를 묻기 위해 전화하셨음	→ had a phone call with my mom → called me to make sure that I was okay
그 통화에서 나눈 이야기	• 내 일상에 대해 공유했음 • 여러 문제들을 설명했음 • 내 말을 듣고 나서 조언을 해주셨음	→ shared things about my day → described different problems → listened to me and then offered me advice
그 통화에 대한 생각	• 이런 전화들은 매우 특별함 • 엄마가 더 가까이 있는 것처럼 느끼게 함	→ calls like these are very special → makes me feel like she is closer to me

휴대폰 사용 중 겪은 문제

문제 상황 소개	• 그것을 실수로 떨어뜨려서 액정이 깨짐 • 화면에 검은 점들이 나타남	→ accidentally dropped it, and the screen broke → black spots appeared on the screen
문제를 해결한 방법	• 액정을 교체하기 위해 수리점에 감 • 휴대폰에 보험을 들어놨음	→ went to a repair shop to replace the screen → had insurance for my phone
이 경험을 통해 배운 점	• 휴대폰을 좀 더 조심히 다뤄야 함 • 휴대폰 보험은 항상 지불할 가치가 있음	→ should be more careful with my phone → phone insurance is always worth paying for

나의 휴대폰 사용 경향

휴대폰 사용 빈도	• 어디를 가든 휴대폰을 가지고 다님	→ carry my phone wherever I go
휴대폰으로 주로 하는 활동 1	• 메시지 앱에서 친구들과 수다를 떪 • 이것을 매일매일 함	→ chat with my friends on a messaging app → do this every single day
휴대폰으로 주로 하는 활동 2	• 핸드폰으로 음악을 들음 • 앱으로 음악을 스트리밍함 • 주로 이동 중에 음악을 들음	→ listen to music on my phone → use an app to stream music → usually listen to music when I'm on the move

과거와 현재의 전화기 이용 방식 비교

과거의 전화기 이용 방식	• 주로 의사소통을 위해 전화기를 사용했음 • 전화기로 전화 통화와 문자를 했음 • 인터넷은 속도가 매우 느렸음	→ used their phones mainly for communication → used phones to make phone calls and send SMS → Internet speed was extremely slow
현재의 전화기 이용 방식	• 스마트폰은 많은 것들을 할 수 있음 • 사람들은 오락을 위해 전화기를 사용함 • 게임 하기, 음악 스트리밍하기, 동영상 보기	→ smartphones can do tons of things → use their phones for entertainment → play games, stream music and watch video clips

Unit 10
외식·음식

출제 비율

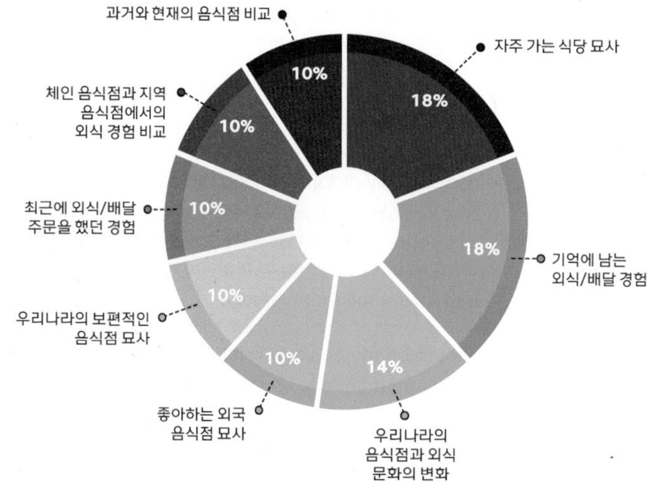

빈출 문제 TOP 4

1. 자주 가는 식당 묘사
2. 기억에 남는 외식/배달 경험
3. 우리나라의 음식점과 외식 문화의 변화
4. 좋아하는 외국 음식점 묘사

빈출 콤보

- 콤보1 자주 가는 식당 묘사 → 좋아하는 외국 음식점 묘사 → 최근에 외식/배달 주문을 했던 경험
- 콤보2 자주 가는 식당 묘사 → 최근에 외식/배달 주문을 했던 경험 → 기억에 남는 외식/배달 경험
- 콤보3 우리나라의 보편적인 음식점 묘사 → 과거와 현재의 음식점 비교 → 최근에 외식/배달 주문을 했던 경험
- 콤보4 우리나라의 음식점과 외식 문화의 변화 → 체인 음식점과 지역 음식점에서의 외식 경험 비교

빈출 문제 공략

STEP 1 QR코드를 찍고 모범답변 음성을 들어보세요. 그 후 쉐도잉 연습용 음성을 따라 답변을 3번 읽어보세요.
STEP 2 청록색 번호는 반드시 답변해야 하는 핵심 내용이므로, 그 문장들만 3번 더 읽어보세요.
STEP 3 이제 모범답변을 보지 않고 실제로 질문에 답하는 것처럼 자연스러운 말투로 답변해 보세요.

1 자주 가는 식당 묘사

Q Describe a restaurant you have visited many times. What types of dishes are on the menu? What are some things you like about the restaurant? What does it look like? Give as many details as possible.

당신이 여러 번 방문한 식당에 대해 설명해 주세요. 메뉴에는 어떤 종류의 요리들이 있나요? 당신은 그 식당의 어떤 점들이 마음에 드나요? 그곳은 어떻게 생겼나요? 되도록 자세히 말해주세요.

내가 자주 가는 식당 메뉴 소개

❶ There's one restaurant that I often visit for lunch.
❷ It serves various traditional Korean dishes.
❸ I usually get bibimbap when I eat there.
❹ This dish is a mixture of rice, vegetables, and red chili paste, and I usually order it with beef.
❺ It's very tasty, and it just costs a few dollars.
❻ It's also healthier than getting Western fast food, such as a burger and fries.

그 식당의 외관과 내부 묘사

❼ As for the way the restaurant looks, it's nothing special.
❽ On the outside, it has an old-fashioned sign written in Korean.
❾ Inside, it's a small place with four or five tables and an open kitchen.
❿ There's a counter near the door where an old lady takes orders.
⓫ Hopefully, this gives you a picture of what the restaurant is like.

'요리'는 food보다는 dish로 말하는 것이 더 자연스러워요.

오픽 채점관이 쉽게 이해할 수 있도록 되도록 won(원화)보다는 dollar(달러)와 같은 영어 표현을 사용하는 게 좋아요.

give a picture of는 '~을 묘사하다'라는 표현으로, 마치 그림을 그려서 보여주듯이 생생하게 묘사하는 것을 말해요.

❶ 제가 점심을 먹으러 자주 가는 한 식당이 있습니다. ❷ 그곳은 다양한 한국 전통 요리를 제공합니다. ❸ 저는 그곳에서 식사할 때 보통 비빔밥을 먹습니다. ❹ 이 요리는 밥, 야채, 그리고 고추장을 섞은 것으로, 저는 주로 소고기가 있는 것으로 주문합니다. ❺ 그것은 아주 맛있고, 가격도 몇 달러밖에 안 합니다. ❻ 그것은 또한 버거와 감자튀김과 같은 서양식 패스트푸드를 먹는 것보다 건강에 더 좋습니다. ❼ 그 식당의 생김새에 관해서는, 딱히 특별한 것이 없습니다. ❽ 외부에는, 한국어로 쓰여진 구식 간판이 붙어 있습니다. ❾ 내부는, 네다섯 개의 테이블과 개방된 주방이 있는 작은 공간입니다. ❿ 문 근처에 할머니가 주문을 받는 카운터가 있습니다. ⓫ 이것이 당신에게 그 식당이 어떻게 생겼는지를 묘사해줬기를 바랍니다.

어휘 · 표현 dish 요리 mixture 섞은 것, 혼합물 paste 장, 반죽 old-fashioned 구식의, 옛날 방식의

2 기억에 남는 외식/배달 경험

Q Tell me about a memorable experience you've had at a restaurant. When and where was it? What type of restaurant were you at? Who were you with? Give as many details as possible, and explain why it was so unforgettable.

당신이 식당에서 겪은 기억에 남는 경험에 대해 말해주세요. 그것은 언제 그리고 어디였나요? 당신은 어떤 종류의 식당에 있었나요? 누구와 함께 있었나요? 되도록 자세히 알려주시고, 그것이 이토록 잊히지 않는 이유를 설명해 주세요.

기억에 남는 외식 경험 소개

❶ I'll never forget going out for dinner one time at an Italian restaurant.

❷ This was in my first month of university.

❸ The restaurant **specialized in** pizza and pasta.

❹ I was with a group of other students that I was meeting for the first time.

❺ So, I felt excited and a little nervous.

❻ We ordered a large pizza to share.

specialize in은 '~을 전문으로 하다'라는 표현으로, 식당의 주력 메뉴, 병원의 진료 과목, 연구 분야나 전공 등에 대해 말할 때 사용해요.

이 경험에 대한 상세한 설명

❼ But, when the waiter arrived with our pizza, she tripped over my foot.

❽ It went flying, and I got bright red sauce all over my shirt.

❾ It was so embarrassing.

❿ But the restaurant manager saw what had happened and apologized.

⓫ He gave me some money for my laundry, **plus** he said the meal would be free.

⓬ Since we were all poor college students, this made me a hero with my classmates.

plus는 '게다가, 더욱이'라는 표현으로, 같은 의미로 사용되는 and나 also로 바꿔 말할 수 있어요.

이 경험에 대한 생각

⓭ **In the end**, I guess the mess was a good thing.

in the end는 '결국에는'이라는 표현으로, at the end라고 말할 경우 '끝에'로 의미가 달라지므로 in을 at으로 혼동하지 않도록 주의하세요.

❶ 저는 언젠가 이탈리아 식당에 저녁을 먹으러 갔던 적을 결코 잊지 못할 것입니다. ❷ 이것은 저의 대학에서의 첫 달에 있었던 일입니다. ❸ 그 식당은 피자와 파스타를 전문으로 했습니다. ❹ 저는 처음 만나는 한 무리의 다른 학생들과 함께 있었습니다. ❺ 그래서, 저는 흥분되고 약간 긴장되었습니다. ❻ 우리는 나눠 먹을 큰 피자를 주문했습니다. ❼ 하지만, 점원이 우리의 피자를 들고 왔을 때, 그녀는 저의 발에 걸려 넘어졌습니다. ❽ 그것은 날아갔고, 저는 셔츠 전체에 밝은 빨간색 소스가 묻었습니다. ❾ 너무 창피했습니다. ❿ 하지만 식당 매니저가 무슨 일이 일어났는지 봤고 사과했습니다. ⓫ 그는 제게 세탁비를 조금 주었고, 게다가 식사는 무료일 것이라고 했습니다. ⓬ 우리는 모두 가난한 대학생이었기 때문에, 이것은 저를 반 친구들 사이에서 영웅으로 만들었습니다. ⓭ 결국에는, 엉망진창이 된 것도 잘된 일이었다고 생각합니다.

어휘 · 표현 specialized in ~을 전문으로 하다, 전공하다 nervous 긴장한, 불안해하는 trip over ~에 걸려 넘어지다 embarrassing 창피한, 당혹스러운 apologize 사과하다

3 우리나라의 음식점과 외식 문화의 변화

Q Describe the dining culture in your country. Has it changed over the years? If so, what do you think are the reasons for this change? Give as many details as you can.

당신 나라의 외식 문화에 대해 설명해 주세요. 그것은 시간이 지나면서 바뀌었나요? 만약 그렇다면, 당신은 이 변화의 이유가 무엇이라고 생각하나요? 가능한 한 자세히 알려주세요.

우리나라 음식점에 생긴 변화

❶ In my country, dining culture has changed a lot in recent years.
❷ This is especially true of food from other countries.
❸ Foreign restaurants used to be uncommon.
❹ When my father was young, it was very special to go out to eat pork cutlet.
❺ Even Chinese food felt exotic to him.
❻ But these days, Koreans like to order all kinds of international dishes.
❼ And there Italian, Thai, and Mexican restaurants everywhere.

'요리(메뉴)'는 영어로 menu가 아닌 dish라고 말해요. 참고로 menu는 메뉴판을 의미해요.

이 변화가 일어난 이유 1

❽ I think this change has to do with economics, mostly.
❾ Korea now has a powerful economy.
❿ This means that people have more money to spend on eating out.
⓫ So more types of restaurants open up to meet demand.

'~과 관련이 있다'라고 말하고 싶을 때는 has/have to do with ~로 말하면 돼요.

이 변화가 일어난 이유 2

⓬ Second, Korean people travel abroad more often than in the past.
⓭ As a result, their tastes have broadened.
⓮ This has led to more interest in international food and restaurants.

broaden은 '넓어지다'라는 표현으로, 시야, 취향 등이 더 넓어진 것에 대해 말할 때 사용해요.

❶ 우리나라에서는, 외식 문화가 최근 몇 년 동안 많이 바뀌었습니다. ❷ 이것은 특히 다른 나라의 음식에 해당하는 사실입니다. ❸ 외국 식당은 흔하지 않았습니다. ❹ 저의 아빠가 어렸을 때, 돈가스를 먹으러 나가는 것은 매우 특별한 것이었습니다. ❺ 심지어 중국 음식도 그에게는 이국적으로 느껴졌습니다. ❻ 하지만 요즘에는, 한국인들은 온갖 종류의 외국 요리를 주문하기를 좋아합니다. ❼ 그리고 어디에나 이탈리안, 태국, 멕시코 음식점이 있습니다. ❽ 저는 이 변화가 대부분 경제와 관련이 있다고 생각합니다. ❾ 한국은 이제 강력한 경제를 가지고 있습니다. ❿ 이것은 사람들이 외식하는 것에 쓸 돈이 더 많다는 것을 의미합니다. ⓫ 그래서 더 많은 종류의 음식점들이 수요를 충족시키기 위해 문을 엽니다. ⓬ 둘째로, 한국 사람들은 과거보다 해외여행을 더 자주 갑니다. ⓭ 그 결과, 그들의 취향은 넓어졌습니다. ⓮ 이것은 외국 음식과 음식점에 대한 더 많은 관심으로 이어졌습니다.

어휘 · 표현 dining 외식, 식사 foreign 외국의 pork cutlet 돈가스 exotic 이국적인, 외국의 eat out 외식하다 demand 수요, 요구 broaden 넓어지다, 퍼지다

4 좋아하는 외국 음식점 묘사

음성 바로 듣기 

Q What is your favorite restaurant that serves foreign food? What do you usually eat at this place? Why do you like it so much? Give as many details about this restaurant as possible.

당신이 가장 좋아하는 국제적이거나 민족적인 음식을 제공하는 식당은 어디인가요? 당신은 주로 이곳에서 무엇을 먹나요? 당신은 왜 그것을 그렇게 좋아하나요? 이 식당에 대해 되도록 자세히 알려주세요.

내가 좋아하는 외국 음식점 소개

❶ My favorite restaurant with an international menu serves **malatang.**
❷ Malatang is a Chinese spicy hotpot dish.
❸ I'm a big fan of spicy food, so I love going there for this dish.

malatang은 영어 스펠링대로 발음하면 [말라탕]이에요.

내가 좋아하는 메뉴의 특징 1

❹ At this restaurant, you can add a wide range of ingredients to the broth.
❺ I prefer a vegetarian menu, so I include a lot of vegetables, like lettuce, spinach, and mushrooms.
❻ I add some tofu as well, since it's more **filling.**
❼ For meat eaters, there are various types of meat, such as beef and lamb.

'포만감을 주는'이라고 말하고 싶을 때는 filling이라고 하면 돼요.

내가 좋아하는 메뉴의 특징 2

❽ It's great to eat there in groups of **three or more.**
❾ Then, you can get a larger pot and fill it with more food.
❿ Also, the price is good, especially with more people.
⓫ I always look forward to eating there with my friends.

'~명 이상'이라고 말하고 싶을 때는 숫자 + or more로 말하면 돼요. more 뒤에 people은 생략하고 말해요.

❶ 제가 가장 좋아하는 국제적인 메뉴가 있는 식당에서는 마라탕을 제공합니다. ❷ 마라탕은 중국의 매운 핫팟 요리입니다. ❸ 저는 매운 음식을 아주 좋아해서, 이 요리를 먹기 위해 그곳에 가는 것을 좋아합니다. ❹ 이 식당에서는, 육수에 다양한 재료를 추가할 수 있습니다. ❺ 저는 채식 메뉴를 선호하기 때문에, 상추, 시금치, 버섯과 같은 채소들을 많이 넣습니다. ❻ 두부는 더욱 포만감을 주기 때문에 이것도 조금 추가합니다. ❼ 고기를 좋아하는 사람들을 위해, 소고기, 양고기처럼 다양한 종류의 고기가 있습니다. ❽ 그곳은 세 명 이상의 단체로 가서 먹기에 좋습니다. ❾ 그러면, 더 큰 냄비를 받을 수 있고 더 많은 음식으로 채울 수 있습니다. ❿ 또한, 특히 사람들이 더 많을 때 가격이 좋습니다. ⓫ 저는 항상 친구들과 그곳에서 식사하는 것을 기대합니다.

어휘 · 표현 hotpot (채소를 넣어 끓인 요리) 핫팟, 스튜 ingredient 재료, 구성 요소 broth 육수, 국물 vegetarian 채식의, 채식주의자 spinach 시금치 filling 포만감을 주는, (파이 등 음식의) 속

추가 답변 아이디어 및 표현

추가 문제의 답변 아이디어 및 표현을 익히고 답변을 준비해보세요.

우리나라의 보편적인 음식점 묘사

우리나라 음식점 특징	• 보편적인 한식을 판매함	➡ sell typical Korean dishes
음식점의 내부 묘사	• 각 식탁에 작은 메뉴가 있음 • 벽 한 면에 큰 메뉴가 붙어 있음 • 식탁마다 식기가 들어있는 서랍이 있음 • 뒤쪽에 반찬이 있는 작은 공간이 있음	➡ have a small menu on every table ➡ a large menu posted on one of the walls ➡ a small drawer in each table that holds utensils ➡ have a small section in the back with side dishes

최근에 외식/배달 주문을 했던 경험

배달 주문 경험 소개	• 이틀 전에 저녁 식사로 파스타를 주문했음	➡ ordered pasta for dinner two days ago
이 경험에 대한 상세한 설명	• 파스타를 처음 주문해 봄 • 20분 안에 배달 왔음 • 아직 따뜻했음	➡ was my first time ordering pasta ➡ came in 20 minutes ➡ was still warm
느낀 점	• 식당에서 먹는 것만큼 맛있었음 • 집에서 편하게 먹을 수 있어서 좋았음	➡ was as delicious as eating it at a restaurant ➡ was good to eat comfortably at home

체인 음식점과 지역 음식점에서의 외식 경험 비교

체인 음식점의 특징	• 메뉴와 음식의 질이 같음 • 신메뉴가 자주 나옴 • 무엇을 먹을지 미리 정하기 쉬움	➡ have the same menu and food quality ➡ new menus come out often ➡ easy to decide what to eat in advance
지역 음식점의 특징	• 종종 그곳에만 있는 특별한 메뉴가 있음 • 주로 신선하고 품질 좋은 재료들을 사용함 • 분위기 좋은 곳이 많음	➡ often have special menus that only exist there ➡ usually use fresh, quality ingredients ➡ often have a nice atmosphere

과거와 현재의 음식점 비교

과거와 현재 음식점의 차이 1	• 오래된 식당이 많았음 • 외식 선택지도 많지 않았음 • 지금은 체인 식당이 훨씬 많아짐 • 다양한 메뉴를 제공함	➡ had many restaurants with long histories ➡ not many options for eating out ➡ way more chain restaurants today ➡ offer various dishes
과거와 현재 음식점의 차이 2	• 외국 음식을 파는 식당이 더 많아짐 • 예를 들어, 태국 요리, 베트남 음식 등	➡ more restaurants serve foreign foods ➡ for example, Thai dishes, Vietnamese food, etc
이 변화에 대한 생각	• 더욱 다양한 음식점이 있어서 좋음 • 동네 식당들이 사라지는 걸 보는 건 슬픔	➡ like that there's more variety in restaurants ➡ sad to see local restaurants disappearing

Unit 11
패션

출제 비율

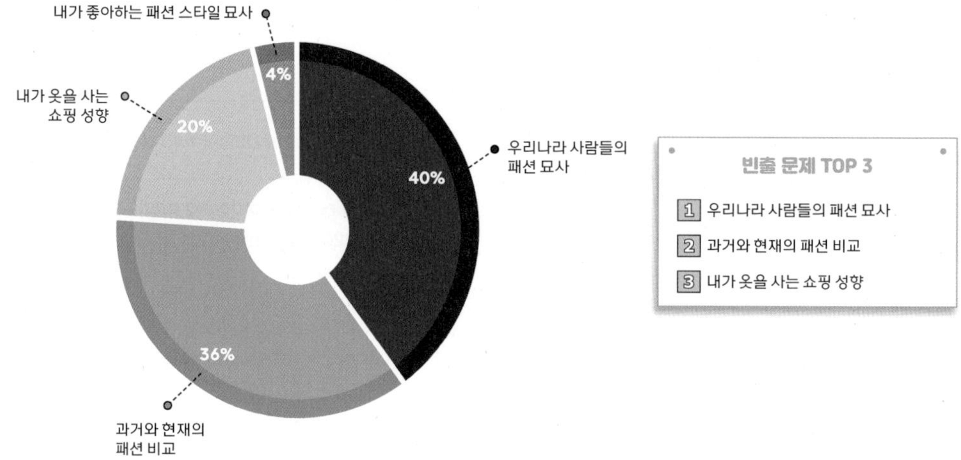

빈출 콤보

- 콤보1 우리나라 사람들의 패션 묘사 → 내가 옷을 사는 쇼핑 성향 → 과거와 현재의 패션 비교
- 콤보2 우리나라 사람들의 패션 묘사 → 내가 좋아하는 패션 스타일 묘사 → 과거와 현재의 패션 비교

빈출 문제 공략

STEP 1 QR코드를 찍고 모범답변 음성을 들어보세요. 그 후 쉐도잉 연습용 음성을 따라 답변을 3번 읽어보세요.
STEP 2 청록색 번호는 반드시 답변해야 하는 핵심 내용이므로, 그 문장들만 3번 더 읽어보세요.
STEP 3 이제 모범답변을 보지 않고 실제로 질문에 답하는 것처럼 자연스러운 말투로 답변해 보세요.

1 우리나라 사람들의 패션 묘사

Q Describe the clothes normally worn by people in your country. Do people wear different types of clothes for work and relaxing? Give as many details about the local clothing as possible.

당신의 나라에서 사람들이 일반적으로 입는 옷을 설명해 주세요. 사람들은 일과 휴식을 위해 서로 다른 종류의 옷을 입나요? 현지 복장에 대해 되도록 자세히 알려주세요.

우리나라 사람들의 직장 패션 특징

❶ In my country, it's normal for people to dress in very trendy styles.
❷ At work, it's usual for men to wear suits and women to wear suits or dresses.
❸ However, depending on the office, casual shirts and pants are acceptable, too.
❹ People dress in a presentable way that is not messy or inappropriate.

'~에 따라'라고 말하고 싶을 때는 depending on이라고 하면 돼요. 참고로 depend on은 '~에 의존하다'로 의미가 달라지므로 말할 때 뒤에 ing를 빠뜨리지 않도록 주의하세요.

우리나라 사람들의 일상 패션 특징

❺ On the other hand, when people relax at home, they usually wear a T-shirt with sweatpants.
❻ They want to be as comfortable as possible.
❼ When people go out with their friends or on dates, the fashion styles vary a lot.
❽ Some people dress in very trendy clothes.
❾ Other people will go out in casual attire, even on dates.

as ~ as possible은 '가능한 한 ~'이라는 표현으로, as와 as 사이에는 부사, 또는 형용사를 넣어서 말해요.

우리나라 사람들의 패션에 대한 생각

❿ The best thing is that people these days dress however they want, so the fashions are very diverse.

❶ 우리나라에서는 사람들이 매우 트렌디한 스타일로 옷을 입는 것이 일반적입니다. ❷ 직장에서, 남성들은 정장을 입고 여성들은 정장이나 원피스를 입는 것이 일반적입니다. ❸ 하지만, 사무실에 따라, 캐주얼한 셔츠와 바지 또한 허용됩니다. ❹ 사람들은 지저분하거나 부적절하지 않은, 남 앞에 내놓을 만한 옷을 입습니다. ❺ 반면에, 사람들이 집에서 쉴 때, 그들은 보통 트레이닝복 바지에 티셔츠를 입습니다. ❻ 그들은 가능한 한 편안하기를 원합니다. ❼ 사람들이 친구들과 만나거나 데이트를 할 때, 그때의 패션 스타일은 매우 다양합니다. ❽ 어떤 사람들은 상당히 트렌디한 옷을 입습니다. ❾ 다른 사람들은 데이트할 때도, 캐주얼한 의상을 입고 나가곤 합니다. ❿ 가장 좋은 점은 요즘 사람들은 그들이 원하는 대로 옷을 입어서, 패션이 매우 다양하다는 것입니다.

어휘 · 표현 acceptable 허용되는, 받아들일 수 있는 presentable 남 앞에 내놓을 만한, 보기 흉하지 않은 inappropriate 부적절한, 부적합한 sweatpants 트레이닝복 바지 attire 의상, 복장 diverse 다양한

2 과거와 현재의 패션 비교

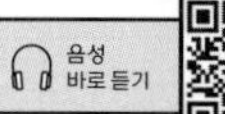

Q Describe how fashion trends have changed over time in your country. What did people wear in the past? What types of clothes are popular now? What are some of the key differences between them?

당신의 나라에서 시간이 지남에 따라 패션 트렌드가 어떻게 변했는지 설명해 주세요. 과거에 사람들은 무엇을 입었나요? 지금은 어떤 종류의 옷이 인기가 있나요? 그것들 사이의 주요 차이점은 무엇인가요?

과거 패션의 특징

❶ In the past, people in my country used to dress more formally.

❷ Men wore shirts, nice pants, and dress shoes, even if they were just meeting friends.

❸ Women wore dresses or skirts and blouses as well as high heels.

❹ They would wear these types of clothes even in casual situations.

formally [fɔ́:rməli]와 비슷한 formerly [fɔ́:rmərli]의 발음에 주의하세요. formally는 '격식을 차려'를 의미하고, formerly는 '이전에'를 의미해요.

요즘 패션의 특징

❺ These days, men and women tend to wear whatever they want.

❻ For example, many people wear sneakers for all occasions.

❼ Even older people who still dress formally like to wear sneakers for comfort.

❽ It is also common for people to wear trendy clothes.

❾ A lot of trends are started by celebrities or influencers, and young people like to follow them.

❿ In general, there is a wide variety of fashion styles compared to the past.

sneakers는 밑창이 고무로 된 '운동화'를 말하는데, 이 이름은 발걸음 소리가 나지 않아서 '살금살금 걷는 사람'이라고 불렸던 것으로부터 비롯된 것이라고 해요.

❶ 과거에, 우리나라 사람들은 더 격식을 차려 옷을 입곤 했습니다. ❷ 남성들은 그냥 친구들을 만날 때도, 셔츠, 멋진 바지, 그리고 정장 구두를 신었습니다. ❸ 여성들은 하이힐은 물론 원피스나 치마와 블라우스를 입었습니다. ❹ 그들은 평상시의 상황에도 이러한 종류의 옷을 입었습니다. ❺ 요즘에는, 남성과 여성들은 아무거나 그들이 원하는 것을 입는 경향이 있습니다. ❻ 예를 들어, 많은 사람들은 모든 경우에 운동화를 신습니다. ❼ 여전히 격식을 차려 옷을 입는 어르신들도 편안함을 위해 운동화를 신는 것을 좋아합니다. ❽ 사람들이 트렌디한 옷을 입는 것 또한 흔한 일입니다. ❾ 많은 유행들이 유명 인사들이나 인플루언서들에 의해 시작되고, 젊은 사람들은 그들을 따라 하는 것을 좋아합니다. ❿ 일반적으로, 과거에 비해 매우 다양한 패션 스타일이 있습니다.

어휘 · 표현 formally 격식을 차려, 정중하게 occasion 경우, 때 celebrity 유명 인사

3 내가 옷을 사는 쇼핑 성향

음성 바로 듣기 

Q Where do you usually go shopping for clothes? What kinds of clothes do you like to buy? What are some important qualities you consider when shopping for attire? Describe a typical shopping experience for you.

당신은 주로 어디로 옷을 사러 가나요? 당신은 어떤 종류의 옷을 사기 좋아하나요? 당신이 옷을 살 때 고려하는 중요한 자질은 무엇인가요? 당신의 일반적인 쇼핑경험에 대해 설명해 주세요.

옷을 쇼핑하는 장소

❶ I like to buy clothes online or at shopping malls.

❷ I buy tops, such as T-shirts, online because I can easily find my size.

❸ However, I go to clothing stores for pants because I want to try them on first.

'하의'는 bottom으로 통틀어 말하기보다는 pants(바지), skirt(치마)처럼 옷 종류를 특정해서 주로 말해요.

쇼핑할 때 고려하는 것

❹ When I buy clothes, I consider things like the style and fit.

❺ But I consider the price and the quality of the fabric the most.

❻ If I know an online shop uses good materials, I tend to shop there more often.

❼ I can usually find nice things while surfing the Internet.

'인터넷 서핑을 하다'는 영어로 surf the Internet이라고 말해요.

쇼핑을 가는 빈도

❽ I also go to a shopping mall about once or twice a month with my friends.

❾ We mostly go there to hang out, though so I don't shop very often when I go.

❶ 저는 온라인이나 쇼핑몰에서 옷 사는 것을 좋아합니다. ❷ 저는 쉽게 제 사이즈를 찾을 수 있기 때문에 티셔츠와 같은 상의를 온라인에서 삽니다. ❸ 하지만, 바지는 먼저 입어보고 싶기 때문에 저는 그것을 사기 위해 옷 가게에 갑니다. ❹ 저는 옷을 살 때, 스타일이나 핏 같은 것들을 고려합니다. ❺ 하지만 저는 가격과 원단의 품질을 가장 많이 고려합니다. ❻ 만약 어느 온라인 쇼핑몰에서 좋은 재료를 사용하는지 알게 된다면, 저는 그곳에서 더 자주 쇼핑하는 경향이 있습니다. ❼ 저는 보통 인터넷 서핑을 하다가 좋은 것들을 찾을 수 있습니다. ❽ 저는 또한 친구들과 함께 한 달에 한두 번 정도 쇼핑몰에 갑니다. ❾ 하지만 우리는 주로 놀기 위해 그곳에 가기 때문에, 갔을 때 쇼핑을 자주 하지 않습니다.

추가 답변 아이디어 및 표현

추가 문제의 답변 아이디어 및 표현을 익히고 답변을 준비해보세요.

내가 좋아하는 패션 스타일 묘사

좋아하는 패션 스타일 1	• 편한 캐주얼한 옷을 좋아함 • 옷장이 후드와 청바지 등으로 가득함	➡ like wearing comfortable casual clothes ➡ my wardrobe is full of hoodies, jeans, etc
좋아하는 패션 스타일 2	• 어두운 색상의 옷을 좋아함 • 더러워질 가능성이 상대적으로 적음	➡ like wearing dark-colored clothes ➡ less likely to get dirty
패션에 대한 생각	• 패션 감각이 뛰어난 편은 아님 • 패션 트렌드에 별로 관심 없는 편임	➡ not that fashionable ➡ don't really pay close attention to fashion trends

Unit 12
재활용

출제 비율

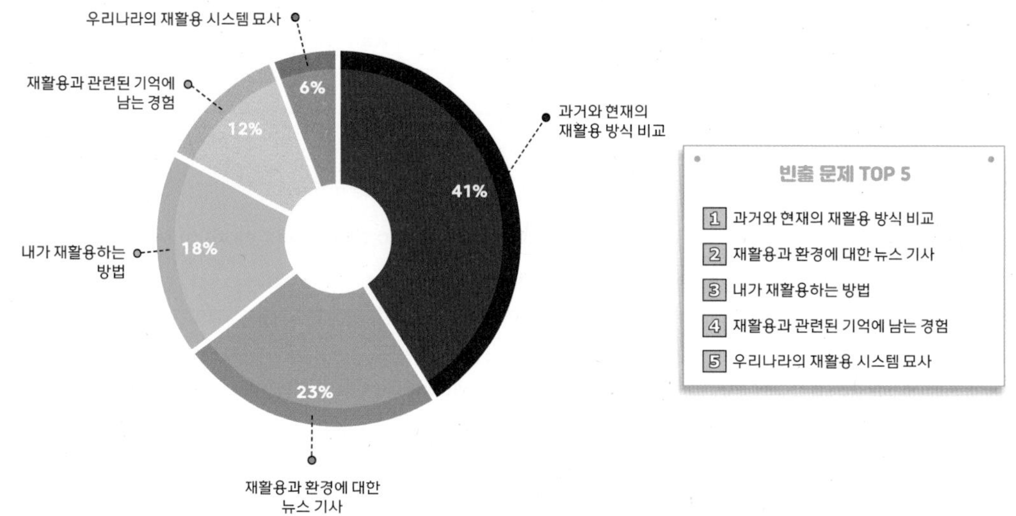

빈출 콤보

- 콤보1 과거와 현재의 재활용 방식 비교 → 재활용과 환경에 대한 뉴스 기사
- 콤보2 내가 재활용하는 방법 → 과거와 현재의 재활용 방식 비교 → 재활용과 관련된 기억에 남는 경험
- 콤보3 우리나라의 재활용 시스템 묘사 → 내가 재활용하는 방법 → 재활용과 관련된 기억에 남는 경험

빈출 문제 공략

STEP 1 QR코드를 찍고 모범답변 음성을 들어보세요. 그 후 쉐도잉 연습용 음성을 따라 답변을 3번 읽어보세요.
STEP 2 청록색 번호는 반드시 답변해야 하는 핵심 내용이므로, 그 문장들만 3번 더 읽어보세요.
STEP 3 이제 모범답변을 보지 않고 실제로 질문에 답하는 것처럼 자연스러운 말투로 답변해 보세요.

1 과거와 현재의 재활용 방식 비교

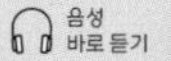

Q The process of recycling has changed over time. Describe what it was like in the past. How has recycling evolved? Give as many details as you can.

재활용 과정은 시간이 지나면서 변화해왔습니다. 그것이 과거에 어땠는지 설명해 주세요. 재활용은 어떻게 발전했나요? 가능한 한 자세히 알려주세요.

과거 재활용 방식의 특징

❶ When I was younger, recycling was not a regular practice.
❷ No one really cared about it or understood why it was important.
❸ So people threw everything away in the trash.
❹ Sometimes people would reuse things like plastic containers or cardboard boxes.
❺ But they did this to save money.
❻ People didn't do it for the environment.

reuse는 '재사용하다'라는 표현으로, 한번 버려진 물건을 다시 사용하는 것을 말해요. 반면 recycle은 버린 물건의 원료나 재료로 다른 제품을 다시 만드는 '재활용'을 의미하므로 둘을 혼동하지 않도록 주의하세요.

요즘 재활용 방식의 특징

❼ However, things have changed now.
❽ Because people care about the planet, recycling is handled very seriously.
❾ At home, people must separate recyclable products before taking their garbage out.
❿ There are different categories such as plastic, paper, and glass.
⓫ Organizing our recyclables ensures that we recycle as much as we can.
⓬ In addition, students are taught about recycling in school so they know more about it.

'재활용 가능한'을 의미하는 recyclable에 's'를 붙이면 '재활용 가능한 물품', 즉 '재활용품'을 의미하는 표현이 돼요.

❶ 제가 더 어렸을 때, 재활용은 일반적인 관행이 아니었습니다. ❷ 아무도 그것에 정말로 신경을 쓰거나 그것이 왜 중요한지 이해하지 못했습니다. ❸ 그래서 사람들은 모든 것을 쓰레기통에 버렸습니다. ❹ 때때로 사람들은 플라스틱 용기나 판지 상자와 같은 것들을 재사용하곤 했습니다. ❺ 하지만 그들은 돈을 절약하기 위해 이것을 했습니다. ❻ 사람들은 환경을 위해 그것을 했던 것이 아니었습니다. ❼ 하지만, 지금은 상황이 많이 변했습니다. ❽ 사람들이 지구에 대해 관심을 갖고 있기 때문에, 재활용은 매우 심각하게 다루어집니다. ❾ 집에서, 사람들은 쓰레기를 버리기 전에 재활용 가능한 제품을 반드시 분리해야 합니다. ❿ 플라스틱, 종이, 유리와 같은 서로 다른 범주가 있습니다. ⓫ 재활용품을 분류하는 것은 우리가 할 수 있는 만큼 최대한 재활용하는 것을 보장합니다. ⓬ 게다가, 학생들은 재활용에 대해 학교에서 배워서 더 많이 알고 있습니다.

어휘 · 표현 practice 관행, 관례 seriously 심각하게, 진지하게 ensure 보장하다, 반드시 ~하게 하다

2 재활용과 환경에 대한 뉴스 기사

Q Stories about recycling come up frequently in the news. Describe one story that you've heard about recycling or the environment. What was the story about, and what was the reaction of the public like?

재활용에 대한 이야기는 뉴스에 자주 등장합니다. 재활용이나 환경에 대해 당신이 들은 한 이야기를 설명해 주세요. 그것은 무엇에 대한 내용이었고, 대중들의 반응은 어땠나요?

재활용/환경에 대한 뉴스 소개

❶ One recent news story I saw on recycling was about plastic pollution.
❷ It talked about how humans produce so much plastic waste all over the world every year.
❸ Although there are many recycling programs, we only recycle a small amount of the plastic we produce.
❹ The rest is left to pollute the oceans and other environments.
❺ As a result, this causes harm to animals.

news story [nju:zstɔ́:ri]의 발음에 주의하세요. 's' 발음을 연달아 두 번 하는 것이 어려울 수 있어요.

이 뉴스에 대한 사람들의 반응

❻ Many people were surprised by this news and wanted to help reduce plastic waste.
❼ Therefore, some governments have enforced various plastic bans.
❽ There are also a few companies that have taken action to become more environmentally responsible.
❾ For example, some grocery stores have stopped using plastic bags.
❿ People have also taken certain measures to reduce their plastic usage.
⓫ They use tumblers when they buy coffee and prefer to use metal forks and spoons over plastic ones.

'비닐봉지'는 영어로 vinyl bag이 아닌 plastic bag이라고 말해요.

❶ 제가 최근에 본 재활용에 대한 한 뉴스는 플라스틱 오염에 관한 것이었습니다. ❷ 그것은 사람들이 매년 전 세계에서 얼마나 많은 플라스틱 쓰레기를 만들어내는지에 대해 이야기했습니다. ❸ 비록 많은 재활용 프로그램이 있지만, 우리는 우리가 생산하는 플라스틱 중 소량만 재활용합니다. ❹ 나머지는 남아서 바다와 다른 환경들을 오염시킵니다. ❺ 결과적으로, 이것은 동물들에게 해를 끼칩니다. ❻ 많은 사람들이 이 뉴스에 놀랐고 플라스틱 쓰레기를 줄이는 것을 돕고 싶어 했습니다. ❼ 따라서, 몇몇 정부는 다양한 플라스틱 금지법을 시행했습니다. ❽ 환경적으로 더 책임감을 갖기 위해 조치를 취한 몇몇 회사들도 있습니다. ❾ 예를 들어, 몇몇 식료품점들은 비닐봉지 사용을 중단했습니다. ❿ 사람들은 또한 그들의 플라스틱 사용을 줄이기 위해 특정한 조치를 취했습니다. ⓫ 그들은 커피를 살 때 텀블러를 사용하고 플라스틱보다는 금속으로 된 포크와 스푼을 사용하는 것을 선호합니다.

어휘 · 표현 enforce (법률 등을) 시행하다, 집행하다 ban 금지(법), 금지하다 grocery 식료품 measure 조치, 정책 usage 사용(량)

3 내가 재활용하는 방법

음성 바로 듣기

Q What has your experience with recycling been like? Do you recycle daily? Where do you put your recycling? Do you have to follow any rules? Give examples from your recycling experiences.

재활용과 관련된 당신의 경험은 어땠나요? 당신은 매일 재활용을 하나요? 당신은 재활용품은 어디에 두나요? 당신은 어떤 규칙을 따라야만 하나요? 당신의 재활용 경험에서 예를 들어주세요.

재활용 주기와 장소

❶ I take the recycling out probably two or three times per week.
❷ Our apartment complex has an outdoor area with bins for **trash** and recycling.
❸ But they get full quite quickly because there are so many people dumping things.

trash는 직역하면 '쓰레기'이지만, '일반 쓰레기'라는 뜻으로 쓰여요.

재활용 과정과 규칙

❹ There are a few special procedures that everyone has to follow.
❺ For one, you can only get rid of specific things on certain days of the week.
❻ You can only throw away plastic items on Tuesdays and Thursdays.
❼ You're also only supposed to put things in the area between 5 p.m. and 2 a.m.
❽ And there are also CCTV cameras watching everyone.
❾ If someone is caught disposing of waste improperly, they **could be fined**.

'벌금을 물게 될 수 있다'라고 말하고 싶을 때는 could be fined라고 하면 돼요.

재활용 시스템에 대한 생각

❿ Although there are quite a few rules to follow, I think it's a good system.
⓫ **I'm happy to** do my part to keep the apartment complex clean.

be happy to는 직역하면 '~하여 기쁘다'라는 의미지만, '기꺼이 ~하다'라는 뜻으로 쓰여요.

❶ 저는 일주일에 두세 번 정도 재활용품을 가지고 나갑니다. ❷ 우리 아파트 단지는 일반 쓰레기와 재활용품을 위한 쓰레기통이 있는 야외 공간이 있습니다. ❸ 하지만 아주 많은 사람들이 물건을 버리기 때문에 그것은 상당히 빨리 가득 차게 됩니다. ❹ 모두가 따라야 하는 몇 가지 특별한 절차가 있습니다. ❺ 우선, 일정한 요일에만 특정한 것들을 버릴 수 있습니다. ❻ 플라스틱 물건은 화요일과 목요일에만 버릴 수 있습니다. ❼ 또한 오후 5시에서 새벽 2시 사이에만 그 구역에 물건을 놓아두어야 합니다. ❽ 그리고 모든 사람들을 지켜보는 CCTV 카메라도 있습니다. ❾ 만약 누군가가 쓰레기를 부적절하게 버리다 걸리면, 그들은 벌금을 물게 될 수 있습니다. ❿ 비록 지켜야 할 규칙이 꽤 많지만, 저는 그것이 좋은 시스템이라고 생각합니다. ⓫ 저는 아파트 단지를 깨끗하게 유지하기 위해 기꺼이 제 역할을 합니다.

어휘 · 표현 complex 단지 dump 버리다 procedure 절차, 방법 dispose 버리다, 처리하다, 처분하다 improperly 부적절하게, 적절하지 않게 fine 벌금을 물리다, 벌금을 부과하다

4 재활용과 관련된 기억에 남는 경험

음성 바로 듣기

Q What is a memorable experience you've had while recycling? Have you ever had a problem while recycling? Or have you been shocked by something while doing it? Describe the experience in detail.

재활용을 하며 있었던 기억에 남는 경험은 무엇인가요? 재활용하던 중에 문제가 있었던 적이 있나요? 혹은 재활용을 하던 중 무언가로 인해 놀란 경험이 있나요? 그 경험을 자세히 설명해 주세요.

재활용하다 겪은 경험 소개

❶ I remember an issue I had a few years ago while in university.

❷ I lived in a building that had a recycling area in front of it.

❸ The problem was somebody was throwing away food trash with their recycling.

somebody는 '누군가'라는 표현으로, 단수형 명사이므로 동사도 단수형(was)으로 취해요.

이 경험에 대한 상세한 설명

❹ The garbage collectors weren't picking up the recycling, and bugs began to gather.

❺ It was gross!

❻ So I called my landlord to complain.

❼ He promised that he would find whoever was responsible.

❽ Then, the next night, I ran into one of my classmates in front of the building.

❾ What was he holding in his hands?

❿ A plastic bag filled with food trash!

그 결과와 느낀 점

⓫ I scolded him and said he needed to separate his food trash and recycling.

⓬ He begged me not to tell the landlord.

⓭ In the end, I didn't tell on him, and he learned his lesson.

tell on someone은 '~에 대해 고자질하다'라는 표현이에요.

❶ 저는 몇 년 전 대학에 다닐 때 겪었던 문제가 기억납니다. ❷ 저는 앞에 재활용 구역이 있는 건물에서 살았습니다. ❸ 문제는 누군가가 자신의 음식물 쓰레기를 재활용품과 함께 버리고 있다는 것이었습니다. ❹ 쓰레기 청소부들은 그 재활용품을 수거하지 않았고, 벌레들이 꼬이기 시작했습니다. ❺ 그것은 정말 역겨웠습니다! ❻ 그래서 저는 집주인에게 항의하기 위해 전화했습니다. ❼ 그는 누구든 이것에 책임이 있는 사람을 찾아내겠다고 약속했습니다. ❽ 그러고 나서, 다음 날 밤, 저는 건물 앞에서 반 친구 중 한 명과 우연히 마주쳤습니다. ❾ 그의 손에 들려 있는 것은 무엇이었을까요? ❿ 음식물 쓰레기로 가득 찬 비닐봉지였습니다! ⓫ 저는 그를 꾸짖고 그가 음식물 쓰레기와 재활용품을 분리해야 한다고 말했습니다. ⓬ 그는 저에게 집주인에게 말하지 말아 달라고 빌었습니다. ⓭ 결국, 저는 그에 대해 고자질하지 않았고, 그는 교훈을 얻었습니다.

어휘 · 표현 gross 역겨운 landlord 집주인, 임대주 classmate 반 친구, 급우 scold 꾸짖다, 야단치다
learn one's lesson 교훈을 얻다

5 우리나라의 재활용 시스템 묘사

음성 바로 듣기 

Q Describe how recycling works in your country. How do people do it? Is there anything special involved in the process? Give details about the way recycling is done.

당신의 나라에서 재활용이 어떻게 이뤄지는지 설명해 주세요. 사람들은 재활용을 어떻게 하나요? 그 과정에 특별한 것이 포함되어 있나요? 재활용이 행해지는 방법에 대해 자세히 설명해 주세요.

우리나라의 재활용 시스템 소개

❶ People here in Korea take recycling very seriously.
❷ Almost everyone four sorts their recycling carefully.
❸ There are four main categories for recycling.
❹ These are glass, metal, plastic, and paper.

'~을 심각하게 받아들이다'라고 말하고 싶을 때는 take ~ seriously라고 말하면 돼요.

재활용 방법에 대한 상세한 설명

❺ When it's time for the recycling to be picked up, we set these out in separate bags.
❻ These have to be clear plastic bags, not black ones.
❼ Regular trash, however, can only be thrown away in special bags that cost extra.
❽ And if people mix trash and recycling together, they get a fine.
❾ So they follow the rules carefully.
❿ Workers come by and pick up the trash and recycling from outside of people's houses on specific days.

재활용 시스템에 대한 생각

⓫ It's a very convenient system.
⓬ I think this effort helps us to recycle more things.
⓭ And it's good for the earth to cut down on waste.

cut down on은 '~을 줄이다'를 의미하는 표현이에요.

❶ 이곳 한국의 사람들은 재활용을 매우 심각하게 받아들입니다. ❷ 거의 모든 사람들은 재활용품을 신중하게 분류합니다. ❸ 재활용품에는 네 가지 주요 범주가 있습니다. ❹ 이것들은 유리와 금속, 플라스틱, 그리고 종이입니다. ❺ 재활용품을 수거할 때가 되면, 우리는 이것들을 별도의 봉지에 담아서 내놓습니다. ❻ 이것들은 검은 비닐봉지가 아닌, 투명한 것이어야 합니다. ❼ 하지만, 일반 쓰레기는 추가 비용이 드는 특수한 봉지로만 버릴 수 있습니다. ❽ 그리고 만약 사람들이 일반 쓰레기와 재활용품을 함께 섞어서 버리면, 그들은 벌금을 물게 됩니다. ❾ 그래서 그들은 규칙을 주의 깊게 따릅니다. ❿ 특정한 요일에 청소부들이 와서 사람들의 집 밖에서 일반 쓰레기와 재활용품을 수거해 갑니다. ⓫ 이것은 매우 편리한 시스템입니다. ⓬ 이러한 노력은 우리가 더 많은 것들을 재활용하는 데 도움이 된다고 생각합니다. ⓭ 그리고 쓰레기를 줄이는 것은 지구에 좋습니다.

어휘 · 표현 separate 별도의, 별개의 cut down on ~을 줄이다

Unit 13
교통수단

출제 비율

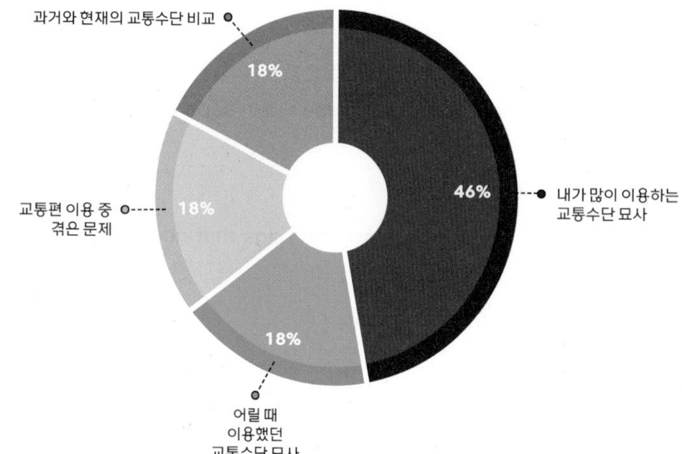

빈출 문제 TOP 3

1. 내가 많이 이용하는 교통수단 묘사
2. 어릴 때 이용했던 교통수단 묘사
3. 교통편 이용 중 겪은 문제

빈출 콤보

- 콤보1 내가 많이 이용하는 교통수단 묘사 → 어릴 때 이용했던 교통수단 묘사 → 교통편 이용 중 겪은 문제
- 콤보2 내가 많이 이용하는 교통수단 묘사 → 교통편 이용 중 겪은 문제 → 과거와 현재의 교통수단 비교

빈출 문제 공략

STEP 1 QR코드를 찍고 모범답변 음성을 들어보세요. 그 후 쉐도잉 연습용 음성을 따라 답변을 3번 읽어보세요.
STEP 2 청록색 번호는 반드시 답변해야 하는 핵심 내용이므로, 그 문장들만 3번 더 읽어보세요.
STEP 3 이제 모범답변을 보지 않고 실제로 질문에 답하는 것처럼 자연스러운 말투로 답변해 보세요.

1 내가 많이 이용하는 교통수단 묘사

음성 바로 듣기

Q What is public transportation like in your country? What types of public transportation are there, and which one do you use most often? Why do you prefer this method? Share as many details as you can.

당신 나라의 대중교통은 어떻나요? 어떤 종류의 대중교통이 있고, 당신은 어떤 것을 가장 자주 이용하시나요? 그 수단을 선호하는 이유는 무엇인가요? 되도록 자세히 알려주세요.

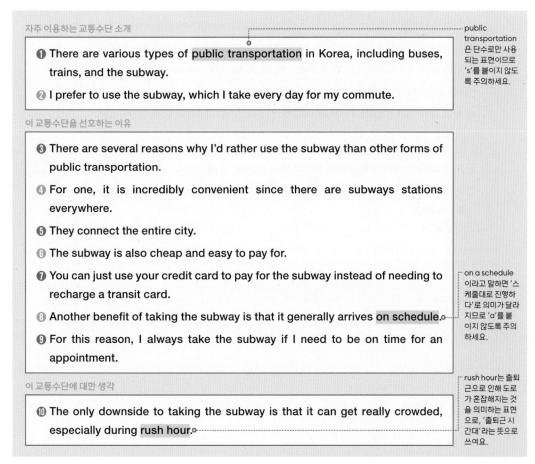

자주 이용하는 교통수단 소개

❶ There are various types of **public transportation** in Korea, including buses, trains, and the subway.

❷ I prefer to use the subway, which I take every day for my commute.

> public transportation은 단수로만 사용되는 표현이므로 's'를 붙이지 않도록 주의하세요.

이 교통수단을 선호하는 이유

❸ There are several reasons why I'd rather use the subway than other forms of public transportation.

❹ For one, it is incredibly convenient since there are subways stations everywhere.

❺ They connect the entire city.

❻ The subway is also cheap and easy to pay for.

❼ You can just use your credit card to pay for the subway instead of needing to recharge a transit card.

❽ Another benefit of taking the subway is that it generally arrives **on schedule**.

❾ For this reason, I always take the subway if I need to be on time for an appointment.

> on a schedule이라고 말하면 '스케줄대로 진행하다'로 의미가 달라지므로 'a'를 붙이지 않도록 주의하세요.

이 교통수단에 대한 생각

❿ The only downside to taking the subway is that it can get really crowded, especially during **rush hour**.

> rush hour는 출퇴근으로 인해 도로가 혼잡해지는 것을 의미하는 표현으로, '출퇴근 시간대'라는 뜻으로 쓰여요.

❶ 한국에는 버스, 기차, 지하철을 포함한 다양한 종류의 대중교통이 있습니다. ❷ 저는 통근을 위해 매일 타고 있는 지하철을 선호합니다. ❸ 제가 다른 대중교통 수단보다 지하철을 이용하는 것을 선호하는 몇 가지 이유가 있습니다. ❹ 우선, 지하철역은 어디에나 있기 때문에 매우 편리합니다. ❺ 그것들은 도시 전체를 연결합니다. ❻ 지하철은 또한 저렴하고 요금을 지불하기 쉽습니다. ❼ 교통카드를 충전할 필요 없이 그냥 신용카드를 사용해서 지하철 요금을 지불할 수 있습니다. ❽ 지하철을 타는 것의 또 다른 이점은 그것이 일반적으로 제시간에 도착한다는 것입니다. ❾ 이러한 이유로, 저는 약속 시간에 맞춰야 할 때 항상 지하철을 탑니다. ❿ 지하철을 타는 것의 유일한 단점은 특히 출퇴근 시간대에 그것이 정말 붐빌 수 있다는 것입니다.

어휘 · 표현 commute 통근, 통근하다 transit card 교통카드 downside 단점, 부정적인 면 rush hour 출퇴근 시간대

2 어릴 때 이용했던 교통수단 묘사

Q What types of public transportation did you use when you were young? Are they different from what's available now? Give me as many details as possible.

당신은 어렸을 때 어떤 종류의 대중교통을 이용했나요? 그것들은 지금 이용할 수 있는 것과 다른가요? 되도록 자세히 알려주세요.

어릴 때 이용한 교통수단의 특징 1

❶ When I was young, the transportation options were similar to what's available now.

❷ Of course, many people had cars at the time.

❸ But there were not as many cars on the roads as there are today.

❹ So there were less traffic jams in the past, and they weren't that serious when they did happen.

not as A as B는 'B만큼 A하지 않은'이라는 표현으로, 두 가지 대상을 비교할 때 사용하는 표현이에요.

어릴 때 이용한 교통수단의 특징 2

❺ Public transportation was also available, but it wasn't as efficient as it is now.

❻ For example, the bus system was less organized and had far fewer stops.

❼ This was the same for the subway system, which was smaller overall.

❽ We also didn't receive the transfer discount.

❾ This was just recently introduced to promote public transportation use.

어릴 때 이용한 교통수단의 특징 3

❿ In addition, public transportation was slower in general.

⓫ It takes about 30 percent less time to get to a destination by train now than it did then.

less는 불가산 명사와 함께 쓰이는 한정사로, 가산 명사에는 less 대신 fewer를 사용해요.

❶ 제가 어렸을 때, 교통수단은 지금 이용할 수 있는 것과 비슷했습니다. ❷ 물론, 그 당시에도 많은 사람들이 차를 가지고 있었습니다. ❸ 하지만 도로에는 오늘날만큼 많은 차들이 있지 않았습니다. ❹ 그래서 과거에는 교통 체증이 더 적었고, 그것이 일어났을 때도 그렇게 심각하지 않았습니다. ❺ 대중교통도 이용할 수 있었지만, 그것은 지금처럼 효율적이지는 않았습니다. ❻ 예를 들어, 버스 시스템은 덜 체계적이었고 훨씬 더 적은 정류장을 가지고 있었습니다. ❼ 이것은 전반적으로 더 작았던 지하철 시스템도 마찬가지였습니다. ❽ 우리는 또한 환승 할인도 받지 못했습니다. ❾ 이것은 대중교통 이용을 홍보하기 위해 최근에서야 도입되었습니다. ❿ 게다가, 대중교통편은 전반적으로 더 느렸습니다. ⓫ 지금 기차로 목적지에 도착하는 데는 그때보다 약 30퍼센트 더 적은 시간이 걸립니다.

어휘 · 표현 traffic jam 교통 체증 serious 심각한, 진지한 efficient 효율적인, 유능한 organized 체계적인, 조직화된 discount 할인 promote 홍보하다, 촉진하다 destination 목적지, 도착지

3 교통편 이용 중 겪은 문제

음성 바로 듣기 

Q When was a time you encountered a transportation issue? What happened, and how did you handle it? How did it affect you? Tell the entire story from beginning to end.

교통 문제에 맞닥뜨렸던 때는 언제인가요? 무슨 일이 있었고, 당신은 그것에 어떻게 대처했나요? 그것이 당신에게 어떤 영향을 미쳤나요? 전체 이야기를 처음부터 끝까지 알려주세요.

교통편 이용 중 겪은 문제 소개

❶ Last year, I had an important meeting at a location I had never been to before.
❷ I got on the subway, but I made a mistake while transferring to another line.
❸ I accidentally **ended up traveling** in the wrong direction for nearly 20 minutes.

'결국 ~하게 되다'라고 말하고 싶을 때는 end up -ing라고 하면 돼요.

이 문제에 대처한 방법

❹ When I realized this, I got off immediately.
❺ I decided not to take the subway to my destination.
❻ Instead, I went outside and took a taxi, thinking it would be faster.
❼ I was wrong and got stuck in traffic on the highway.
❽ **Not only** did the taxi end up costing me a lot of money, **but** I was late for the meeting.

not only A, but B는 'A뿐만 아니라 B'라는 표현으로, but 뒤에 also를 붙여도 돼요.

이 경험에서 느낀 점

❾ I felt really bad for the rest of the day since everyone had to **wait on** me.
❿ Ever since then, I've been much more careful whenever I travel to new locations.

wait on은 '기다리다'라는 표현으로, on 대신 for로 바꿔서 말할 수도 있어요.

❶ 작년에, 저는 제가 한 번도 가본 적이 없는 장소에서 중요한 회의가 있었습니다. ❷ 저는 지하철을 탔는데, 다른 노선으로 갈아타려던 중에 실수를 했습니다. ❸ 저는 실수로 결국 거의 20분 동안 잘못된 방향으로 이동하게 되었습니다. ❹ 이것을 깨달았을 때, 저는 즉시 내렸습니다. ❺ 저는 목적지로 가기 위해 지하철을 타지 않기로 결정했습니다. ❻ 대신, 저는 택시가 더 빠를 것이라고 생각하고 밖으로 나가 택시를 탔습니다. ❼ 제가 잘못 생각한 것이었고 고속도로에서 차가 막혔습니다. ❽ 결국 택시비가 많이 들었을 뿐만 아니라, 저는 회의에 지각하기까지 했습니다. ❾ 모두가 저를 기다렸어야 했기 때문에 저는 그날 내내 정말 마음이 불편했습니다. ❿ 그 때 이후로, 저는 새로운 장소를 갈 때마다 훨씬 더 조심스러워졌습니다.

추가 답변 아이디어 및 표현

추가 문제의 답변 아이디어 및 표현을 익히고 답변을 준비해보세요.

과거와 현재의 교통수단 비교

과거 교통수단 특징	• 모든 종류의 교통편이 느렸음 • 지하철 노선이 많지 않았음	➡ all types of transportation were slow ➡ not many subway lines
요즘 교통수단 특징	• 훨씬 더 편리하고 빨라졌음 • 도시에 20개 이상의 지하철 노선이 있음	➡ much more convenient and faster ➡ more than 20 subway lines in the city
변화에 대한 생각	• 어떤 새로운 교통수단이 생길지 궁금함	➡ wonder what the new modes of transportation will be

Unit 14

인터넷

출제 비율

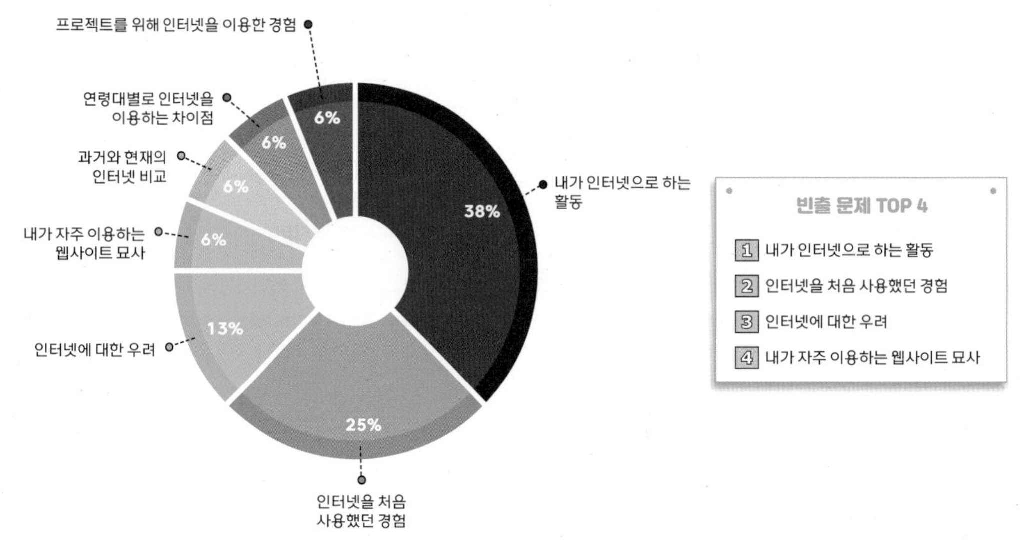

빈출 콤보

- 콤보1 내가 인터넷으로 하는 활동 → 내가 자주 이용하는 웹사이트 묘사 → 인터넷을 처음 사용했던 경험
- 콤보2 내가 인터넷으로 하는 활동 → 인터넷을 처음 사용했던 경험 → 프로젝트를 위해 인터넷을 이용한 경험
- 콤보3 내가 자주 이용하는 웹사이트 묘사 → 내가 인터넷으로 하는 활동 → 과거와 현재의 인터넷 비교
- 콤보4 연령대별로 인터넷을 이용하는 차이점 → 인터넷에 대한 우려

빈출 문제 공략

STEP 1 QR코드를 찍고 모범답변 음성을 들어보세요. 그 후 쉐도잉 연습용 음성을 따라 답변을 3번 읽어보세요.

STEP 2 청록색 번호는 반드시 답변해야 하는 핵심 내용이므로, 그 문장들만 3번 더 읽어보세요.

STEP 3 이제 모범답변을 보지 않고 실제로 질문에 답하는 것처럼 자연스러운 말투로 답변해 보세요.

1 내가 인터넷으로 하는 활동

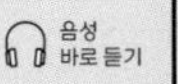

Q The Internet is widely used these days. How often do you use it? What purposes do you use it for?

오늘날 인터넷은 널리 사용되고 있습니다. 당신은 얼마나 자주 그것을 사용하나요? 당신은 그것을 어떤 용도로 사용하나요?

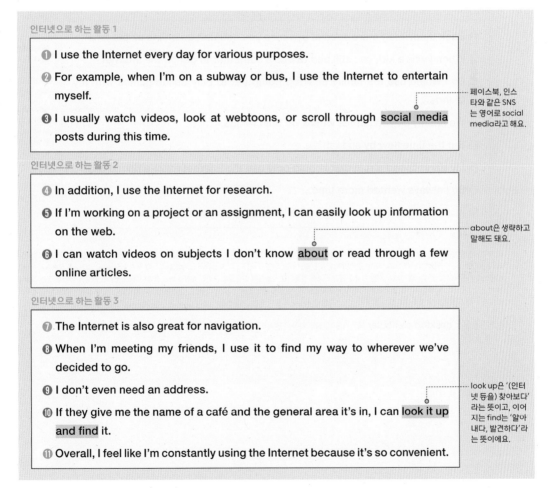

인터넷으로 하는 활동 1

❶ I use the Internet every day for various purposes.
❷ For example, when I'm on a subway or bus, I use the Internet to entertain myself.
❸ I usually watch videos, look at webtoons, or scroll through **social media** posts during this time.

페이스북, 인스타와 같은 SNS는 영어로 social media라고 해요.

인터넷으로 하는 활동 2

❹ In addition, I use the Internet for research.
❺ If I'm working on a project or an assignment, I can easily look up information on the web.
❻ I can watch videos on subjects I don't know **about** or read through a few online articles.

about은 생략하고 말해도 돼요.

인터넷으로 하는 활동 3

❼ The Internet is also great for navigation.
❽ When I'm meeting my friends, I use it to find my way to wherever we've decided to go.
❾ I don't even need an address.
❿ If they give me the name of a café and the general area it's in, I can **look it up and find** it.
⓫ Overall, I feel like I'm constantly using the Internet because it's so convenient.

look up은 '(인터넷 등을) 찾아보다'라는 뜻이고, 이어지는 find는 '알아내다, 발견하다'라는 뜻이에요.

❶ 저는 매일 인터넷을 다양한 목적으로 사용합니다. ❷ 예를 들어, 지하철이나 버스를 타고 있을 때, 저는 재미있게 가려고 인터넷을 사용합니다. ❸ 저는 이때 주로 비디오를 보거나 웹툰을 보거나 소셜 미디어 포스트를 훑어봅니다. ❹ 또한, 저는 검색을 위해 인터넷을 사용합니다. ❺ 제가 프로젝트나 과제를 하고 있다면, 웹에서 쉽게 정보를 찾을 수 있습니다. ❻ 저는 잘 모르는 주제에 대한 비디오를 보거나 몇몇 온라인 기사를 읽을 수 있습니다. ❼ 인터넷은 또한 길 찾기에도 좋습니다. ❽ 친구들과 만날 때, 저는 어디든 우리가 가기로 결정한 곳으로 가는 길을 찾기 위해 그것을 사용합니다. ❾ 저는 심지어 주소도 필요하지 않습니다. ❿ 친구들이 저에게 카페의 이름과 그것이 있는 대략적인 지역만 알려주면 찾아보고 알아낼 수 있습니다. ⓫ 전반적으로, 저는 인터넷이 매우 편리하기 때문에 끊임없이 사용하고 있는 것 같습니다.

어휘 · 표현 purpose 목적, 용도, 의도 assignment 과제, 임무 constantly 끊임없이, 거듭

2 인터넷을 처음 사용했던 경험

Q What are your early memories of the Internet? Do you remember some of your first times using it? What did you think of the Internet at that time? Provide specific examples and details about your early online experiences.

인터넷에 대한 당신의 초기 기억은 무엇인가요? 당신은 그것을 처음 사용했던 것을 기억하나요? 당신은 그 당시 인터넷에 대해 어떻게 생각했나요? 당신의 초기 온라인 경험에 대한 구체적인 예를 들어 자세히 알려주세요.

인터넷을 처음 사용했던 경험 소개

❶ To be honest, I don't remember when I first used the Internet.
❷ I've been using it since I was very young.
❸ I do remember I was really excited about it.

do를 붙여서 '(앞에서 말한 건 기억 안 나지만) 이것만큼은 기억해요'라는 뉘앙스로 말할 수 있어요.

어렸을 때 인터넷을 사용했던 경향

❹ Back then, it felt more special because you couldn't go online all the time.
❺ When I was a kid, you still had to use a computer to get on the Internet.
❻ So I would use the family desktop computer to play online games with my friends.
❼ We mainly played games where we built things.
❽ But the time flew by so fast!
❾ My parents had a rule that I could only use the Internet for one hour a day.
❿ So I always wanted more time.
⓫ In short, my early memories of the Internet are of wanting to use it more.

desktop computer는 '데스크톱 컴퓨터'를 의미하는데, desk(탁자) top(위에)에 두고 사용한다는 것에서 유래한 표현이에요.

게임이라는 장소에서 하는 활동에 대해 말하는 것이므로 where를 빠뜨리지 않도록 주의하세요.

❶ 솔직히 말하자면, 저는 제가 언제 인터넷을 처음 사용했는지 기억이 나지 않습니다. ❷ 저는 아주 어렸을 때부터 그것을 사용해왔습니다. ❸ 저는 제가 그것에 대해 정말 신이 나 있었던 것은 기억합니다. ❹ 그 당시에는, 인터넷에 항상 접속할 수는 없었기 때문에 더 특별하게 느껴졌습니다. ❺ 제가 어렸을 때, 인터넷에 접속하기 위해서는 여전히 컴퓨터를 사용해야 했습니다. ❻ 그래서 저는 가족 공용 데스크톱 컴퓨터를 사용하여 친구들과 온라인 게임을 하곤 했습니다. ❼ 우리는 주로 무언가를 짓는 게임을 했습니다. ❽ 하지만 시간은 너무 빨리 지나갔습니다! ❾ 저의 부모님에게는 제가 하루에 인터넷을 한 시간만 사용할 수 있는 규칙이 있었습니다. ❿ 그래서 저는 항상 더 많은 시간을 원했습니다. ⓫ 요컨대, 인터넷에 대한 저의 초기 기억은 그것을 더 사용하고 싶어 하는 것입니다.

어휘 · 표현 desktop computer 데스크톱 컴퓨터, 탁상용 컴퓨터 memories 기억

3 인터넷에 대한 우려

음성 바로 듣기

Q What are some of the worries people have about online security, safety, and privacy? Talk about how these concerns have evolved in the past few years.

온라인 보안, 안전, 그리고 개인정보에 대해 사람들이 가지고 있는 우려에는 어떤 것들이 있나요? 이러한 우려가 지난 몇 년 동안 어떻게 변화해왔는지 이야기해 주세요.

인터넷에 대한 우려 소개

❶ People have many concerns about Internet security.
❷ This is because so much of our lives are on the Internet.
❸ In the past, private information was difficult to steal.
❹ But nowadays, hackers can take this more easily.

우려되는 상황 예시

❺ One way they do this is through ransomware.
❻ In a ransomware attack, hackers gain control of a user's hard drive.
❼ They threaten to delete all of the user's information unless they're paid lots of money.
❽ Oftentimes, people end up paying so they don't lose everything.
❾ And the criminals who do this are hard to find.

ransomware(랜섬웨어)는 감염된 컴퓨터의 시스템에 대한 접근을 제한하고 이를 해제하기 위해 악성 코드 제작자에게 금품을 제공하게 만드는 악성 프로그램을 말해요.

oftentimes(종종)의 's'를 빠뜨리지 않도록 주의하세요.

이에 대한 사람들의 반응

❿ This kind of crime was once pretty rare, but it's becoming more frequent.
⓫ A few years ago, one such ransomware attack affected computers all over the world.
⓬ And many people wonder if the next attack will be worse.

'(앞에서 언급한) 그러한'이라고 말하고 싶을 때 such를 붙여서 말해요.

❶ 사람들은 인터넷 보안에 대해 많은 우려를 가지고 있습니다. ❷ 이는 우리 삶의 많은 부분이 인터넷에 올라가 있기 때문입니다. ❸ 과거에, 개인정보는 훔치기 어려웠습니다. ❹ 하지만 오늘날, 해커는 더 쉽게 이것을 가져갈 수 있습니다. ❺ 그들이 이것을 하는 한 가지 방법은 랜섬웨어를 통해서입니다. ❻ 랜섬웨어 공격에서, 해커는 사용자의 하드 드라이브를 장악합니다. ❼ 그들은 많은 돈을 주지 않는 한 사용자의 모든 정보를 삭제하겠다고 협박합니다. ❽ 종종, 사람들은 모든 것을 잃지 않기 위해 결국 돈을 지불하게 됩니다. ❾ 그리고 이런 짓을 하는 범죄자들은 찾기가 어렵습니다. ❿ 이런 종류의 범죄는 한때는 꽤 드물었지만, 점점 더 빈번해지고 있습니다. ⓫ 몇 년 전, 그러한 랜섬웨어 공격이 전 세계의 컴퓨터에 영향을 미쳤습니다. ⓬ 그리고 많은 사람들은 혹시 다음 공격은 더 심할지 우려합니다.

어휘 · 표현 security 보안 private information 개인정보 threaten 협박하다, 위협하다 unless ~하지 않는 한 oftentimes 종종 rare 드문 frequent 빈번한, 잦은

4 내가 자주 이용하는 웹사이트 묘사

음성 바로 듣기 

Q What is a website you use often? What do people use it for, and what do you do on it? What made you begin visiting this site?

당신이 자주 사용하는 웹사이트는 무엇인가요? 사람들은 무엇을 하기 위해 그것을 사용하고, 당신은 그곳에서 무엇을 하나요? 이 사이트를 방문하기 시작한 계기는 무엇인가요?

자주 이용하는 웹사이트와 이용하게 된 계기

❶ One website that I visit all the time is Youtube.

❷ Youtube is a video-sharing site.

❸ I first started watching it for funny videos.

❹ For instance, I would watch short clips of cute cats.

❺ Basically, I used the site **to kill a little time** every once in a while.

> kill time은 '시간을 때우다'라는 표현으로, 심심풀이로 재미 삼아 하는 것을 말해요.

이 웹사이트를 이용하는 경향 1

❻ But a few years ago, I started **following** vloggers closely.

❼ I began watching everything that certain creators made.

❽ So I sometimes spent a few hours on Youtube instead of a few minutes.

> follow는 직역하면 '따라가다'라는 의미지만, '챙겨보다, 관심을 갖고 지켜보다'라는 뜻으로도 쓰여요.

이 웹사이트를 이용하는 경향 2

❾ These days, I watch Youtube mostly for product reviews.

❿ You can find videos on **every possible** product.

⓫ And I've gotten some great recommendations from reviewers on Youtube.

⓬ I actually bought my coffeemaker after seeing a Youtuber recommend it.

⓭ I'm really happy with the coffeemaker.

⓮ **Nowadays**, before I buy just about anything, I look for Youtube reviews first.

> '온갖'이라고 말하고 싶을 때 every possible이라고 말하면 돼요.

> nowadays [náuədèiz]를 발음할 때 'a'의 발음을 약하게 하면 더 자연스럽게 들려요.

❶ 제가 항상 방문하는 한 웹사이트는 유튜브입니다. ❷ 유튜브는 동영상 공유 사이트입니다. ❸ 저는 처음에 재미있는 비디오를 위해 그것을 보기 시작했습니다. ❹ 예를 들어, 저는 귀여운 고양이들의 짧은 동영상을 봤습니다. ❺ 다시 말해, 저는 가끔 시간을 조금 때우기 위해 그 사이트를 이용했습니다. ❻ 하지만 몇 년 전부터, 저는 브이로거들을 유심히 챙겨보기 시작했습니다. ❼ 저는 특정 제작자들이 만든 모든 것들을 보기 시작했습니다. ❽ 그래서 저는 가끔 몇 분이 아닌 몇 시간을 유튜브에서 보냈습니다. ❾ 요즘은, 저는 주로 제품 리뷰를 보기 위해 유튜브를 봅니다. ❿ 당신은 온갖 제품의 동영상을 찾을 수 있습니다. ⓫ 그리고 저는 유튜브의 리뷰어들로부터 아주 좋은 추천 몇몇을 받았습니다. ⓬ 저는 사실 제 커피메이커를 어느 유튜버가 추천하는 걸 보고 구매했습니다. ⓭ 저는 그 커피메이커에 정말로 만족합니다. ⓮ 요즘은, 거의 모든 물건을 사기 전에 유튜브 리뷰를 먼저 찾습니다.

어휘 · 표현 follow 챙겨보다, 관심을 갖고 지켜보다 closely 유심히, 자세히

추가 답변 아이디어 및 표현

추가 문제의 답변 아이디어 및 표현을 익히고 답변을 준비해보세요.

과거와 현재의 인터넷 비교

과거 인터넷의 특징	• 대부분 텍스트를 기반으로 했음 • 로딩하는 데 너무 오래 걸렸음	➡ were mostly text-based ➡ took too long to load
요즘 인터넷/웹사이트의 특징	• 즉시 로딩됨 • 거의 텍스트 없이 사진과 음악만 보여줌 • 사람들이 온라인 게임을 하는 방법을 바꿨음 • 멀티플레이어 게임을 할 수 있음	➡ load instantly ➡ show pictures and music with almost no text ➡ changed the way people play online games ➡ can play multiplayer games

연령대별로 인터넷을 이용하는 차이점

젊은 세대의 인터넷 이용 특징	• 인터넷에 익숙함 • 인터넷으로 다양한 활동을 함 • 인터넷상의 다양한 서비스를 자유롭게 누림 • 온라인 뱅킹, 교통 최신 정보 얻기 등	➡ are familiar with the Internet ➡ do various activities on the Internet ➡ can freely enjoy the many services on the Internet ➡ online banking, get transportation updates, etc
기성세대의 인터넷 이용 특징	• 인터넷을 정기적으로 사용함 • 비디오를 보고 정보를 검색함 • 메시지 앱을 사용하기도 함 • 활동이 좁은 범위로 제한적임	➡ use the internet regularly ➡ watch videos and search for information ➡ even use messaging apps ➡ activities are limited to a small range
이에 대한 생각	• 인터넷 없이 살기 어려움 • 어르신들에게 인터넷 사용법을 알려줘야 함	➡ hard to live without the Internet ➡ need to teach the elders how to use the Internet

프로젝트를 위해 인터넷을 이용한 경험

인터넷을 이용한 프로젝트 소개	• 집의 리모델링을 해야 했음 • 침실 벽에 곰팡이 • 벽지가 교체되어야 했음	➡ had to do some remodeling in my house ➡ black mold on my bedroom wall ➡ wallpaper needed to be replaced
인터넷을 이용한 방법	• 리모델링에 대한 온라인 포럼을 봤음 • 도급 업체를 조사했음 • 도급 업체들을 평가하는 사이트를 이용했음 • 몇 명에게 이메일로 가격을 문의했음	➡ looked at online forums about remodeling ➡ searched for a contractor ➡ used a site that rated different contractors ➡ e-mailed a few of them to ask about pricing

Unit 15
가구·가전

출제 비율

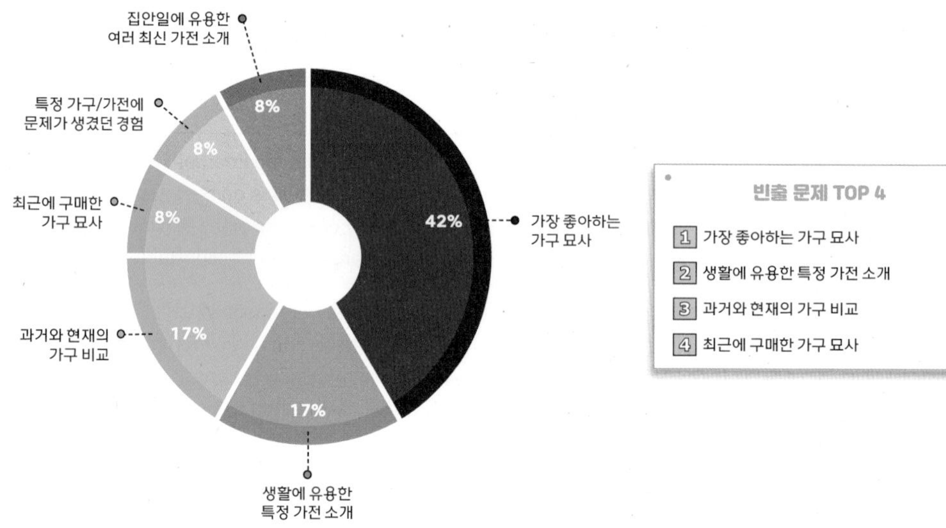

빈출 콤보

- 콤보1 가장 좋아하는 가구 묘사 → 과거와 현재의 가구 비교 → 특정 가구/가전에 문제가 생겼던 경험
- 콤보2 가장 좋아하는 가구 묘사 → 최근에 구매한 가구 묘사 → 특정 가구/가전에 문제가 생겼던 경험
- 콤보3 과거와 현재의 가구 비교 → 생활에 유용한 특정 가전 소개
- 콤보4 집안일에 유용한 여러 최신 가전 소개 → 생활에 유용한 특정 가전 소개

빈출 문제 공략

STEP 1 QR코드를 찍고 모범답변 음성을 들어보세요. 그 후 쉐도잉 연습용 음성을 따라 답변을 3번 읽어보세요.
STEP 2 청록색 번호는 반드시 답변해야 하는 핵심 내용이므로, 그 문장들만 3번 더 읽어보세요.
STEP 3 이제 모범답변을 보지 않고 실제로 질문에 답하는 것처럼 자연스러운 말투로 답변해 보세요.

1 가장 좋아하는 가구 묘사

음성 바로 듣기

Q What piece of furniture do you like the most in your home? What do you use it for? Why is it special to you? Provide as many details as you can.

당신은 당신 집의 어떤 가구를 가장 좋아하나요? 당신은 그것을 무엇에 사용하나요? 그것이 당신에게 특별한 이유는 무엇인가요? 가능한 한 자세히 알려 주세요.

가장 좋아하는 가구 소개

❶ My favorite piece of furniture is the sofa in my family's living room.
❷ It's made of a light grey fabric that's incredibly soft.
❸ It can fit three or four people comfortably.

incredibly 대신에 extremely라고 바꿔 말할 수도 있어요.

이 가구를 좋아하는 이유 1

❹ My family often sits on it and watches movies together.
❺ When we're not watching movies, we still sit on it and tell each other about our day.
❻ As a result, I have a lot of memories of us all sitting and laughing together on that sofa.

family(가족)는 여러 명으로 구성되어 있어서 복수형으로 사용될 것 같지만, 한 가족은 하나의 집단으로 여겨 단수로 사용한다는 점에 주의하세요.

이 가구를 좋아하는 이유 2

❼ Even when I'm home alone, I use the sofa to watch TV, play games, or just take a nap.
❽ That's also where I read books and talk with my friends on the phone.
❾ I get a lot of use out of that sofa whether I'm alone or with my family, so it's my favorite.

nap에는 이미 '낮잠을 자다'라는 의미가 포함되어 있으므로 sleep a nap으로 말하지 않도록 주의하세요.

❶ 제가 가장 좋아하는 가구는 우리 가족의 거실에 있는 소파입니다. ❷ 그것은 연회색의 매우 부드러운 원단으로 제작됐습니다. ❸ 그것에는 서너 명이 편하게 앉을 수 있습니다. ❹ 우리 가족은 종종 그 위에 앉아서 함께 영화를 봅니다. ❺ 우리가 영화를 보지 않을 때도, 우리는 여전히 그 위에 앉아서 우리의 하루에 대해 서로에게 이야기합니다. ❻ 그 결과, 저는 그 소파에서 우리 다 같이 앉아서 웃었던 추억이 많습니다. ❼ 제가 집에 혼자 있을 때도, 저는 TV를 보거나, 게임을 하거나, 그냥 낮잠을 자기 위해 그 소파를 사용합니다. ❽ 그곳은 또한 제가 책을 읽고 친구들과 전화로 수다를 떠는 곳입니다. ❾ 저는 혼자 있든 가족과 있든 그 소파를 많이 사용하기 때문에, 저는 그것을 가장 좋아합니다.

어휘 · 표현 furniture 가구 fabric 원단 incredibly 매우, 엄청나게 nap 낮잠, 낮잠을 자다

2 생활에 유용한 특정 가전 소개

음성 바로 듣기 

Q Reflect on a device or appliance that people find useful in their homes nowadays. What have you heard about it? Why do people like it so much?

요즘 사람들이 집에서 유용하다고 생각하는 기기나 가전제품을 떠올려 보세요. 그것에 대해 당신은 어떤 내용을 들었나요? 사람들이 그것을 그렇게 좋아하는 이유는 무엇인가요?

생활에 유용한 가전 소개

❶ One device that many people find convenient to use at home is a robot vacuum.

❷ This is a small vacuum that can function on its own without direct management.

'(진공)청소기'는 영어로 vacuum, 또는 vacuum cleaner라고 말해요. vacuum은 이 외에도 '진공, 청소기로 청소하다, 청소기를 이용한 청소' 등의 의미로도 사용돼요.

이 가전이 유용한 이유

❸ People can change the settings on robot vacuums so they clean at certain times of the day.

❹ For example, people can set them to clean while they are away from the house.

❺ There's usually an app that people can use to make directing the robots easier.

❻ Using this app, people can direct the vacuums to go into specific rooms and even stop them from going into others.

방 '안'으로 들어가는 것이므로, into를 빠뜨리지 않도록 주의하세요.

❼ These devices are also able to get into tight spaces, like under couches and dressers.

❽ In addition, they are small and easy to store, unlike other larger vacuums.

unlike는 '~과 달리'를 의미하는 표현으로, 뒤에 to를 붙이지 않도록 주의하세요.

❾ They save people lots of time when it comes to cleaning, which makes them very useful.

❶ 많은 사람들이 집에서 사용하기 편리하다고 생각하는 기기 한 가지는 로봇 청소기입니다. ❷ 그것은 직접적인 관리 없이도 스스로 작동할 수 있는 작은 청소기입니다. ❸ 사람들은 로봇 청소기의 설정을 변경하여 하루 중 특정 시간에 청소하게 할 수 있습니다. ❹ 예를 들어, 사람들은 집을 비운 동안 청소하도록 청소기를 설정할 수 있습니다. ❺ 보통 로봇 청소기를 더 쉽게 조종할 수 있게 사람들이 사용할 수 있는 앱이 있습니다. ❻ 이 앱을 사용해서 사람들은 그것을 특정한 방으로 들어가게 지시하고 심지어 그것이 다른 방으로 들어가는 것을 막을 수 있습니다. ❼ 이 기기들은 또한 소파나 서랍장의 밑과 같은 좁은 공간에도 들어갈 수 있습니다. ❽ 게다가, 그것들은 다른 큰 청소기와 달리, 작고 보관하기 쉽습니다. ❾ 로봇 청소기는 청소에 관한 한 사람들에게 많은 시간을 절약해 주는데, 이것은 그들을 매우 유용하게 만듭니다.

어휘 · 표현 convenient 편리한, 간편한 vacuum (진공)청소기 function 작동하다, 기능하다 management 관리 couch 소파, 긴 의자 useful 유용한, 쓸모 있는

3 과거와 현재의 가구 비교

음성 바로 듣기 

Q The furniture people have in their homes has changed over the years. Is the furniture you have now the same as what was in your home when you were a child? Give as many details as you can.

사람들의 집에 있는 가구는 지난 수년 간 변화했습니다. 당신이 지금 가지고 있는 가구는 당신이 어렸을 때 집에 있던 것과 같나요? 가능한 한 자세히 알려주세요.

가구의 변화 1

❶ Furniture has changed a lot over the years, especially here in Korea.

❷ For example, when I was young, a lot of people didn't have beds.

❸ Everyone just used floor **mattresses.** — mattresses를 말할 때 마지막 'es' 발음을 빼먹지 않도록 주의하세요.

❹ Now, beds are pretty common.

❺ This and other changes are affecting houses and apartments.

❻ In newer apartments, the bedrooms are wider now because people will likely put a bed in them.

❼ And **closets** used to need to be purchased separately, but now they're usually built into the wall. — closet [klázit]의 발음에 주의하세요. 여기서 's'는 'z'로 발음해요.

가구의 변화 2

❽ **People's tastes** in furniture styles have also changed. — 사람들의 취향을 말하는 것이기 때문에 복수형(tastes)으로 말해야 한다는 점에 주의하세요.

❾ It used to be common to have a dark leather couch.

❿ Now, brighter-colored fabrics are popular.

⓫ People also prefer small, light bookshelves instead of large, heavy ones.

이 변화에 대한 생각

⓬ It's interesting to look at the changes that have happened.

⓭ It makes me wonder what furniture will be like in 10 years.

❶ 특히 이곳 한국에서는, 지난 수년 간 가구가 많이 변했습니다. ❷ 예를 들어, 제가 어렸을 때, 침대가 없었던 사람들이 많았습니다. ❸ 다들 바닥에 까는 매트리스만 사용했습니다. ❹ 이제, 침대는 꽤 흔합니다. ❺ 이것과 다른 변화들이 주택과 아파트에 영향을 미치고 있습니다. ❻ 새로운 아파트에서는, 사람들이 방에 침대를 놓을 가능성이 높기 때문에 이제 침실이 더 넓어졌습니다. ❼ 그리고 예전에는 옷장을 따로 구매해야 했지만, 지금은 대개 벽 안에 붙박이로 되어 있습니다. ❽ 가구 스타일에 대한 사람들의 취향도 변했습니다. ❾ 예전에는 어두운 가죽 소파가 흔했습니다. ❿ 지금은, 더 밝은 색의 원단이 인기가 있습니다. ⓫ 사람들은 또한 크고 무거운 책꽂이 대신, 작고 가벼운 것을 선호합니다. ⓬ 일어난 변화들을 보는 것은 흥미롭습니다. ⓭ 10년 후의 가구는 어떻게 생겼을지 궁금하게 합니다.

어휘 · 표현 closet 옷장, 벽장 leather 가죽 bookshelf 책꽂이

4 최근에 구매한 가구 묘사

Q Describe a piece of furniture you recently purchased. Where did you get it from? Provide as many details as you can about it.

당신이 최근에 구입한 가구에 대해 설명해 주세요. 당신은 그것을 어디서 샀나요? 그것에 대해 가능한 한 자세히 말해주세요.

최근에 구매한 가구 소개

❶ One piece of furniture I bought recently is the chair for my desk.

❷ It's a black leather chair with wheels, and it has a very comfortable headrest.

❸ It's designed to protect my back, which is good because I need to sit on it for long periods.

❹ I can adjust the chair by raising, lowering, and reclining it.

❺ It even has a footrest that folds out from the bottom.

recline은 '뒤로 넘기다'라는 표현으로, 편히 앉을 수 있도록 의자 등받이를 뒤로 넘기는 것을 의미해요. 참고로 이런 기능이 있는 '안락의자'는 recliner라고 불러요.

이 가구의 구매처와 구매평

❻ I bought it online because I didn't have time to go to a store.

❼ It was also much cheaper to buy it this way.

❽ The only downside was that I couldn't test it before I bought it.

❾ But that wasn't a problem because I'm satisfied with it overall.

❿ It is very comfortable, and it goes well with the other furniture in the room.

downside는 '단점, 덜 긍정적인 면'이라는 표현으로, 같은 의미의 다른 표현들 보다 덜 부정적인 느낌을 줘요.

❶ 제가 최근에 산 가구 중 하나는 제 책상을 위한 의자입니다. ❷ 그것은 바퀴가 달린 검은색 가죽 의자이고, 매우 편안한 머리 받침대가 있습니다. ❸ 그것은 등을 보호할 수 있도록 디자인된 것인데, 저는 장시간 그 의자에 앉아 있어야 해서 좋습니다. ❹ 저는 의자를 올리고, 내리고, 뒤로 넘기면서 조절할 수 있습니다. ❺ 그것은 심지어 바닥에서 접었다 펴지는 발 받침을 가지고 있습니다. ❻ 저는 매장에 갈 시간이 없어서 온라인에서 그것을 구매했습니다. ❼ 또한 이 방식으로 사는 것이 훨씬 더 저렴했습니다. ❽ 유일한 단점은 구매 전에 그것을 테스트할 수 없다는 것이었습니다. ❾ 하지만 전반적으로 그것에 만족하기 때문에 문제가 되지 않았습니다. ❿ 그것은 매우 편안하고, 방에 있는 다른 가구들과 잘 어울립니다.

어휘 · 표현 headrest 머리 받침대 recline (편히 앉을 수 있도록 의자 등받이를) 뒤로 넘기다 footrest 발 받침, 발판
downside 단점, 덜 긍정적인 면 satisfied 만족하는, 만족스러워하는 overall 전반적으로, 대체로

추가 답변 아이디어 및 표현

추가 문제의 답변 아이디어 및 표현을 익히고 답변을 준비해보세요.

특정 가구/가전에 문제가 생겼던 경험

문제가 있었던 가구 소개	• 온라인으로 커피 테이블을 샀음 • 며칠 후에 큰 박스로 테이블의 부품을 받았음	➡ bought a coffee table online ➡ received the parts for it in a large box a few days later
문제의 상세 묘사	• 일부 부품이 누락된 것을 발견했음 • 중요한 나사 몇 개가 박스에 없었음 • 다리 하나가 손상됐음	➡ noticed that some of the parts were missing ➡ a few important screws hadn't come in the box ➡ one of the legs was damaged
문제를 해결한 방법	• 가게에 전화해서 침착하게 상황을 설명함 • 나에게 새로운 것을 보내줬음 • 새것은 완벽했음	➡ called the store and calmly explained the situation ➡ sent me a brand new one ➡ the new one was perfect

집안일에 유용한 여러 최신 가전 소개

집안일을 돕는 유용한 가전 1	• 식기세척기가 매우 유용함 • 물도 절약할 수 있음	➡ dishwasher is very useful ➡ can even save water
집안일을 돕는 유용한 가전 2	• 로봇청소기는 가지고 있을 가치가 있음 • 손을 자유롭게 해줌 • 다른 일을 할 수 있는 더 많은 시간을 줌	➡ worth having a robot vacuum cleaner ➡ frees your hands ➡ gives you more time to do other things
집안일을 돕는 유용한 가전 3	• 건조기는 많은 오늘날 가정의 필수품임 • 장마철에도 옷을 말릴 수 있음	➡ clothes dryer is a must-have item for many households today ➡ can dry clothes even in monsoon season

Unit 16

호텔

출제 비율

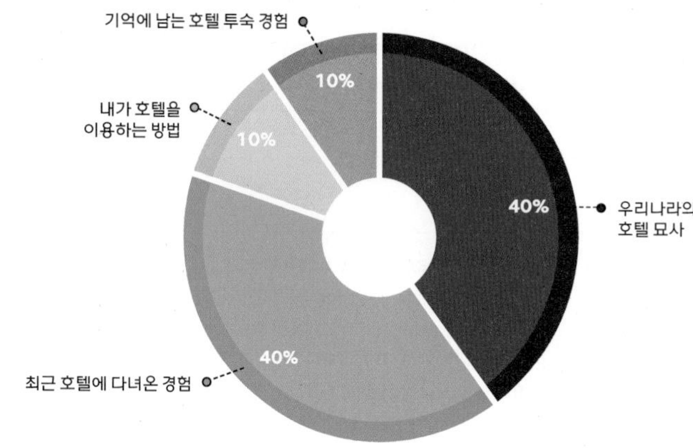

빈출 문제 TOP 3

1. 우리나라의 호텔 묘사
2. 최근 호텔에 다녀온 경험
3. 내가 호텔을 이용하는 방법

빈출 콤보

- 콤보1 우리나라의 호텔 묘사 → 내가 호텔을 이용하는 방법 → 최근 호텔에 다녀온 경험
- 콤보2 우리나라의 호텔 묘사 → 내가 호텔을 이용하는 방법 → 기억에 남는 호텔 투숙 경험
- 콤보3 우리나라의 호텔 묘사 → 기억에 남는 호텔 투숙 경험 → 최근 호텔에 다녀온 경험

빈출 문제 공략

STEP 1 QR코드를 찍고 모범답변 음성을 들어보세요. 그 후 쉐도잉 연습용 음성을 따라 답변을 3번 읽어보세요.

STEP 2 청록색 번호는 반드시 답변해야 하는 핵심 내용이므로, 그 문장들만 3번 더 읽어보세요.

STEP 3 이제 모범답변을 보지 않고 실제로 질문에 답하는 것처럼 자연스러운 말투로 답변해 보세요.

1 우리나라의 호텔 묘사

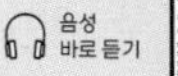

Q What are the hotels in your country like? Where are most of them located? Do they have any facilities that aren't normally found in hotels in other places? Provide lots of details.

당신 나라의 호텔은 어떻나요? 대부분의 호텔은 어디에 위치해 있나요? 다른 곳에 있는 호텔에서는 볼 수 없는 시설이 있나요? 자세한 사항들을 많이 말해주세요.

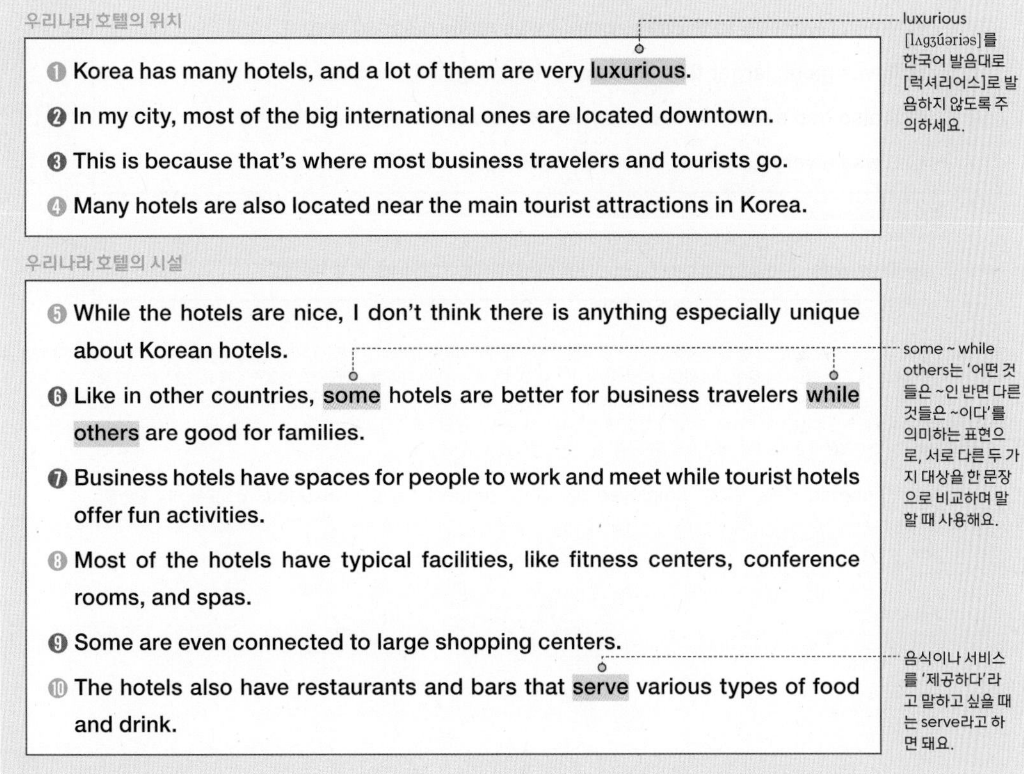

우리나라 호텔의 위치

❶ Korea has many hotels, and a lot of them are very luxurious.

❷ In my city, most of the big international ones are located downtown.

❸ This is because that's where most business travelers and tourists go.

❹ Many hotels are also located near the main tourist attractions in Korea.

우리나라 호텔의 시설

❺ While the hotels are nice, I don't think there is anything especially unique about Korean hotels.

❻ Like in other countries, some hotels are better for business travelers while others are good for families.

❼ Business hotels have spaces for people to work and meet while tourist hotels offer fun activities.

❽ Most of the hotels have typical facilities, like fitness centers, conference rooms, and spas.

❾ Some are even connected to large shopping centers.

❿ The hotels also have restaurants and bars that serve various types of food and drink.

luxurious [lʌgʒúəriəs]를 한국어 발음대로 [럭셔리어스]로 발음하지 않도록 주의하세요.

some ~ while others는 '어떤 것들은 ~인 반면 다른 것들은 ~이다'를 의미하는 표현으로, 서로 다른 두 가지 대상을 한 문장으로 비교하며 말할 때 사용해요.

음식이나 서비스를 '제공하다'라고 말하고 싶을 때는 serve라고 하면 돼요.

❶ 한국에는 호텔이 많이 있고, 많은 호텔들이 매우 고급스럽습니다. ❷ 제가 사는 도시에서는, 대부분의 큰 국제적인 호텔들이 시내에 위치해 있습니다. ❸ 이는 그곳이 대부분의 출장 여행객들과 관광객들이 가는 곳이기 때문입니다. ❹ 많은 호텔들은 또한 한국의 주요 관광 명소 근처에도 위치해 있습니다. ❺ 호텔들은 훌륭하지만, 한국 호텔만의 특별히 독특한 점은 없는 것 같습니다. ❻ 다른 나라에서처럼, 어떤 호텔들은 출장 여행객들에게 더 나은 반면, 다른 어떤 호텔들은 가족들에게 좋습니다. ❼ 비즈니스호텔은 사람들이 일하고 만날 수 있는 공간을 가지고 있는 반면, 관광호텔은 재미있는 활동을 제공합니다. ❽ 대부분의 호텔에는 피트니스 센터, 회의실, 그리고 스파와 같은 전형적인 시설들이 있습니다. ❾ 어떤 곳들은 심지어 큰 쇼핑센터로 연결되어 있습니다. ❿ 호텔들은 또한 다양한 종류의 음식과 음료를 제공하는 레스토랑과 바를 가지고 있습니다.

어휘 · 표현 luxurious 고급스러운, 호화로운 tourist attraction 관광 명소 facility 시설, 기관 conference room 회의실

2 최근 호텔에 다녀온 경험

음성 바로 듣기 

Q Describe an experience you've recently had at a hotel. When and where did it happen? Give as many details as possible.

당신이 최근에 호텔에서 겪은 경험을 설명해 주세요. 그것은 언제 그리고 어디서 일어났나요? 되도록 자세히 말해주세요.

최근 호텔을 이용한 경험 소개

❶ Last month, I booked a hotel room for a trip abroad.
❷ I **arranged for** an airport pickup service, but the driver never showed up.
❸ I ended up having to take a taxi.

'예약하다, 마련하다'라고 말하고 싶을 때는 arrange for라고 하면 돼요.

이 경험에 대한 상세한 설명

❹ When I arrived to check in, I told an employee what **had happened**.
❺ She said she was very sorry and that the hotel must have lost my request.
❻ Because of this mistake, she offered me a free upgrade to a better room.
❼ When I went up to my new room, I was really pleased with it.
❽ It was **much** larger than the room I had originally booked.
❾ It also had a nicer bed and a view of the ocean.
❿ It was a very luxurious room, and I enjoyed my time there.

직원에게 말하기 이전에 일어났던 일이기 때문에 과거완료(had happened) 시제를 사용해요.

much(훨씬)를 사용해서 원래 예약한 방과 새로운 방의 차이점을 더욱 극적으로 표현하고 강조할 수 있어요.

이 경험에 대한 생각

⓫ This was one of my best experiences while staying at a hotel.

❶ 지난달에, 저는 해외여행을 위해 호텔 방을 예약했습니다. ❷ 저는 공항 픽업 서비스를 예약했으나, 기사님이 오지 않았습니다. ❸ 저는 결국 택시를 타야 했습니다. ❹ 체크인하러 도착했을 때, 저는 직원에게 무슨 일이 있었는지 알려줬습니다. ❺ 그녀는 매우 미안하다고 했고 아무래도 호텔측이 제 요청을 잊어버린 것 같다고 말했습니다. ❻ 이 실수 때문에, 그녀는 저에게 더 좋은 방으로의 무료 업그레이드를 제안했습니다. ❼ 새로 배정받은 방으로 올라갔을 때, 저는 그것에 정말로 만족했습니다. ❽ 그것은 제가 원래 예약했던 방보다 훨씬 더 넓었습니다. ❾ 그것은 또한 더 좋은 침대와 바다가 보이는 전망을 가지고 있었습니다. ❿ 그것은 매우 호화로운 방이었고, 저는 그곳에서의 시간을 즐겼습니다. ⓫ 이것은 호텔에 머무는 동안 제게 일어난 것 중 최고의 경험 중 하나였습니다.

어휘 · 표현 abroad 해외에, 해외로 employee 직원, 종업원 request 요청, 요구 luxurious 호화로운, 아주 편안한

3 내가 호텔을 이용하는 방법

음성 바로듣기 

Q What do you normally do after arriving at a hotel? Describe the routine you usually follow at a hotel, and give as many details about it as you can.

당신은 호텔에 도착한 후에 보통 무엇을 하나요? 호텔에서 당신이 보통 하는 루틴을 설명하고, 가능한 한 그것에 대해 자세히 말해주세요.

호텔에서 하는 첫 번째 활동

❶ When I arrive at a hotel, I first go to the check-in counter.
❷ I give the clerk my name and reservation number.
❸ Sometimes, I show the **confirmation of** my reservation.

confirmation of가 입에 잘 붙지 않는다면 생략하고 말해도 돼요.

호텔에서 하는 두 번째 활동

❹ After they **check me in**, they assign me a room and give me a keycard.
❺ A bellhop brings my luggage to my room if I have a lot of bags.
❻ Once I'm in the room, I look for the **outlets**, so I can plug in my phone.
❼ I also make sure I have everything I need, like towels, before I unpack.

check in me라고 말하지 않도록 주의하세요.

'콘센트'는 영어로 concent가 아닌 outlet이라고 말해요.

호텔에서 하는 세 번째 활동

❽ Then, I **look through** the hotel guidebook.
❾ It explains what facilities are available at the hotel.
❿ Some of them also have a list of nearby restaurants and stores.
⓫ I always go through this guidebook to start planning what I will do.

look through는 '훑어보다, 검토하다'라는 표현으로, 마지막 문장의 go through와 같은 의미이므로 서로 바꿔서 쓸 수 있어요.

❶ 호텔에 도착하면, 저는 우선 체크인 카운터로 갑니다. ❷ 저는 직원에게 제 이름과 예약 번호를 알려줍니다. ❸ 때때로, 저는 제 예약 확인서를 보여주기도 합니다. ❹ 그들은 저를 체크인해준 후에, 방을 배정하고 키 카드를 줍니다. ❺ 제게 가방이 많으면 벨보이가 제 짐을 방으로 가져다줍니다. ❻ 방에 들어가면, 휴대폰을 꽂기 위해 콘센트를 찾습니다. ❼ 또한 수건과 같은 필요한 모든 것이 있는지 짐을 풀기 전에 확인합니다. ❽ 그러고 나서, 저는 호텔 안내서를 한번 훑어봅니다. ❾ 그것은 호텔에서 어떤 시설을 이용할 수 있는지 설명합니다. ❿ 그것들 중 몇몇은 또한 근처의 식당들과 가게들의 목록을 수록하고 있습니다. ⓫ 저는 제가 무엇을 할지에 대한 계획을 시작하기 위해 항상 이 가이드북을 훑어봅니다.

추가 답변 아이디어 및 표현

추가 문제의 답변 아이디어 및 표현을 익히고 답변을 준비해보세요.

기억에 남는 호텔 투숙 경험

인상적인 호텔 투숙 경험 소개	• 저렴한 호텔을 예약했음 • 그 호텔에 대한 기대가 별로 높지 않았음	➡ made a reservation at an inexpensive hotel ➡ expectation for the hotel was not very high
이 경험이 인상적인 이유	• 기분 좋게 놀랐음 • 관리가 잘 되어 있었음 • 훌륭한 음식을 제공했음	➡ were pleasantly surprised ➡ was well maintained ➡ served excellent food

롤플레이 주제

어떤 상황을 주면서 역할극을 수행하라는 문제가 나오는 주제를 롤플레이 주제라고 부릅니다.
오픽 15문제 중 11~13번이 롤플레이 콤보로 출제됩니다.

Unit 01
약속

출제 비율

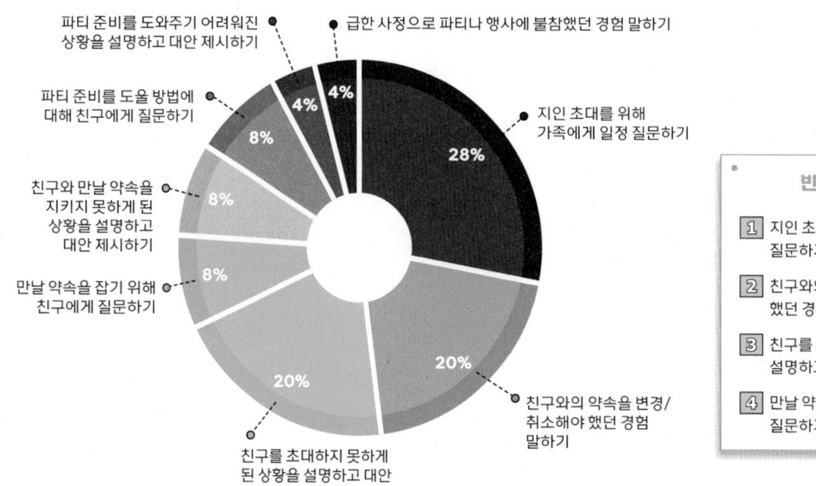

빈출 문제 TOP 4

1. 지인 초대를 위해 가족에게 일정 질문하기
2. 친구와의 약속을 변경/취소해야 했던 경험 말하기
3. 친구를 초대하지 못하게 된 상황을 설명하고 대안 제시하기
4. 만날 약속을 잡기 위해 친구에게 질문하기

빈출 콤보

- 콤보1 지인 초대를 위해 가족에게 일정 질문하기 → 친구를 초대하지 못하게 된 상황을 설명하고 대안 제시하기 → 친구와의 약속을 변경/취소해야 했던 경험 말하기
- 콤보2 만날 약속을 잡기 위해 친구에게 질문하기 → 친구와 만날 약속을 지키지 못하게 된 상황을 설명하고 대안 제시하기 → 친구와의 약속을 변경/취소해야 했던 경험 말하기
- 콤보3 파티 준비를 도울 방법에 대해 친구에게 질문하기 → 파티 준비를 도와주기 어려워진 상황을 설명하고 대안 제시하기 → 급한 사정으로 파티나 행사에 불참했던 경험 말하기

빈출 문제 공략

STEP 1 QR코드를 찍고 모범답변 음성을 들어보세요. 그 후 쉐도잉 연습용 음성을 따라 답변을 3번 읽어보세요.
STEP 2 청록색 번호는 반드시 답변해야 하는 핵심 내용이므로, 그 문장들만 3번 더 읽어보세요.
STEP 3 이제 모범답변을 보지 않고 실제로 질문에 답하는 것처럼 자연스러운 말투로 답변해 보세요.

1 지인 초대를 위해 가족에게 일정 질문하기

Q You want to invite another family over to your home for lunch. Ask your family members multiple questions in order to figure out the best day and time for their visit.

당신은 점심 식사에 다른 가족을 당신의 집으로 초대하길 원합니다. 그들이 방문하기에 가장 좋은 날짜와 시간을 알아내기 위해 당신의 가족 구성원들에게 여러 가지 질문을 하세요.

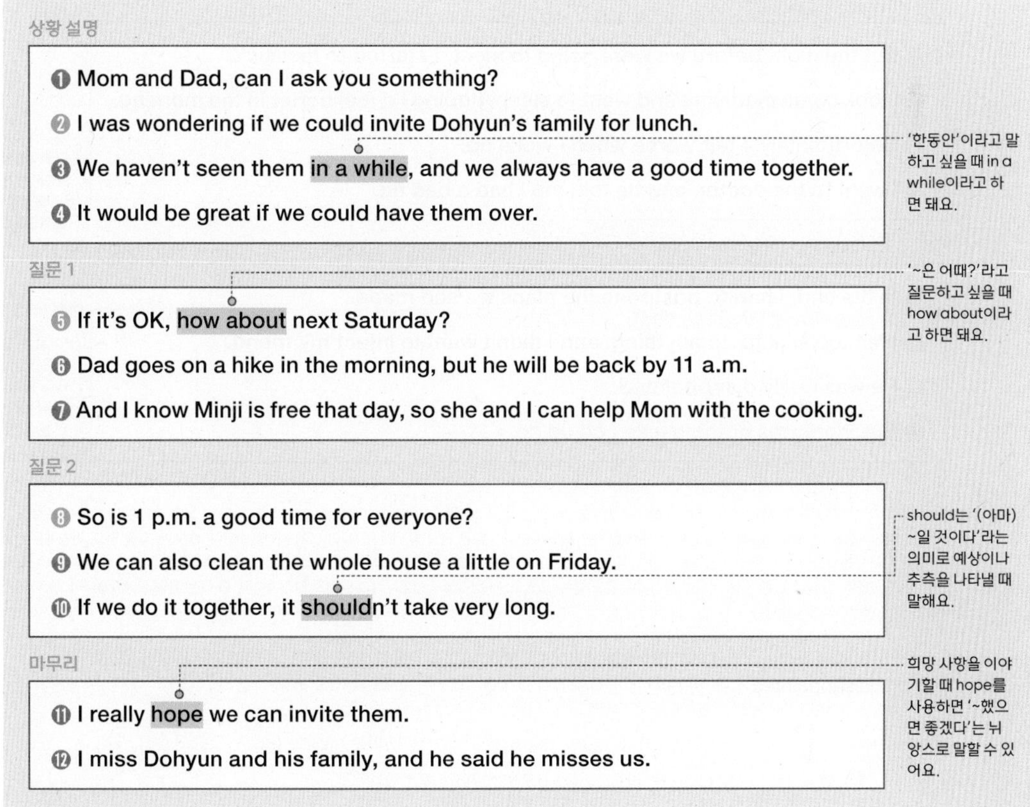

상황 설명

❶ Mom and Dad, can I ask you something?
❷ I was wondering if we could invite Dohyun's family for lunch.
❸ We haven't seen them in a while, and we always have a good time together.
❹ It would be great if we could have them over.

'한동안'이라고 말하고 싶을 때 in a while이라고 하면 돼요.

질문 1

❺ If it's OK, how about next Saturday?
❻ Dad goes on a hike in the morning, but he will be back by 11 a.m.
❼ And I know Minji is free that day, so she and I can help Mom with the cooking.

'~은 어때?'라고 질문하고 싶을 때 how about이라고 하면 돼요.

질문 2

❽ So is 1 p.m. a good time for everyone?
❾ We can also clean the whole house a little on Friday.
❿ If we do it together, it shouldn't take very long.

should는 '(아마) ~일 것이다'라는 의미로 예상이나 추측을 나타낼 때 말해요.

마무리

⓫ I really hope we can invite them.
⓬ I miss Dohyun and his family, and he said he misses us.

희망 사항을 이야기할 때 hope를 사용하면 '~했으면 좋겠다'는 뉘앙스로 말할 수 있어요.

❶ 엄마, 아빠 뭐 하나 물어봐도 돼요? ❷ 도현이네 가족을 점심 식사에 초대해도 될지 궁금해서요. ❸ 우리는 그들을 한동안 보지 못했고, 항상 함께 즐거운 시간을 보내잖아요. ❹ 그들을 초대할 수 있다면 정말 좋을 것 같아요. ❺ 만약 괜찮으시다면, 다음 주 토요일은 어떠신가요? ❻ 아빠는 아침에 등산을 가지만, 오전 11시까지는 돌아오실 거예요. ❼ 그리고 제가 알기로 민지가 그날 시간이 있으니, 민지와 저는 엄마가 요리하는 것을 도울 수 있어요. ❽ 그럼 오후 1시가 모두에게 좋은 시간인가요? ❾ 우리는 또한 금요일에 집 전체를 조금 청소할 수 있어요. ❿ 청소를 같이한다면, 오래 걸리지 않을 거예요. ⓫ 저는 우리가 그들을 꼭 초대할 수 있으면 좋겠어요. ⓬ 도현이와 그의 가족들이 보고 싶고, 그도 우리가 보고 싶다고 했어요.

어휘 · 표현 wonder 궁금하다, 궁금해하다 invite 초대하다, 초청하다

2 친구와의 약속을 변경/취소해야 했던 경험 말하기

Q Have you ever needed to cancel or change plans you had made with a friend? Talk about what you had planned to do and the reasons that you couldn't follow through with it. Explain the situation in detail.

친구와 했던 약속을 취소하거나 변경해야 했던 적이 있나요? 당신이 계획했던 것은 무엇이었고 그것을 끝까지 이행하지 못했던 이유에 대해 말해주세요. 상황을 자세히 설명해 주세요.

갑자기 약속을 취소해야 했던 경험 소개

❶ There are times when I have to adjust my plans suddenly.

❷ This happened to me recently when I was supposed to meet my friend.

❸ We hadn't seen each other in months, so we decided to have dinner.

❹ We were both really looking forward to it.

약속을 취소해야 했던 이유

❺ But the night before we were going to meet, I started to feel sick.

❻ I took some medicine and went to sleep, hoping I'd feel better in the morning.

❼ Unfortunately, I felt worse when I woke up.

❽ I went to the doctor, and he told me I had a bad flu.

증상이 아주 심하다고 표현하고 싶을 때, 아픈 증상이나 병명에 bad를 붙이면 돼요.

결말과 친구의 반응

❾ In the end, I had to postpone the plans we had made.

❿ I felt too sick to do anything, and I didn't want to infect my friend.

⓫ He was really disappointed.

⓬ But there was nothing else I could do.

'어쩔 수 없었다, 다른 방도가 없었다'라고 말하고 싶을 때 사용할 수 있는 만능 표현이에요.

❶ 계획을 갑자기 조정해야만 할 때가 있습니다. ❷ 최근에 친구를 만나기로 했을 때 저에게 이런 일이 일어났습니다. ❸ 우리는 몇 달 동안 만나지 못해서 함께 저녁을 먹기로 했습니다. ❹ 우리 둘 다 정말 기대하고 있었습니다. ❺ 하지만 우리가 만나기로 한 전날 밤, 저는 몸살이 나기 시작했습니다. ❻ 저는 약을 먹고, 아침에는 상태가 나아지길 바라며 잠자리에 들었습니다. ❼ 유감스럽게도, 일어났을 때 저는 상태가 더 안 좋았습니다. ❽ 의사에게 갔더니, 제가 심한 독감에 걸렸다고 했습니다. ❾ 결국, 저는 우리가 했던 계획을 미뤄야 했습니다. ❿ 저는 너무 아파서 아무것도 할 수 없었고, 제 친구에게 전염시키고 싶지도 않았습니다. ⓫ 그는 정말 실망했습니다. ⓬ 하지만 제가 달리 할 수 있는 일은 아무것도 없었습니다.

어휘 · 표현 adjust 조정하다, 조절하다 medicine 약, 의료 postpone 미루다, 지연시키다 infect 전염시키다, 감염시키다 disappointed 실망한, 낙담한

3 친구를 초대하지 못하게 된 상황을 설명하고 대안 제시하기

음성 바로 듣기 

Q Sadly, on the day you were supposed to have lunch with the other family, one of your own family members wakes up sick. Call your friend and explain the problem. Then come up with a few ideas for meeting up later.

애석하게도, 당신이 다른 가족과 점심 식사를 하기로 되어 있던 날, 당신의 가족 중 한 명이 몸이 안 좋은 상태로 일어납니다. 친구에게 전화해서 문제를 설명해 주세요. 그 후 나중에 만나기 위한 몇 가지 아이디어를 생각해 내세요.

인사 및 상황 설명

❶ Hi Dohyun, this is Minhyuk.

❷ I know we are supposed to have lunch together today, but there's a problem.

❸ My mom is feeling sick this morning.

❹ She may have the flu.

flu는 독감과 같은 유행성 '감기'를 의미하고, cold는 일반적인 '감기', 또는 '몸살감기 증상'을 의미해요.

대안 1

❺ You can still come if you want, but my mom won't be able to join us.

❻ Also, you and your family could catch the flu, so I'm a little worried about that.

'(병)에 걸리다'라고 말하고 싶을 때는 catch + 병명으로 말하면 돼요.

대안 2

❼ Another option is eating out.

❽ There is a new Italian restaurant near my house that is very popular.

❾ How about we go there?

대안 3

❿ Or if you would like to take a rain check, that's fine, too.

⓫ I can let you know when my mom gets better, and we can all have lunch then.

take a rain check은 '다음 기회로 미루다'를 의미하는데, 경기가 우천으로 취소되는 경우 나중에 쓸 수 있는 교환권을 줬던 것에서 유래된 표현이에요.

마무리 인사

⓬ I'm very sorry about the inconvenience.

⓭ I hope you and your family understand.

❶ 안녕 도현아, 나 민혁이야. ❷ 오늘 같이 점심 식사하기로 했던 건 아는데, 문제가 생겼어. ❸ 오늘 아침부터 우리 엄마가 아프셔. ❹ 엄마는 아마도 감기에 걸리신 것 같아. ❺ 네가 원한다면 여전히 와도 되지만, 엄마는 우리와 함께하지는 못할 거야. ❻ 그리고, 너와 너의 가족들도 감기에 걸릴 수 있어서, 그게 조금 걱정돼. ❼ 또 다른 선택지는 외식하는 거야. ❽ 우리 집 근처에 아주 인기 있는 새로운 이탈리안 식당이 있어. ❾ 그곳으로 가는 건 어때? ❿ 아니면 만약 다음 기회로 미루고 싶다면, 그것도 괜찮아. ⓫ 엄마가 나아지면 너에게 알려주면 되고, 그때 다 같이 점심 식사를 하면 돼. ⓬ 불편을 끼쳐서 정말 미안해. ⓭ 너와 너의 가족이 이해해주길 바라.

어휘 · 표현 flu 감기, 독감 eat out 외식하다 take a rain check 다음 기회로 미루다, 다음을 기약하다 inconvenience 불편, 귀찮음

4 만날 약속을 잡기 위해 친구에게 질문하기

음성 바로 듣기

Q I would like to give you a situation to act out. You want to spend time with a friend this weekend. Call them and ask them two or three questions so that you can figure out a time to meet and plan some activities to do together.

당신에게 연기할 상황을 드릴게요. 당신은 이번 주말에 친구와 시간을 보내고 싶어 합니다. 만날 시간을 알아내고 함께 할 활동을 계획할 수 있도록 그에게 전화를 걸어 두세 가지 질문을 해주세요.

인사 및 상황 설명

❶ Hey Jungha, it's me, Ahram.
❷ Are you busy right now, or can you talk?
❸ I was wondering if we could meet this weekend.
❹ We haven't seen each other in so long, and it'd be great to **catch up**.

catch up은 원래 '따라잡다'를 의미하는 표현인데, 오랫동안 못 본 사람과 만나서 그 기간 동안의 이야기를 하며 그 시간을 따라잡는다는 의미로 발전되어 '만나다, 근황을 얘기하다'라는 의미로 사용돼요.

질문 1

❺ If you're free, what's a good day for you?
❻ I'm available all day Saturday, or we can meet on Sunday any time after 2 p.m.
❼ I'd like to have lunch or dinner with you, but if you're **short on time**, coffee is OK, too.

'~이 부족하다'라고 말하고 싶을 때는 단어나 표현 앞에 short on을 붙여서 말해요.

질문 2

❽ Is there anywhere you'd like to go?
❾ I can go to your neighborhood, and we can **hang out** there.
❿ Or let me know if there's something else you'd prefer to do.
⓫ **I'm open to anything.**

성인들이 친구를 만나서 노는 것은 play로 말하지 않는다는 점에 주의하세요.

'나는 뭐든지 다 괜찮아'라고 말하고 싶을 때 I'm open to anything이라고 하면 돼요.

마무리 인사

⓬ I really hope we can see each other.
⓭ I have so much to tell you.

❶ 정하야, 나야, 아람이. ❷ 지금 바쁘니, 아니면 통화 가능하니? ❸ 이번 주말에 만날 수 있을지 궁금해서. ❹ 우리 너무 오랫동안 서로 만나지 못했고, 이번에 만날 수 있으면 좋을 거 같아. ❺ 시간이 된다면, 언제가 좋아? ❻ 나는 토요일에 하루 종일 가능하고, 아니면 일요일 오후 2시 이후에 언제든지 만날 수 있어. ❼ 너와 점심이나 저녁을 먹고 싶은데, 만약 시간이 부족하면 커피도 괜찮아. ❽ 어디 가고 싶은 곳 있어? ❾ 내가 너희 동네에 가서, 그곳에서 같이 놀 수도 있어. ❿ 아니면 따로 하고 싶은 것이 있으면 알려줘. ⓫ 나는 뭐든지 다 괜찮아. ⓬ 우리가 꼭 만날 수 있으면 좋겠다. ⓭ 너에게 하고 싶은 이야기가 너무 많아.

어휘 · 표현 catch up 만나다

추가 답변 아이디어 및 표현

추가 문제의 답변 아이디어 및 표현을 익히고 답변을 준비해보세요.

친구와 만날 약속을 지키지 못하게 된 상황을 설명하고 대안 제시하기

상황 설명	• 박물관 전시회에 가려고 6시에 만나기로 했음 • 잠에서 깼을 때 목이 아프고 콧물이 남	➡ supposed to meet at 6 for a museum exhibit ➡ woke up with a sore throat and runny nose
대안 1	• 다음에 가자	➡ let's go another time
대안 2	• 혼자서 가도 되고 다른 사람과 가도 됨	➡ can go by yourself or with someone else
대안 3	• 그냥 함께 시간을 보내고 싶다면 집으로 와	➡ come to my house if you just want to spend time together

파티 준비를 도울 방법에 대해 친구에게 질문하기

질문 1	• 내가 몇 시에 갈지? • 오후 5시 이후에 시간 있음	➡ what time should I go? ➡ free after 5 p.m.
질문 2	• 내가 뭐 가져가야 할 게 있는지? • 음식과 음료를 가져갈 수 있음	➡ should I bring anything? ➡ can bring some food and drinks
질문 3	• 나 외에 또 누가 도와주기로 했는지? • 수미한테도 도와달라고 할 수 있음	➡ who else has offered to help? ➡ can ask Sumi to help too

파티 준비를 도와주기 어려워진 상황을 설명하고 대안 제시하기

상황 설명	• 중요한 미팅에 붙들려 있음 • 제시간에 가지 못할 것 같음	➡ stuck in an important meeting ➡ don't think I can make it on time
대안 1	• 진호한테 대신 도와달라고 할 수 있음 • 그는 시간이 있다고 했음	➡ can ask Jinho to help you instead ➡ said he has time
대안 2	• 파티 후에 청소하는 걸 도울 수 있음	➡ can help you clean up after the party

급한 사정으로 파티나 행사에 불참했던 경험 말하기

문제 상황 소개	• 친구의 생일 파티에 가지 못했음 • 고열과 두통이 심했음	➡ couldn't go to my friend's birthday party ➡ had a high fever and a serious headache
문제에 대한 대처	• 친구에게 갈 수 없다고 말했음 • 다음에 만날 약속을 잡았음	➡ told my friend I could not go ➡ made plans to meet up later
느낀 점	• 막판에 취소해서 미안했음	➡ felt bad about canceling at the last minute

Unit 02

국내·해외여행

출제 비율

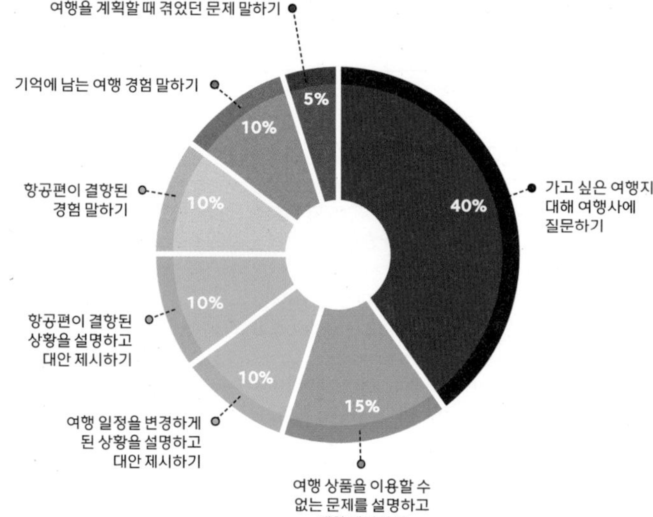

빈출 문제 TOP 4

1. 가고 싶은 여행지에 대해 여행사에 질문하기
2. 여행 상품을 이용할 수 없는 문제를 설명하고 대안 제시하기
3. 여행 일정을 변경하게 된 상황을 설명하고 대안 제시하기
4. 항공편이 결항된 상황을 설명하고 대안 제시하기

빈출 콤보

- 콤보1 가고 싶은 여행지에 대해 여행사에 질문하기 → 항공편이 결항된 상황을 설명하고 대안 제시하기 → 항공편이 결항된 경험 말하기
- 콤보2 가고 싶은 여행지에 대해 여행사에 질문하기 → 여행 일정을 변경하게 된 상황을 설명하고 대안 제시하기 → 기억에 남는 여행 경험 말하기
- 콤보3 가고 싶은 여행지에 대해 여행사에 질문하기 → 여행 상품을 이용할 수 없는 문제를 설명하고 대안 제시하기 → 기억에 남는 여행 경험 말하기
- 콤보4 가고 싶은 여행지에 대해 여행사에 질문하기 → 여행 상품을 이용할 수 없는 문제를 설명하고 대안 제시하기 → 여행을 계획할 때 겪었던 문제 말하기

빈출 문제 공략

STEP 1 QR코드를 찍고 모범답변 음성을 들어보세요. 그 후 쉐도잉 연습용 음성을 따라 답변을 3번 읽어보세요.
STEP 2 청록색 번호는 반드시 답변해야 하는 핵심 내용이므로, 그 문장들만 3번 더 읽어보세요.
STEP 3 이제 모범답변을 보지 않고 실제로 질문에 답하는 것처럼 자연스러운 말투로 답변해 보세요.

1 가고 싶은 여행지에 대해 여행사에 질문하기

Q I'd like you to act out the following situation. You are currently planning a vacation. Call a travel agent and ask them three or four questions about possible places to visit.

당신이 다음의 상황을 연기해주길 바라요. 당신은 지금 휴가를 계획하고 있습니다. 여행사에 전화해서 방문할 수 있는 장소에 대해 서너 가지 질문을 해 주세요.

인사 및 상황 설명

❶ Hi, my name is Jiyoon.
❷ I am planning my summer vacation.
❸ But I have a few questions about the destinations I'm considering.

여행지 옵션 1 질문

❹ Are the beaches in Jeju crowded in late July?
❺ I really don't want to deal with large crowds.

deal with는 '상대하다, 다루다'라는 표현으로, 사람을 상대하거나 대면한다고 말할 때 사용할 수 있어요.

여행지 옵션 2 질문

❻ Another option is Bali.
❼ How long is the flight from Seoul to Bali?
❽ I tend to get airsick, so I'd prefer a short journey.

'비행기 멀미를 하는' 것은 영어로 airsick이라고 해요. 참고로 '차멀미'는 carsick, '뱃멀미'는 seasick이라고 해요.

여행지 옵션 3 질문

❾ I'm also interested in the Philippines.
❿ My friend recommended that I visit Boracay.
⓫ Could you tell me about my transportation options and how much they cost?

the Philippines는 '필리핀'을 의미하고, Philippine은 '필리핀 사람들'을 의미해요.

마무리 인사

⓬ Thank you for taking the time to respond to all my questions.

❶ 안녕하세요, 제 이름은 지윤입니다. ❷ 저는 여름휴가를 계획하고 있어요. ❸ 그런데 제가 고려하고 있는 여행지들에 대해 몇 가지 질문이 있어요. ❹ 제주도의 해변은 7월 말에 붐비나요? ❺ 저는 많은 사람들을 정말 상대하고 싶지 않아요. ❻ 또 다른 선택지는 발리에요. ❼ 서울에서 발리까지의 비행시간은 얼마나 되나요? ❽ 저는 비행기 멀미를 하는 경향이 있어서, 짧은 여행을 선호해요. ❾ 저는 필리핀에도 관심이 많아요. ❿ 친구가 저에게 보라카이에 가보라고 추천해줬어요. ⓫ 제 교통수단 옵션과 그것들의 비용에 대해 알려주시겠어요? ⓬ 시간을 들여 제 모든 질문에 답변해 주셔서 감사합니다.

어휘 · 표현 destination 여행지, 목적지, 도착지 consider 고려하다, 생각하다 airsick 비행기 멀미를 하는

2 여행 상품을 이용할 수 없는 문제를 설명하고 대안 제시하기

Q Your travel agent has explained that an activity you wanted to participate in won't be available during your trip dates. Call your friend, describe the situation, and provide two or three alternatives in a message.

여행사 직원은 당신의 여행 일정 가운데 당신이 참여하고 싶어 했던 활동을 이용할 수 없게 됐다고 설명했습니다. 친구에게 전화를 걸어, 상황을 설명하고, 메시지로 두세 가지 대안을 제공해주세요.

인사 및 상황 설명

❶ Hi, Jisu.

❷ I know you are excited to visit Disneyland when we're in Hong Kong, but I have some bad news.

❸ Our travel agent just told me that **the park** will be closed for construction while we're there.

❹ So he gave us a few options for our trip.

같은 단어를 반복하지 않기 위해 앞에서 말한 Disneyland를 the park(그 놀이공원)로 바꿔 말해요.

대안 1

❺ There will be an arts fair taking place when we visit Hong Kong.

❻ Our travel agent can get us **all-day passes** to this event.

'종일 이용권'이라고 말하고 싶을 때는 all-day pass라고 말하면 돼요.

대안 2

❼ Another option is to change our travel dates.

❽ **As you know**, we planned to be in Hong Kong from June 6th to 7th after visiting Macao.

❾ However, we can instead go to Hong Kong before Macao and switch our dates around.

❿ If we do this, we would be able to visit Disneyland.

as you know는 '너도 알다시피'라는 표현으로, 자칫 잘못하면 상당히 거만한 뉘앙스를 풍길 수 있는 표현이므로 말할 때 발음과 억양에 주의해야 해요.

마무리 인사

⓫ Anyway, let me know which of these options you like.

⓬ I am really looking forward to our vacation together!

❶ 안녕, 지수야. ❷ 우리가 홍콩에 있을 동안 디즈니랜드를 방문하는 것을 네가 기대하고 있다는 것을 알지만, 안 좋은 소식이 좀 있어. ❸ 여행사 직원이 방금 우리가 그곳에 있는 동안 그 놀이공원이 공사 때문에 폐쇄될 거라고 알려줬어. ❹ 그래서 그는 우리에게 우리 여행을 위한 몇 가지 선택지를 줬어. ❺ 우리가 홍콩을 방문할 때, 아트페어가 열릴 거래. ❻ 여행사 직원이 이 행사의 종일 이용권을 구해줄 수 있대. ❼ 또 다른 선택지는 우리의 여행 날짜를 바꾸는 거야. ❽ 너도 알다시피, 우리는 마카오를 방문한 후 6월 6일부터 7일까지 홍콩에 있을 계획이었잖아. ❾ 그런데, 대신 마카오보다 먼저 홍콩에 가는 것으로 날짜를 바꿀 수 있어. ❿ 이렇게 하면, 우리는 디즈니랜드를 방문할 수 있을 거야. ⓫ 아무튼, 이 옵션들 중에서 어떤 것이 마음에 드는지 알려줘. ⓬ 우리가 함께하는 휴가가 정말 기대돼!

어휘 · 표현 travel agent 여행사 직원 construction 공사, 건설 all-day pass 종일 이용권 switch 바꾸다

3 여행 일정을 변경하게 된 상황을 설명하고 대안 제시하기

음성 바로 듣기 

Q You have booked and paid for a nonrefundable airline ticket. However, you have an issue that has stopped you from taking the trip. Call your travel agency and explain the situation. Then, provide two or three solutions to this problem.

당신은 환불되지 않는 항공권을 예약하고 결제했습니다. 하지만, 당신이 여행을 갈 수 없도록 방해하는 문제가 생겼습니다. 여행사에 전화해서 상황을 설명해주세요. 그 후, 이 문제에 대한 두세 가지 해결책을 제안해주세요.

인사 및 상황 설명

❶ Hello.

❷ This is Jiyoon.

❸ I'm calling about my upcoming trip.

❹ Unfortunately, I will no longer be able to travel due to a serious scheduling conflict.

❺ My mother is getting surgery during that time, so I will have to be at home to care for her.

❻ I understand that the flight is nonrefundable.

❼ But I was wondering if there was a way that I could avoid wasting the money I spent on it.

upcoming은 '다가오는, 곧 있을'이라는 표현으로, 가까운 시일 내의 다양한 이벤트에 대해 말할 때 사용해요.

대안 1

❽ For example, could I just postpone my trip and change the flight to a later time?

❾ I would be able to travel around two weeks after the original date.

'미루다, (뒤로) 연기하다'라고 말하고 싶을 때 postpone이라고 하면 돼요.

대안 2

❿ Another option is receiving credit to use on future flight.

⓫ I fly often, so this would also work for me.

fly는 직역하면 '날다'라는 의미지만, '비행기를 타다'라는 뜻으로도 쓰여요.

마무리 인사

⓬ I hope we can figure something out, and I appreciate all of your help.

❶ 안녕하세요. ❷ 지윤입니다. ❸ 다가오는 여행 때문에 전화 드렸습니다. ❹ 안타깝게도, 저는 심각한 일정 충돌로 인해 더 이상 여행을 갈 수 없을 것 같습니다. ❺ 저희 어머니가 그 기간에 수술을 받게 되실 예정이기 때문에, 저는 어머니를 돌보기 위해 집에 있어야 할 것 같습니다. ❻ 그 항공편이 환불되지 않는 것은 알고 있습니다. ❼ 하지만 제가 그것에 쓴 돈을 낭비하지 않을 수 있는 방법이 있는지 궁금합니다. ❽ 예를 들어, 그냥 여행을 미루고 항공편을 나중의 시간으로 변경할 수 있을까요? ❾ 저는 원래 날짜보다 2주 정도 후면 여행을 갈 수 있을 것 같습니다. ❿ 또 다른 옵션은 향후 다른 항공권 예약에 사용할 수 있는 포인트를 받는 것입니다. ⓫ 저는 비행기를 자주 타서, 이것도 괜찮을 것 같아요. ⓬ 우리가 이 문제를 해결할 수 있길 바라며, 당신의 모든 도움에 감사드립니다.

어휘 · 표현 upcoming 다가오는, 곧 있을 scheduling conflict 일정 충돌, 겹치는 일정 surgery 수술
nonrefundable 환불되지 않는, 되돌려 받을 수 없는 postpone 미루다, 연기하다

4 항공편이 결항된 상황을 설명하고 대안 제시하기

Q When you arrive at the airport, you are notified that your flight has been canceled and that all of the other flights are completely booked. Call your travel agent, explain the situation, and come up with some possible solutions for this problem.

공항에 도착했을 때, 당신의 항공편이 결항되었으며 다른 모든 항공편의 예약이 꽉 찼다는 공지를 받게 됩니다. 당신의 여행사에 전화해서 상황을 설명하고, 이 문제에 대한 몇 가지 가능한 해결책을 생각해 내세요.

인사 및 상황 설명

❶ Hi, this is Jiyoon.

❷ I just tried to check in for my flight to New York.

❸ However, I was told that it's been canceled.

❹ I was also informed that I cannot get on another flight today.

❺ Apparently, there are no more economy-class seats available.

'~의 탑승 수속을 하다'라고 말할 때 for 대신 to를 사용하지 않도록 주의하세요.

대안 1

❻ Could I fly in business class on a later flight, though?

❼ My flight was canceled quite suddenly.

❽ So I don't think I should be charged for this.

though는 '그렇지만'을 의미하는 표현으로, 앞에서 했던 얘기와 반대되는 말을 할 때 문장의 앞이나 뒤에 붙여서 사용해요.

대안 2

❾ If that's not possible, perhaps the airline could arrange for a hotel.

❿ I could stay there tonight and take an early morning flight tomorrow.

⓫ I don't want to spend the night in the airport.

perhaps를 좀 더 정중하게 부탁하는 뉘앙스로 말할 수 있어요.

대안 3

⓬ If neither of these options work, could I just get a refund?

⓭ Then, I could just book a ticket with another airline.

neither는 '(둘 중) 어느 것도 아니다'라는 의미의 표현이에요. 발음이 비슷한 either(둘 중 어느 하나)와 혼동하지 않도록 주의하세요.

마무리 인사

⓮ Please take care of this problem as soon as possible.

⓯ Thank you.

❶ 안녕하세요, 지윤입니다. ❷ 방금 뉴욕행 비행기의 탑승 수속을 하려고 했는데요. ❸ 그런데, 그것이 결항되었다고 전달받았습니다. ❹ 저는 또한 오늘 다른 비행기를 탈 수 없다고 전달받았습니다. ❺ 듣자 하니, 이용 가능한 이코노미 클래스 좌석이 더 이상 없다고 합니다. ❻ 그렇지만, 더 늦은 비행기에 비즈니스 클래스로 탈 수 있을까요? ❼ 제 비행기가 상당히 급작스럽게 취소돼서요. ❽ 그래서 저는 이것에 대한 요금이 청구되면 안 된다고 생각합니다. ❾ 만약 그것이 불가능하다면, 항공사에서 호텔을 마련해 줄 수 있을 것 같은데요. ❿ 오늘 밤 거기서 묵고 내일 새벽 비행기를 탈 수 있을 것 같아요. ⓫ 저는 공항에서 밤을 보내고 싶지 않습니다. ⓬ 이 두 가지 옵션 중 어느 것도 안 된다면, 그냥 환불받을 수 있을까요? ⓭ 그렇게 해주시면, 그냥 다른 항공사의 표를 예매할 수 있어요. ⓮ 가능한 한 빨리 이 문제를 처리해 주세요. ⓯ 감사합니다.

어휘 · 표현 inform (정보를) 전달받다, 알아내다 available 이용 가능한, 구할 수 있는 arrange 마련하다, 처리하다 refund 환불(금) book (비행기 등의 좌석을) 예매하다, 예약하다

추가 답변 아이디어 및 표현

추가 문제의 답변 아이디어 및 표현을 익히고 답변을 준비해보세요.

항공편이 결항된 경험 말하기

항공편이 결항된 상황 소개	• 심한 폭풍우 때문에 결항됨 • 어떻게 해야 할지 몰랐음	➡ canceled because of a bad storm ➡ didn't know what to do
문제를 해결한 방법	• 항공사에 연락해서 지시에 따랐음 • 다음날 비행기를 다시 예매함 • 항공사로부터 호텔 이용권 및 식사권을 받음	➡ contacted the airline and followed their instructions ➡ rebooked a flight for the next day ➡ received hotel and meal vouchers from the airline
느낀 점	• 즐거운 경험은 아니었음	➡ wasn't a pleasant experience

기억에 남는 여행 경험 말하기

인상적인 여행 경험 소개	• 부모님과 나는 캐나다에 갔음 • 우리의 짐을 어디에서도 찾을 수 없었음 • 아프리카행 비행기에 잘못 실렸음	➡ my parents and I went to Canada ➡ our bags were nowhere to be found ➡ had wrongly been put on a flight to Africa
여행 중 생긴 문제에 대한 대처	• 휴가를 미루고 싶지 않았음 • 결국 필요한 물건들을 사러 가야 했음	➡ didn't want to put our vacation on hold ➡ ended up going shopping to buy some necessary items
느낀 점	• 가방이 5일 후에 배송되었음 • 이것이 여행을 거의 망쳤다는 것을 항상 기억할 것임	➡ bags were delivered to us five days later ➡ will always remember that this almost ruined the trip

여행을 계획할 때 겪었던 문제 말하기

여행 계획 중 생긴 문제	• 친구들과 여행을 계획하고 있었음 • 취향이 달랐음 • 모두가 좋아하는 것을 찾기 어려웠음	➡ was planning a trip with my friends ➡ had different tastes ➡ was hard to find what we all like
문제를 해결한 방법	• 우리는 하고 싶은 것을 각자 3~5개씩 적고 투표했음	➡ we each wrote three to five things we wanted to do and voted
느낀 점	• 단체 여행을 계획하는 것은 너무 어려웠음 • 모두 즐겁게 여행함	➡ planning a trip with many people was so hard ➡ all had fun during the trip

Unit 03
가구·가전

출제 비율

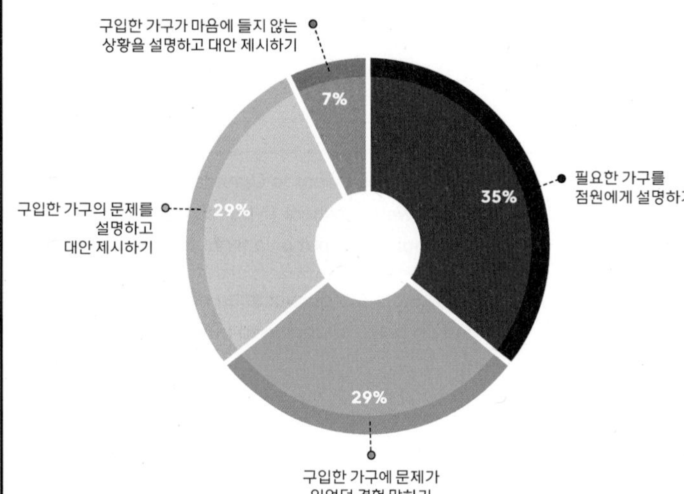

빈출 문제 TOP 3

1. 필요한 가구를 점원에게 설명하기
2. 구입한 가구에 문제가 있었던 경험 말하기
3. 구입한 가구의 문제를 설명하고 대안 제시하기

빈출 콤보

- 콤보1 필요한 가구를 점원에게 설명하기 → 구입한 가구의 문제를 설명하고 대안 제시하기 → 구입한 가구에 문제가 있었던 경험 말하기
- 콤보2 필요한 가구를 점원에게 설명하기 → 구입한 가구가 마음에 들지 않는 상황을 설명하고 대안 제시하기 → 구입한 가구에 문제가 있었던 경험 말하기

빈출 문제 공략

STEP 1 QR코드를 찍고 모범답변 음성을 들어보세요. 그 후 쉐도잉 연습용 음성을 따라 답변을 3번 읽어보세요.
STEP 2 청록색 번호는 반드시 답변해야 하는 핵심 내용이므로, 그 문장들만 3번 더 읽어보세요.
STEP 3 이제 모범답변을 보지 않고 실제로 질문에 답하는 것처럼 자연스러운 말투로 답변해 보세요.

1 필요한 가구를 점원에게 설명하기

음성 바로 듣기

Q Pretend like you want to purchase new furniture for your home. Describe what you are interested in to a salesperson.

당신이 집에 놓을 새 가구를 사고 싶어 한다고 가정해 보세요. 당신이 어떤 것에 관심이 있는지 판매원에게 설명해 주세요.

인사 및 방문 목적 설명

❶ Hello.
❷ I'm looking for some new furniture for my living room.

필요한 가구 1 설명

❸ The couch I own now isn't very comfortable, and it looks really old.
❹ So I want to buy a new one that is more modern and comfortable.
❺ It should also easily fit three people.
❻ I want it to last a long time as well, so please recommend some high-quality items.
❼ For the color, I'd prefer something light like beige or white to make the room brighter.

own과 have 모두 '가지다, 소유하다'를 의미하지만, 크기가 크거나 가치 있는 것에 대해 말할 때는 have보다는 own을 더 자주 사용해요.

필요한 가구 2 설명

❽ Another piece of furniture I'm interested in buying is a new coffee table.
❾ I'll put it in front of the couch, so I want it to be around the same height.
❿ I would also prefer a light-colored wood so it matches the style of the couch.

height는 '높이'를 의미하고, length는 '길이'를 의미해요. 둘을 혼동하지 않도록 주의하세요.

마무리 인사

⓫ Thank you in advance for all of your help.

❶ 안녕하세요. ❷ 저는 거실에 놓을 새로운 가구를 몇 점 찾고 있어요. ❸ 제가 지금 가지고 있는 소파는 별로 편안하지 않고, 정말 오래돼 보여요. ❹ 그래서 저는 조금 더 현대적이고 편안한 새것을 사고 싶어요. ❺ 그것은 또한 세 사람이 쉽게 앉을 수 있어야 해요. ❻ 또한 그것이 오래 갔으면 좋겠으니, 좋은 품질의 제품들을 좀 추천해주세요. ❼ 색상은, 방이 더 밝아지도록 베이지색이나 흰색 같은 밝은 것이 좋겠어요. ❽ 제가 사고 싶은 또 다른 가구는 새로운 커피 테이블이에요. ❾ 전 그것을 소파 앞에 놓을 거라서, 대략 비슷한 높이였으면 좋겠어요. ❿ 저는 또한 소파 스타일과 어울리도록 연한 색상의 나무를 선호해요. ⓫ 당신이 주신 모든 도움에 미리 감사드립니다.

어휘 · 표현 furniture 가구 comfortable 편안한 modern 현대적인, 모던한 height 높이, 키

2 구입한 가구에 문제가 있었던 경험 말하기

Q Talk about a time when you had an issue with a household product. Describe the issue you encountered and how you dealt with it.

가정용품에 문제가 있었던 경험에 대해 말해주세요. 당신이 맞닥뜨렸던 문제와 이 문제를 해결한 방법을 설명해 주세요.

가구의 문제 묘사

❶ Last year, I went online and found the perfect little coffee table for my new apartment.

❷ I ordered it and received the parts for it in a large box a few days later.

❸ However, when I began to build the table, I noticed that some of the parts were missing.

❹ A few important screws hadn't come in the box.

❺ In addition, one of the legs the furniture company had sent me was damaged.

이 문제를 해결한 방법

❻ To solve the problem, I called the store and calmly explained the situation to an employee.

❼ I requested that a new table be sent to me before the weekend.

❽ Thankfully, the company was very kind about it and collected the old table from me right away.

❾ They also sent me a brand new one that arrived in a couple days.

❿ The new one was perfect, so it all worked out in the end.

request 뒤에 오는 that절의 동사는 원형으로 쓰이기 때문에 be sent로 말하는 것에 주의하세요.

old는 '오래된, 낡은'이라는 뜻 외에도 다른 것으로 교체되기 전의 것을 가리켜 '이전의'라는 의미로도 쓸 수 있어요.

❶ 작년에, 저는 인터넷에 접속해서 저의 새 아파트에 딱 맞는 작은 커피 테이블을 찾았습니다. ❷ 저는 그것을 주문했고 며칠 후에 큰 상자에 담긴 테이블의 부품들을 받았습니다. ❸ 하지만, 제가 테이블을 조립하기 시작했을 때, 저는 일부 부품이 없는 것을 발견했습니다. ❹ 몇 개의 중요한 나사가 상자 안에 담겨 오지 않았습니다. ❺ 게다가, 가구 회사에서 저에게 보내준 다리 중 하나가 손상되었습니다. ❻ 이 문제를 해결하기 위해, 저는 매장에 전화를 걸어 직원에게 침착하게 상황을 설명했습니다. ❼ 저는 주말 전에 새 테이블을 저에게 보내달라고 요청했습니다. ❽ 고맙게도, 그 회사는 그것에 대해 매우 친절하게 대응했고 제게서 이전 테이블을 바로 회수해갔습니다. ❾ 그들은 또한 새로운 것을 보내줬고 며칠 후에 도착했습니다. ❿ 새 테이블은 완벽했고, 결국에는 다 잘 해결되었습니다.

어휘 · 표현 screw 나사 calmly 침착하게

3 구입한 가구의 문제를 설명하고 대안 제시하기

음성 바로듣기

Q You find something wrong with the furniture you purchased. Call the store and describe the issue to them.

당신은 당신이 구매한 가구에서 뭔가 잘못된 점을 발견합니다. 상점에 전화를 걸어 그들에게 문제를 설명해 주세요.

인사 및 상황 설명

❶ Hello.

❷ Last week, I bought a new table from your store.

❸ It's a large, dark-wood dining room table that seats up to six people.

❹ Unfortunately, I noticed some damage while putting it together.

'~까지'라고 말하고 싶을 때는 대상 앞에 up to를 붙여서 말하면 돼요.

문제 설명

❺ There are some scratches on the wood that are very large, and there is a strange stain on the top of it.

❻ These affect the overall look of the table and make it appear old and ugly.

make의 주어 these가 복수형이기 때문에 's'를 붙이지 않고 단수동사로 사용해야 하는 것에 주의하세요.

문제 해결 방법 제시

❼ I think that it might have been damaged during the delivery process, so I would like to replace it with another table.

❽ To show you the damage, I will email you some pictures of it.

replace A with B는 'A(교체가 필요한 것)를 B(교체되는 새것)로 교체하다'라는 표현이에요.

마무리 인사

❾ I hope you can help solve this problem as soon as possible.

❶ 안녕하세요. ❷ 지난주에, 저는 당신의 가게에서 새 테이블을 샀습니다. ❸ 이 제품은 여섯 명까지 앉을 수 있는 어두운 목재로 된 대형 거실 식탁입니다. ❹ 유감스럽게도, 그것을 조립하던 중 저는 몇몇 손상된 부분을 발견했습니다. ❺ 나무에 아주 큰 긁힌 자국이 몇몇 있고, 윗부분에는 이상한 얼룩이 있습니다. ❻ 이것들은 테이블의 전체적인 외관에 영향을 미치고 그것을 오래되고 보기 흉하게 합니다. ❼ 저는 이것이 배송 과정에서 파손되었을 수도 있다고 생각해서, 다른 테이블로 교체하고 싶습니다. ❽ 손상 부위를 보여드리기 위해, 그것의 사진 몇 장을 이메일로 보내드리겠습니다. ❾ 저는 가능한 한 빨리 이 문제를 해결하는 데 당신이 도움을 줄 수 있기를 바랍니다.

추가 답변 아이디어 및 표현

추가 문제의 답변 아이디어 및 표현을 익히고 답변을 준비해보세요.

구입한 가구가 마음에 들지 않는 상황을 설명하고 대안 제시하기

문제 설명	• 거실과 잘 어울리지 않음	⇒ doesn't match my living room well
	• 내가 기억했던 것보다 약간 더 작음	⇒ a bit smaller than I remembered
대안 1	• 이 소파를 다른 걸로 교환하고 싶음	⇒ would like to exchange this couch for another one
	• 가게로 가서 몇 가지 옵션을 보고 싶음	⇒ prefer to come into the store to look at some options
대안 2	• 소파를 반품할 수 있는지도 알고 싶음	⇒ would also like to know if I could return the couch
	• 환불 대신 가게 포인트를 받을 수 있음	⇒ could take store credit instead of a refund

Unit 04
MP3 플레이어

출제 비율

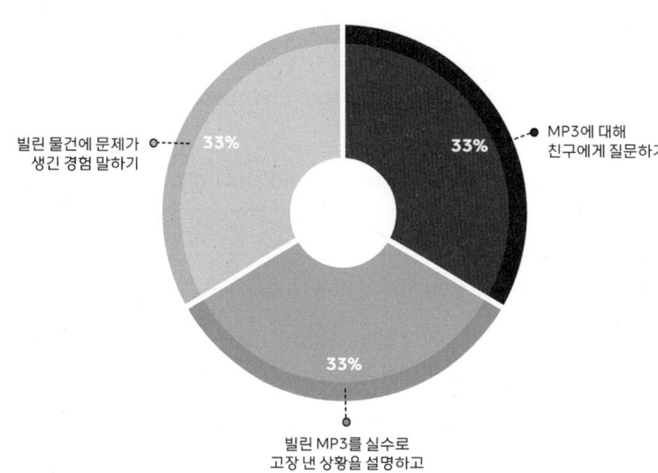

빈출 문제 TOP 3

1. MP3에 대해 친구에게 질문하기
2. 빌린 MP3를 실수로 고장 낸 상황을 설명하고 대안 제시하기
3. 빌린 물건에 문제가 생긴 경험 말하기

빈출 콤보

- 콤보1 MP3에 대해 친구에게 질문하기 → 빌린 MP3를 실수로 고장 낸 상황을 설명하고 대안 제시하기 → 빌린 물건에 문제가 생긴 경험 말하기

빈출 문제 공략

STEP 1 QR코드를 찍고 모범답변 음성을 들어보세요. 그 후 쉐도잉 연습용 음성을 따라 답변을 3번 읽어보세요.
STEP 2 청록색 번호는 반드시 답변해야 하는 핵심 내용이므로, 그 문장들만 3번 더 읽어보세요.
STEP 3 이제 모범답변을 보지 않고 실제로 질문에 답하는 것처럼 자연스러운 말투로 답변해 보세요.

1 MP3에 대해 친구에게 질문하기

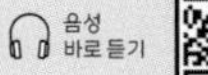

Q You want to purchase an MP3 player. One of your friends knows a lot about them. Call this person and ask three or four questions in order to get more information about buying this device.

당신은 MP3 플레이어를 구매하고 싶어 합니다. 당신의 친구 중 한 명이 그것에 대해 많이 알고 있습니다. 이 친구에게 전화를 걸고 이 기기를 구입하는 것에 대한 자세한 정보를 얻기 위해 서너 가지 질문을 해주세요.

인사 및 전화한 목적 설명

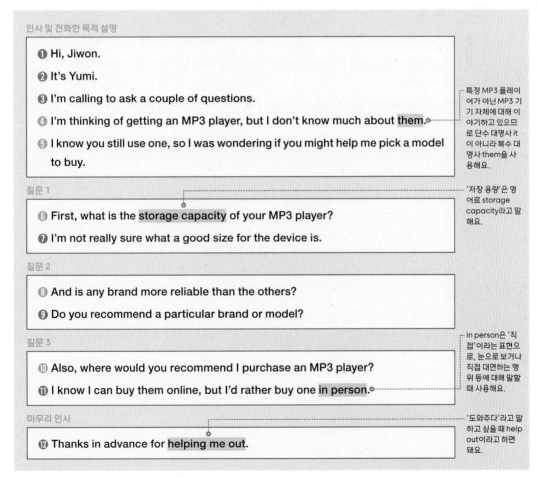

❶ Hi, Jiwon.
❷ It's Yumi.
❸ I'm calling to ask a couple of questions.
❹ I'm thinking of getting an MP3 player, but I don't know much about them.
❺ I know you still use one, so I was wondering if you might help me pick a model to buy.

특정 MP3 플레이어가 아닌 MP3 기기 자체에 대해 이야기하고 있으므로 단수 대명사 it이 아니라 복수 대명사 them을 사용해요.

질문 1

❻ First, what is the storage capacity of your MP3 player?
❼ I'm not really sure what a good size for the device is.

'저장 용량'은 영어로 storage capacity라고 말해요.

질문 2

❽ And is any brand more reliable than the others?
❾ Do you recommend a particular brand or model?

질문 3

❿ Also, where would you recommend I purchase an MP3 player?
⓫ I know I can buy them online, but I'd rather buy one in person.

in person은 '직접'이라는 표현으로, 눈으로 보거나 직접 대면하는 행위 등에 대해 말할 때 사용해요.

마무리 인사

⓬ Thanks in advance for helping me out.

'도와주다'라고 말하고 싶을 때 help out이라고 하면 돼요.

❶ 안녕, 지원아. ❷ 나 유미야. ❸ 몇 가지 질문을 하려고 전화했어. ❹ MP3 플레이어를 살까 생각 중인데, 그것에 대해 아는 게 많지 않거든. ❺ 너는 아직 그것을 사용한다고 알고 있는데, 혹시 내가 구매할 기종을 고르는 데 도움을 줄 수 있을지 궁금해서. ❻ 우선, 너의 MP3 플레이어의 저장 용량은 얼마야? ❼ 그 기기의 적절한 용량이 얼마인지 잘 모르겠어. ❽ 그리고 혹시 다른 브랜드들보다 더 믿을 만한 브랜드가 있어? ❾ 너는 특정 브랜드나 기종을 추천하니? ❿ 또, MP3 플레이어를 어디서 구매하는 것을 추천하니? ⓫ 인터넷으로 살 수 있다는 건 알지만, 나는 그걸 직접 사고 싶어. ⓬ 나를 도와줘서 미리 고마워.

어휘 · 표현 storage capacity 저장 용량 device 기기, 장치 reliable 믿을 만한, 신뢰할 수 있는 particular 특정한

2 빌린 MP3를 실수로 고장 낸 상황을 설명하고 대안 제시하기

음성 바로 듣기 

Q Please suggest some solutions for a problem. You broke a friend's MP3 player by accident while borrowing it. Call this friend, and explain the situation. Then, give two or three solutions for how to solve this issue.

문제에 대한 해결 방법을 몇 가지 제안해주세요. 당신은 친구의 MP3 플레이어를 빌렸다가 실수로 고장 냈어요. 이 친구에게 전화해서, 상황을 설명하세요. 그런 다음, 이 문제를 해결할 방법으로 서너 가지 해결책을 제시해주세요.

인사 및 상황 설명

❶ Hi, Jiwon, it's Yumi.

❷ I have some bad news.

❸ I dropped the MP3 player you loaned me, and the screen shattered.

❹ I've come up with a couple of solutions, but I need to know how you'd like me to proceed.

안 좋은 소식을 전해야 할 때 서두로 사용할 수 있는 만능 표현이에요.

대안 1

❺ I've contacted the official service center, and they can replace the screen.

❻ But we'd need to ship the machine to them and wait for them to repair it and ship it back.

❼ This option would guarantee the quality of the repair, but it would take a few weeks.

ship은 '배송하다'라는 표현으로, 제품을 포장하여 운송 업체에 넘겨주는 것을 의미해요.

대안 2

❽ Alternatively, I could take it to a local repair shop and get it fixed tomorrow.

❾ So this is a much faster option, but it is a little riskier.

철자가 비슷한 alternately(번갈아 가며)와 혼동하지 않도록 주의하세요.

마무리 인사

❿ Give me a call back when you get the chance, and let me know which option you prefer.

❶ 안녕 지원아, 나 유미야. ❷ 안 좋은 소식이 있어. ❸ 네가 빌려준 MP3 플레이어를 떨어뜨렸는데, 화면이 산산조각이 났어. ❹ 몇 가지 해결책을 생각해냈는데, 너는 내가 어떻게 진행하기를 원하는지 알아야 해서. ❺ 공식 서비스 센터에 문의했는데, 그곳에서 화면을 교체해 줄 수 있대. ❻ 하지만 기기를 그들에게 배송해줘야 하고, 그들이 그것을 수리하고 다시 배송해 줄 때까지 기다려야 해. ❼ 이 옵션은 수리의 품질을 보장하지만, 몇 주가 걸릴 거야. ❽ 아니면, 내일 동네 수리점에 가져가서 수리받을 수도 있어. ❾ 그래서 이건 훨씬 더 빠른 옵션이지만, 조금 더 위험해. ❿ 기회가 될 때 나에게 전화해서, 너는 어떤 옵션을 선호하는지 알려줘.

어휘 · 표현 loan 빌려주다 shatter 산산조각이 나다 proceed 진행하다 ship 배송하다, 실어 나르다 guarantee 보장하다 quality 품질, 질

3 빌린 물건에 문제가 생긴 경험 말하기

음성 바로 듣기 

Q Think of a time when something went wrong with an electronic device you had borrowed. What happened? What was the problem? How did you deal with this?

당신이 빌린 전자제품에 문제가 있었던 때를 떠올려보세요. 무슨 일이 일어났나요? 무엇이 문제였나요? 당신은 이걸 어떻게 처리했나요?

물건을 빌렸던 경험 소개

❶ There was one time when I borrowed my roommate's laptop.

❷ This happened a few years ago when I was a student.

빌린 물건이 갑자기 고장 난 상황 설명

❸ My roommate lent me his laptop so that I could write an important report for an English class.

❹ I was quite stressed because I was writing it late at night, and it was due in the morning.

❺ Then, in the middle of writing, the laptop suddenly shut off.

❻ I thought it was just out of power, so I plugged the laptop in.

❼ But nothing happened.

due는 '~하기로 되어 있는'을 의미해요. 참고로 '기한'은 due date라고 말해요.

plug ~ in은 '전원에 연결하다'라는 표현으로, 충전기를 꽂아서 전원이 들어오게 하는 것을 말해요.

이 문제를 해결한 방법

❽ Even though my roommate was asleep, I decided to wake him up.

❾ He was a bit irritated and didn't want to get up.

❿ However, I eventually convinced him to help.

⓫ Apparently, the laptop's battery was loose.

⓬ He had to take it out and put it back in.

⓭ Then, it worked again like magic.

like magic은 기적적으로, 또는 전혀 예상치 못하게 일이 발생한 것에 대해 말할 때 사용할 수 있는 만능 표현이에요.

❶ 한 번은 제가 룸메이트의 노트북을 빌렸던 적이 있습니다. ❷ 이것은 몇 년 전에 제가 학생이었을 때 일어난 일입니다. ❸ 제 룸메이트는 제가 영어 수업의 중요한 보고서를 쓸 수 있도록 자신의 노트북을 빌려주었습니다. ❹ 밤 늦은 시간에 그것을 작성하고 있었기 때문에 저는 매우 스트레스를 받고 있었고, 그것은 아침까지 제출하기로 되어 있었습니다. ❺ 그러다가, 글을 쓰던 중, 노트북이 갑자기 꺼졌습니다. ❻ 저는 그냥 전원이 나갔다고 생각하고, 노트북을 전원에 연결했습니다. ❼ 하지만 아무 일도 일어나지 않았습니다. ❽ 비록 제 룸메이트는 잠들어 있었지만, 저는 그를 깨우기로 결심했습니다. ❾ 그는 약간 짜증을 냈고 일어나기 싫어했습니다. ❿ 하지만, 저는 결국 그를 설득해서 도와달라고 했습니다. ⓫ 알고 보기, 노트북의 배터리가 헐거워진 것이었습니다. ⓬ 그는 그것을 뺐다가 다시 껴 넣어야 했습니다. ⓭ 그러자, 그것은 마법처럼 다시 작동했습니다.

어휘 · 표현 due ~하기로 되어 있는, 예정된 asleep 잠들어 있는, 자고 있는 irritated 짜증이 난 convince 설득하다

Unit 05
외식·음식

출제 비율

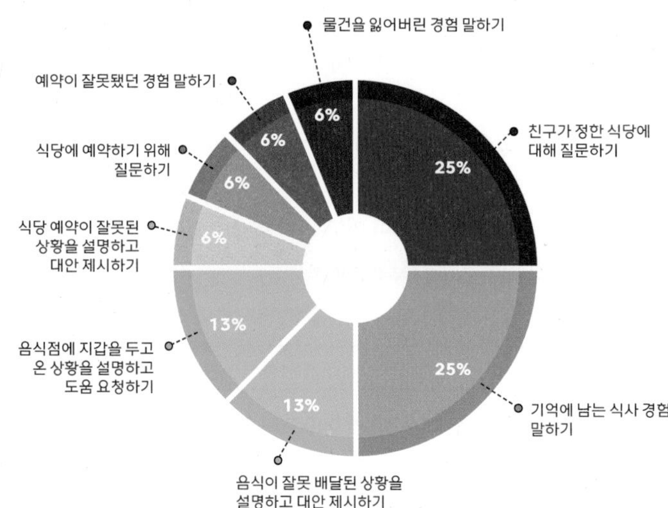

빈출 문제 TOP 5

1. 친구가 정한 식당에 대해 질문하기
2. 기억에 남는 식사 경험 말하기 (p. 142)
3. 음식이 잘못 배달된 상황을 설명하고 대안 제시하기
4. 음식점에 지갑을 두고 온 상황을 설명하고 도움 요청하기
5. 식당 예약이 잘못된 상황을 설명하고 대안 제시하기

빈출 콤보

- 콤보1 친구가 정한 식당에 대해 질문하기 → 음식이 잘못 배달된 상황을 설명하고 대안 제시하기 → 기억에 남는 식사 경험 말하기
- 콤보2 친구가 정한 식당에 대해 질문하기 → 음식점에 지갑을 두고 온 상황을 설명하고 도움 요청하기 → 물건을 잃어버린 경험 말하기
- 콤보3 식당에 예약하기 위해 질문하기 → 식당 예약이 잘못된 상황을 설명하고 대안 제시하기 → 예약이 잘못됐던 경험 말하기

빈출 문제 공략

STEP 1 QR코드를 찍고 모범답변 음성을 들어보세요. 그 후 쉐도잉 연습용 음성을 따라 답변을 3번 읽어보세요.
STEP 2 청록색 번호는 반드시 답변해야 하는 핵심 내용이므로, 그 문장들만 3번 더 읽어보세요.
STEP 3 이제 모범답변을 보지 않고 실제로 질문에 답하는 것처럼 자연스러운 말투로 답변해 보세요.

1 친구가 정한 식당에 대해 질문하기

Q A friend asked you to meet at a restaurant you've never eaten at before. Call your friend and ask three or four questions about the restaurant.

친구가 당신이 한 번도 식사해 본 적 없는 식당에서 만나자고 했습니다. 친구에게 전화해서 그 식당에 대해 서너 가지 질문을 해주세요.

인사 및 전화한 목적 설명

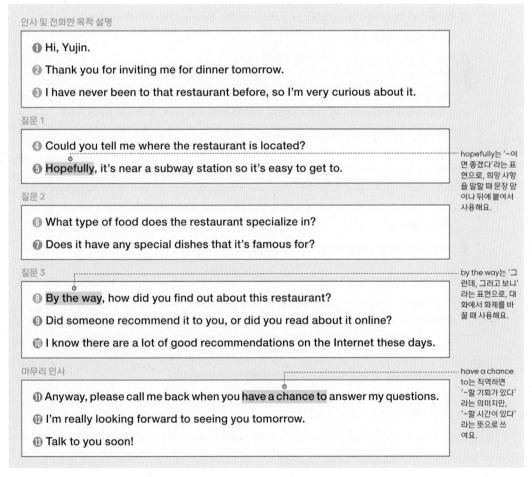

❶ Hi, Yujin.
❷ Thank you for inviting me for dinner tomorrow.
❸ I have never been to that restaurant before, so I'm very curious about it.

질문 1

❹ Could you tell me where the restaurant is located?
❺ Hopefully, it's near a subway station so it's easy to get to.

hopefully는 '~이면 좋겠다'라는 표현으로, 희망 사항을 말할 때 문장 앞이나 뒤에 붙여서 사용해요.

질문 2

❻ What type of food does the restaurant specialize in?
❼ Does it have any special dishes that it's famous for?

질문 3

❽ By the way, how did you find out about this restaurant?
❾ Did someone recommend it to you, or did you read about it online?
❿ I know there are a lot of good recommendations on the Internet these days.

by the way는 '그런데, 그러고 보니'라는 표현으로, 대화에서 화제를 바꿀 때 사용해요.

마무리 인사

⓫ Anyway, please call me back when you have a chance to answer my questions.
⓬ I'm really looking forward to seeing you tomorrow.
⓭ Talk to you soon!

have a chance to는 직역하면 '~할 기회가 있다'라는 의미지만, '~할 시간이 있다'라는 뜻으로 쓰여요.

❶ 안녕, 유진아. ❷ 내일 저녁 식사에 초대해 줘서 고마워. ❸ 나는 그 식당에 한 번도 가본 적이 없어서, 그곳에 대해 매우 궁금해. ❹ 그 식당이 어디에 위치해 있는지 알려줄 수 있어? ❺ 가기 편하게 지하철역 근처였으면 좋겠다. ❻ 그 식당은 어떤 종류의 음식을 전문으로 해? ❼ 유명한 특별 요리가 있어? ❽ 그런데, 이 식당에 대해서 어떻게 알게 됐어? ❾ 누가 그곳을 추천해줬어, 아니면 온라인에서 그곳에 대해 알게 됐어? ❿ 요즘 인터넷에 좋은 추천들이 많이 있는 것으로 알고 있어. ⓫ 아무튼, 내 질문에 답해줄 시간이 있을 때 다시 전화해 줘. ⓬ 내일 너와 만나는 것을 정말 기대하고 있어. ⓭ 곧 다시 얘기하자!

어휘 · 표현 curious 궁금해하다 hopefully (~이면) 좋겠다, 바라건대, 희망을 가지고 specialize in ~을 전문으로 하다

3 음식이 잘못 배달된 상황을 설명하고 대안 제시하기

음성 바로 듣기 

Q I'm sorry, but there is an issue you need to deal with. You had some food delivered to your home. But when you open the package, you discover that you received someone else's order. Call the restaurant, and explain the situation to the manager. Then, offer two or three suggestions for how to fix this problem.

죄송하지만, 당신이 처리해야 할 문제가 있습니다. 당신은 집으로 음식을 배달시켰습니다. 그런데 포장을 열어보니, 다른 사람이 주문한 것을 받았다는 것을 발견합니다. 식당에 전화해서, 매니저에게 상황을 설명해 주세요. 그러고 나서, 이 문제를 해결할 방법에 대해 두세 가지 제안을 해주세요.

인사 및 상황 설명

❶ Hello.

❷ This is Yongjun.

❸ The food I ordered from your restaurant arrived a few minutes ago.

❹ But when I opened the package, I realized the delivery person had given me the wrong order.

❺ It looks like I received someone **else's** food.

else's의 마지막 's' 발음을 빼먹지 않도록 주의하세요.

대안 1

❻ If the delivery person is still nearby, could you ask him to come back and drop off my food?

❼ I can give him back the other order **that** he gave me.

that은 생략하고 말할 수 있어요.

대안 2

❽ If that isn't possible, maybe you can send someone else to bring the correct order for me.

❾ It would need to be here in 30 minutes, though, because I need to leave soon.

대안 3

❿ Or if neither of these options work, you can **simply** cancel my order and provide me with a refund.

simply는 '그냥, 간단히'라는 표현으로, 말하고자 하는 내용 앞에 붙이면 그것이 얼마나 쉽고 간단한지를 강조할 수 있어요.

마무리 인사

⓫ I hope you can resolve this issue as quickly as possible.

⓬ Thank you.

❶ 안녕하세요. ❷ 용준입니다. ❸ 제가 그쪽 식당에서 주문한 음식이 몇 분 전에 도착했습니다. ❹ 그런데 제가 포장을 뜯었을 때, 배달원이 제게 잘못된 주문 음식을 전달했다는 것을 깨달았어요. ❺ 제가 다른 사람의 음식을 받은 것 같습니다. ❻ 만약 배달원이 아직 근처에 있다면, 돌아와서 제 음식을 놓고 가달라고 해주시겠어요? ❼ 저는 그가 준 다른 주문 음식을 돌려줄 수 있어요. ❽ 만약 그게 불가능하다면, 다른 사람을 보내서 저에게 정확한 주문 음식을 가져다주실 수 있을 것 같은데요. ❾ 하지만, 제가 곧 나가봐야 하기 때문에, 30분 안에 도착해야 해요. ❿ 아니면, 만약 이 옵션들 중 아무것도 안 된다면, 그냥 제 주문을 취소하고 환불해주시면 됩니다. ⓫ 저는 당신이 이 문제를 가능한 한 빨리 해결해 주기를 바랍니다. ⓬ 감사합니다.

어휘 · 표현 package 포장(물) delivery person 배달원 order 주문 음식, 주문품 simply 그냥, 간단히

4 음식점에 지갑을 두고 온 상황을 설명하고 도움 요청하기

음성 바로 듣기

Q Please act out the following situation. Imagine you went to a restaurant for a meal. But when you get home afterward, you discover that you left some belongings there. Call the restaurant, and describe the situation. Then, suggest two or three solutions to deal with the problem.

다음과 같은 상황을 연기해주세요. 당신이 식사를 하러 식당에 갔다고 가정해 보세요. 그런데 나중에 집에 도착했을 때, 당신은 그곳에 어떤 소지품을 두고 왔다는 것을 발견합니다. 식당에 전화해서, 상황을 설명해 주세요. 그리고 나서, 문제를 해결하기 위한 두세 가지 해결책을 제시해 주세요.

인사 및 상황 설명

❶ Hello.

❷ I was at your restaurant a couple hours ago having dinner with some friends.

❸ When I got home, I realized I had left my **purse** there.

❹ It's a small, black bag, and I believe I left it on my chair.

❺ I was sitting at the table next to the kitchen entrance.

purse는 '핸드백' 또는 '(여성용의 작은) 지갑'을 의미하는 표현이에요. handbag도 같은 의미로 사용되지만 purse보다는 조금 더 큰 가방을 가리켜요.

해결책 1

❻ If you're not closing soon, I could come back to pick it up now.

❼ It will likely take me about 30 minutes to get there from my home by taxi.

해결책 2

❽ If that will be too late, maybe I could stop by tomorrow around **noon**.

❾ However, if you are closed on Sundays, I will have my friend stop by your restaurant on Monday morning to get it.

❿ She lives just **across** the street.

'정오(낮 12시)'는 noon, '자정(밤 12시)'은 midnight로 말해요.

across는 '건너편에'를 의미하고, cross는 '건너다'를 의미해요. 둘을 혼동하지 않도록 주의하세요.

마무리 인사

⓫ Please let me know which of these options works best.

⓬ Thank you.

❶ 안녕하세요. ❷ 저는 몇 시간 전에 그쪽 식당에서 몇몇 친구들과 저녁 식사를 했습니다. ❸ 제가 집에 도착했을 때, 그곳에 핸드백을 두고 온 것을 깨달았어요. ❹ 작고, 검은 가방이고, 제가 앉았던 의자에 놓고 온 것 같아요. ❺ 저는 주방 입구 옆의 테이블에 앉아 있었습니다. ❻ 만약 곧 영업 종료하는 것이 아니라면, 지금 찾으러 돌아갈 수 있습니다. ❼ 집에서 그곳까지 아마도 택시로 30분 정도 걸릴 거예요. ❽ 만약 이것이 너무 늦을 것 같다면, 제가 내일 정오쯤에 들를 수 있어요. ❾ 하지만, 만약 일요일에 영업을 하지 않으신다면, 월요일 아침에 제 친구가 식당에 들러서 가져오도록 하겠습니다. ❿ 그녀는 바로 길 건너편에 살아요. ⓫ 이 옵션들 중 어느 것이 가장 좋은지 알려주세요. ⓬ 감사해요.

어휘 · 표현 purse 핸드백, (여성용의 작은) 지갑 entrance (출)입구, 문 noon 정오, 한낮

5 식당 예약이 잘못된 상황을 설명하고 대안 제시하기

Q I'm sorry, but there is an issue you need to resolve. There is a problem with the reservation you made at a restaurant, so you can no longer have dinner there tonight. Call and leave a message for your family member describing the situation and suggesting two or three solutions.

죄송하지만, 당신이 해결해야 할 문제가 있습니다. 당신이 식당에 한 예약에 문제가 있어서, 오늘 밤 더 이상 그곳에서 저녁 식사를 할 수 없습니다. 가족에게 전화를 걸어 상황을 설명하고 두세 가지 해결책을 제안하는 메시지를 남겨주세요.

인사 및 상황 설명

❶ Hey, it's me.

❷ I just wanted to call you about dinner.

❸ Last week I called that new Italian place to make a reservation for five at 7 p.m.

❹ However, they just called to confirm the booking, and it is for only two people.

❺ I let them know about their mistake and told them that we need a table for five.

❻ But they said they don't have enough room tonight as the restaurant is fully booked.

'예약이 꽉 찼다'고 말하고 싶을 때는 fully booked라고 하면 돼요.

대안 1

❼ They have offered us a reservation for five for tomorrow night.

❽ They also said they'd give us a large discount on our meal because of the inconvenience.

대안 2

❾ If tomorrow night doesn't work for you, we could go to the Thai restaurant down the street tonight instead.

❿ They have room for five at 7 p.m.

마무리 인사

⓫ Just let me know which option sounds better to you.

sound better는 직역하면 '~이 좋게 들리다'라는 의미지만, '~이 더 낫다, ~이 더 좋아 보이다'라는 뜻으로 쓰여요.

❶ 안녕, 나야. ❷ 저녁 식사 때문에 전화했어. ❸ 지난주에 내가 그 새로 생긴 이탈리안 식당에 전화해서 오후 7시로 다섯 명을 예약했어. ❹ 그런데, 방금 그곳에서 예약한 것을 확인하는 전화가 왔는데, 예약이 두 명만 되어있대. ❺ 그들의 실수를 알리고 우리는 다섯 명을 위한 자리가 필요하다고 말했어. ❻ 그런데 오늘 밤에는 식당의 예약이 꽉 차서 자리가 부족하다고 하네. ❼ 그들은 우리에게 내일 밤으로 다섯 명의 예약을 제안했어. ❽ 또한 불편을 끼친 것 때문에 식사도 많이 할인해 준다고 했어. ❾ 만약 네가 내일 밤이 안 된다면, 대신 오늘 밤에 길 아래편에 있는 태국 식당에 갈 수도 있어. ❿ 그곳은 오후 7시에 다섯 명 자리가 있대. ⓫ 어떤 옵션이 더 나은지만 알려줘.

어휘 · 표현 reservation 예약 confirm 확인하다, 확정하다 booking 예약 mistake 실수, 잘못

추가 답변 아이디어 및 표현

추가 문제의 답변 아이디어 및 표현을 익히고 답변을 준비해보세요.

식당에 예약하기 위해 질문하기

상황 설명	• 어머니 생신 파티를 위한 장소가 필요함	⇒ need a venue for my mother's birthday party
질문 1	• 가능한 요리와 그것들의 가격 • 단체 할인을 제공하는지	⇒ available dishes and their prices ⇒ offer group discounts
질문 2	• 별도의 객실이 이상적일 것 같음 • 12명 정도의 손님을 초대할 계획임	⇒ private room would be ideal ⇒ plan on having around 12 guests
질문 3	• 주차장 • 운전해서 갈 예정	⇒ a parking lot ⇒ plan to drive there

예약이 잘못됐던 경험 말하기

문제 상황 소개	• 어느 유명한 식당을 예약했음 • 그날 예약이 안 되어있다고 했음 • 내 예약은 다음 주로 되어 있었음	⇒ made a reservation at a popular restaurant ⇒ said I didn't have a reservation for the day ⇒ my reservation was for next week
문제에 대한 대처	• 긴 대기 줄이 있었음 • 다른 곳에서 식사할 수밖에 없었음	⇒ was a long waiting line ⇒ had no choice but to eat somewhere else
배운 점	• 항상 다시 한번 더 확인해야 함	⇒ should always double-check

물건을 잃어버린 경험 말하기

문제 상황 소개	• 새로 산 스마트폰을 잃어버림 • 친구들과 극장에 갔음 • 지하철역에 와서야 잃어버렸다는 것을 발견함	⇒ lost my new smartphone ⇒ went to the theater with some friends ⇒ realized it was missing at the subway station
문제에 대한 대처	• 친구의 전화로 내 전화에 전화를 걸어봤음 • 극장의 고객센터에 전화했음 • 새 전화기를 사야 했음	⇒ used my friend's phone to call mine ⇒ called the customer service line of the theater ⇒ had to buy a new phone
느낀 점	• 조심성을 더 키워야 한다는 매우 값비싼 교훈을 얻었음	⇒ taught me a very expensive lesson to be more careful

Unit 06

전화

출제 비율

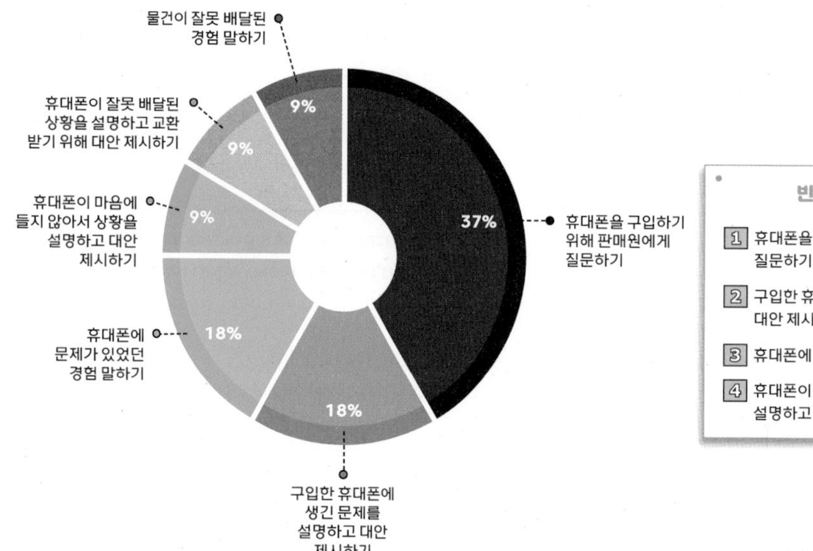

빈출 문제 TOP 4

1. 휴대폰을 구입하기 위해 판매원에게 질문하기
2. 구입한 휴대폰에 생긴 문제를 설명하고 대안 제시하기
3. 휴대폰에 문제가 있었던 경험 말하기
4. 휴대폰이 마음에 들지 않아서 상황을 설명하고 대안 제시하기

빈출 콤보

- 콤보1 휴대폰을 구입하기 위해 판매원에게 질문하기 → 구입한 휴대폰에 생긴 문제를 설명하고 대안 제시하기 → 휴대폰에 문제가 있었던 경험 말하기
- 콤보2 휴대폰을 구입하기 위해 판매원에게 질문하기 → 휴대폰이 마음에 들지 않아서 상황을 설명하고 대안 제시하기 → 휴대폰에 문제가 있었던 경험 말하기
- 콤보3 휴대폰을 구입하기 위해 판매원에게 질문하기 → 휴대폰이 잘못 배달된 상황을 설명하고 교환 받기 위해 대안 제시하기 → 물건이 잘못 배달된 경험 말하기

빈출 문제 공략

STEP 1 QR코드를 찍고 모범답변 음성을 들어보세요. 그 후 쉐도잉 연습용 음성을 따라 답변을 3번 읽어보세요.
STEP 2 청록색 번호는 반드시 답변해야 하는 핵심 내용이므로, 그 문장들만 3번 더 읽어보세요.
STEP 3 이제 모범답변을 보지 않고 실제로 질문에 답하는 것처럼 자연스러운 말투로 답변해 보세요.

1 휴대폰을 구입하기 위해 판매원에게 질문하기

음성 바로 듣기

Q I'd like to give you a situation to act out. Pretend you are in a store shopping for a new cell phone. Ask the salesperson three or four questions in order to get more information about their products.

당신에게 연기할 상황을 드릴게요. 당신이 새 휴대폰을 사기 위해 상점에 와있다고 가정해보세요. 제품에 대한 자세한 정보를 얻기 위해 판매원에게 서너 가지 질문을 해주세요.

인사 및 방문 목적 설명

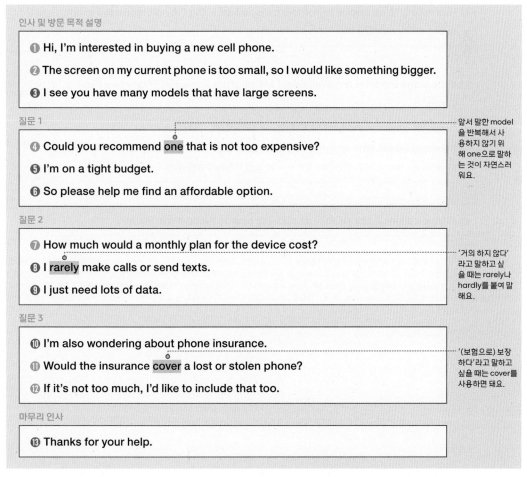

❶ Hi, I'm interested in buying a new cell phone.
❷ The screen on my current phone is too small, so I would like something bigger.
❸ I see you have many models that have large screens.

질문 1

❹ Could you recommend one that is not too expensive?
❺ I'm on a tight budget.
❻ So please help me find an affordable option.

앞서 말한 model을 반복해서 사용하지 않기 위해 one으로 말하는 것이 자연스러워요.

질문 2

❼ How much would a monthly plan for the device cost?
❽ I rarely make calls or send texts.
❾ I just need lots of data.

'거의 하지 않다'라고 말하고 싶을 때는 rarely나 hardly를 붙여 말해요.

질문 3

❿ I'm also wondering about phone insurance.
⓫ Would the insurance cover a lost or stolen phone?
⓬ If it's not too much, I'd like to include that too.

'(보험으로) 보장하다'라고 말하고 싶을 때는 cover를 사용하면 돼요.

마무리 인사

⓭ Thanks for your help.

❶ 안녕하세요, 저는 새 휴대폰을 사는 것에 관심이 있습니다. ❷ 지금 휴대폰의 화면이 너무 작아서, 좀 더 큰 것을 원해요. ❸ 보아하니 화면이 큰 기종을 많이 가지고 계시더라고요. ❹ 너무 비싸지 않은 것으로 하나 추천해 주시겠어요? ❺ 예산이 빠듯해서요. ❻ 그러니 제가 저렴한 옵션을 찾을 수 있게 도와주세요. ❼ 기기의 한 달 요금제는 얼마인가요? ❽ 저는 전화를 걸거나 문자 보내는 것은 거의 하지 않아요. ❾ 저는 그저 많은 데이터만 필요합니다. ❿ 그리고 휴대폰 보험에 대해서도 궁금합니다. ⓫ 보험이 분실되거나 도난당한 휴대폰도 보장하나요? ⓬ 만약 너무 비싸지 않다면, 그것도 포함하고 싶어요. ⓭ 도와주셔서 감사합니다.

어휘 · 표현 recommend 추천하다, 권하다 budget 예산, (지출 예상) 비용 affordable 저렴한, 감당할 수 있는

2 구입한 휴대폰에 생긴 문제를 설명하고 대안 제시하기

음성 바로듣기 

Q After you buy a new phone, you discover that there's a problem with it. Call the store, and leave a voice mail message describing the situation. Make sure to suggest two or three solutions.

새 휴대폰을 구입한 후, 당신은 휴대폰에 문제가 있다는 것을 발견합니다. 상점에 전화를 걸어, 상황을 설명하는 음성 메시지를 남겨주세요. 두세 가지 해결책을 꼭 제시해주세요.

인사 및 상황 설명

❶ I'm having a serious issue with the phone I recently bought from your store.

❷ The touch screen doesn't work, and I can't use any of the phone's features.

❸ I need to have a working phone as soon as possible so I can stay in contact with my family.

'(정상적으로) 작동하는'이라고 말하고 싶을 때는 working이라고 하면 돼요.

대안 1

❹ I am willing to exchange my phone for a new one, but I'm not interested in any of the other models you have at the shop.

model [mádl]의 발음을 주의하세요. 한국어 발음 그대로 [모델]이라고 하면 못 알아들어요.

대안 2

❺ If the same model is not available, I will take the damaged phone to a service center.

❻ However, I expect your shop to pay for these repairs.

❼ I already spent time entering my contacts and downloading apps onto the phone, so it might be better for me to get it fixed anyway.

anyway는 '어차피, 어쨌든'이라는 표현으로, 회화에 상당히 자주 사용되는 표현이에요.

마무리 인사

❽ Please call me back so we can discuss how to resolve this issue.

❶ 당신의 가게에서 최근에 구매한 휴대폰에 심각한 문제가 있어요. ❷ 터치 스크린이 작동하지 않고, 휴대폰의 어떤 기능도 사용할 수 없습니다. ❸ 저는 가족들과 연락할 수 있도록 가능한 한 빨리 정상적으로 작동하는 휴대폰이 필요합니다. ❹ 휴대폰을 새것으로 교환할 의향은 있지만, 매장에 있는 다른 모든 기종에는 관심이 없어요. ❺ 같은 기종으로 받을 수 없다면, 고장 난 휴대폰을 서비스 센터로 가져가겠습니다. ❻ 하지만, 저는 당신의 가게가 이 수리 비용을 지불해줄 것으로 기대합니다. ❼ 어차피 이미 연락처를 입력하고 휴대폰에 앱을 다운로드하는 데 시간을 썼기 때문에, 그것을 수리하는 것이 저에게 더 나을 수 있을 것 같네요. ❽ 이 문제를 해결하는 방법을 논의할 수 있도록 다시 전화해주세요.

어휘 · 표현 stay in contact with ~와 (지속적으로) 연락하다

3 휴대폰에 문제가 있었던 경험 말하기

음성 바로 듣기

Q That's the end of the situation. Tell me about a time when you bought a tech product that did not work properly. Describe exactly what the problem was and how you resolved it.

이것으로 상황은 종료됐습니다. 당신이 제대로 작동하지 않는 기술 제품을 구매했던 때에 대해 알려주세요. 정확히 문제가 무엇이고 이를 어떻게 해결했는지 설명해 주세요.

문제가 있었던 경험 소개

❶ About a year ago, I bought a new smartphone because my old phone was getting really slow.

❷ I was really excited about it since the design was just what I wanted.

❸ It looked great, but once I started using it, I realized I had made a big mistake.

문제에 대한 상세한 설명

❹ First of all, the battery ran out really quickly.

❺ It was a new model, but for some reason, the battery did not last long.

❻ Perhaps worst of all, the phone overheated quite often.

❼ It would freeze up, so I would have to reboot it all the time.

❽ Also, the phone was very heavy.

❾ Since I carry my phone with me almost all the time, it became a real burden.

이 문제를 해결한 방법

❿ Luckily, I was able to exchange it for a different one.

⓫ I'm really happy with my new phone now.

어떤 일이 일어난 이유를 정확히 알 수 없을 때 for some reason이라고 말하면 돼요. somehow로 바꿔 말할 수도 있어요.

become a burden은 '부담이 되다, 짐이 되다'라는 표현이에요. real이나 heavy를 붙여서 부담스러운 정도를 강조할 수 있어요.

❶ 약 일 년 전에, 제 오래된 휴대폰이 매우 느려지기 시작해서 저는 새로운 스마트폰을 샀습니다. ❷ 그것의 디자인은 딱 제가 원하는 것이었기 때문에 저는 매우 신이 나 있었습니다. ❸ 그것은 보기에는 훌륭했지만, 막상 사용하기 시작하자 제가 큰 실수를 저질렀다는 것을 깨달았습니다. ❹ 우선, 배터리가 정말 빨리 닳았습니다. ❺ 그것은 새로 나온 기종이었지만, 어떤 이유에서인지, 배터리는 오래가지 못했습니다. ❻ 아마도 가장 최악이었던 점은, 휴대폰이 꽤 자주 과열되었다는 것입니다. ❼ 휴대폰이 갑자기 멈추곤 해서, 저는 항상 그것을 재부팅 해야 했습니다. ❽ 또한, 그 휴대폰은 매우 무거웠습니다. ❾ 저는 휴대폰을 거의 항상 들고 다니기 때문에, 그것은 정말 부담이 됐습니다. ❿ 다행히, 저는 그것을 다른 것으로 교환할 수 있었습니다. ⓫ 저는 지금 저의 새 휴대폰에 정말 만족합니다.

어휘 · 표현 overheat 과열되다 freeze up 갑자기 멈추다, 얼어붙다 burden 부담, 짐

4 휴대폰이 마음에 들지 않아서 상황을 설명하고 대안 제시하기

Q I'm sorry, but there is an issue you need to deal with. After you purchased your new phone, you found out it actually doesn't have all of the features you require. You would like to exchange it for another phone. Call the store, and describe the situation. Then, make a plan to return the new phone.

죄송하지만, 당신이 처리해야 할 문제가 있습니다. 당신이 새 휴대폰을 구입한 후, 그 휴대폰에 사실 당신이 필요한 모든 기능이 갖춰져 있지 않다는 것을 알게 되었습니다. 당신은 그것을 다른 휴대폰으로 교환하고 싶어 합니다. 가게에 전화해서, 상황을 설명해 주세요. 그러고 나서, 그 휴대폰을 돌려보낼 계획을 세워주세요.

인사 및 전화한 목적 설명

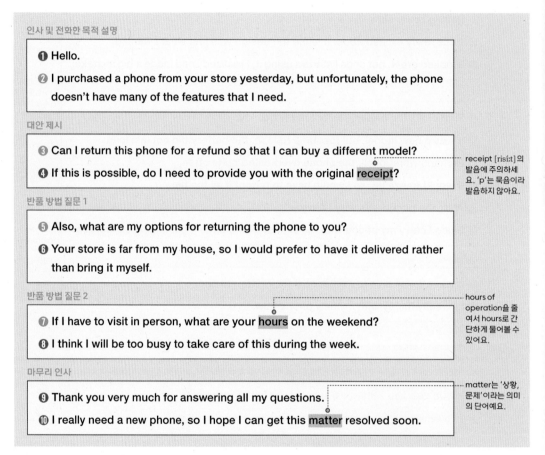

❶ Hello.
❷ I purchased a phone from your store yesterday, but unfortunately, the phone doesn't have many of the features that I need.

대안 제시

❸ Can I return this phone for a refund so that I can buy a different model?
❹ If this is possible, do I need to provide you with the original receipt?

receipt [risí:t]의 발음에 주의하세요. 'p'는 묵음이라 발음하지 않아요.

반품 방법 질문 1

❺ Also, what are my options for returning the phone to you?
❻ Your store is far from my house, so I would prefer to have it delivered rather than bring it myself.

반품 방법 질문 2

❼ If I have to visit in person, what are your hours on the weekend?
❽ I think I will be too busy to take care of this during the week.

hours of operation을 줄여서 hours로 간단하게 물어볼 수 있어요.

마무리 인사

❾ Thank you very much for answering all my questions.
❿ I really need a new phone, so I hope I can get this matter resolved soon.

matter는 '상황, 문제'이라는 의미의 단어예요.

❶ 안녕하세요. ❷ 어제 당신의 가게에서 휴대폰을 구입했는데, 안타깝게도, 이 휴대폰에는 제가 필요로 하는 많은 기능들이 없습니다. ❸ 다른 기종을 살 수 있도록 이 휴대폰을 반품하고 환불받을 수 있을까요? ❹ 만약 이것이 가능하다면, 제가 당신에게 원본 영수증을 제공해야 하나요? ❺ 그리고, 당신에게 휴대폰을 반품할 수 있는 방법에는 어떤 것들이 있나요? ❻ 당신의 가게는 우리 집에서 멀리 떨어져 있어서, 제가 직접 가져다주는 것보다 배송시키는 것을 더 선호합니다. ❼ 만약 제가 직접 방문해야 한다면, 주말에 영업시간이 어떻게 되나요? ❽ 주중에는 너무 바빠서 이 일을 처리할 수 없을 것 같아요. ❾ 저의 모든 질문에 답변해주셔서 정말 감사합니다. ❿ 새 휴대폰이 너무 필요해서 그런데, 이 상황이 빨리 해결됐으면 좋겠어요.

어휘 · 표현 refund 환불(금) receipt 영수증 matter 상황, 문제 resolve (문제 등을) 해결하다

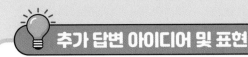

추가 답변 아이디어 및 표현

추가 문제의 답변 아이디어 및 표현을 익히고 답변을 준비해보세요.

휴대폰이 잘못 배달된 상황을 설명하고 교환 받기 위해 대안 제시하기

문제 상황 설명	• 이번 주에 배달을 받았음 • 내가 주문한 기종과 다른 것이 옴	➡ received a delivery this week ➡ was a different model from the one I ordered
대안 1	• 우리 집으로 올바른 휴대폰을 보내달라 • 그게 불가능하다면 가게로 찾아갈 수 있음	➡ send the correct phone to my house ➡ could come into your store if that's not possible
대안 2	• 반품/교환이 안 된다면 그냥 사용해도 됨 • 내가 쓴 금액에서 일부 환불을 해주면 감사하겠음	➡ can keep it if I cannot return or exchange it ➡ would appreciate a partial refund on the amount I spent

물건이 잘못 배달된 경험 말하기

문제 상황 설명	• 온라인으로 흰색 티셔츠를 주문함 • 택배를 열어보니 대신 검은색 티셔츠를 발견	➡ ordered a white T-shirt online ➡ opened the package and found a black T-shirt instead
문제에 대한 대처	• 즉시 교환을 요청했음 • 잘못된 제품을 받았다고 설명함 • 검은색 티셔츠를 수거하러 배달원을 보냈음	➡ immediately requested an exchange ➡ explained that I received the wrong product ➡ sent a delivery person to pick up the black T-shirt
느낀 점	• 기다려야 해서 짜증 났음	➡ was annoying to have to wait

Unit 07
공연·영화보기

출제 비율

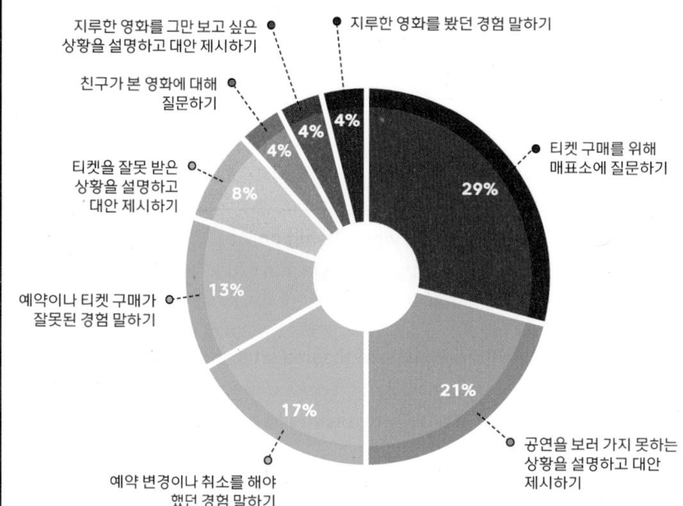

빈출 문제 TOP 4

1. 티켓 구매를 위해 매표소에 질문하기
2. 공연을 보러 가지 못하는 상황을 설명하고 대안 제시하기
3. 예약 변경이나 취소를 해야 했던 경험 말하기
4. 예약이나 티켓 구매가 잘못된 경험 말하기

빈출 콤보

- 콤보1 티켓 구매를 위해 매표소에 질문하기 → 공연을 보러 가지 못하는 상황을 설명하고 대안 제시하기 → 예약 변경이나 취소를 해야 했던 경험 말하기
- 콤보2 티켓 구매를 위해 매표소에 질문하기 → 티켓을 잘못 받은 상황을 설명하고 대안 제시하기 → 예약이나 티켓 구매가 잘못된 경험 말하기
- 콤보3 친구가 본 영화에 대해 질문하기 → 지루한 영화를 그만 보고 싶은 상황을 설명하고 대안 제시하기 → 지루한 영화를 봤던 경험 말하기

빈출 문제 공략

STEP 1 QR코드를 찍고 모범답변 음성을 들어보세요. 그 후 쉐도잉 연습용 음성을 따라 답변을 3번 읽어보세요.
STEP 2 청록색 번호는 반드시 답변해야 하는 핵심 내용이므로, 그 문장들만 3번 더 읽어보세요.
STEP 3 이제 모범답변을 보지 않고 실제로 질문에 답하는 것처럼 자연스러운 말투로 답변해 보세요.

1 티켓 구매를 위해 매표소에 질문하기

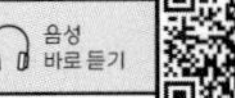

Q You and a friend want to see a movie together. Call the theater, and ask three or four questions in order to get more information about purchasing tickets for a movie.

당신과 친구는 함께 영화를 보러 가고 싶어 합니다. 영화관에 전화해서 영화 티켓 구매에 대한 더 많은 정보를 얻기 위해 서너 가지 질문을 해주세요.

인사 및 전화한 목적 설명

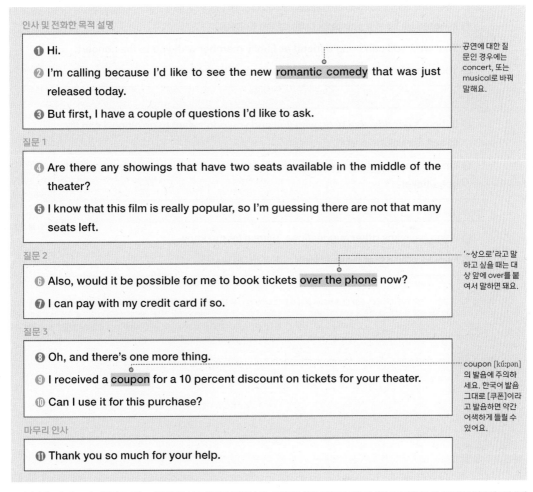

❶ Hi.
❷ I'm calling because I'd like to see the new romantic comedy that was just released today.
❸ But first, I have a couple of questions I'd like to ask.

공연에 대한 질문인 경우에는 concert, 또는 musical로 바꿔 말해요.

질문 1

❹ Are there any showings that have two seats available in the middle of the theater?
❺ I know that this film is really popular, so I'm guessing there are not that many seats left.

질문 2

❻ Also, would it be possible for me to book tickets over the phone now?
❼ I can pay with my credit card if so.

'~상으로'라고 말하고 싶을 때는 대상 앞에 over를 붙여서 말하면 돼요.

질문 3

❽ Oh, and there's one more thing.
❾ I received a coupon for a 10 percent discount on tickets for your theater.
❿ Can I use it for this purchase?

coupon [kú:pən]의 발음에 주의하세요. 한국어 발음 그대로 [쿠폰]이라고 발음하면 약간 어색하게 들릴 수 있어요.

마무리 인사

⓫ Thank you so much for your help.

❶ 안녕하세요. ❷ 바로 오늘 개봉한 로맨틱 코미디 영화를 보고 싶어서 전화했습니다. ❸ 하지만 먼저, 문의하고 싶은 몇 가지 질문이 있습니다. ❹ 상영 회차 중에 극장 중앙에 두 개의 좌석을 이용할 수 있는 것이 있나요? ❺ 이 영화가 정말 인기가 많은 것으로 알고 있어서, 자리가 그렇게 많이 남아 있지는 않을 거라고 생각해요. ❻ 그리고, 지금 전화상으로 티켓을 예매할 수 있을까요? ❼ 만약 가능하다면 저는 신용카드로 결제할 수 있습니다. ❽ 아, 그리고 한 가지 더 있어요. ❾ 저는 그쪽 극장의 티켓을 10퍼센트 할인받을 수 있는 쿠폰을 받았습니다. ❿ 이것을 이번 구매에 사용할 수 있나요? ⓫ 당신의 도움에 매우 감사드려요.

어휘 · 표현 release 개봉하다, 발표하다 purchase 구매, 구입

2 공연을 보러 가지 못하는 상황을 설명하고 대안 제시하기

음성 바로듣기 

Q There is a problem I need you to solve. You and a friend purchased tickets for a concert, but you feel sick on the day of the performance. Contact your friend, and describe the problem. Then, provide two or three solutions to deal with it.

당신이 해결해야 하는 문제가 있습니다. 당신과 친구는 콘서트 티켓을 구매했지만, 당신은 공연 당일에 몸이 안 좋습니다. 친구에게 연락해서, 문제를 설명하세요. 그러고 나서, 두세 가지 해결책을 제시해주세요.

인사 및 상황 설명

❶ Hi, I'm sorry to be calling at the last minute like this, but I don't think I can attend the concert tonight.

❷ I think I ate something bad at lunch, and now **I'm sick to my stomach.**

'속이 안 좋아'라고 말하고 싶을 때는 I'm sick to my stomach이라고 하면 돼요.

대안 1

❸ It would be best if you **took** both of the tickets.

❹ That way, you can bring a friend or family member with you to the concert.

❺ You can **stop by** my place so that I can give them to you.

take가 아닌 took로 말하는 것에 주의하세요.

'~에 들르다'라고 말하고 싶을 때는 stop by라고 말하면 돼요.

대안 2

❻ If there's nobody else to go with you and you don't want to go alone, I can try to sell the tickets online.

❼ I'm sure **there is someone out there** who wants to see the concert but couldn't get a ticket.

there is someone out there는 직역하면 '누군가 밖에 있다'라는 의미지만, '~한 사람이 (어딘가에) 있다'라는 뜻으로 쓰여요.

마무리 인사

❽ If you have any other suggestions, please let me know.

❾ I would rather that these tickets didn't go to waste.

❶ 안녕, 막판에 이렇게 전화해서 미안한데, 오늘 밤 콘서트에 가지 못할 것 같아. ❷ 점심 식사 때 무언가 상한 걸 먹은 것 같고, 지금 속이 안 좋아. ❸ 네가 두 장의 티켓을 모두 가져가는 것이 가장 좋을 것 같아. ❹ 그렇게 하면, 콘서트에 친구나 가족을 데리고 갈 수 있잖아. ❺ 내가 그것을 너에게 전해줄 수 있도록 우리 집에 들러주면 돼. ❻ 만약 너와 함께 갈 수 있는 사람이 아무도 없고 너도 혼자 가고 싶지 않다면, 내가 온라인으로 티켓을 팔아 볼 수 있어. ❼ 콘서트를 보고 싶은데 티켓을 구하지 못한 사람이 분명히 있을 거야. ❽ 만약 다른 제안 사항이 있으면, 나에게 알려줘. ❾ 나는 이 티켓들이 낭비되지 않았으면 좋겠어.

어휘 · 표현 bad (음식이) 상한 sick to one's stomach 속이 안 좋은, 곧 토할 것 같은

3 예약 변경이나 취소를 해야 했던 경험 말하기

음성 바로 듣기

Q That's the end of the situation. Have you ever bought tickets or made plans that had to be canceled because something unexpected happened? Explain what your plans were in detail. Then, describe what led to the cancellation.

이것으로 상황은 종료됐습니다. 당신은 예상치 못한 일이 생겨서 구매했던 티켓이나 세웠던 계획을 취소해야 했던 적이 있나요? 당신의 계획이 무엇이었는지 자세히 설명해 주세요. 그 후, 취소해야 했던 원인을 설명해 주세요.

내가 했던 여행 계획 소개

❶ I booked a trip to Spain last summer with some friends.

❷ We were going to visit Barcelona and Madrid.

❸ I was very excited, and I spent an entire week packing my suitcase and researching what to do during our trip.

계획을 취소해야 했던 사정

❹ However, a day before I was supposed to leave for Spain, I began to feel very sick.

❺ I had a terrible headache, and my body ached all over.

❻ I went to the doctor hoping it wasn't a serious illness, but it was.

❼ He told me I'd have to cancel my trip and stay at home for two weeks.

❽ I was so sad about the situation, but my friends understood.

계획을 취소한 결과

❾ Luckily, I got a full refund for my flight.

❿ Also, my friends brought me back lots of gifts that made me feel a little better.

was 뒤에 a serious illness가 이어져야 하지만, 바로 앞에서 나온 내용을 중복해서 말하는 느낌을 주기 때문에 생략하고 was까지만 말해요.

❶ 지난 여름에 저는 몇몇 친구들과 스페인 여행을 예약했습니다. ❷ 우리는 바르셀로나와 마드리드를 방문할 예정이었습니다. ❸ 저는 매우 신이 났고, 일주일 내내 여행 가방을 싸고 여행 기간 동안 무엇을 해야 할지를 검색했습니다. ❹ 하지만, 스페인으로 떠나기로 한 하루 전, 저는 매우 아프기 시작했습니다. ❺ 심한 두통이 있었고, 온몸이 아팠습니다. ❻ 심각한 병이 아니길 바라며 의사를 찾아갔지만, 그게 맞았습니다. ❼ 의사는 제가 여행을 취소하고 2주 동안 집에 있어야 한다고 말했습니다. ❽ 저는 그 상황이 너무 슬펐지만, 친구들은 이해해줬습니다. ❾ 다행히, 저는 제 비행기 값을 전액 환불받았습니다. ❿ 그리고, 제 친구들은 제 기분을 조금 나아지게 만들어 준 선물들도 많이 가져다주었습니다.

어휘 · 표현 headache 두통 ache 아프다, 아픔 illness 병, 아픔

4 예약이나 티켓 구매가 잘못된 경험 말하기

음성 바로 듣기 

Q Talk about a time when you planned to go to an event and something went wrong. Describe where you were when this happened and the people you were with. Then, talk about how the problem was resolved. Tell me everything.

어떤 행사에 가기로 계획했으나 무언가 잘못되었던 경험에 대해 이야기해 주세요. 이 일이 일어났을 때 당신은 어디에 있었고 당신과 함께 있던 사람들에 대해 말해주세요. 그 후, 문제가 어떻게 해결됐는지에 대해 이야기해 주세요. 모든 것을 다 알려주세요.

가려고 했던 행사 소개

❶ Around two years ago, a friend and I bought tickets to see the premiere of a superhero movie that was very popular.

❷ We were so excited about it because we're huge fans of the series.

❸ We even bought the tickets over a month in advance to get good seats.

'시사회'는 영어로 premiere라고 해요. [primíər]의 발음에 주의하세요.

행사에서 생긴 문제 설명

❹ However, when we went to our seats on the day of the premiere, a couple was already sitting in them.

❺ At first, we thought they'd sat down in the wrong place, but they had the right tickets.

❻ Apparently, the theater had double-booked our seats.

'이중으로, 두 배의'라는 의미를 추가하고 싶을 때는 단어 앞에 double을 붙이면 돼요.

이 문제를 해결한 방법

❼ We told the staff about this, and they were very apologetic.

❽ But there were no other spots for that showing.

❾ To make up for the mistake, the staff gave us better seats for the next showing and free snacks.

'~에 대해 보상하다, 만회하다'라고 말하고 싶을 때는 make up for라고 하면 돼요.

❶ 약 2년 전에, 친구와 저는 매우 인기 있었던 슈퍼히어로 영화의 시사회를 보기 위해 표를 샀습니다. ❷ 저희는 그 시리즈의 엄청난 팬이었기 때문에 너무 기대되었습니다. ❸ 우리는 심지어 좋은 자리를 얻기 위해 한 달도 전에 표를 샀습니다. ❹ 그러나, 시사회 당일 우리의 자리로 갔을 때, 그 자리에는 이미 한 커플이 앉아 있었습니다. ❺ 처음에, 우리는 그들이 잘못된 자리에 앉았다고 생각했지만, 그들은 맞는 표를 가지고 있었습니다. ❻ 알고 보니, 극장에서 우리 좌석을 이중으로 예약한 것이었습니다. ❼ 우리는 직원들에게 이 문제에 대해 말했고, 그들은 매우 미안해했습니다. ❽ 하지만 그 상영 회차에는 다른 자리가 없었습니다. ❾ 이 실수에 대해 보상하기 위해, 직원은 우리에게 다음 상영 회차에서의 더 좋은 자리와 무료 간식을 주었습니다.

어휘 · 표현 premiere 시사회, 초연 apologetic 미안해하는, 사과하는

추가 답변 아이디어 및 표현

추가 문제의 답변 아이디어 및 표현을 익히고 답변을 준비해보세요.

티켓을 잘못 받은 상황을 설명하고 대안 제시하기

문제 상황 설명	• 나에게 잘못된 티켓이 발송된 것을 발견함 • 다른 영화 티켓이 발송됨	⇒ realized that the wrong tickets were sent to me ⇒ was sent tickets for a different movie
대안 1	• 여전히 내가 보고 싶었던 영화의 티켓을 원함 • 너무 늦지 않은 시간대의 티켓도 괜찮음	⇒ would still like tickets for the movie I wanted to see ⇒ would also take tickets for a showing that's not too much later
대안 2	• 오늘 상영 시간이 더 없다면 환불을 원함	⇒ prefer a refund if there're no more time for today

친구가 본 영화에 대해 질문하기

문제 상황 설명	• 새로 개봉한 영화를 재미있게 봤음 • 나도 볼까 생각 중임	⇒ had a great time watching the new movie ⇒ was thinking about watching it myself
질문 1	• 영화가 어떤 장르인지 잘 모르겠음	⇒ wasn't quite sure what genre the movie was
질문 2	• 감독이 누구인지	⇒ who is the director
질문 3	• 유명한 배우가 누구라도 나오는지	⇒ any well-known actors in it
질문 4	• 이야기가 재미있는지	⇒ is the story interesting

지루한 영화를 그만 보고 싶은 상황을 설명하고 대안 제시하기

상황 설명	• 너무 지루해서 잠들 뻔함	⇒ so boring that I'm almost falling asleep
대안 1	• 밖에서 기꺼이 기다리겠음 • 그 뒤에 만날 수 있음	⇒ be happy to wait outside for you ⇒ can meet up afterwards
대안 2	• 나가서 대신 간단히 뭐라도 먹을 수 있음	⇒ can leave and grab a bite to eat instead
대안 3	• 다른 영화의 티켓으로 교환할 수 있음	⇒ could exchange tickets for something else

지루한 영화를 봤던 경험 말하기

영화를 보러 간 경험 소개	• 친구와 함께 영화관에 갔음 • 몇 달 전에 그 영화의 예고편을 봤었음	⇒ went to the movie theater with my friend ⇒ saw the preview for it a few months ago
그 영화의 문제 설명	• 이해하기 어렵고 말이 되지 않았음 • 배우들은 모두 형편없었음	⇒ was hard to follow and didn't make sense ⇒ the actors were all terrible
그 영화에 대해 느낀 점	• 나가고 싶었지만, 우린 용기가 없었음 • 내 인생에서 가장 지루한 두 시간이었음	⇒ wanted to leave, but we didn't have the courage ⇒ was the two most boring hours of my life

Unit 08

병원

출제 비율

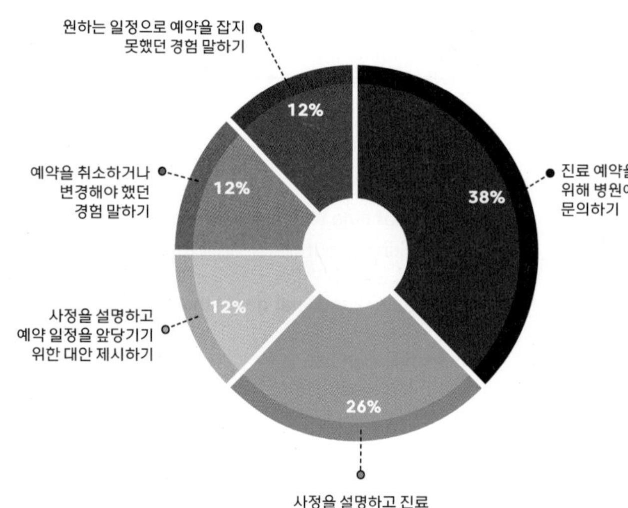

빈출 문제 TOP 5

1. 진료 예약을 위해 병원에 문의하기
2. 사정을 설명하고 진료 예약 변경하기
3. 사정을 설명하고 예약 일정을 앞당기기 위한 대안 제시하기
4. 예약을 취소하거나 변경해야 했던 경험 말하기
5. 원하는 일정으로 예약을 잡지 못했던 경험 말하기

빈출 콤보

- 콤보1 진료 예약을 위해 병원에 문의하기 → 사정을 설명하고 진료 예약 변경하기 → 예약을 취소하거나 변경해야 했던 경험 말하기
- 콤보2 진료 예약을 위해 병원에 문의하기 → 사정을 설명하고 예약 일정을 앞당기기 위한 대안 제시하기 → 원하는 일정으로 예약을 잡지 못했던 경험 말하기

빈출 문제 공략

STEP 1 QR코드를 찍고 모범답변 음성을 들어보세요. 그 후 쉐도잉 연습용 음성을 따라 답변을 3번 읽어보세요.

STEP 2 청록색 번호는 반드시 답변해야 하는 핵심 내용이므로, 그 문장들만 3번 더 읽어보세요.

STEP 3 이제 모범답변을 보지 않고 실제로 질문에 답하는 것처럼 자연스러운 말투로 답변해 보세요.

1 진료 예약을 위해 병원에 문의하기

음성 바로 듣기

Q Please act out the following situation. You want to make an appointment with a doctor. Call the clinic, and ask the receptionist three or four questions to find out more information about seeing the doctor. Then, schedule a time to visit.

다음과 같은 상황을 연기해주세요. 당신은 진료 예약을 하고 싶어 합니다. 병원에 전화해서, 진료를 보는 것에 대한 더 많은 정보를 얻기 위해 접수 담당자에게 서너 가지 질문을 해주세요. 그러고 나서, 방문할 시간을 정해주세요.

인사 및 전화한 목적 설명

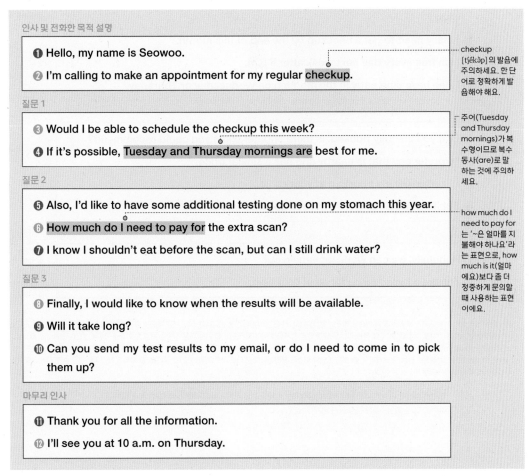

❶ Hello, my name is Seowoo.

❷ I'm calling to make an appointment for my regular checkup.

checkup [tʃékʌ̀p]의 발음에 주의하세요. 한 단어로 정확하게 발음해야 해요.

질문 1

❸ Would I be able to schedule the checkup this week?

❹ If it's possible, Tuesday and Thursday mornings are best for me.

주어(Tuesday and Thursday mornings)가 복수형이므로 복수 동사(are)로 말하는 것에 주의하세요.

질문 2

❺ Also, I'd like to have some additional testing done on my stomach this year.

❻ How much do I need to pay for the extra scan?

❼ I know I shouldn't eat before the scan, but can I still drink water?

how much do I need to pay for는 '~은 얼마를 지불해야 하나요'라는 표현으로, how much is it(얼마에요)보다 좀 더 정중하게 문의할 때 사용하는 표현이에요.

질문 3

❽ Finally, I would like to know when the results will be available.

❾ Will it take long?

❿ Can you send my test results to my email, or do I need to come in to pick them up?

마무리 인사

⓫ Thank you for all the information.

⓬ I'll see you at 10 a.m. on Thursday.

❶ 안녕하세요, 제 이름은 서우입니다. ❷ 정기 검진을 예약하기 위해 전화했습니다. ❸ 이번 주에 검진 일정을 잡을 수 있을까요? ❹ 가능하다면, 저는 화요일과 목요일 아침이 가장 좋습니다. ❺ 그리고, 올해는 위장에 대한 추가 검사를 받고 싶습니다. ❻ 추가되는 내시경은 얼마를 지불해야 하나요? ❼ 내시경 전에 음식을 먹으면 안 된다는 건 알지만, 그래도 물은 마셔도 되나요? ❽ 마지막으로, 결과는 언제 확인할 수 있는지 알고 싶습니다. ❾ 오래 걸리나요? ❿ 검진 결과를 이메일로 보내주실 수 있나요, 아니면 제가 가서 받아 와야 하나요? ⓫ 제공해주신 모든 정보에 감사드립니다. ⓬ 목요일 오전 10시에 뵙겠습니다.

어휘 · 표현 appointment 예약, (특히 업무 관련) 약속 checkup (건강) 검진, 정밀 검사 schedule 일정을 잡다 testing 검사(하기)

2 사정을 설명하고 진료 예약 변경하기

음성 바로 듣기

Q I'm sorry, but there is a situation that needs your attention. On the day of your doctor's appointment, something comes up that stops you from being able to go. Call the doctor, and describe the issue. Then, give two or three suggestions to resolve the issue.

죄송하지만, 당신이 처리해야 할 상황이 있습니다. 진료 예약 당일에, 당신이 갈 수 없게 막는 일이 생깁니다. 의사에게 전화를 걸어, 이 문제를 설명해 주세요. 그러고 나서, 문제를 해결하기 위한 두세 가지 대안책을 제시해주세요.

인사 및 사정 설명

❶ Hello, this is Seowoo.

❷ I had an appointment scheduled for today.

❸ Unfortunately, I won't be able to make it because of a family emergency.

make it은 '가다, 참석하다'라는 의미로 자주 쓰이는 표현이에요. 이외에도 '(어떤 분야에서) 성공하다, (시간 맞춰) 도착하다'라는 의미로도 다양하게 쓰여요.

대안 1

❹ I know this is last minute, but can I reschedule my appointment for next week?

❺ I really need to get a checkup by the end of this month.

❻ I am free every day next week after 5 p.m.

❼ I also have time early in the morning on Wednesday or Thursday.

대안 2

❽ Or if you are fully booked, is there another clinic you could recommend?

❾ I'd prefer one that is nearby and has a similar price.

❿ I'd rather get my checkup at your clinic.

⓫ But if it's not possible, I'll have to go somewhere else.

마무리 인사

⓬ Hopefully, we can work something out.

⓭ Thank you in advance for all of your help.

work something out은 '해결책을 찾다'라는 표현으로, 모두에게 이득이 될 방안을 함께 논의하자는 의미로 사용해요.

❶ 안녕하세요, 서우입니다. ❷ 저는 오늘 예정된 예약이 있었습니다. ❸ 유감스럽게도, 저는 긴급한 집안 사정 때문에 갈 수 없을 것 같습니다. ❹ 갑작스러운 건 알지만, 제 예약을 다음 주로 변경할 수 있을까요? ❺ 저는 이번 달 말까지 꼭 검사를 받아야 하거든요. ❻ 저는 다음 주에는 매일 오후 5시 이후에 시간이 있습니다. ❼ 저는 또한 수요일이나 목요일 아침 일찍 시간이 있어요. ❽ 혹은 만약 예약이 다 차 있다면, 추천해주실 수 있는 다른 의원이 있나요? ❾ 근처에 있고 가격이 비슷한 곳을 선호합니다. ❿ 저는 이 병원에서 건강검진을 받는 게 낫습니다. ⓫ 하지만 만약 이것이 불가능하다면, 다른 곳으로 가야 할 것 같네요. ⓬ 우리가 해결책을 찾을 수 있길 바라요. ⓭ 당신의 모든 도움에 미리 감사드립니다.

어휘 · 표현 scheduled 예정된 family emergency 긴급한 집안 사정 reschedule (일정을) 변경하다
clinic 의원, 병원, (특정 건강 관련 문제) 치료소

3 사정을 설명하고 예약 일정을 앞당기기 위한 대안 제시하기

음성 바로 듣기

Q When you talk to the receptionist at the doctor's office, you are informed that there are no open appointments until the following week. Explain to the receptionist how serious your condition is and then provide two or three suggestions so that you can book an earlier appointment.

진료실의 접수 담당자와 통화를 하던 중, 당신은 다음 주까지 예약 가능한 시간이 없다고 안내받습니다. 접수 담당자에게 당신의 상태가 얼마나 심각한지 설명한 후 더 빨리 예약을 잡을 수 있도록 두세 가지 대안책을 제시해주세요.

사정 설명

❶ I understand that there are no open appointments until next week.
❷ However, I don't think I can wait that long.
❸ I've been getting horrible headaches recently that have become more frequent in the last few days.
❹ I think it might be a condition that **needs immediate attention**.

need immediate attention은 '즉각적인 조치가 필요하다'라는 표현으로, 응급 치료와 같은 빠른 행동이 필요한 상황에 대해 말할 때 사용해요.

부탁 1

❺ Would it be possible for me to come as soon as the doctor's office opens tomorrow morning?
❻ Maybe I could be seen if there's time before the other patients arrive.

부탁 2

❼ Another option is for you to just call me if there are any cancellations.
❽ I have a flexible schedule, so could come to the office **on short notice**.

on short notice는 '촉박하게 알리다'라는 의미로, 갑작스럽게 전달받는 상황에 쓸 수 있어요. short는 길이뿐만 아니라 시간이 짧다고 표현할 때도 사용해요.

마무리 인사

❾ I really appreciate all of your help with this.
❿ Thank you.

❶ 다음 주까지는 예약 가능한 시간이 없는 것으로 알고 있습니다. ❷ 하지만, 그렇게 오래 기다릴 수는 없을 것 같아요. ❸ 요즘들어 심각한 두통에 시달리고 있는데 이것이 최근 며칠 사이에 더 잦아지고 있어요. ❹ 즉각적인 조치가 필요한 상태일 수도 있다고 생각해요. ❺ 내일 아침에 진료실이 문을 여는 대로 바로 갈 수 있을까요? ❻ 어쩌면 다른 환자들이 도착하기 전에 시간이 있으면 제가 진료를 받을 수 있지 않을까 싶어서요. ❼ 다른 방법은 그냥 어떤 취소된 예약이 있으면 저에게 전화해주시는 것입니다. ❽ 저는 유동적인 일정을 가지고 있어서, 촉박하게 알려주셔도 진료실로 갈 수 있어요. ❾ 이 일에 대해 주신 모든 도움에 정말 감사드립니다. ❿ 감사해요.

어휘 · 표현 headache 두통, 머리가 아픔 frequent 잦은, 빈번한 immediate 즉각적인 patient 환자 cancellation 취소(된 것) flexible 유동적인, 융통성 있는

4 예약을 취소하거나 변경해야 했던 경험 말하기

음성 바로 듣기

Q This is the end of the situation. Have you ever missed or been late for an important meeting or appointment before? What caused this, and how did you handle it? Give as many details about the situation as possible.

이것으로 상황은 종료되었습니다. 당신은 이전에 중요한 회의나 약속을 놓치거나 늦은 적이 있나요? 무엇이 원인이었고, 당신은 그 일을 어떻게 처리했나요? 그 상황에 대해 되도록 자세히 말해주세요.

변경해야 했던 예약 소개

❶ A while ago, I had an important doctor's appointment.

❷ I had made the booking weeks ahead of time and made sure to not make any other plans for that day.

이 예약을 변경한 이유

❸ The night before going to see the doctor, I set my alarm and went to bed early.

❹ I wanted to have enough time to get ready and get to the doctor's office, after all.

❺ However, when I woke up the next morning, I saw that I was running very late.

❻ I had accidentally set my alarm for the wrong time.

이 문제 상황에 대한 대처

❼ I knew I would miss my appointment, so I called the doctor's office to let them know.

❽ They were very understanding and said that they could still fit me in that day.

❾ I was very appreciative since the situation was my fault.

after all은 '어쨌든'이라는 표현으로, 설명이나 이유를 덧붙일 때 문장의 앞이나 뒤에 붙여서 사용해요.

'지각하다, (교통편이) 연착되다'를 말하고 싶을 때는 run late라고 하면 돼요.

❶ 얼마 전에, 저는 중요한 진료 예약이 있었습니다. ❷ 저는 그 예약을 미리 몇 주 전에 잡아놨고 그날 다른 계획은 세우지 않도록 했습니다. ❸ 진료 받으러 가기 전날 밤, 저는 알람을 맞추고 일찍 잠자리에 들었습니다. ❹ 어쨌든, 저는 준비하고 진료실에 도착할 충분한 시간을 갖고 싶었습니다. ❺ 하지만, 다음 날 아침에 일어났을 때, 저는 제가 매우 지각하고 있다는 것을 발견했습니다. ❻ 실수로 알람을 잘못된 시간으로 맞춰 놓았던 것이었습니다. ❼ 저는 제가 예약 시간을 놓칠 것을 알고 있어서, 이를 진료실에 알리기 위해 전화했습니다. ❽ 그들은 매우 이해심이 많았고 여전히 제 예약을 그날로 껴 넣어줄 수 있다고 말했습니다. ❾ 이 상황이 제 잘못이었기 때문에 저는 매우 고마워했습니다.

어휘 · 표현 booking 예약 ahead of time 미리 accidentally 실수로, 뜻하지 않게 appreciative 고마워하는, 감탄하는

5 원하는 일정으로 예약을 잡지 못했던 경험 말하기

Q Think about a time when you needed to schedule an appointment but found out it wasn't possible. Tell me about the issue, and how you handled it. How was it finally resolved?

예약을 잡아야 했지만 불가능하다는 것을 발견했을 때를 떠올려보세요. 그 문제와 당신이 그것을 어떻게 처리했는지 알려주세요. 그것은 최종적으로 어떻게 해결되었나요?

예약을 잡지 못했던 상황 소개

❶ I had an experience like this one time.

❷ I cut my finger badly with a knife while cooking.

❸ At first, I didn't think it was a big problem.

❹ I just **put a Band-Aid on** and finished making dinner.

❺ But the bleeding didn't stop, even after I had replaced the Band-Aid a couple of times.

❻ This was late in the afternoon on a Saturday, so I couldn't make an appointment at a clinic.

❼ I tried calling a few clinics in my neighborhood, but they were all **closed for the day**.

> 상처 '위'에 붙인다는 의미이므로, put a Band-Aid 다음에 on을 빠뜨리지 않도록 주의하세요.

> '휴무'라고 말하고 싶을 때는 closed for the day라고 해요.

이 문제를 해결한 방법

❽ So I took a taxi over to the local hospital.

❾ I'm glad I did.

❿ I quickly got treatment for my finger in the **emergency room**.

⓫ The doctor had to give me three stitches.

⓬ In the end, it **cost** a lot more than being treated at a clinic, but I couldn't afford to wait.

> emergency room(응급실)은 줄여서 ER이라고도 말해요.

> cost는 현재형과 과거형이 동일하다는 것에 주의하세요.

❶ 이런 비슷한 경험을 한 적이 있습니다. ❷ 요리하다가 칼에 손가락을 심하게 베었습니다. ❸ 처음에는, 이것이 큰 문제라고 생각하지 않았습니다. ❹ 저는 그냥 반창고를 붙이고 저녁 식사 준비를 마쳤습니다. ❺ 하지만 반창고를 몇 번이나 교체한 이후로도 피가 멈추지 않았습니다. ❻ 토요일 오후 늦은 시간이라 예약을 잡을 수가 없었습니다. ❼ 동네에 있는 의원 몇 군데에 전화를 해봤지만, 모두 휴무였습니다. ❽ 그래서 저는 택시를 타고 동네 병원으로 갔습니다. ❾ 그렇게 하길 잘했다고 생각합니다. ❿ 저는 응급실에서 손가락 치료를 빨리 받을 수 있었습니다. ⓫ 의사는 저에게 세 바늘을 꿰매줘야 했습니다. ⓬ 결국, 의원에서 치료하는 것보다 비용이 훨씬 많이 들었지만, 저는 기다릴 여유가 없었습니다.

어휘 · 표현 Band-Aid 반창고 bleed 피를 흘리다 treatment 치료, 처치 emergency room 응급실 stitch 꿰매다, 봉합하다

Unit 09
인터넷

출제 비율

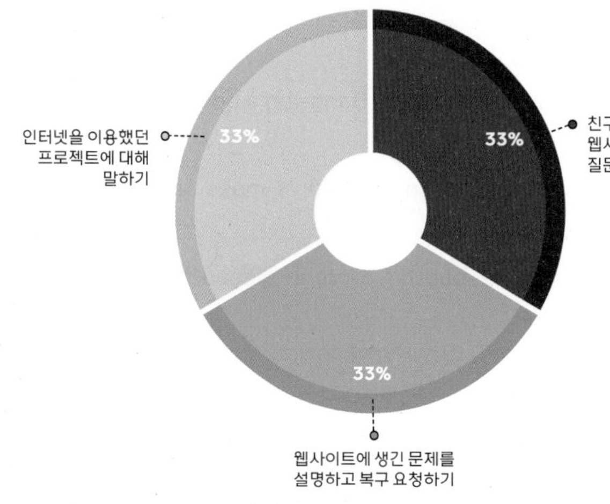

빈출 문제 TOP 3

1. 친구가 발견한 웹사이트에 대해 질문하기
2. 웹사이트에 생긴 문제를 설명하고 복구 요청하기
3. 인터넷을 이용했던 프로젝트에 대해 말하기

빈출 콤보

- 콤보1 친구가 발견한 웹사이트에 대해 질문하기 → 웹사이트에 생긴 문제를 설명하고 복구 요청하기 → 인터넷을 이용했던 프로젝트에 대해 말하기

빈출 문제 공략

STEP 1 QR코드를 찍고 모범답변 음성을 들어보세요. 그 후 쉐도잉 연습용 음성을 따라 답변을 3번 읽어보세요.
STEP 2 청록색 번호는 반드시 답변해야 하는 핵심 내용이므로, 그 문장들만 3번 더 읽어보세요.
STEP 3 이제 모범답변을 보지 않고 실제로 질문에 답하는 것처럼 자연스러운 말투로 답변해 보세요.

1 친구가 발견한 웹사이트에 대해 질문하기

Q One of your friends has told you that they've discovered a cool new website. Ask them three or four questions about it to find out more information.

당신의 친구 중 한 명이 멋진 새 웹사이트를 발견했다고 당신에게 알려줬습니다. 그것에 대해 더 많은 정보를 알아내기 위해 서너 가지 질문을 해주세요.

인사 및 전화한 목적 설명

❶ Hey, it's Hajoon.
❷ I was just calling about that travel website you recommended.

질문 1

❸ I'm planning a vacation in Vietnam, but I can't remember the site's name.
❹ What's it called again?

again을 질문할 때 붙이면 '다시 한 번 말해줘'라는 의미가 추가돼요.

질문 2

❺ You mentioned some pretty good deals, but I haven't heard of some of these airlines.
❻ I'm wondering if I can trust them.
❼ Can you tell me how I can check other people's reviews on this website?

'괜찮은 가격대의 상품'이라고 말하고 싶을 때는 good deals라고 하면 돼요.

질문 3

❽ You also said that the site can be used to find hotels.
❾ Did you use this feature?
❿ And if so, what did you think of your accommodations?

질문 4

⓫ I'm also interested in your experience with the site.
⓬ What trip did you use it for, and what did you think about the experience?

마무리 인사

⓭ Thanks so much for the information!

❶ 안녕, 나 하준이야. ❷ 네가 추천해 준 여행 사이트 때문에 전화했어. ❸ 베트남에서 휴가를 보낼 계획을 하고 있는데, 그 사이트의 이름이 기억이 안 나. ❹ 이름이 뭐였더라? ❺ 네가 꽤 괜찮은 가격대의 상품들에 대해 말했는데, 난 그 항공사들 중 몇몇은 들어본 적이 없어. ❻ 그곳들을 믿어도 되는지 모르겠네. ❼ 이 사이트에서 다른 사람들의 후기를 어떻게 확인할 수 있는지 알려줄 수 있어? ❽ 네가 또 이 사이트를 이용해서 호텔도 찾아볼 수 있다고 했잖아. ❾ 너는 이 기능을 사용했어? ❿ 그리고 만약 그렇다면, 너는 너의 숙소에 대해 어떻게 생각했어? ⓫ 그리고 이 사이트를 이용했던 너의 경험에도 관심이 있어. ⓬ 너는 이것을 어떤 여행에 이용했고, 그 경험에 대해 어떻게 생각했어? ⓭ 정보 정말 고마워!

2 웹사이트에 생긴 문제를 설명하고 복구 요청하기

음성 바로 듣기 

Q **You are having trouble using a website. Contact technical support to resolve the problem. Leave a message describing the issue. Emphasize that you need the problem solved as quickly as possible.**

당신은 어느 웹사이트를 사용하는 데 문제를 겪고 있습니다. 문제를 해결하기 위해 기술 지원팀에 연락해주세요. 문제를 설명하는 메시지를 남겨주세요. 가능한 한 빨리 문제가 해결되어야 한다는 것을 강조해주세요.

인사 및 문제 상황 설명

❶ Hi, I'm calling about a problem I'm having with your website.

❷ I'm having trouble completing an order at the moment.

❸ I can add items to my **shopping cart**, but the page keeps crashing when I click "make payment."

'장바구니'는 영어로 shopping cart라고 해요.

웹사이트의 문제 상세 설명

❹ My name, address, and **card number** are entered properly.

❺ I also just made a purchase on another site.

❻ I'm pretty sure this is an issue with the website.

❼ I'm not getting a specific error code to identify the problem.

❽ The page just says that the site cannot complete the order at this time.

카드 번호는 여러 숫자로 이루어져 있어 복수형으로 써야 할 것 같지만, 카드 한 장의 번호를 가리키는 것이기 때문에 단수형인 number라고 해요. 두 장 이상의 카드 번호를 입력한 경우, card numbers라고 말해요.

이 문제를 바로 해결해야 하는 이유

❾ I would really appreciate a quick solution to this.

❿ The items I'm buying are only supposed to be on sale for another hour.

⓫ Is there anything else I can try?

마무리 인사

⓬ I'd appreciate it if you could help me as soon as possible.

❶ 안녕하세요, 웹사이트에서 문제를 겪고 있어서 전화했습니다. ❷ 저는 지금 주문을 완료하는 데 어려움을 겪고 있습니다. ❸ 장바구니에 항목을 추가할 수는 있는데, "결제하기"를 클릭하면 페이지에 자꾸 오류가 납니다. ❹ 제 이름, 주소 그리고 카드 번호는 제대로 입력되어 있습니다. ❺ 그리고 또한 방금 다른 사이트에서 물건을 구매하기도 했습니다. ❻ 저는 이것이 이 웹사이트의 문제라고 어느 정도 확신합니다. ❼ 문제를 식별할 수 있는 특정 오류 코드도 뜨지 않고 있습니다. ❽ 페이지에는 그저 현재 사이트에서 주문을 완료할 수 없다고만 나옵니다. ❾ 이에 대해 빠른 해결을 해주시면 정말 감사하겠습니다. ❿ 제가 사려는 물건들은 앞으로 약 한 시간 정도만 할인하기로 되어 있습니다. ⓫ 혹시 제가 더 시도해 볼 수 있는 것이 있나요? ⓬ 가능한 한 빨리 도와주시면 감사하겠습니다.

어휘 · 표현 crash 오류가 나다, 고장 나다 properly 제대로, 올바로 identify 식별하다, 확인하다

3 인터넷을 이용했던 프로젝트에 대해 말하기

Q Reflect on something you had to work on that required a lot of research on the Internet. What was the project? When did you work on it? How did you use the Internet to complete the project?

인터넷으로 많은 조사를 해야 했던 일에 대해 떠올려보세요. 그 프로젝트는 무엇이었나요? 그것을 언제 하셨나요? 프로젝트를 완료하기 위해 인터넷을 어떻게 사용했나요?

인터넷을 이용했던 프로젝트 소개

❶ Honestly, I can't imagine doing any big project without the internet.

❷ For example, I had to do some remodeling in my house a few years ago.

❸ There was some black **mold** on my bedroom wall, so the wallpaper needed to be replaced.

'곰팡이'를 의미하는 mold는 단수형으로만 사용되므로 뒤에 's'를 붙이지 않도록 주의하세요.

인터넷을 이용한 방법 설명

❹ At first, I considered changing the wallpaper myself, and I looked in **online forums** about remodeling.

online forum은 공통의 관심사에 대한 의견과 자료를 공유하고자 만든 웹사이트를 말하는 것으로, 우리나라의 온라인 커뮤니티와 비슷해요.

❺ But I realized this would be too difficult.

❻ So I went back and did a different search.

❼ This time, I searched for a contractor who could change the wallpaper for me and found some recommendations.

❽ I also used a site that rated different contractors in my city.

❾ Then, I emailed a few of them to ask about pricing and hired the cheapest one.

❿ **Basically**, every step of the process was done on the internet until the contractor came to my house.

basically는 '요컨대, 다시 말하면'이라는 표현으로, 앞에서 했던 말을 요약 및 정리할 때 사용하는 수식어에요.

❶ 솔직히, 저는 인터넷 없이 큰 프로젝트를 하는 것은 상상할 수 없습니다. ❷ 예를 들어, 저는 몇 년 전에 집에 리모델링을 좀 해야 했습니다. ❸ 제 침실 벽에 검은 곰팡이가 좀 있어서, 벽지가 교체되어야 했습니다. ❹ 처음에는, 벽지를 직접 바꾸는 것을 고려했고, 리모델링에 대한 온라인 커뮤니티를 둘러보았습니다. ❺ 하지만 저는 이것이 너무 어려울 것이라는 것을 깨달았습니다. ❻ 그래서 저는 다시 돌아가서 다른 검색을 했습니다. ❼ 이번에는, 저를 위해 벽지를 바꿔줄 수 있는 도급 업체를 찾아봤고 몇몇 추천을 찾았습니다. ❽ 저는 또한 제가 사는 도시의 여러 도급 업체들을 평가하는 사이트를 이용했습니다. ❾ 그러고 나서, 견적을 문의하기 위해 그들 중 몇 곳에 이메일을 보냈고, 가장 저렴한 쪽을 고용했습니다. ❿ 요컨대, 도급 업체가 우리 집에 올 때까지의 모든 과정이 인터넷에서 이루어졌습니다.

어휘 · 표현 mold 곰팡이 contractor 도급 업체, 계약자 pricing 견적, 가격 책정 hire (사람을) 고용하다

Unit 10
재활용

출제 비율

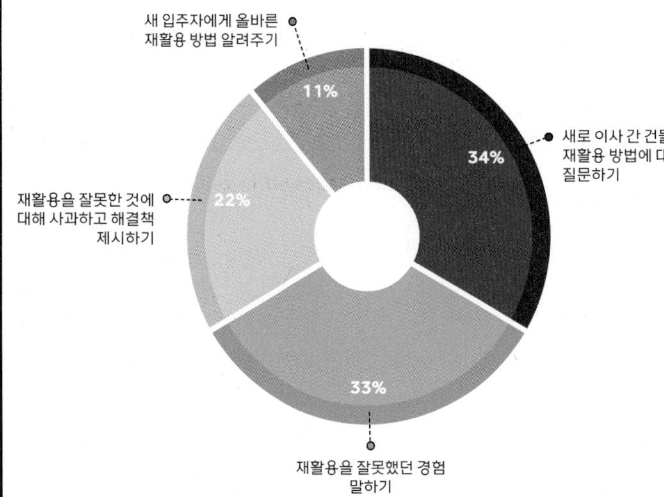

빈출 문제 TOP 3

1. 새로 이사 간 건물의 재활용 방법에 대해 질문하기
2. 재활용을 잘못했던 경험 말하기
3. 재활용을 잘못한 것에 대해 사과하고 해결책 제시하기

빈출 콤보

- 콤보1 새로 이사 간 건물의 재활용 방법에 대해 질문하기 → 재활용을 잘못한 것에 대해 사과하고 해결책 제시하기 → 재활용을 잘못했던 경험 말하기
- 콤보2 새로 이사 간 건물의 재활용 방법에 대해 질문하기 → 새 입주자에게 올바른 재활용 방법 알려주기 → 재활용을 잘못했던 경험 말하기

빈출 문제 공략

STEP 1 QR코드를 찍고 모범답변 음성을 들어보세요. 그 후 쉐도잉 연습용 음성을 따라 답변을 3번 읽어보세요.
STEP 2 청록색 번호는 반드시 답변해야 하는 핵심 내용이므로, 그 문장들만 3번 더 읽어보세요.
STEP 3 이제 모범답변을 보지 않고 실제로 질문에 답하는 것처럼 자연스러운 말투로 답변해 보세요.

1 새로 이사 간 건물의 재활용 방법에 대해 질문하기

음성 바로 듣기 

Q Pretend that you have just moved into a new apartment. Call the building manager and pose three or four questions about the recycling system in order to gain more information.

당신이 방금 새 아파트로 이사 왔다고 가정해 보세요. 건물 관리자에게 전화를 걸어 재활용 시스템에 대해 더 많은 정보를 얻기 위해 서너 가지 질문을 해 보세요.

인사 및 상황 설명

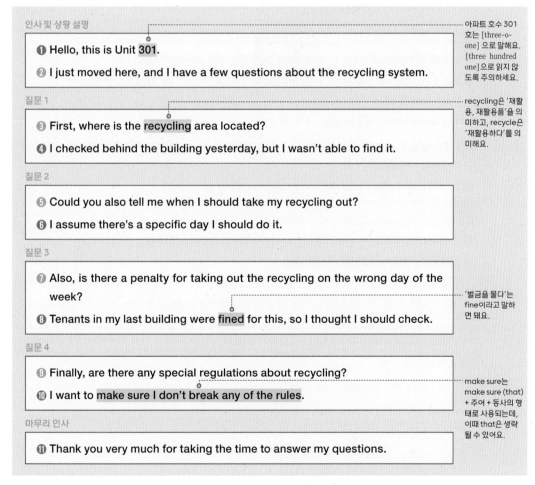

❶ Hello, this is Unit 301.
❷ I just moved here, and I have a few questions about the recycling system.

아파트 호수 301호는 [three-o-one]으로 말해요. [three hundred one]으로 읽지 않도록 주의하세요.

질문 1

❸ First, where is the recycling area located?
❹ I checked behind the building yesterday, but I wasn't able to find it.

recycling은 '재활용, 재활용품'을 의미하고, recycle은 '재활용하다'를 의미해요.

질문 2

❺ Could you also tell me when I should take my recycling out?
❻ I assume there's a specific day I should do it.

질문 3

❼ Also, is there a penalty for taking out the recycling on the wrong day of the week?
❽ Tenants in my last building were fined for this, so I thought I should check.

'벌금을 물다'는 fine이라고 말하면 돼요.

질문 4

❾ Finally, are there any special regulations about recycling?
❿ I want to make sure I don't break any of the rules.

make sure는 make sure (that) + 주어 + 동사의 형태로 사용되는데, 이때 that은 생략될 수 있어요.

마무리 인사

⓫ Thank you very much for taking the time to answer my questions.

❶ 안녕하세요, 301호입니다. ❷ 저는 바로 얼마 전에 이곳에 이사 왔는데, 재활용 시스템에 대해 몇 가지 질문이 있습니다. ❸ 먼저, 재활용 구역은 어디에 위치해 있나요? ❹ 어제 건물 뒤편을 확인해봤는데, 찾을 수가 없었어요. ❺ 재활용품을 언제 내놓아야 하는지도 알려주실 수 있나요? ❻ 그것을 해야 하는 특정한 날이 있을 거라고 생각해요. ❼ 또한, 잘못된 요일에 재활용품을 버릴 경우 불이익이 있나요? ❽ 전에 살던 건물의 세입자들이 이것 때문에 벌금을 물었어서, 확인해 봐야겠다고 생각했어요. ❾ 마지막으로, 재활용에 대한 특별 규정이 있나요? ❿ 어떠한 규칙도 어기지 않도록 확실히 하고 싶어요. ⓫ 시간 내서 제 질문에 답변해 주셔서 정말 감사합니다.

어휘 · 표현 penalty 불이익, 처벌, 위약금 tenant 세입자, 임차인 fine 벌금을 물다, 벌금 regulation 규정

2 재활용을 잘못했던 경험 말하기

음성 바로 듣기 

Q Tell me about a time when you did not follow a recycling policy and got into trouble. For instance, you might have put the recycling out at the wrong time or in the wrong place. Tell me all about what happened and what the penalty was.

재활용 정책을 지키지 않아서 문제가 생겼던 경험에 대해 말해주세요. 예를 들어, 당신은 재활용품을 잘못된 시간, 또는 잘못된 장소에 내놓았을 수 있어요. 무슨 일이 있었고 어떤 불이익이 있었는지 다 알려주세요.

재활용을 잘못했던 경험 소개

❶ The most serious problem I had with recycling was when I put some recyclable materials in a regular garbage bag.

❷ I didn't realize there was a strict law against this.

❸ I was cleaning out my closet and found some old plastic bags.

❹ I put them in a bag with my regular trash without much thought.

❺ My garbage was picked up the next day, and then I forgot about it.

'별생각 없이, 깊이 생각하지 않고'라고 말하고 싶을 때는 without much thought라고 하면 돼요.

재활용을 잘못한 결과

❻ But about a week later, I got a letter from the city government.

❼ The bag had an envelope with my name and address, so they knew whose trash it was.

❽ The letter said I had to pay a fine of $100.

❾ I thought it wasn't fair because I didn't do it on purpose, but there was nothing I could do.

❿ I went to the city's website and made an online payment.

이 경험에서 배운 점

⓫ This incident taught me that I should always recycle properly.

⓬ I learned that lesson the hard way.

'교훈을 어렵게 얻었다'라고 말하고 싶을 때 사용할 수 있는 만능 표현이에요.

❶ 재활용과 관련하여 제가 겪었던 가장 심각한 문제는 재활용 가능한 물품을 일반 쓰레기봉투에 넣었을 때입니다. ❷ 이것을 금지하는 엄격한 법이 있다는 것을 몰랐습니다. ❸ 저는 옷장을 정리하다가 오래된 비닐봉지를 몇 개 발견했습니다. ❹ 저는 별생각 없이 그것들을 일반 쓰레기와 함께 봉지에 넣었습니다. ❺ 제 쓰레기는 다음날 수거됐고, 그 후 저는 그것에 대해 잊어버렸습니다. ❻ 그런데 일주일쯤 지났을 때, 시청에서 우편을 한 통 받았습니다. ❼ 그 쓰레기 봉지 속에 제 이름과 주소가 적힌 봉투가 있어서, 그들은 그것이 누구의 쓰레기인지 알 수 있었습니다. ❽ 우편에는 제가 100달러의 벌금을 내야 한다고 되어 있었습니다. ❾ 제가 일부러 한 게 아니라서 억울하다고 생각했지만, 어쩔 수 없었습니다. ❿ 저는 시청의 웹사이트에 가서 온라인으로 지불했습니다. ⓫ 이 사건은 저에게 항상 재활용을 제대로 해야 한다는 것을 가르쳐 주었습니다. ⓬ 저는 그 교훈을 어렵게 얻었습니다.

어휘 · 표현 envelope 봉투 properly 제대로, 올바로

3 재활용을 잘못한 것에 대해 사과하고 해결책 제시하기

음성 바로 듣기

Q After hosting a party, you took out all of the recycling the following morning. But some other tenants in your building complained. Call the building manager, describe what happened, and provide two or three suggestions in order to handle the issue.

파티를 주최한 후, 당신은 다음 날 아침에 재활용품을 모두 내다 버렸습니다. 하지만 건물의 몇몇 다른 세입자들이 불만을 제기했습니다. 건물 관리자에게 전화를 걸어, 무슨 일이 일어났는지 설명하고, 이 문제를 해결하기 위해 두세 가지 방안을 제시해 주세요.

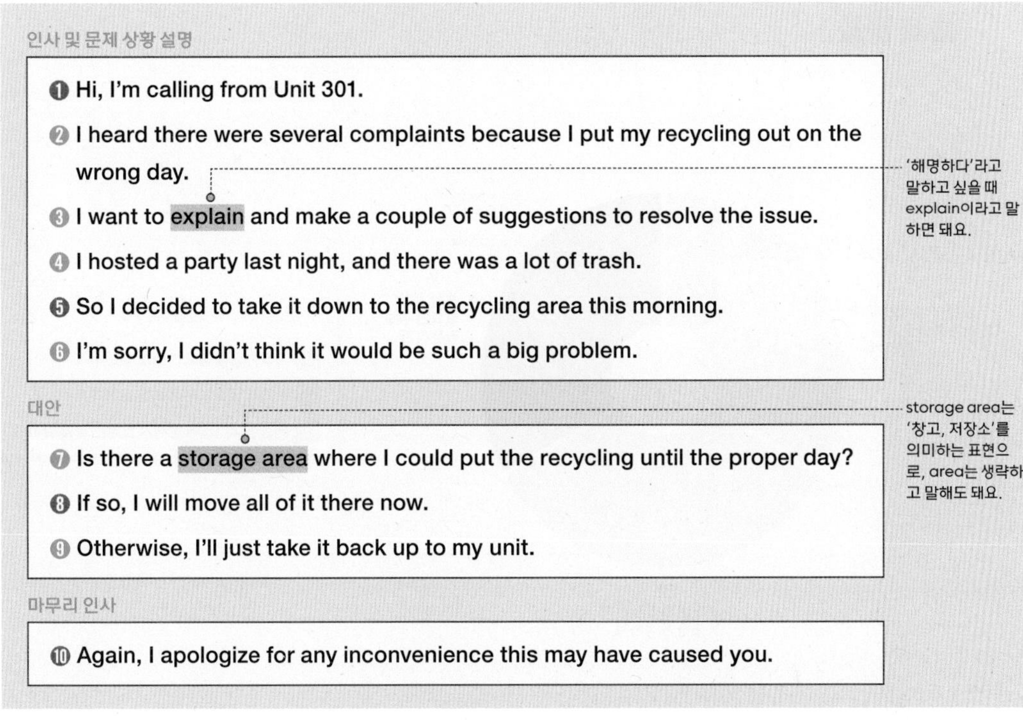

인사 및 문제 상황 설명

❶ Hi, I'm calling from Unit 301.

❷ I heard there were several complaints because I put my recycling out on the wrong day.

❸ I want to explain and make a couple of suggestions to resolve the issue.

❹ I hosted a party last night, and there was a lot of trash.

❺ So I decided to take it down to the recycling area this morning.

❻ I'm sorry, I didn't think it would be such a big problem.

'해명하다'라고 말하고 싶을 때 explain이라고 말하면 돼요.

대안

❼ Is there a storage area where I could put the recycling until the proper day?

❽ If so, I will move all of it there now.

❾ Otherwise, I'll just take it back up to my unit.

storage area는 '창고, 저장소'를 의미하는 표현으로, area는 생략하고 말해도 돼요.

마무리 인사

❿ Again, I apologize for any inconvenience this may have caused you.

❶ 안녕하세요, 301호에서 전화드렸습니다. ❷ 제가 재활용품을 잘못된 날에 내놓아서 여러 건의 항의가 있었다고 들었어요. ❸ 저는 해명하고 이 문제를 해결하기 위한 몇 가지 해결책을 제안하고자 합니다. ❹ 제가 어젯밤에 파티를 열었고 쓰레기가 많이 생겼습니다. ❺ 그래서 오늘 아침에 재활용 구역에 가져가기로 결정했습니다. ❻ 죄송합니다, 그렇게 큰 문제가 될 줄은 몰랐어요. ❼ 제가 재활용품을 올바른 날까지 둘 수 있는 창고가 있나요? ❽ 만약 그렇다면, 지금 그곳으로 모두 옮겨 놓겠습니다. ❾ 그렇지 않다면, 그냥 저희 집으로 다시 가져가겠습니다. ❿ 이번 일로 끼친 모든 불편에 대해 다시 한번 사과드립니다.

추가 답변 아이디어 및 표현

추가 문제의 답변 아이디어 및 표현을 익히고 답변을 준비해보세요.

새 입주자에게 올바른 재활용 방법 알려주기

문제 상황 설명	• 일반 쓰레기를 재활용 쓰레기통에 버림	➡ have been throwing waste in the recycling bin
올바른 재활용 방법 설명	• 일반쓰레기 구역과 재활용을 위한 다른 구역 • 분리되어야 함 • 어떻게 하는지 기꺼이 보여줄 수 있음	➡ a section for trash and another for recycling ➡ must be separated ➡ more than happy to show you how to do it

Unit 11
은행

출제 비율

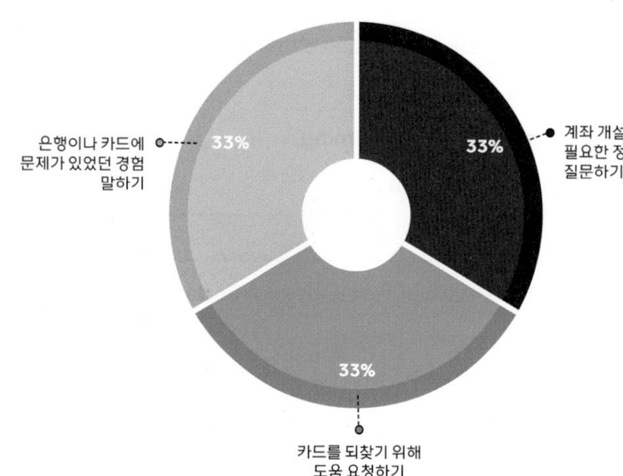

빈출 문제 TOP 3

1. 계좌 개설에 필요한 정보 질문하기
2. 카드를 되찾기 위해 도움 요청하기
3. 은행이나 카드에 문제가 있었던 경험 말하기

빈출 콤보

- 콤보1 계좌 개설에 필요한 정보 질문하기 → 카드를 되찾기 위해 도움 요청하기 → 은행이나 카드에 문제가 있었던 경험 말하기

빈출 문제 공략

STEP 1 QR코드를 찍고 모범답변 음성을 들어보세요. 그 후 쉐도잉 연습용 음성을 따라 답변을 3번 읽어보세요.
STEP 2 청록색 번호는 반드시 답변해야 하는 핵심 내용이므로, 그 문장들만 3번 더 읽어보세요.
STEP 3 이제 모범답변을 보지 않고 실제로 질문에 답하는 것처럼 자연스러운 말투로 답변해 보세요.

1 계좌 개설에 필요한 정보 질문하기

음성 바로 듣기

Q I'd like to give you a situation to act out. You want to open a new account at the bank. Call the bank, and pose three or four questions to the teller in order to gain more information about opening an account.

당신에게 연기할 상황을 드릴게요. 당신은 은행에 새로운 계좌를 개설하고 싶어 합니다. 은행에 전화해서, 계좌를 개설하는 것에 대한 더 많은 정보를 얻기 위해 은행원에게 서너 가지 질문을 해주세요.

인사 및 전화한 목적 설명

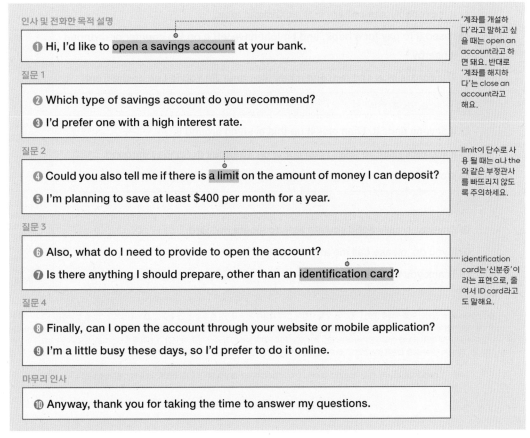

❶ Hi, I'd like to open a savings account at your bank.

'계좌를 개설하다'라고 말하고 싶을 때는 open an account라고 하면 돼요. 반대로 '계좌를 해지하다'는 close an account라고 해요.

질문 1

❷ Which type of savings account do you recommend?

❸ I'd prefer one with a high interest rate.

질문 2

❹ Could you also tell me if there is a limit on the amount of money I can deposit?

❺ I'm planning to save at least $400 per month for a year.

limit이 단수로 사용될 때는 a나 the와 같은 부정관사를 빠뜨리지 않도록 주의하세요.

질문 3

❻ Also, what do I need to provide to open the account?

❼ Is there anything I should prepare, other than an identification card?

identification card는 '신분증'이라는 표현으로, 줄여서 ID card라고도 말해요.

질문 4

❽ Finally, can I open the account through your website or mobile application?

❾ I'm a little busy these days, so I'd prefer to do it online.

마무리 인사

❿ Anyway, thank you for taking the time to answer my questions.

❶ 안녕하세요, 은행에 예금 계좌를 개설하고 싶습니다. ❷ 어떤 종류의 예금 계좌를 추천하시나요? ❸ 저는 이자율이 높은 것을 선호합니다. ❹ 제가 예금할 수 있는 금액에 제한이 있는지도 알려주실 수 있나요? ❺ 저는 1년 동안 적어도 한 달에 400달러를 예금하려고 계획하고 있습니다. ❻ 그리고, 계좌를 개설하기 위해 제가 무엇을 제공해야 하나요? ❼ 신분증 이외에 더 준비해야 할 것이 있나요? ❽ 마지막으로, 은행의 웹사이트나 모바일 애플리케이션을 통해 계좌를 개설할 수 있나요? ❾ 제가 요즘 좀 바빠서, 인터넷으로 하는 것을 더 원해요. ❿ 아무튼, 시간을 내어 제 질문에 답변해 주셔서 감사합니다.

어휘 · 표현 savings account 예금 계좌, 저축 예금 interest rate 이자율 deposit 예금하다 identification card 신분증

2 카드를 되찾기 위해 도움 요청하기

음성 바로 듣기

Q Pretend that you went shopping at a bookstore. However, you discover afterward that you forgot your credit card there. Call the bookstore and describe the issue. Describe your card to the bookstore staff, and suggest an option for retrieving your card.

당신이 서점에 쇼핑하러 갔다고 가정해 보세요. 그런데, 당신은 신용카드를 그곳에 깜박 두고 왔다는 것을 나중에 발견합니다. 서점에 전화해서 그 문제에 대해 설명해 주세요. 서점 직원에게 카드를 설명하고, 카드를 되찾기 위한 방법을 제안해주세요.

인사 및 문제 상황 설명

❶ Good afternoon.
❷ I'm hoping you can help me.
❸ I think I left my credit card in your bookstore this morning.

I'm hoping you can help me는 도움을 요청할 때 사용할 수 있는 만능 표현이에요.

카드를 잃어버린 위치 및 카드의 생김새 묘사

❹ Could you ask your staff members to look for it?
❺ It is probably somewhere in the checkout area.
❻ I used it to pay for a book, and I might have left it on the counter or dropped it nearby.
❼ The card is blue and red, and it has the name Jin Young Lee on the front.

카드를 돌려받을 방법 제시

❽ If anyone finds it, I can pick it up this evening around 8.
❾ If you close before then, I can come on Saturday or Sunday morning.
❿ Would you mind holding on to the credit card until then?

마무리 인사

⓫ Anyway, I really hope you are able to locate my card.
⓬ If you do, please call me at 555-4321.
⓭ Thank you very much.

hope는 현실적으로 가능해 보이는 상황에 대해 말할 때 사용하고, wish는 불가능해 보이거나 바꿀 수 없는 일에 대해 말할 때 사용해요.

❶ 안녕하세요. ❷ 당신이 저를 도와주셨으면 해요. ❸ 오늘 아침에 그쪽 서점에 제 신용카드를 두고 온 것 같아요. ❹ 직원들에게 그것을 찾아봐달라고 부탁해 주실 수 있나요? ❺ 아마 계산대 어딘가에 있을 거예요. ❻ 카드로 책값을 지불했고, 계산대 위에 두었거나 근처에 떨어뜨렸을 수도 있어요. ❼ 그 카드는 파란색과 빨간색이고, 앞면에 이진영이라는 이름이 있습니다. ❽ 만약 누군가가 찾는다면, 제가 오늘 저녁 8시쯤 찾으러 갈 수 있어요. ❾ 만약 그 전에 문을 닫는다면, 토요일이나 일요일 아침에 갈 수 있습니다. ❿ 그때까지 신용카드를 보관해 주시겠어요? ⓫ 아무튼, 제 카드를 찾아주실 수 있으면 좋겠습니다. ⓬ 만약 찾는다면, 555-4321로 전화 주세요. ⓭ 정말 감사해요.

어휘 · 표현 credit card 신용카드 bookstore 서점 checkout area 계산대 locate (~의 위치를) 찾아내다

3 은행이나 카드에 문제가 있었던 경험 말하기

음성 바로 듣기 

Q Have you ever encountered a banking issue? What happened, and how did you resolve the problem?

당신은 은행 문제에 맞닥뜨린 적이 있나요? 무슨 일이 있었고, 당신은 그 문제를 어떻게 해결했나요?

카드 관련 문제 경험 소개

❶ A problem I had related to banking was that my credit card suddenly stopped working.
❷ I usually pay for everything with my credit card because I don't carry cash.
❸ One time, I had lunch at a restaurant I go to frequently.
❹ After I finished my meal, I went to the cashier to pay.
❺ But my credit card would not work for some reason.
❻ Maybe the magnetic bar on the card was damaged.
❼ I felt really embarrassed because I didn't have another card.

for some reason은 '어떤 이유에서인지'라는 표현으로, 정확한 이유를 알 수 없는 상황에 대해 말할 때 사용해요.

이 문제를 해결한 방법

❽ Luckily, the restaurant owner said I could pay later.
❾ So I went home, got some cash, and returned to pay.
❿ Then, I called my bank and asked that a new card be issued.

'(카드를) 발급하다'라고 말하고 싶을 때는 issue라고 말해요.

이 경험을 통해 배운 점

⓫ Overall, it was a very stressful situation.
⓬ Now, I always make sure to carry some money in case of an emergency.

좋지 않았던 경험에 대해 이야기할 때 마무리 문장으로 쓸 수 있는 만능 표현이에요.

❶ 저에게 있었던 은행 관련 문제는 제 신용카드가 갑자기 작동을 멈췄던 것입니다. ❷ 저는 현금을 가지고 다니지 않기 때문에 보통 모든 것을 신용카드로 결제합니다. ❸ 한 번은, 제가 자주 가는 식당에서 점심을 먹었습니다. ❹ 식사를 마치고, 저는 계산하러 계산대에 갔습니다. ❺ 하지만 어떤 이유에서인지 제 신용카드가 결제가 안 됐습니다. ❻ 아마도 카드의 마그네틱 바가 손상되었던 것 같습니다. ❼ 다른 카드가 없어서 정말 창피했습니다. ❽ 다행히도, 식당 주인이 나중에 계산해도 된다고 말해줬습니다. ❾ 그래서 저는 집에 가서, 현금을 좀 챙기고, 결제를 하기 위해 돌아왔습니다. ❿ 그러고 나서, 저는 제 카드의 은행에 전화해서 새로운 카드를 발급해 달라고 요청했습니다. ⓫ 전반적으로, 그것은 매우 스트레스받는 상황이었습니다. ⓬ 요즘, 저는 항상 비상시를 위해 약간의 현금을 가지고 다닙니다.

어휘 · 표현 banking 은행(업무) frequently 자주, 흔히 cashier 계산대, 계산원 issue 발급하다, 지급하다

Unit 12
주택

출제 비율

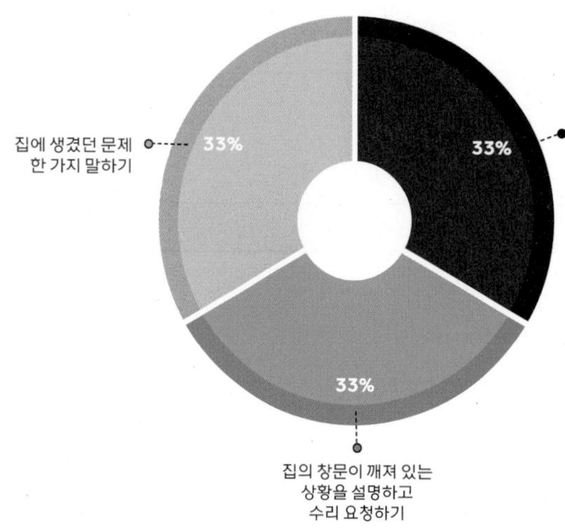

빈출 문제 TOP 3

1. 집을 구하기 위해 부동산에 질문하기
2. 집의 창문이 깨져 있는 상황을 설명하고 수리 요청하기
3. 집에 생겼던 문제 한 가지 말하기

빈출 콤보

- 콤보1 집을 구하기 위해 부동산에 질문하기 → 집의 창문이 깨져 있는 상황을 설명하고 수리 요청하기 → 집에 생겼던 문제 한 가지 말하기

빈출 문제 공략

STEP 1 QR코드를 찍고 모범답변 음성을 들어보세요. 그 후 쉐도잉 연습용 음성을 따라 답변을 3번 읽어보세요.
STEP 2 청록색 번호는 반드시 답변해야 하는 핵심 내용이므로, 그 문장들만 3번 더 읽어보세요.
STEP 3 이제 모범답변을 보지 않고 실제로 질문에 답하는 것처럼 자연스러운 말투로 답변해 보세요.

1 집을 구하기 위해 부동산에 질문하기

음성 바로 듣기

Q You are currently searching for a new home. Call a real estate agent and explain your situation. Then, ask three or four questions about a place that the company has listed.

당신은 현재 새집을 찾고 있습니다. 부동산 중개인에게 전화해서 당신의 상황을 그들에게 알려주세요. 그러고 나서, 그 부동산이 올린 매물에 대해 서너 가지 질문을 해주세요.

인사 및 상황 설명

❶ Hi, I'm Sumin.

❷ I need to **move out of** my current place in about three months, so I'm looking for a new apartment.

❸ I have a few questions about the one that is advertised on your website.

'(살던 곳에서) 이사를 가다'를 말하고 싶을 때 move out of라고 하면 돼요. 반대로 '(새로운 집으로) 이사를 들다'는 move into라고 말해요.

질문 1

❹ How much is the **deposit** and rent?

❺ I'd prefer not to spend more than $800 per month.

'보증금'은 영어로 deposit이라고 말해요.

질문 2

❻ Is there a subway station near the apartment building?

❼ If so, how long does it take to reach on foot?

질문 3

❽ In addition, does the building have a parking area?

❾ Do tenants have to **pay extra for** a parking space?

'~을 위해 추가 비용을 지불하다'라고 말하고 싶을 때 pay extra for라고 하면 돼요.

마무리 인사

❿ Thanks for answering all my questions.

❶ 안녕하세요, 저는 수민입니다. ❷ 3개월 정도 후에 지금 사는 곳에서 이사를 가야 해서 새 아파트를 찾고 있습니다. ❸ 부동산의 웹사이트에 광고된 집에 대해 몇 가지 질문이 있습니다. ❹ 보증금과 임대료는 얼마인가요? ❺ 저는 한 달에 800달러 이상은 쓰고 싶지 않아요. ❻ 아파트 건물 근처에 지하철역이 있나요? ❼ 만약 있다면, 그곳까지 걸어서 얼마나 걸리나요? ❽ 그리고, 건물에 주차 공간이 있나요? ❾ 세입자들은 주차 공간을 위해 추가 비용을 지불해야 하나요? ❿ 모든 질문에 대답해 주셔서 감사합니다.

어휘 · 표현 advertise 광고하다 deposit 보증금 rent 임대료, 집세 tenant 세입자, 임차인

2 집의 창문이 깨져 있는 상황을 설명하고 수리 요청하기

음성 바로 듣기

Q When you get to your home, you discover that a window is broken. Call a repair shop and describe the situation. Tell them what you think caused the break, and give them details about the window's condition. Emphasize the importance of getting the window fixed right away.

집에 도착했을 때, 당신은 창문이 깨져있다는 것을 발견합니다. 수리점에 전화해서 상황을 설명해 주세요. 그들에게 당신이 생각하는 파손의 원인이 무엇인지 말하고, 창문의 상태에 대해 자세히 말해주세요. 창문을 바로 고치는 것의 중요성을 강조해주세요.

인사 및 문제 상황 설명

❶ Hello, I am calling about a broken window at my home.

❷ When I woke up this morning, I noticed that one of my windows is broken.

❸ I think it was caused by the strong winds last night.

❹ To give you more information, the window is four feet by four feet.

❺ The glass is shattered, and there are still some pieces in the frame.

여러 개 중 하나이므로 windows를 복수형으로 말하는 것에 주의하세요.

채점관이 더 쉽게 이해할 수 있도록 치수는 feet 말하는 게 좋아요.

꼭 오늘 수리해야 하는 이유 설명

❻ I'm very worried about this situation since somebody may get hurt, and it's a security risk.

❼ I understand you may be busy, but could you fix my broken window soon?

마무리 인사

❽ Please let me know when you are available and how much it will cost.

❾ Thank you for your time, and I look forward to hearing from you soon.

to가 전치사이기 때문에 동명사(hearing)로 말하는 것에 주의하세요.

❶ 안녕하세요, 저희 집 창문이 깨져서 전화드려요. ❷ 오늘 아침에 일어났을 때 저는 창문 중 하나가 깨져 있는 걸 발견했어요. ❸ 제 생각에는 어젯밤 강한 바람 때문에 깨진 것 같아요. ❹ 정보를 좀 더 드리자면, 창문은 가로 4피트, 세로 4피트에요. ❺ 유리는 산산조각이 났고, 창틀에는 아직 조각이 몇 개 남아 있어요. ❻ 누군가 다칠 수도 있고, 보안상의 위험이 있기 때문에 저는 이 상황이 매우 걱정돼요. ❼ 바쁘시겠지만, 저희 집의 깨진 창문 좀 빨리 고쳐주시겠어요? ❽ 언제 가능하신지와 비용은 얼마가 들지 알려주세요. ❾ 시간 내주셔서 감사하고, 빠른 답변 기다리겠습니다.

어휘 · 표현 shatter 산산조각 나다, 깨지다

3 집에 생겼던 문제 한 가지 말하기

음성 바로 듣기 

Q Tell me about a time when something in your house was damaged or stopped working. What happened, and what caused it? What was the process like to fix it?

당신의 집에 있는 물건이 고장 나거나 작동을 멈췄을 때에 대해 말해주세요. 무슨 일이 있었고, 원인은 무엇이었나요? 그것을 고치는 과정은 어땠나요?

집에 생긴 문제 소개

❶ Last Friday, I was surprised to discover that my bathroom doorknob was broken.

❷ I needed to do something about it right away because I was having guests over on Sunday.

doorknob [dɔ́ːrnὰb]의 발음에 주의하세요. 'k'는 묵음이라 발음하지 않아요.

이 문제를 해결한 방법

❸ I first tried to fix the doorknob.

❹ I took it apart and checked if any parts were damaged.

❺ I could not see anything wrong.

❻ But when I tried to put the doorknob back together, I broke an important piece.

❼ After that, the door would not even stay closed.

❽ Luckily, there was a hardware store nearby.

❾ I went and purchased a new doorknob.

❿ The store worker gave me a lot of advice, and I was able to install it easily.

take ~ apart는 '~을 분해하다'를 의미하는 표현이에요.

even은 '~조차, ~도'를 의미하는 표현으로, 특히 예상 밖이나 놀라운 일이 일어났을 때 그 상황의 당혹스러움을 강조하기 위해 사용해요.

이 경험을 통해 배운 점

⓫ Now, I always try to make sure I know what I'm doing before fixing something.

⓬ That way, I avoid making the situation worse.

❶ 지난 금요일, 저는 욕실 문의 손잡이가 망가졌다는 것을 발견하고 놀랐습니다. ❷ 일요일에 손님이 올 것이었기 때문에 당장 조치를 취해야 했습니다. ❸ 저는 처음에 손잡이를 고쳐보려고 했습니다. ❹ 저는 그것을 분해해서 손상된 부품이 있는지 확인했습니다. ❺ 저는 잘못된 부분을 찾을 수 없었습니다. ❻ 하지만 손잡이를 다시 조립하려고 했을 때, 저는 중요한 부품을 부러뜨렸습니다. ❼ 그 후로, 문은 닫히지조차 않았습니다. ❽ 다행히도, 근처에 철물점이 있었습니다. ❾ 저는 그곳에 가서 새 손잡이를 샀습니다. ❿ 매장 직원이 많은 조언을 해주었고, 저는 그것을 쉽게 설치할 수 있었습니다. ⓫ 이제, 저는 무언가를 고치기 전에 항상 제가 무엇을 하고 있는지 확실히 알려고 노력합니다. ⓬ 그렇게 해서, 저는 상황을 더 악화시키는 것을 피합니다.

어휘 · 표현 doorknob (문의) 손잡이 hardware store 철물점 advice 조언, 충고 install (장비·가구를) 설치하다

Unit 13

날씨·계절

출제 비율

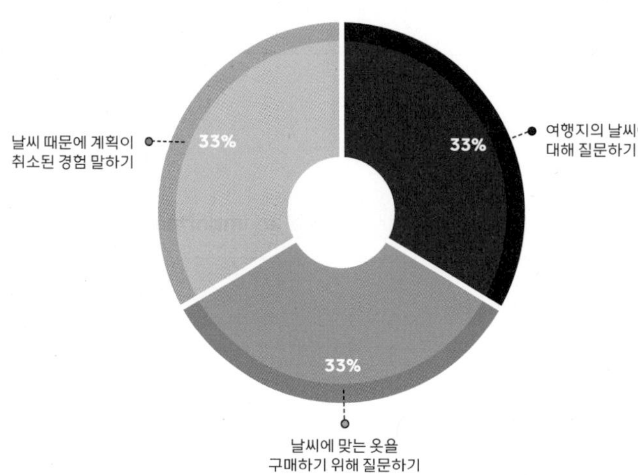

빈출 문제 TOP 3

1. 여행지의 날씨에 대해 질문하기
2. 날씨에 맞는 옷을 구매하기 위해 질문하기
3. 날씨 때문에 계획이 취소된 경험 말하기

빈출 콤보

- 콤보1 여행지의 날씨에 대해 질문하기 → 날씨에 맞는 옷을 구매하기 위해 질문하기 → 날씨 때문에 계획이 취소된 경험 말하기

빈출 문제 공략

STEP 1 QR코드를 찍고 모범답변 음성을 들어보세요. 그 후 쉐도잉 연습용 음성을 따라 답변을 3번 읽어보세요.
STEP 2 청록색 번호는 반드시 답변해야 하는 핵심 내용이므로, 그 문장들만 3번 더 읽어보세요.
STEP 3 이제 모범답변을 보지 않고 실제로 질문에 답하는 것처럼 자연스러운 말투로 답변해 보세요.

1 여행지의 날씨에 대해 질문하기

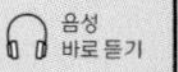

Q Pretend you are about to travel abroad. Call your hotel and pose some questions in order to find out what the weather will be like for your trip and what clothes you should bring along.

당신이 곧 해외여행을 갈 예정이라고 가정해 보세요. 호텔에 전화해서 당신이 여행 갈 때 그곳의 날씨가 어떨지 그리고 당신이 어떤 옷을 가지고 가야 하는지 알아내기 위해 몇 가지 질문을 해주세요.

인사 및 전화 목적 설명

❶ Hello.
❷ My name is Sarah, and I will be staying at your hotel during my vacation in Berlin next month.
❸ I'm not familiar with the weather there, so I want to ask you a few questions.

질문 1

❹ To begin with, how cold does it get in Berlin in the winter?
❺ I'm not sure whether I should bring a light or heavy jacket for my trip.

light와 heavy는 jacket 같은 옷과 함께 쓰일 경우, '얇은, 두꺼운'이라는 의미에요.

질문 2

❻ In addition, does it rain much there?
❼ I was hoping to explore the city on foot, so I was wondering if I should bring a raincoat and an umbrella just in case.

'도보로', 또는 '걸어서'라고 말하고 싶을 때 on foot이라고 말하면 돼요.

질문 3

❽ My last question is about how much snow you get.
❾ If necessary, I will pack a pair of winter boots.

마무리 인사

❿ Thank you for taking the time to answer all of my questions.
⓫ I'm very excited to visit Berlin.

❶ 안녕하세요. ❷ 제 이름은 사라이고, 다음 달에 베를린에서 휴가를 보내는 동안 당신의 호텔에 묵을 예정입니다. ❸ 그곳의 날씨에 익숙하지 않아서, 몇 가지 질문을 좀 하고 싶습니다. ❹ 우선, 베를린은 겨울에 얼마나 추워지나요? ❺ 여행에 얇은 재킷을 가져가야 할지 두꺼운 것을 가져가야 할지 모르겠어요. ❻ 그리고, 그곳은 비가 많이 오나요? ❼ 도보로 도시를 탐험하고 싶어서, 혹시 모를 경우에 대비해 우비와 우산을 가져가야 할지 궁금해서요. ❽ 저의 마지막 질문은 눈이 얼마나 많이 오는지에 대한 것입니다. ❾ 필요하다면, 저는 겨울 부츠를 한 켤레 챙기려고요. ❿ 시간을 내어 제 모든 질문에 답변해 주셔서 감사합니다. ⓫ 베를린을 방문하는 것이 매우 기대돼요.

어휘 · 표현 explore 탐험하다, 탐사하다 on foot 도보로, 걸어서 raincoat 우비, 비옷

2 날씨에 맞는 옷을 구매하기 위해 질문하기

음성 바로 듣기 

Q When you arrive at the hotel, you discover that the clothes you brought are not right for the weather. Call a clothing store and pose three or four questions about the clothes you need to get.

호텔에 도착하니, 당신은 당신이 가져온 옷이 날씨에 적합하지 않다는 것을 발견합니다. 옷 가게에 전화해서 당신이 구매해야 할 옷에 대해 서너 가지 질문을 해주세요.

인사 및 상황 설명

❶ Good afternoon.
❷ I'm here in Berlin on vacation.
❸ I did not realize how cold it got here in the winter.
❹ I'm afraid I didn't pack the appropriate clothes, so I will need to buy some from your store.
❺ But first, I'd like some information.

질문 1

❻ Do you sell long, padded jackets?
❼ I will be going to several dinners, so I'd like something that is both warm and stylish.

'패딩'은 영어로 padding이 아닌 padded jacket이라고 말해요.

질문 2

❽ Also, could you tell me about any boots you have in stock?
❾ I'm looking for a pair that is comfortable to walk in and won't slip on the icy sidewalks.

a pair는 앞에서 언급한 대상과 같은 의미로 해석돼요. 예를 들어 답변의 a pair는 앞 문장의 boots를 가리키므로 '부츠'로 해석돼요.

질문 3

❿ Finally, do you carry gloves?
⓫ I would prefer black leather ones, but wool ones are fine as well.

carry는 '(가게에서 품목을) 취급하다'라는 의미의 표현이에요.

마무리 인사

⓬ I really appreciate all of your help.
⓭ I plan to stop by your shop today to purchase these items.

❶ 안녕하세요. ❷ 저는 휴가로 베를린에 왔습니다. ❸ 겨울에 이곳이 얼마나 추워지는지 몰랐습니다. ❹ 제가 적절한 옷을 챙기지 못한 것 같아서, 당신의 가게에서 좀 구매해야 할 것 같아요. ❺ 하지만 먼저, 몇 가지 정보가 필요해요. ❻ 당신은 긴 패딩을 파나요? ❼ 저는 저녁식사를 하러 여러 번 나갈 예정이라서, 따뜻하고 동시에 스타일리시한 것을 원합니다. ❽ 그리고, 재고가 있는 부츠에 대해 알려주실 수 있나요? ❾ 저는 걷기 편하고 빙판길에서 미끄러지지 않는 부츠를 찾고 있어요. ❿ 마지막으로, 장갑을 취급하시나요? ⓫ 저는 검은색 가죽 장갑을 선호하지만, 털 장갑도 괜찮습니다. ⓬ 당신의 모든 도움에 정말 감사드립니다. ⓭ 이 물건들을 구매하기 위해 오늘 당신의 가게에 들를 예정입니다.

어휘 · 표현 appropriate 적절한 in stock 재고가 있는, 비축되어 있는 carry (가게에서 품목을) 취급하다 stop by (가는 길에) 들르다

3 날씨 때문에 계획이 취소된 경험 말하기

Q Have you ever had plans that you had to cancel because of the weather? Give details about the situation.

날씨 때문에 취소해야 했던 계획이 한 번이라도 있었나요? 그 상황에 대해 자세히 알려주세요.

날씨로 인해 취소한 계획 소개

❶ Last summer, I had planned to visit my grandmother on her birthday.
❷ Unfortunately, I had to cancel at the last minute due to **heavy rains**.
❸ I have a very close relationship with my grandmother, so I had been looking forward to visiting her.

'폭우, 호우'는 영어로 heavy rain이라고 말해요.

그날의 날씨 묘사

❹ However, on the day of her birthday, there was a very severe rainstorm.
❺ Rain fell for hours, and several subway stations were flooded.
❻ In fact, the news later reported that many people were injured during the storm.
❼ **Obviously**, it was too dangerous for me to go to my grandmother's house, even though it was her birthday.

obviously는 '분명히, 명백히' 등을 의미하는 표현으로, 누구나 동의할 만한 사실에 대해 말할 때 사용해요.

이 문제를 해결한 방법

❽ Instead, I used my smartphone to video chat with her.
❾ I sang "Happy Birthday" and showed her the present I had bought for her.
❿ It wasn't the same as meeting in person, but it was still fun.

❶ 지난 여름에, 저는 할머니의 생신에 할머니를 보러 갈 계획을 세웠었습니다. ❷ 공교롭게도, 폭우 때문에 막판에 취소해야 했습니다. ❸ 저는 할머니와 매우 친밀한 관계를 맺고 있기 때문에, 할머니를 보러 가는 것을 기대하고 있었습니다. ❹ 하지만, 할머니의 생일 당일에, 매우 심한 폭풍우가 내렸습니다. ❺ 몇 시간 동안 비가 내렸고, 몇몇 지하철역들은 물에 잠겼습니다. ❻ 실제로, 뉴스에서는 나중에 폭풍우가 치는 동안 많은 사람들이 다쳤다고 보도했습니다. ❼ 할머니 생신이었지만, 할머니 댁으로 가는 것은 너무 위험한 것이 분명했습니다. ❽ 대신, 저는 스마트폰을 사용해서 할머니와 화상 채팅을 했습니다. ❾ 저는 "생일 축하" 노래를 부르고 할머니를 위해 제가 산 선물을 보여드렸습니다. ❿ 직접 만나는 것과 같지 않았지만, 그래도 즐거웠습니다.

어휘 · 표현 severe 심한, 심각한 rainstorm 폭풍우, 호우, 비바람 flood 물에 잠기다, 침수되다

해커스가 골라주는
OPIc 서베이 & 난이도

설정한 서베이 & 난이도에 따라
나한테 나올 OPIc 문제들

학습한 문제를 실제 화면으로 연습하는
OPIc 실전모의고사

1회 실전모의고사 + 모범답변
2회 실전모의고사 + 모범답변
3회 실전모의고사 + 모범답변
4회 실전모의고사 + 모범답변
5회 실전모의고사 + 모범답변
6회 실전모의고사 + 모범답변

교재에 수록된 문제를 실전처럼 풀어보는
QR 랜덤 모의고사

모범 답변 및 해석 p.242

1회 실전모의고사 풀어보기

QR 코드를 스캔하여 실전과 비슷한 화면으로 모의고사를 풀어보세요. 그 후 모범답변 및 해석을 확인하고 나의 답변과 비교해보세요.

◀ 실제 화면으로 풀어보기

Question 1 of 15

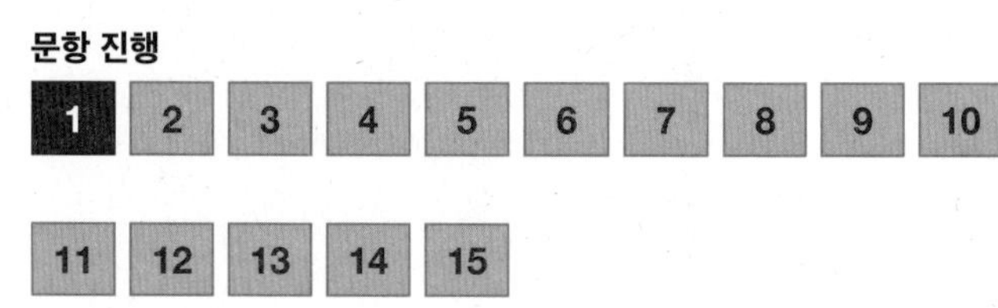

Next >

질문 음성만 듣고 풀어보기 ▶

문제 한 눈에 보기

주제	번호	문제
자기소개	Q01	Let's start the interview now. Tell me a little bit about yourself.
거주지 [설문 주제]	Q02	I'd like to know about the place where you live. Do you live in an apartment or a house? What does it look like? How many rooms does it have? Describe it in as much detail as possible.
	Q03	There are always problems that happen in any home. Things break, projects do not go as planned, or people you live with don't cooperate. Tell me about some problems that have happened in your home.
	Q04	Tell me about a problem that happened in your home. When did it happen? What caused the problem? Tell me in detail how you solved the problem.
국내·해외 여행 [설문 주제]	Q05	You mentioned in your background survey that you like to travel domestically. What places do you enjoy visiting? Do you like going to mountains or beaches more? Tell me about a specific area you like to visit, and explain why you like going there.
	Q06	Think about a trip you took when you were young. Where did you travel? Who went with you? What did you do during that trip?
	Q07	Describe the most memorable experience you have had while on a trip. When was it, and where were you? What happened? Why was it so unforgettable? Describe the experience in detail.
은행 [돌발 주제]	Q08	Tell me about banks in your country. Describe their locations, designs, and operating hours. Give as many details about them as possible.
	Q09	Describe the last banking experience you had. When and where did it happen? What bank did it involve? How helpful were the bank employees, and did you achieve what you went to the bank for? Please discuss the whole experience.
	Q10	Talk about a memorable banking experience you've had. For example, you could describe a time when you encountered a problem at the bank. What happened during the situation, and how did you handle it?
약속 [롤플레이 주제]	Q11	You want to invite another family over to your home for lunch. Ask your family members multiple questions in order to figure out the best day and time for their visit.
	Q12	Sadly, on the day you were supposed to have lunch with the other family, one of your own family members wakes up sick. Call your friend and explain the problem. Then come up with a few ideas for meeting up later.
	Q13	Have you ever needed to cancel or change plans you had made with a friend? Talk about what you had planned to do and the reasons that you couldn't follow through with it. Explain the situation in detail.
음악 감상하기 [설문 주제]	Q14	What are two genres of music that you enjoy? How are they different or similar? Tell me how you feel when you listen to each genre in as much detail as possible.
	Q15	People listen to music on many different kinds of devices. Describe some of them. Which ones are the most popular in your country? Describe them in detail.

1회 모범답변

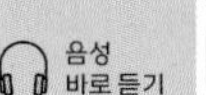

문제구성

자기소개	Q01 자기소개
거주지	Q02 내가 사는 집 묘사
	Q03 집에서 겪었던 여러 문제 묘사
	Q04 집에서 겪었던 문제 중 한 가지 자세히 묘사
국내·해외여행	Q05 내가 좋아하는 국내 여행지 묘사
	Q06 어렸을 때 갔던 여행 경험
	Q07 가장 기억에 남는 여행 경험
은행	Q08 우리나라의 은행 묘사
	Q09 최근에 은행을 방문했던 경험
	Q10 은행에서 있었던 기억에 남는 경험
약속	Q11 지인 초대를 위해 가족에게 일정 질문하기
	Q12 친구를 초대하지 못하게 된 상황을 설명하고 대안 제시하기
	Q13 친구와의 약속을 변경/취소해야 했던 경험 말하기
음악 감상하기	Q14 두 가지 음악 장르 비교
	Q15 음악을 들을 때 쓰는 기기 묘사

※ <자기소개>의 모범답변은 p.30에서 확인하세요.

거주지

Q02 내가 사는 집 묘사 → Q03 집에서 겪었던 여러문제 묘사 → Q04 집에서 겪었던 문제 중 한 가지 자세히 묘사

Q02 I'd like to know about the place where you live. Do you live in an apartment or a house? What does it look like? How many rooms does it have? Describe it in as much detail as possible.	당신이 사는 곳에 대해 알고 싶어요. 당신은 아파트에 사나요, 아니면 주택에 사나요? 그곳은 어떻게 생겼나요? 방은 몇 개가 있나요? 그곳에 대해 되도록 자세히 설명해 주세요.
❶ I currently live in an apartment complex. ❷ My apartment is on the fourth floor, and it gets lots of natural light. ❸ There are four rooms in total: a living room, a kitchen, a bathroom, and one bedroom. ❹ My living room has a sofa in front of the TV. ❺ The TV is on top of a shelf where I keep my books. ❻ The kitchen isn't large, but it's big enough for me to cook and eat in. ❼ There's a refrigerator, a gas stove, and a counter with a few appliances on it, like a microwave. ❽ In the center of the kitchen is a small table with two chairs. ❾ My bedroom is just big enough for a single bed. ❿ It's a small room, but it's cozy and well-decorated, so it's perfect for me.	❶ 저는 현재 아파트 단지에 살고 있습니다. ❷ 제 아파트는 4층에 있고, 자연광이 많이 들어옵니다. ❸ 총 4개의 분리된 방이 있는데, 거실, 부엌, 화장실, 그리고 침실 하나입니다. ❹ 거실에는 TV 앞에 소파가 있습니다. ❺ TV는 제가 책을 보관하는 선반 위에 올려져 있습니다. ❻ 부엌은 크지 않지만, 제가 요리하고 식사하기에는 충분히 큽니다. ❼ 냉장고, 가스레인지, 그리고 전자레인지와 같은 가전제품이 몇 개 놓여 있는 주방용 조리대가 있습니다. ❽ 부엌 중앙에는 의자 두 개가 있는 작은 식탁이 있습니다. ❾ 제 침실은 1인용 침대 하나가 딱 들어갈 만큼 충분히 큽니다. ❿ 작은 방이지만, 아늑하고 잘 꾸며져 있어서 저에게 딱 좋습니다.

Q03 There are always problems that happen in any home. Things break, projects do not go as planned, or people you live with don't cooperate. Tell me about some problems that have happened in your home.	어느 집에서나 항상 문제가 있어요. 물건이 깨지거나, 프로젝트가 계획대로 진행되지 않거나, 함께 사는 사람들이 협력하지 않죠. 당신의 집에서 일어난 몇 가지 문제에 대해 알려주세요.
❶ I've had several different problems to deal with in my home over the years. ❷ One time, I noticed that my air conditioner was leaking water. ❸ I called the repair service, but no one was available to come for several days. ❹ I had to wait a long time, and in the meantime I had to keep cleaning up the leaking water. ❺ Another time, the light bulb in the bathroom went out. ❻ This happened at night, so it was too late to go buy a new one. ❼ I had to use the bathroom in the dark, which was very inconvenient. ❽ There was also a problem with the toilet once. ❾ It wouldn't flush because too much toilet paper was stuck inside. ❿ I tried to unclog it on my own, but I had to call a plumber in the end. ⓫ He came over and managed to fix it for me.	❶ 지난 몇 년 동안 저는 집에서 처리해야 할 여러 다양한 문제들이 있었습니다. ❷ 한 번은, 에어컨에서 물이 새고 있는 것을 발견했습니다. ❸ 수리 센터에 전화했는데, 며칠 동안 올 수 있는 사람이 아무도 없었습니다. ❹ 저는 오래 기다려야 했고, 그동안에, 계속해서 새어 나오는 물을 치워야 했습니다. ❺ 또 어떤 때는, 욕실의 전구가 나갔습니다. ❻ 이것은 밤에 일어난 일이라, 새로운 것을 사러 가기에는 너무 늦은 시간이었습니다. ❼ 저는 어둠 속에서 화장실을 이용해야 했고, 그것은 매우 불편했습니다. ❽ 한 번은 화장실에도 문제가 있었습니다. ❾ 안에 화장지가 너무 많이 걸려서 물을 내릴 수 없었습니다. ❿ 제가 알아서 뚫어 보려고 했지만, 결국 배관공을 불러야 했습니다. ⓫ 그가 와서 저를 위해 그것을 고쳐줬습니다.

Q04 Tell me about a problem that happened in your home. When did it happen? What caused the problem? Tell me in detail how you solved the problem.	당신의 집에서 일어난 문제에 한 가지에 대해 말해주세요. 언제 그 일은 언제 일어났나요? 문제의 원인은 무엇이었나요? 당신이 문제를 어떻게 해결했는지 자세히 말해주세요.
❶ During this past summer, I had a problem with my air conditioner. ❷ One day, I noticed that it was leaking water. ❸ I tried calling the official service center, but they were booked for a month. ❹ I called a local repair shop instead, and the earliest opening they had was three days later. ❺ Since there was no other choice, I made the appointment. ❻ In the meantime, I tried everything I could to deal with the leaking. ❼ Because it was the middle of summer, I had to keep the air conditioner on, so it kept leaking. ❽ I put a towel underneath it to catch all the water, but it became completely soaked quickly. ❾ I had to change towels every hour. ❿ Eventually, someone came to repair the air conditioner. ⓫ It ended up costing me a fortune to have my air conditioner fixed.	❶ 지난 여름에, 제 에어컨에 문제가 있었습니다. ❷ 어느 날, 저는 에어컨에서 물이 새고 있다는 것을 발견했습니다. ❸ 공식 서비스 센터에 전화해 봤지만, 그들은 한 달 동안 예약이 차 있었습니다. ❹ 대신 지역 수리점에 전화했는데, 가장 빠른 빈자리는 3일 후였습니다. ❺ 다른 선택지가 없었기 때문에, 저는 예약을 잡았습니다. ❻ 그 동안에, 저는 새어 나오는 물에 대처하기 위해 제가 할 수 있는 모든 것을 했습니다. ❼ 한여름이라 에어컨을 계속 틀어놔야 해서 계속 물이 새어 나왔습니다. ❽ 물을 다 흡수하기 위해 그 밑에 수건을 깔았지만, 그것은 금세 물에 흠뻑 젖어버렸습니다. ❾ 저는 매시간 수건을 갈아야 했습니다. ❿ 마침내, 누군가가 에어컨을 수리하러 왔습니다. ⓫ 결국 에어컨을 고치는 데 돈이 많이 들었습니다.

국내·해외여행

Q05 내가 좋아하는 국내 여행지 묘사 → Q06 어렸을 때 갔던 여행 경험 → Q07 가장 기억에 남는 여행 경험

Q05 You mentioned in your background survey that you like to travel domestically. What places do you enjoy visiting? Do you like going to mountains or beaches more? Tell me about a specific area you like to visit, and explain why you like going there.	당신은 설문 조사에서 국내에서 여행하는 것을 좋아한다고 했습니다. 당신은 어떤 장소를 방문하는 것을 좋아하나요? 당신은 산에 가는 것을 더 좋아하나요, 아니면 해변에 가는 것을 더 좋아하나요? 당신이 방문하기 좋아하는 특정 지역에 대해 알려주시고, 왜 그곳에 가는 것을 좋아하는지 설명해 주세요.
❶ When I travel domestically, one of my favorite destinations is Busan. ❷ Not only are there many cultural attractions, but the scenery is beautiful. ❸ Busan is a coastal city, so it has a lot of beaches. ❹ It's also surrounded by mountains, so it offers the best of both worlds. ❺ I enjoy going to the Haeundae Beach. ❻ It gets a bit crowded during the summer, but it's still worth visiting. ❼ There's nothing like swimming on really hot summer days. ❽ At night, there are a lot of musicians who perform in the areas surrounding the beach, and I really enjoy that sort of atmosphere. ❾ Finally, I'd recommend going to Busan for its delicious food. ❿ If you're a fan of seafood like me, it's kind of like paradise.	❶ 제가 국내에서 여행을 할 때, 가장 좋아하는 장소 중 한 곳은 부산입니다. ❷ 그곳은 문화적 명소가 많을 뿐만 아니라, 풍경도 아름답습니다. ❸ 부산은 해안 도시라서 해변이 많습니다. ❹ 그곳은 또한 산으로 둘러싸여 있어서, 두 가지 장점을 모두 제공합니다. ❺ 저는 해운대 해변에 가는 것을 좋아합니다. ❻ 그곳은 여름 동안에는 약간 붐비지만, 갈만한 가치가 있습니다. ❼ 정말 더운 여름날에 수영만큼 좋은 것은 없습니다. ❽ 밤에는, 해변 주변의 공간에서 공연하는 음악가들이 많은데, 저는 그런 분위기를 아주 좋아합니다. ❾ 마지막으로, 저는 맛있는 음식을 위해 부산에 가는 것을 추천합니다. ❿ 당신이 만약 저처럼 해산물을 좋아한다면, 그곳은 천국 같은 곳입니다.

Q06 Think about a trip you took when you were young. Where did you travel? Who went with you? What did you do during that trip?	당신이 어렸을 때 갔던 여행을 떠올려 보세요. 당신은 어디로 여행을 갔나요? 누가 당신과 함께 갔나요? 당신은 그 여행에서 무엇을 했나요?
❶ When I was seven years old, I went to Thailand with my family. ❷ I was so excited to go because it was my first trip to another country. ❸ Although I was nervous about riding on the plane, my mom helped me relax during the journey. ❹ After a long flight, we arrived in Bangkok in the afternoon. ❺ A local tour guide picked us up at the airport to take us to our hotel. ❻ The hotel was really nice, and it had a huge swimming pool. ❼ During our stay in Bangkok, we enjoyed many activities such as shopping and touring a palace. ❽ We also ate a lot of Thai food while we were there. ❾ Although it was unfamiliar to me, it was delicious. ❿ The trip was amazing, and I will always cherish my memories of it.	❶ 제가 7살 때, 저는 가족과 함께 태국에 갔습니다. ❷ 저는 다른 나라로 가는 첫 여행이었기 때문에 너무 신이 났습니다. ❸ 비록 비행기를 타는 것이 긴장되었지만, 엄마가 이 여정 동안 제가 긴장을 풀 수 있도록 도와주셨습니다. ❹ 긴 비행 후, 우리는 오후에 방콕에 도착했습니다. ❺ 현지 관광 가이드가 우리를 호텔로 데려다주기 위해 공항에서 우리를 픽업했습니다. ❻ 호텔은 정말 훌륭했고, 거대한 수영장이 있었습니다. ❼ 방콕에 머무는 동안, 우리는 쇼핑과 왕궁 관광하기 같은 많은 활동들을 즐겼습니다. ❽ 우리는 그곳에 있는 동안 태국 음식도 많이 먹었습니다. ❾ 비록 그것은 저에게 생소했지만, 아주 맛있었습니다. ❿ 그 여행은 놀라웠고, 저는 항상 그 여행의 추억을 간직할 것입니다.

Q07 Describe the most memorable experience you have had while on a trip. When was it, and where were you? What happened? Why was it so unforgettable? Describe the experience in detail.	여행 중 가장 기억에 남는 경험을 말해주세요. 언제 있었던 일이고 당신은 어디에 있었나요? 무슨 일이 벌어졌나요? 그것이 이토록 잊히지 않는 이유는 무엇인가요? 그 경험을 자세히 설명해 주세요.
❶ Many years ago, my parents and I went to Canada on vacation. ❷ However, when we arrived at the airport, our bags were nowhere to be found. ❸ After waiting in the baggage claim area, my father reported our luggage as missing. ❹ Luckily, the airport staff managed to locate our luggage. ❺ Apparently, it had been put on a flight to Africa. ❻ We were told it would take several days for us to get it back. ❼ We had packed everything we needed for our vacation in our luggage. ❽ We didn't want to put our vacation on hold, so we ended up going shopping to buy some necessary items. ❾ Our bags were delivered to us five days later, but I will always remember how our lost luggage almost ruined the trip.	❶ 수년 전에, 부모님과 저는 캐나다에 휴가를 갔습니다. ❷ 하지만, 우리가 공항에 도착했을 때, 우리의 가방은 어디에서도 찾을 수 없었습니다. ❸ 수화물 찾는 곳에서 기다린 후, 아버지가 우리 짐이 없어졌다고 신고했습니다. ❹ 다행스럽게도, 공항 직원이 우리 짐의 위치를 알아냈습니다. ❺ 알고 보니, 그것은 아프리카행 비행기에 잘못 실렸던 것이었습니다. ❻ 우리는 그것을 되찾는 데 며칠이 걸릴 것이라고 전해 들었습니다. ❼ 우리는 휴가에 필요한 모든 것을 짐가방에 챙겼었습니다. ❽ 우리는 휴가를 미루고 싶지 않았기 때문에, 결국 필요한 물건들을 사러 쇼핑을 가게 되었습니다. ❾ 우리의 가방은 5일 후에 우리에게 배달되었지만, 저는 우리의 잃어버린 짐이 어떻게 여행을 거의 망쳤는지 항상 기억날 것입니다.

은행

Q08 우리나라의 은행 묘사 → Q09 최근에 은행을 방문했던 경험 → Q10 은행에서 있었던 기억에 남는 경험

Q08 Tell me about banks in your country. Describe their locations, designs, and operating hours. Give as many details about them as possible.

당신 나라의 은행들에 대해 알려주세요. 은행의 위치, 디자인, 그리고 운영 시간에 대해 설명해 주세요. 그것들에 대해 되도록 자세히 알려주세요.

❶ There are banks all over the place in Korea. ❷ Most of them are located in places where there are many people. ❸ For instance, subway stations almost always have a bank next to them. ❹ Most banks have an area with a row of ATMs. ❺ Inside the bank entrance, there is usually a security guard standing near a machine. ❻ You or the security guard presses the machine to print out a ticket with a waiting number. ❼ After receiving the ticket, you sit in the waiting area. ❽ Behind the waiting area chairs, there are some tables with forms that you can fill out. ❾ As for the operating hours, most banks are only open from 9:30 a.m. to 4:00 p.m. ❿ But there are a few that are open in the evening or on the weekend.

❶ 한국에는 도처에 은행이 있습니다. ❷ 그것들의 대부분은 사람이 많은 곳에 위치해 있습니다. ❸ 예를 들어, 지하철역은 거의 항상 그 옆에 은행이 있습니다. ❹ 대부분의 은행들은 ATM이 줄지어 있는 공간이 있습니다. ❺ 은행 출입구 안에는 보통 기계 근처에 서 있는 경비원이 있습니다. ❻ 당신이나 경비원이 기계를 눌러 대기 번호가 있는 티켓을 출력합니다. ❼ 티켓을 받은 후, 대기 구역에 앉습니다. ❽ 대기 구역의 의자 뒤에, 작성할 수 있는 양식이 있는 몇몇 테이블들이 있습니다. ❾ 영업 시간에 대해 말하자면, 대부분의 은행이 오전 9시 30분부터 오후 4시까지만 영업합니다. ❿ 하지만 저녁이나 주말에 문을 여는 곳이 몇 군데 있습니다.

Q09 Describe the last banking experience you had. When and where did it happen? What bank did it involve? How helpful were the bank employees, and did you achieve what you went to the bank for? Please discuss the whole experience.

가장 최근에 있었던 은행 업무 경험을 설명해 주세요. 그것은 언제 어디에서 일어났나요? 어느 은행이 관련되어 있나요? 은행 직원들은 얼마나 도움이 되었고, 당신은 은행에 간 목적을 달성했나요? 그 경험 전체에 대해 이야기해 주세요.

❶ My most recent trip to the bank was last Thursday. ❷ During my lunch hour, I visited a Shinhan Bank branch near my office. ❸ The reason that I went to the bank was that my debit card had stopped working. ❹ The bank employee was very helpful. ❺ After confirming my identity and account information, she had me test my card. ❻ When it was clear that it was not working, she canceled it and then issued me a new card. ❼ I asked what was wrong with my old card, and she said the microchip was damaged. ❽ She also explained how to avoid this problem in the future. ❾ Overall, I was impressed by how efficient the bank employee was. ❿ She handled everything in less than 15 minutes. ⓫ As a result, I still had time to get some lunch before returning to my office.

❶ 제가 가장 최근에 은행에 간 것은 지난 목요일이었습니다. ❷ 점심시간에, 저는 사무실 근처에 있는 신한은행 지점을 방문했습니다. ❸ 제가 은행에 간 이유는 저의 체크카드가 작동을 멈췄기 때문입니다. ❹ 은행 직원은 매우 도움이 되었습니다. ❺ 제 신분과 계좌 정보를 확인한 후, 그녀는 저에게 제 카드를 테스트해보라고 했습니다. ❻ 그것이 작동하지 않는 것이 확실해지자, 그녀는 그것을 취소하고 나서 새로운 카드를 발급해 줬습니다. ❼ 저는 제 예전 카드에 무슨 문제가 있는지 물었고, 그녀는 마이크로칩이 손상되었다고 말했습니다. ❽ 그녀는 또한 향후에 이 문제를 피하는 방법도 설명해 줬습니다. ❾ 전반적으로, 저는 은행 직원이 얼마나 효율적이었는지에 대해 감명받았습니다. ❿ 그녀는 모든 것을 15분 이내에 처리했습니다. ⓫ 결과적으로, 저는 사무실로 돌아가기 전에 여전히 점심을 먹을 시간이 있었습니다.

Q10 Talk about a memorable banking experience you've had. For example, you could describe a time when you encountered a problem at the bank. What happened during the situation, and how did you handle it?

당신이 겪었던 기억에 남는 은행 업무 경험에 대해 이야기해 보세요. 예를 들어, 은행에서 문제가 발생했을 때에 대해 말할 수 있습니다. 그 상황에서 무슨 일이 있었고, 당신은 그것에 어떻게 대처했나요?

❶ I remember one time I had to withdraw some cash late at night. ❷ So I went to a bank that had ATM machine. ❸ But when I entered my PIN number, I got an error message. ❹ And I must have entered the code incorrectly several times because the machine ate my card. ❺ I stood there staring at the machine in shock. ❻ The only thing I could do was call the bank. ❼ So I called the 24-hour hotline. ❽ I waited on hold for a long time before I got in touch with a person. ❾ When I did, I explained what happened, but the person told me there was nothing he or she could do. ❿ I had to wait until the morning and talk to a bank teller. ⓫ Ever since then, I've been very careful about entering my PIN number.

❶ 한 번은 밤늦게 현금을 인출해야 했던 기억이 납니다. ❷ 그래서 저는 현금인출기가 있는 은행에 갔습니다. ❸ 그런데 비밀번호를 입력했을 때, 오류 메시지가 떴습니다. ❹ 그리고 그 기계가 제 카드를 먹은 것을 보니 아무래도 제가 코드를 여러 번 잘못 입력한 것 같았습니다. ❺ 저는 충격을 받은 채로 기계를 응시하며 그곳에서 있었습니다. ❻ 제가 할 수 있는 유일한 일은 은행에 전화하는 것이었습니다. ❼ 그래서 24시간 상담 전화로 전화를 걸었습니다. ❽ 저는 누군가와 연락이 닿기 전까지 오랫동안 기다렸습니다. ❾ 연결됐을 때, 저는 무슨 일이 일어났는지 설명했지만, 그 사람은 저에게 그가 할 수 있는 것이 아무것도 없다고 말했습니다. ❿ 저는 아침까지 기다렸다가 은행원들과 얘기해야 했습니다. ⓫ 그때 이후로, 저는 비밀번호를 입력하는 것에 매우 조심스러워졌습니다.

약속

Q11 지인 초대를 위해 가족에게 일정 질문하기 → Q12 친구를 초대하지 못하게 된 상황을 설명하고 대안 제시하기 → Q13 친구와의 약속을 변경/취소해야 했던 경험 말하기

Q11	**You want to invite another family over to your home for lunch. Ask your family members multiple questions in order to figure out the best day and time for their visit.** ❶ Mom and Dad, can I ask you something? ❷ I was wondering if we could invite Dohyun's family for lunch. ❸ We haven't seen them in a while, and we always have a good time together. ❹ It would be great if we could have them over. ❺ If it's OK, how about next Saturday? ❻ Dad goes on a hike in the morning, but he will be back by 11 a.m. ❼ And I know Minji is free that day, so she and I can help Mom with the cooking. ❽ So is 1 p.m. a good time for everyone? ❾ We can also clean the whole house a little on Friday. ❿ If we do it together, it shouldn't take very long. ⓫ I really hope we can invite them. ⓬ I miss Dohyun and his family, and he said he misses us.	당신은 점심 식사에 다른 가족을 당신의 집으로 초대하길 원합니다. 그들이 방문하기에 가장 좋은 날짜와 시간을 알아내기 위해 당신의 가족 구성원들에게 여러 가지 질문을 하세요. ❶ 엄마, 아빠 뭐 하나 물어봐도 돼요? ❷ 도현이네 가족을 점심 식사에 초대해도 될지 궁금해서요. ❸ 우리는 그들을 한동안 보지 못했고, 항상 함께 즐거운 시간을 보내잖아요. ❹ 그들을 초대할 수 있다면 정말 좋을 것 같아요. ❺ 만약 괜찮으시다면, 다음 주 토요일은 어떠신가요? ❻ 아빠는 아침에 등산을 가지만, 오전 11시까지는 돌아오실 거예요. ❼ 그리고 제가 알기로 민지가 그날 시간이 있으니, 민지와 저는 엄마가 요리하는 것을 도울 수 있어요. ❽ 그럼 오후 1시가 모두에게 좋은 시간인가요? ❾ 우리는 또한 금요일에 집 전체를 조금 청소할 수 있어요. ❿ 청소를 같이한다면, 오래 걸리지 않을 거예요. ⓫ 저는 우리가 그들을 꼭 초대할 수 있으면 좋겠어요. ⓬ 도현이와 그의 가족들이 보고 싶고, 그도 우리가 보고 싶다고 했어요.
Q12	**Sadly, on the day you were supposed to have lunch with the other family, one of your own family members wakes up sick. Call your friend and explain the problem. Then come up with a few ideas for meeting up later.** ❶ Hi Dohyun, this is Minhyuk. ❷ I know we are supposed to have lunch together today, but there's a problem. ❸ My mom is feeling sick this morning. ❹ She may have the flu. ❺ You can still come if you want, but my mom won't be able to join us. ❻ Also, you and your family could catch the flu, so I'm a little worried about that. ❼ Another option is eating out. ❽ There is a new Italian restaurant near my house that is very popular. ❾ How about we go there? ❿ Or if you would like to take a rain check, that's fine, too. ⓫ I can let you know when my mom gets better, and we can all have lunch then. ⓬ I'm very sorry about the inconvenience. ⓭ I hope you and your family understand.	애석하게도, 당신이 다른 가족과 점심 식사를 하기로 되어 있던 날, 당신의 가족 중 한 명이 몸이 안 좋은 상태로 일어납니다. 친구에게 전화해서 문제를 설명해 주세요. 그 후 나중에 만나기 위한 몇 가지 아이디어를 생각해 내세요. ❶ 안녕 도현아, 나 민혁이야. ❷ 오늘 같이 점심 식사하기로 했던 건 아는데, 문제가 생겼어. ❸ 오늘 아침부터 우리 엄마가 아프셔. ❹ 엄마는 아마도 감기에 걸리신 것 같아. ❺ 네가 원한다면 여전히 와도 되지만, 엄마는 우리와 함께하지는 못할 거야. ❻ 그리고, 너와 너의 가족들도 감기에 걸릴 수 있어서, 그게 조금 걱정돼. ❼ 또 다른 선택지는 외식하는 거야. ❽ 우리 집 근처에 아주 인기 있는 새로운 이탈리안 식당이 있어. ❾ 그곳으로 가는 건 어때? ❿ 아니면 만약 다음 기회로 미루고 싶다면, 그것도 괜찮아. ⓫ 엄마가 나아지면 너에게 알려주면 되고, 그때 다 같이 점심 식사를 하면 돼. ⓬ 불편을 끼쳐서 정말 미안해. ⓭ 너와 너의 가족이 이해해주길 바라.
Q13	**Have you ever needed to cancel or change plans you had made with a friend? Talk about what you had planned to do and the reasons that you couldn't follow through with it. Explain the situation in detail.** ❶ There are times when I have to adjust my plans suddenly. ❷ This happened to me recently when I was supposed to meet my friend. ❸ We hadn't seen each other in months, so we decided to have dinner. ❹ We were both really looking forward to it. ❺ But the night before we were going to meet, I started to feel sick. ❻ I took some medicine and went to sleep, hoping I'd feel better in the morning. ❼ Unfortunately, I felt worse when I woke up. ❽ I went to the doctor, and he told me I had a bad flu. ❾ In the end, I had to postpone the plans we had made. ❿ I felt too sick to do anything, and I didn't want to infect my friend. ⓫ He was really disappointed. ⓬ But there was nothing else I could do.	친구와 했던 약속을 취소하거나 변경해야 했던 적이 있나요? 당신이 계획했던 것은 무엇이었고 그것을 끝까지 이행하지 못했던 이유에 대해 말해주세요. 상황을 자세히 설명해 주세요. ❶ 계획을 갑자기 조정해야만 할 때가 있습니다. ❷ 최근에 친구를 만나기로 했을 때 저에게 이런 일이 일어났습니다. ❸ 우리는 몇 달 동안 만나지 못해서 함께 저녁을 먹기로 했습니다. ❹ 우리 둘 다 정말 기대하고 있었습니다. ❺ 하지만 우리가 만나기로 한 전날 밤, 저는 몸살이 나기 시작했습니다. ❻ 저는 약을 먹고, 아침에는 상태가 나아지길 바라며 잠자리에 들었습니다. ❼ 유감스럽게도, 일어났을 때 저는 상태가 더 안 좋았습니다. ❽ 의사에게 갔더니, 제가 심한 독감에 걸렸다고 했습니다. ❾ 결국, 저는 우리가 했던 계획을 미뤄야 했습니다. ❿ 저는 너무 아파서 아무것도 할 수 없었고, 제 친구에게 전염시키고 싶지도 않았습니다. ⓫ 그는 정말 실망했습니다. ⓬ 하지만 제가 달리 할 수 있는 일은 아무것도 없었습니다.

음악 감상하기

Q14 두 가지 음악 장르 비교 → Q15 음악을 들을 때 쓰는 기기 묘사

Q14 What are two genres of music that you enjoy? How are they different or similar? Tell me how you feel when you listen to each genre in as much detail as possible.

음악의 장르마다 차이가 있습니다. 당신이 가장 좋아하는 두 장르의 음악을 비교해 보세요. 그들은 어떻게 다른가요? 각각의 장르를 들을 때 어떤 느낌이 드는지 설명해주세요. 가능한 한 상세히 설명해주세요.

❶ Dance music and ballads are the types of music that I enjoy the most. ❷ They have a number of differences. ❸ For one, dance music is very upbeat and has an energetic mood. ❹ Usually, the lyrics in dance music aren't really that serious. ❺ I always feel very cheerful and excited when I listen to dance music. ❻ Ballads, on the other hand, tend to be more emotional. ❼ The beat is generally slower, and the songs feature intense vocals. ❽ Ballads are used to express strong emotions, so the songs are often about serious things like love or breakups. ❾ I usually feel calm and at peace when I listen to ballads. ❿ But if the song is particularly sad, I sometimes feel melancholic. ⓫ Although dance music and ballads are very different, I like both types of music very much.

❶ 댄스음악과 발라드는 제가 가장 좋아하는 음악 종류들입니다. ❷ 그 장르들은 많은 차이점을 가지고 있습니다. ❸ 우선, 댄스 음악은 매우 흥겹고 활기찬 분위기를 가지고 있습니다. ❹ 보통, 댄스 음악의 가사는 그렇게 심각하지 않습니다. ❺ 저는 댄스 음악을 들으면 항상 기분이 좋고 신이 납니다. ❻ 반면에 발라드는 더 감정적인 경향이 있습니다. ❼ 박자는 일반적으로 더 느리고, 강렬한 보컬을 특징으로 합니다. ❽ 발라드는 강한 감정을 표현하기 위해 사용되기 때문에, 그 노래들은 종종 사랑이나 이별과 같은 진지한 것들에 대한 것입니다. ❾ 보통 발라드를 들으면 차분해지고 마음이 평온해집니다. ❿ 그렇지만 만약 노래가 특히 슬프다면, 저는 때때로 우울함을 느낍니다. ⓫ 비록 댄스음악과 발라드는 매우 다르지만, 저는 두 가지 음악 종류를 모두 매우 좋아합니다.

Q15 People listen to music on many different kinds of devices. Describe some of them. Which ones are the most popular in your country? Describe them in detail.

사람들은 많은 다양한 종류의 기기로 음악을 듣습니다. 그중 몇 가지를 설명해 주세요. 당신의 나라에서는 어떤 것들이 가장 인기가 있나요? 그것들을 자세히 설명해 주세요.

❶ There are many ways people can listen to music, but I think most people these days just use their smartphone. ❷ It's the most popular device for listening to music because it is convenient. ❸ People always carry their smartphone wherever they go. ❹ They can easily access music streaming services on their smartphones. ❺ In the past, people used to buy CDs to play on a CD player, but this is less common these days. ❻ In the early 2000s, MP3 players were also popular. ❼ But now, a lot of younger people don't even know what these are. ❽ The majority of people listen to digital music now and a smartphone is all that is needed for this. ❾ However, some people dislike the sound quality of music on smartphones. ❿ To address this, they sometimes purchase expensive speakers and headphones.

❶ 사람들이 음악을 들을 수 있는 여러가지 방법들이 있지만, 요즘 대부분의 사람들은 그냥 자신의 스마트폰을 사용한다고 생각합니다. ❷ 그것은 편리하기 때문에 음악을 듣기 위한 가장 인기 있는 기기입니다. ❸ 사람들은 어디를 가든 항상 스마트폰을 가지고 다닙니다. ❹ 그들은 스마트폰으로 음악 스트리밍 서비스를 쉽게 사용할 수 있습니다. ❺ 과거에, 사람들은 CD 플레이어로 틀기 위해 CD를 구입하곤 했지만, 요즘에는 이것이 덜 흔합니다. ❻ 2000년대 초에는, MP3 플레이어도 인기가 있었습니다. ❼ 하지만 요즘에는, 대다수의 젊은 사람들은 이것들이 무엇인지조차 알지 못합니다. ❽ 지금 대다수의 사람들은 디지털 음악을 듣고 있으며 그렇게 하기 위해 필요한 것은 스마트폰이 다입니다. ❾ 하지만 어떤 사람들은 스마트폰으로 듣는 음악의 음질을 싫어합니다. ❿ 이를 해결하기 위해, 그들은 때때로 비싼 스피커와 헤드폰을 구입합니다.

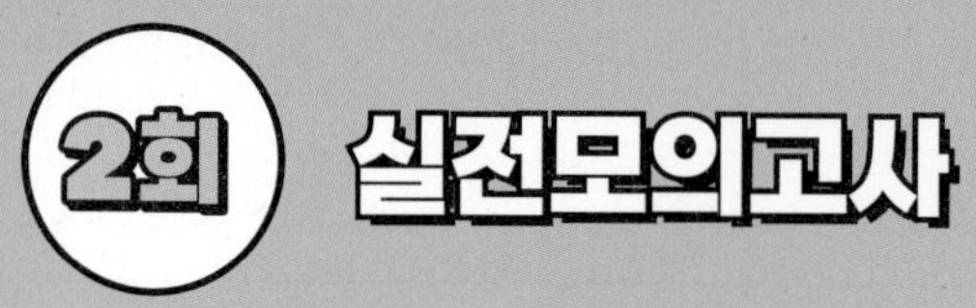

모범 답변 및 해석 p.250

2회 실전모의고사 풀어보기

QR 코드를 스캔하여 실전과 비슷한 화면으로 모의고사를 풀어보세요. 그 후 모범답변 및 해석을 확인하고 나의 답변과 비교해보세요.

◀ 실제 화면으로 풀어보기

Question 1 of 15

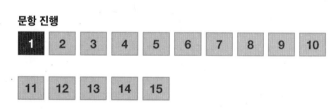

Let's start the interview now.

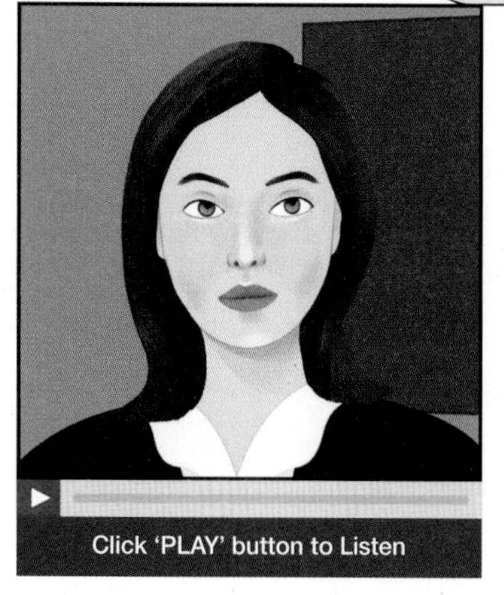

문항 진행

1 2 3 4 5 6 7 8 9 10

11 12 13 14 15

Next >

질문 음성만 듣고 풀어보기 ▶

문제 한 눈에 보기

주제	문제
자기소개	**Q01** Let's start the interview now. Tell me a little bit about yourself.
영화보기 [설문 주제]	**Q02** You said that you enjoy watching movies in your background survey. What types of films do you like watching and why? Describe these kinds of movies with as many details as possible. **Q03** Describe the most recent movie you went to watch. What happened on that day before, during, and after the film? Give as many details as possible. **Q04** What actor do you like the most? What is a specific news story that you've heard about him or her? First, tell me about the actor, and then describe what happened in the story. What made this story so memorable for movie fans?
가구·가전 [돌발 주제]	**Q05** What piece of furniture do you like the most in your home? What do you use it for? Why is it special to you? Provide as many details as you can. **Q06** Describe a piece of furniture you recently purchased. Where did you get it from? Provide as many details as you can about it. **Q07** Have you ever had any problem with a product that you bought for your home? What was the issue? Tell me how you resolved the issue.
국내·해외여행 [설문 주제]	**Q08** Think about a place you have gone to on vacation. What is it like? Where is it? What are the local people like and what is interesting or unique about it? **Q09** Do you go abroad often? When you do, where do you go and with who? What kind of things do you do there? Describe a typical trip overseas. **Q10** Tell me about your last trip overseas. When and where did you go? Who did you go with? Describe your most recent overseas trip in detail.
병원 [롤플레이 주제]	**Q11** Please act out the following situation. You want to make an appointment with a doctor. Call the clinic, and ask the receptionist three or four questions to find out more information about seeing the doctor. Then, schedule a time to visit. **Q12** I'm sorry, but there is a situation that needs your attention. On the day of your doctor's appointment, something comes up that stops you from being able to go. Call the doctor, and describe the issue. Then, give two or three suggestions to resolve the issue. **Q13** This is the end of the situation. Have you ever missed or been late for an important meeting or appointment before? What caused this, and how did you handle it? Give as many details about the situation as possible.
거주지 [설문 주제]	**Q14** Tell me about where you live. Has the neighborhood changed since you were a child? Do the houses or apartments look different from then? Describe some changes that you have noticed in your neighborhood. **Q15** What are some issues in your neighborhood? What caused them and what impact have they had on the community? Give as many details about the situation as you can.

2회 모범답변

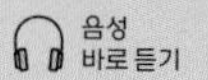

음성 바로 듣기

문제구성

주제	문제
자기소개	Q01 자기소개
영화보기	Q02 내가 즐겨보는 영화 장르
	Q03 최근에 영화를 보러 가서 했던 일
	Q04 내가 좋아하는 배우에 대한 인상적인 뉴스 기사
가구·가전	Q05 가장 좋아하는 가구 묘사
	Q06 최근에 구매한 가구 묘사
	Q07 특정 가구/가전에 문제가 생겼던 경험
국내·해외여행	Q08 내가 가 본 해외 국가 묘사
	Q09 내가 해외여행을 가는 횟수와 경향
	Q10 최근에 해외여행을 가서 했던 일
병원	Q11 진료 예약을 위해 병원에 문의하기
	Q12 사정을 설명하고 진료 예약 변경하기
	Q13 예약을 취소하거나 변경해야 했던 경험 말하기
거주지	Q14 과거와 현재의 주택 비교
	Q15 우리 동네에서 자주 논의되는 이슈

※ <자기소개>의 모범답변은 p.30에서 확인하세요.

영화보기

Q02 내가 즐겨보는 영화 장르 → Q03 최근에 영화를 보러 가서 했던 일 → Q04 내가 좋아하는 배우에 대한 인상적인 뉴스 기사

Q02 You said that you enjoy watching movies in your background survey. What types of films do you like watching and why? Describe these kinds of movies with as many details as possible.

당신은 설문 조사에서 영화 보는 것을 즐긴다고 했습니다. 어떤 종류의 영화를 보는 것을 좋아하고 그 이유는 무엇인가요? 이런 종류의 영화들에 대해 되도록 자세히 설명해 주세요.

❶ I enjoy watching blockbuster action movies. ❷ These movies usually have big action scenes and great special effects. ❸ In particular, I am a huge fan of action scenes. ❹ For me, an action movie doesn't need famous actors or a mind-blowing story. ❺ If the action parts are good, then I really enjoy it. ❻ For instance, some movies have impressive car chases, like ***The Fast and Furious***. ❼ Other movies have interesting fight scenes or big battles. ❽ ***The Matrix*** is one of my favorite films because it has lots of unique fights against machines. ❾ Action movies are also really great to watch on a big screen. ❿ If I watch an action movie at home, I might even feel bored. ⓫ But in a movie theater, the big screen makes everything exciting.

❶ 저는 블록버스터 액션 영화를 즐겨 봅니다. ❷ 이 영화들은 보통 화려한 액션 장면과 훌륭한 특수효과들이 있습니다. ❸ 특히, 저는 액션 장면들의 열성 팬입니다. ❹ 저에게 있어서 액션 영화는 유명한 배우나 아주 자극적인 줄거리가 필요하지 않습니다. ❺ 액션 부분이 좋으면 저는 정말 재미있게 봅니다. ❻ 예를 들어, *분노의 질주*와 같은 몇몇 영화들은 인상적인 자동차 추격전이 있습니다. ❼ 다른 영화들은 흥미진진한 격투 장면이나 큰 전투가 있습니다. ❽ *매트릭스*는 기계에 대항하는 독특한 싸움이 많기 때문에 제가 가장 좋아하는 영화 중 하나입니다. ❾ 액션 영화들은 또한 큰 화면으로 보기에 정말 좋습니다. ❿ 액션 영화를 집에서 보면 심지어 지루하게 느낄 수도 있습니다. ⓫ 하지만 영화관에서는 대형 스크린이 모든 것을 신나게 만듭니다.

Q03 Describe the most recent movie you went to watch. What happened on that day before, during, and after the film? Give as many details as possible.

당신이 가장 최근에 보러 간 영화에 대해 설명해 주세요. 그날 영화 상영 전, 상영 중, 상영 후에 무슨 일이 있었나요? 되도록 자세히 설명해 주세요.

❶ I recently went to see a movie with my best friend. ❷ A few hours before the movie, we used an app to select our seats and buy the tickets. ❸ The movie theater we went to is in a big shopping center. ❹ So we met a few hours early to eat and do some window shopping. ❺ Finally, it was time to watch the movie. ❻ It was an interesting movie about time travel. ❼ I really like this kind of movie because it makes me think a lot. ❽ When the movie was over, we went to a café for some coffee. ❾ I asked my friend where she would go if she could time travel. ❿ She said she would go to the future, but I said I would go to the past. ⓫ We had fun talking about what life would be like in a different time.

❶ 저는 최근에 가장 친한 친구와 영화를 보러 갔습니다. ❷ 영화 시작 몇 시간 전에, 우리는 앱을 사용하여 좌석을 선택하고 표를 샀습니다. ❸ 우리가 갔던 영화관은 큰 쇼핑센터 안에 있습니다. ❹ 그래서 우리는 몇 시간 일찍 만나서 밥을 먹고 아이쇼핑도 좀 했습니다. ❺ 드디어, 영화를 볼 시간이 되었습니다. ❻ 그것은 시간 여행에 관한 흥미로운 영화였습니다. ❼ 이런 종류의 영화들은 많은 생각을 하게 해주기 때문에 정말 좋아합니다. ❽ 영화가 끝났을 때, 우리는 커피를 마시러 카페에 갔습니다. ❾ 저는 친구에게 시간 여행을 할 수 있다면 어디로 갈 것인지 물었습니다. ❿ 그녀는 미래로 갈 것이라고 했지만, 저는 과거로 갈 것이라고 했습니다. ⓫ 우리는 다른 시대의 삶은 어떨지에 대해 이야기하며 즐거운 시간을 보냈습니다.

Q04 What actor do you like the most? What is a specific news story that you've heard about him or her? First, tell me about the actor, and then describe what happened in the story. What made this story so memorable for movie fans?

당신은 어떤 배우를 가장 좋아하나요? 당신이 그 배우에 대해 들은 특정한 뉴스 기사는 무엇인가요? 먼저 그 배우에 대해 알려주시고, 그다음에 그 기사에서 무슨 일이 있었는지 설명해 주세요. 무엇이 이 이야기를 영화 팬들에게 기억에 남도록 만들었나요?

❶ One of my favorite actors is Angelina Jolie. ❷ She has been acting since she was a teenager. ❸ She is mostly known as an action film star, but she has also been in dramas and comedies. ❹ I have always been a fan of her movies. ❺ However, I also appreciate her as a person. ❻ One time, while filming a movie in Cambodia, she became concerned about the people there. ❼ Many were living in poor conditions because of the war. ❽ To help, she volunteered for many charities and even adopted a child from there. ❾ She also adopted orphans from Vietnam and Ethiopia. ❿ After that, she helped build schools in those countries as well. ⓫ She has given millions of dollars to help refugees and victims of war. ⓬ I love that she is not only a good actor but also a good person.

❶ 제가 가장 좋아하는 배우 중 한 명은 안젤리나 졸리입니다. ❷ 그녀는 십 대 때부터 연기를 해왔습니다. ❸ 그녀는 일반적으로 액션 영화 배우로 알려져 있지만, 그녀는 드라마와 코미디에도 출연했습니다. ❹ 저는 항상 그녀 영화의 팬이었습니다. ❺ 하지만, 저는 또한 그녀를 한 사람으로서 좋아합니다. ❻ 한 번은, 캄보디아에서 영화를 찍는 동안, 그녀는 그곳 사람들에 대해 걱정하게 되었습니다. ❼ 많은 사람들이 전쟁으로 인해 열악한 환경에서 살고 있었습니다. ❽ 도움을 주기 위해 그녀는 많은 자선 단체에서 봉사했고 심지어 그곳에서 한 아이를 입양하기도 했습니다. ❾ 그녀는 또한 베트남과 에티오피아에서 고아들을 입양했습니다. ❿ 그 후, 그녀는 또한 그 나라들에 학교를 짓는 것을 도왔습니다. ⓫ 그녀는 난민들과 전쟁의 희생자들을 돕기 위해 수백만 달러를 기부했습니다. ⓬ 저는 그녀가 좋은 배우일 뿐만 아니라 좋은 사람이라는 점이 좋습니다.

가구·가전

Q05 가장 좋아하는 가구 묘사 → Q06 최근에 구매한 가구 묘사 → Q07 특정 가구/가전에 문제가 생겼던 경험

Q05 What piece of furniture do you like the most in your home? What do you use it for? Why is it special to you? Provide as many details as you can.

당신은 당신 집의 어떤 가구를 가장 좋아하나요? 당신은 그것을 무엇에 사용하나요? 그것이 당신에게 특별한 이유는 무엇인가요? 가능한 한 자세히 알려주세요.

❶ My favorite piece of furniture is the sofa in my family's living room. ❷ It's made of a light grey fabric that's incredibly soft. ❸ It can fit three or four people comfortably. ❹ My family often sits on it and watches movies together. ❺ When we're not watching movies, we still sit on it and tell each other about our day. ❻ As a result, I have a lot of memories of us all sitting and laughing together on that sofa. ❼ Even when I'm home alone, I use the sofa to watch TV, play games, or just take a nap. ❽ That's also where I read books and talk with my friends on the phone. ❾ I get a lot of use out of that sofa whether I'm alone or with my family, so it's my favorite.

❶ 제가 가장 좋아하는 가구는 우리 가족의 거실에 있는 소파입니다. ❷ 그것은 연회색의 매우 부드러운 원단으로 제작됐습니다. ❸ 그것에는 서너 명이 편하게 앉을 수 있습니다. ❹ 우리 가족은 종종 그 위에 앉아서 함께 영화를 봅니다. ❺ 우리가 영화를 보지 않을 때도, 우리는 여전히 그 위에 앉아서 우리의 하루에 대해 서로에게 이야기합니다. ❻ 그 결과, 저는 그 소파에서 우리 다 같이 앉아서 웃었던 추억이 많습니다. ❼ 제가 집에 혼자 있을 때도, 저는 TV를 보거나, 게임을 하거나, 그냥 낮잠을 자기 위해 그 소파를 사용합니다. ❽ 그곳은 또한 제가 책을 읽고 친구들과 전화로 수다를 떠는 곳입니다. ❾ 저는 혼자 있든 가족과 있든 그 소파를 많이 사용하기 때문에, 저는 그것을 가장 좋아합니다.

Q06 Describe a piece of furniture you recently purchased. Where did you get it from? Provide as many details as you can about it.

당신이 최근에 구입한 가구에 대해 설명해 주세요. 당신은 그것을 어디서 샀나요? 그것에 대해 가능한 한 자세히 말해주세요.

❶ One piece of furniture I bought recently is the chair for my desk. ❷ It's a black leather chair with wheels, and it has a very comfortable headrest. ❸ It's designed to protect my back, which is good because I need to sit on it for long periods. ❹ I can adjust the chair by raising, lowering, and reclining it. ❺ It even has a footrest that folds out from the bottom. ❻ I bought it online because I didn't have time to go to a store. ❼ It was also much cheaper to buy it this way. ❽ The only downside was that I couldn't test it before I bought it. ❾ But that wasn't a problem because I'm satisfied with it overall. ❿ It is very comfortable, and it goes well with the other furniture in the room.

❶ 제가 최근에 산 가구 중 하나는 제 책상을 위한 의자입니다. ❷ 그것은 바퀴가 달린 검은색 가죽 의자이고, 매우 편안한 머리 받침대가 있습니다. ❸ 그것은 등을 보호할 수 있도록 디자인된 것인데, 저는 장시간 그 의자에 앉아 있어야 해서 좋습니다. ❹ 저는 의자를 올리고, 내리고, 뒤로 넘기면서 조절할 수 있습니다. ❺ 그것은 심지어 바닥에서 접었다 펴지는 발 받침을 가지고 있습니다. ❻ 저는 매장에 갈 시간이 없어서 온라인에서 그것을 구매했습니다. ❼ 또한 이 방식으로 사는 것이 훨씬 더 저렴했습니다. ❽ 유일한 단점은 구매 전에 그것을 테스트할 수 없다는 것이었습니다. ❾ 하지만 전반적으로 그것에 만족하기 때문에 문제가 되지 않았습니다. ❿ 그것은 매우 편안하고, 방에 있는 다른 가구들과 잘 어울립니다.

Q07 Have you ever had any problem with a product that you bought for your home? What was the issue? Tell me how you resolved the issue.

집에 두려고 구매했던 제품에 문제가 생긴 적이 있나요? 무엇이 문제였나요? 문제를 해결한 방법을 알려주세요.

❶ Last year, I went online and found the perfect little coffee table for my new apartment. ❷ I ordered it and received the parts in a large box a few days later. ❸ However, when I began to assemble the table, I noticed that some of the parts were missing. ❹ A few important screws hadn't come in the box. ❺ In addition, one of the legs the furniture company had sent me was damaged. ❻ To solve the problem, I called the store and calmly explained the situation to an employee. ❼ I requested that a new table be sent to me before the weekend. ❽ Thankfully, the company was very kind about it and collected the old table from me right away. ❾ They also sent me a brand new one that arrived in a couple of days. ❿ The new one was perfect, so it all worked out in the end.

❶ 작년에, 저는 인터넷에서 새로 이사 온 아파트에 딱 어울리는 작은 커피 테이블을 찾았습니다. ❷ 저는 그것을 주문했고 며칠 후에 큰 상자에 담긴 부품들을 받았습니다. ❸ 하지만, 제가 테이블을 조립하기 시작했을 때, 저는 일부 부품이 없어진 것을 발견했습니다. ❹ 중요한 나사 몇 개가 상자 안에 들어 있지 않았습니다. ❺ 또한 가구회사에서 보내준 다리들 중 하나가 손상되어있었습니다. ❻ 문제를 해결하기 위해, 저는 매장에 전화를 걸어 직원에게 침착하게 상황을 설명했습니다. ❼ 저는 주말 전에 저에게 새 테이블이 배송될 것을 요청했습니다. ❽ 고맙게도, 그 상점은 매우 친절하게 응대했고 저에게서 오래된 테이블을 바로 회수해갔습니다. ❾ 또한 그들은 저에게 새 제품을 보내줬는데 그것은 며칠 후에 도착했습니다. ❿ 새 제품은 완벽했고, 결국 모든 것이 잘 해결되었습니다.

국내·해외여행

Q08 내가 가 본 해외 국가 묘사 → Q09 내가 해외여행을 가는 횟수와 경향 → Q10 최근에 해외여행을 가서 했던 일

Q08 Think about a place you have gone to on vacation. What is it like? Where is it? What are the local people like and what is interesting or unique about it?	당신이 휴가 때 갔던 곳을 떠올려 보세요. 그곳은 어떤가요? 어디에 있는 곳인가요? 현지인들은 어떻고, 그곳의 흥미롭거나 독특한 점은 무엇인가요?
❶ For my last vacation, I visited Japan. ❷ It is one of my favorite places to go. ❸ Japan is right next to Korea, so it only takes about two hours by plane. ❹ One of the best things about Japan is the beautiful scenery. ❺ It has many mountains, and if you go in spring, there are cherry blossoms everywhere. ❻ If you go in winter, you can enjoy the natural hot springs. ❼ Japan is also very clean, and the people are polite. ❽ If you are lost or don't understand something, someone is always happy to help you. ❾ Finally, Japan has a great food culture. ❿ Sushi and ramen are famous, but there are also a lot of unique desserts. ⓫ Japan offers so many things to do and see that I never get bored when I visit.	❶ 지난 휴가 때, 저는 일본을 방문했습니다. ❷ 이곳은 제가 가장 좋아하는 여행지 중 한 곳입니다. ❸ 일본은 한국 바로 옆에 있어서 비행기로 약 2시간밖에 안 걸립니다. ❹ 일본의 제일 좋은 점 중 하나는 아름다운 풍경입니다. ❺ 그곳은 많은 산이 있고, 봄에 가면 벚꽃이 널려 있습니다. ❻ 겨울에 가면, 천연 온천을 즐길 수 있습니다. ❼ 일본은 또한 매우 깨끗하고, 사람들은 예의 바릅니다. ❽ 만약 당신이 길을 잃었거나 뭔가를 이해하지 못하면, 항상 누군가가 기꺼이 도와줍니다. ❾ 마지막으로, 일본은 좋은 음식 문화를 가지고 있습니다. ❿ 초밥과 라멘이 유명하지만, 특이한 디저트 또한 많이 있습니다. ⓫ 일본은 볼 것과 할 것을 너무 많이 제공해서 저는 그곳을 방문할 때마다 절대 지루하지 않습니다.

Q09 Do you go abroad often? When you do, where do you go and with who? What kind of things do you do there? Describe a typical trip overseas.	당신은 외국에 자주 가나요? 외국에 갈 때, 당신은 어디로 가고 누구와 함께 가나요? 당신은 그곳에서 어떤 것들을 하나요? 일반적인 해외여행에 대해 자세히 말해주세요.
❶ Because I love to explore new places, I try to travel at least once a year. ❷ I normally go to Japan, Vietnam, and Thailand because they're my favorite countries to visit. ❸ My family members or friends often come with me so we can spend some quality time together. ❹ When we travel, we love to sightsee and eat various local dishes. ❺ For example, my best friend and I went to Hanoi last year and visited many beautiful temples. ❻ We also checked out several art galleries and museums in the city. ❼ On the last day of our vacation, we took a food tour and tried different foods in the markets. ❽ It's always fun to get out of my country and see something new.	❶ 저는 새로운 장소를 탐험하는 것을 좋아하기 때문에, 적어도 일 년에 한 번은 여행을 가려고 노력합니다. ❷ 저는 주로 일본, 베트남, 태국으로 가는데 그곳들은 제가 가장 방문하기 좋아하는 나라들이기 때문입니다. ❸ 저의 가족이나 친구들이 종종 저와 함께 가기 때문에 우리는 좋은 시간을 함께 보낼 수 있습니다. ❹ 여행할 때, 우리는 관광을 하고 다양한 지역 요리를 먹는 것을 좋아합니다. ❺ 예를 들어, 제 가장 친한 친구와 저는 작년에 하노이에 가서 아름다운 절들을 많이 방문했습니다. ❻ 우리는 또한 도시에 있는 몇몇 미술관과 박물관들을 방문했습니다. ❼ 휴가 마지막 날, 우리는 음식 투어를 하면서 시장에서 다양한 음식을 먹어봤습니다. ❽ 우리나라를 벗어나서 새로운 것을 보는 것은 항상 즐겁습니다.

Q10 Tell me about your last trip overseas. When and where did you go? Who did you go with? Describe your most recent overseas trip in detail.	가장 최근에 갔던 해외여행에 대해 말해주세요. 언제 어디로 갔나요? 누구와 함께 갔나요? 가장 최근에 다녀온 해외여행에 대해 되도록 자세히 설명해 주세요.
❶ Recently my best friend and I visited Thailand together. ❷ It was in December, so we wanted to go somewhere that was still warm. ❸ We also wanted to travel somewhere that wasn't too far away. ❹ Thailand was a perfect fit since the country is always warm and it takes only about six hours to get there from Korea. ❺ After we arrived in the airport, we took a taxi for over an hour to get the nearest resort area. ❻ There were many tropical beaches there, and we checked in to a hotel by one of the beaches. ❼ During our week there, we went swimming in the ocean, and we tried surfing and scuba diving, too. ❽ Plus, we tried the local cuisine at many different restaurants. ❾ I had never heard of most of the dishes, but all the food was delicious. ❿ Overall, it was a very fun and relaxing vacation.	❶ 최근에 제 가장 친한 친구와 저는 함께 태국을 방문했습니다. ❷ 그때가 12월이었기 때문에 우리는 아직 따뜻한 어딘가로 가고 싶었습니다. ❸ 우리는 또한 너무 멀지 않은 곳으로 여행을 가고 싶었습니다. ❹ 태국은 항상 따뜻하고 한국에서 6시간 정도밖에 걸리지 않기 때문에 딱 알맞았습니다. ❺ 공항에 도착한 후, 우리는 가장 가까운 휴양지로 가기 위해 한 시간 이상 택시를 탔습니다. ❻ 그곳에는 많은 열대의 해변이 있었고, 우리는 해변가에 있는 한 호텔에 체크인했습니다. ❼ 그곳에 있던 일주일 동안, 우리는 바다로 수영을 하러 갔고, 서핑과 스쿠버 다이빙도 시도했습니다. ❽ 게다가, 우리는 많은 다양한 식당에서 현지 음식도 먹어봤습니다. ❾ 저는 한 번도 들어보지 못한 요리들이 대부분이었지만, 모든 음식이 맛있었습니다. ❿ 전반적으로, 매우 즐겁고 편안한 휴가였습니다.

병원

Q11 진료 예약을 위해 병원에 문의하기 → Q12 사정을 설명하고 진료 예약 변경하기 → Q13 예약을 취소하거나 변경해야 했던 경험 말하기

Q11 Please act out the following situation. You want to make an appointment with a doctor. Call the clinic, and ask the receptionist three or four questions to find out more information about seeing the doctor. Then, schedule a time to visit.

다음과 같은 상황을 연기해주세요. 당신은 진료 예약을 하고 싶어 합니다. 병원에 전화해서, 진료를 보는 것에 대한 더 많은 정보를 얻기 위해 접수 담당자에게 서너 가지 질문을 해주세요. 그러고 나서, 방문할 시간을 정해주세요.

❶ Hello, my name is Seowoo. ❷ I'm calling to make an appointment for my regular checkup. ❸ Would I be able to schedule the checkup this week? ❹ If it's possible, Tuesday and Thursday mornings are best for me. ❺ Also, I'd like to have some additional testing done on my stomach this year. ❻ How much do I need to pay for the extra scan? ❼ I know I shouldn't eat before the scan, but can I still drink water? ❽ Finally, I would like to know when the results will be available. ❾ Will it take long? ❿ Can you send my test results to my email, or do I need to come in to pick them up? ⓫ Thank you for all the information. ⓬ I'll see you at 10 a.m. on Thursday.

❶ 안녕하세요, 제 이름은 서우입니다. ❷ 정기 검진을 예약하기 위해 전화했습니다. ❸ 이번 주에 검진 일정을 잡을 수 있을까요? ❹ 가능하다면, 저는 화요일과 목요일 아침이 가장 좋습니다. ❺ 그리고, 올해는 위장에 대한 추가 검사를 받고 싶습니다. ❻ 추가되는 내시경은 얼마를 지불해야 하나요? ❼ 내시경 전에 음식을 먹으면 안 된다는 건 알지만, 그래도 물은 마셔도 되나요? ❽ 마지막으로, 결과는 언제 확인할 수 있는지 알고 싶습니다. ❾ 오래 걸리나요? ❿ 검진 결과를 이메일로 보내주실 수 있나요, 아니면 제가 가서 받아 와야 하나요? ⓫ 제공해주신 모든 정보에 감사드립니다. ⓬ 목요일 오전 10시에 뵙겠습니다.

Q12 I'm sorry, but there is a situation that needs your attention. On the day of your doctor's appointment, something comes up that stops you from being able to go. Call the doctor, and describe the issue. Then, give two or three suggestions to resolve the issue.

죄송하지만, 당신이 처리해야 할 상황이 있습니다. 진료 예약 당일에, 당신이 갈 수 없게 막는 일이 생깁니다. 의사에게 전화를 걸어, 이 문제를 설명해 주세요. 그러고 나서, 문제를 해결하기 위한 두세 가지 대안책을 제시해주세요.

❶ Hello, this is Seowoo. ❷ I had an appointment scheduled for today. ❸ Unfortunately, I won't be able to make it because of a family emergency. ❹ I know this is last minute, but can I reschedule my appointment for next week? ❺ I really need to get a checkup by the end of this month. ❻ I am free every day next week after 5 p.m. ❼ I also have time early in the morning on Wednesday or Thursday. ❽ Or if you are fully booked, is there another clinic you could recommend? ❾ I'd prefer one that is nearby and has a similar price. ❿ I'd rather get my checkup at your clinic. ⓫ But if it's not possible, I'll have to go somewhere else. ⓬ Hopefully, we can work something out. ⓭ Thank you in advance for all of your help.

❶ 안녕하세요, 서우입니다. ❷ 저는 오늘 예정된 예약이 있었습니다. ❸ 유감스럽게도, 저는 긴급한 집안 사정 때문에 갈 수 없을 것 같습니다. ❹ 갑작스러운 건 알지만, 제 예약을 다음 주로 변경할 수 있을까요? ❺ 저는 이번 달 말까지 꼭 검사를 받아야 하거든요. ❻ 저는 다음 주에는 매일 오후 5시 이후에 시간이 있습니다. ❼ 저는 또한 수요일이나 목요일 아침 일찍 시간이 있어요. ❽ 혹은 만약 예약이 다 차 있다면, 추천해주실 수 있는 다른 의원이 있나요? ❾ 근처에 있고 가격이 비슷한 곳을 선호합니다. ❿ 저는 이 병원에서 건강검진을 받는 게 낫습니다. ⓫ 하지만 만약 이것이 불가능하다면, 다른 곳으로 가야 할 것 같네요. ⓬ 우리가 해결책을 찾을 수 있길 바라요. ⓭ 당신의 모든 도움에 미리 감사드립니다.

Q13 This is the end of the situation. Have you ever missed or been late for an important meeting or appointment before? What caused this, and how did you handle it? Give as many details about the situation as possible.

이것으로 상황은 종료되었습니다. 당신은 이전에 중요한 회의나 약속을 놓치거나 늦은 적이 있나요? 무엇이 원인이었고, 당신은 그 일을 어떻게 처리했나요? 그 상황에 대해 되도록 자세히 말해주세요.

❶ A while ago, I had an important doctor's appointment. ❷ I had made the booking weeks ahead of time and made sure to not make any other plans for that day. ❸ The night before going to see the doctor, I set my alarm and went to bed early. ❹ I wanted to have enough time to get ready and get to the doctor's office, after all. ❺ However, when I woke up the next morning, I saw that I was running very late. ❻ I had accidentally set my alarm for the wrong time. ❼ I knew I would miss my appointment, so I called the doctor's office to let them know. ❽ They were very understanding and said that they could still fit me in that day. ❾ I was very appreciative since the situation was my fault.

❶ 얼마 전에, 저는 중요한 진료 예약이 있었습니다. ❷ 저는 그 예약을 미리 몇 주 전에 잡아놨고 그날 다른 계획은 세우지 않도록 했습니다. ❸ 진료 받으러 가기 전날 밤, 저는 알람을 맞추고 일찍 잠자리에 들었습니다. ❹ 어쨌든, 저는 준비하고 진료실에 도착할 충분한 시간을 갖고 싶었습니다. ❺ 하지만, 다음 날 아침에 일어났을 때, 저는 제가 매우 지각하고 있다는 것을 발견했습니다. ❻ 실수로 알람을 잘못된 시간으로 맞춰 놓았던 것이었습니다. ❼ 저는 제가 예약 시간을 놓칠 것을 알고 있어서, 이를 진료실에 알리기 위해 전화했습니다. ❽ 그들은 매우 이해심이 많았고 여전히 제 예약을 그날로 껴 넣어줄 수 있다고 말했습니다. ❾ 이 상황이 제 잘못이었기 때문에 저는 매우 고마워했습니다.

거주지

Q14 과거와 현재의 주택 비교 → Q15 우리 동네에서 자주 논의되는 이슈

Q14	**Tell me about where you live. Has the neighborhood changed since you were a child? Do the houses or apartments look different from then? Describe some changes that you have noticed in your neighborhood.**	당신이 사는 곳에 대해 알려주세요. 어렸을 때 이후로 동네가 달라졌나요? 집이나 아파트들이 그때와 달라 보이나요? 당신의 동네에서 발견한 몇 가지 변화에 대해 설명해 주세요.
	❶ The style of homes has changed a lot since I was young. ❷ When I was young, most people lived in a house or villa. ❸ Many of these older homes had no air conditioner or oven. ❹ There were some apartment buildings back then, but most of them were low-rise buildings with less than five stories. ❺ Today, there are more apartment complexes with taller buildings. ❻ Some apartment buildings are more than 30 stories high. ❼ A lot of electronic appliances like air conditioners and ovens are now built in to the apartments. ❽ Moreover, some newer apartment complexes have recreational facilities, such as health clubs and libraries. ❾ Overall, I think the style of homes has changed to fit the modern lifestyle. ❿ As a result, the quality of life for residents has also improved.	❶ 어렸을 때 이후로 집의 스타일은 많이 변했습니다. ❷ 제가 어렸을 때, 대부분의 사람들은 주택이나 빌라에서 살았습니다. ❸ 이 오래된 집들 중 많은 곳은 에어컨이나 오븐이 없었습니다. ❹ 당시에도 몇몇 아파트 건물들이 있었지만, 이들 중 대부분은 5층 이하의 저층 건물이었습니다. ❺ 오늘날에는, 더 높은 건물로 이루어진 아파트 단지들이 더 많이 있습니다. ❻ 몇몇 아파트 건물들은 30층 이상이기도 합니다. ❼ 에어컨과 오븐과 같은 많은 전자제품들은 이제 아파트에 빌트인되어 있습니다. ❽ 게다가, 몇몇 새로운 아파트 단지들은 헬스장과 도서관과 같은 여가 시설을 가지고 있습니다. ❾ 전반적으로, 저는 집의 스타일이 현대적인 생활 방식에 맞게 바뀌었다고 생각합니다. ❿ 그 결과, 주민들의 삶의 질 또한 향상되었습니다.

Q15	**What are some issues in your neighborhood? What caused them and what impact have they had on the community? Give as many details about the situation as you can.**	당신의 동네에는 어떤 이슈들이 있나요? 무엇이 그것을 야기했고, 그것은 지역사회에 어떤 영향을 미쳤나요? 그 상황에 대해 가능한 한 자세히 설명해 주세요.
	❶ A big issue that affects my neighborhood is real estate and rental prices. ❷ Because these costs have skyrocketed over the past few years, many people have been affected. ❸ Whenever I go to local cafés, I hear people talking about how expensive their rent has become. ❹ They aren't sure if they can afford to keep living in the area. ❺ Many people have moved out to the suburbs to look for cheaper housing options. ❻ Sometimes, new people come, but they usually have to take out massive loans from a bank to live here. ❼ The government has tried to counter the rising prices with a variety of new policies. ❽ However, nothing seems to be working, and real estate prices keep increasing. ❾ If the trend doesn't change, I may need to consider a cheaper place somewhere else.	❶ 우리 동네에 영향을 미치는 큰 이슈는 부동산 가격과 임대료입니다. ❷ 지난 몇 년 동안 이러한 비용이 급등했기 때문에, 많은 사람들이 영향을 받았습니다. ❸ 동네 카페에 갈 때마다 사람들이 집세가 얼마나 비싸졌는지에 대해 이야기하는 것을 듣습니다. ❹ 그들은 이 지역에서 계속 살 여유가 되는지 확신하지 못합니다. ❺ 많은 사람들이 더 저렴한 주거 옵션을 찾기 위해 교외로 이사했습니다. ❻ 가끔, 새로운 사람들이 이사 오기도 하지만, 보통 이곳에서 살기 위해 은행에서 거액의 대출을 받아야 합니다. ❼ 정부는 다양한 새로운 정책으로 상승하는 집세에 대응하려고 노력해 왔습니다. ❽ 하지만 그 무엇도 효과가 없는 것 같고, 부동산 가격은 계속 오르고 있습니다. ❾ 이러한 추세가 바뀌지 않는다면, 저도 다른 곳의 좀 더 저렴한 곳을 고려해야 할 것 같습니다.

모범 답변 및 해석 p.258

3회 실전모의고사 풀어보기

QR 코드를 스캔하여 실전과 비슷한 화면으로 모의고사를 풀어보세요. 그 후 모범답변 및 해석을 확인하고 나의 답변과 비교해보세요.

◀ 실제 화면으로 풀어보기

질문 음성만 듣고 풀어보기 ▶

문제 한 눈에 보기

주제	번호	문제
자기소개	Q01	Let's start the interview now. Tell me a little bit about yourself.
집에서 보내는 휴가 [설문 주제]	Q02	Tell me about the people you like to see and spend time with on vacation. Who do you spend time with, and what do you do together? Give as many details as you can.
	Q03	Give specific examples of things you did while on your last vacation at home. Describe everything you did from the start to the end of the vacation. What activities did you do? Who did you see?
	Q04	Describe a memorable vacation you had at home. When was it? What did you do during it? Who did you see? Why was it special?
해변가기 [설문 주제]	Q05	In your background survey, you mentioned that you enjoy visiting beaches. What is your favorite beach and why? Where is it? What does it look like? Give me as many details as possible.
	Q06	Tell me about your last trip to the beach. Which beach did you go to? Did you go by yourself or with someone else? What was your day like?
	Q07	Have you ever had a scary or memorable experience while at the beach? For instance, did you get stuck in bad weather or encounter something that stopped you from having fun? Tell me about the experience from beginning to end.
인터넷 [돌발 주제]	Q08	What is a website you use often? What do people use it for, and what do you do on it? What made you begin visiting this site? Give details.
	Q09	What are some changes to the Internet that you notice since you first started using it? How have websites changed? Tell me about these changes in detail.
	Q10	Reflect on something you had to work on that required a lot of research on the Internet. What was the project? When did you work on it? How did you use the Internet to complete the project?
전화 [롤플레이 주제]	Q11	I'd like to give you a situation to act out. Pretend you are in a store shopping for a new cell phone. Ask the salesperson three or four questions in order to get more information about their products.
	Q12	I'm sorry, but there is a problem I'd like you to solve. You received the phone that you purchased online but it is the wrong model. Call the store, tell them about the problem, and make two or three suggestions to solve the problem.
	Q13	That's the end of the situation. Has something similar ever happened to you? Did you ever get the wrong product delivered? How did you resolve this issue? Please describe the experience in detail.
영화보기 [설문 주제]	Q14	Have movies changed from when you were you younger? How are they different now? Please describe the differences in detail.
	Q15	I'd like to know about an issue or concern about the movie industry. In what way does it impact people? What can be done about the problem?

모범답변

문제구성

주제	문항
자기소개	Q01 자기소개
집에서 보내는 휴가	Q02 내가 휴가 때 주로 만나는 사람들 Q03 최근에 집에서 휴가를 보낼 때 했던 일 Q04 기억에 남는 집에서 보낸 휴가
해변가기	Q05 내가 좋아하는 해변 묘사 Q06 최근에 해변에서 했던 일 Q07 해변에서 있었던 기억에 남는 경험
인터넷	Q08 내가 자주 이용하는 웹사이트 묘사 Q09 과거와 현재의 인터넷 비교 Q10 프로젝트를 위해 인터넷을 이용한 경험
전화	Q11 휴대폰을 구입하기 위해 판매원에게 질문하기 Q12 휴대폰이 잘못 배달된 상황을 설명하고 교환 받기 위해 대안 제시하기 Q13 물건이 잘못 배달된 경험 말하기
영화보기	Q14 과거와 현재의 영화 비교 Q15 요즘 영화의 주요 이슈

※ <자기소개>의 모범답변은 p.30에서 확인하세요.

집에서 보내는 휴가

Q02 내가 휴가 때 주로 만나는 사람들 → Q03 최근에 집에서 휴가를 보낼 때 했던 일 → Q04 기억에 남는 집에서 보낸 휴가

Q02 Tell me about the people you like to see and spend time with on vacation. Who do you spend time with, and what do you do together? Give as many details as you can.

당신이 휴가 때 만나고 싶고 함께 시간을 보내는 것을 좋아하는 사람들에 대해 말해 주세요. 당신은 누구와 시간을 보내고, 무엇을 함께 하나요? 가능한 한 많은 세부 사항을 알려 주세요.

❶ While on vacation, I often call up my best friends, Jisu and Subin. ❷ I try to meet them for coffee or dinner whenever possible. ❸ Sometimes, they come over to my place for dinner. ❹ I'm not a great cook, so we usually order a bunch of food. ❺ We always have fun together and we can talk for hours. ❻ It's great to hang out without worrying about going to work the next day. ❼ I also enjoy seeing my family during my vacations. ❽ They live far away, so I will stay with them for a few days. ❾ We don't do anything special, but we enjoy our time together. ❿ Overall, my vacation is a great time to see the people I care about.

❶ 휴가 기간 동안에 저는 제 가장 친한 친구인 지수와 수빈에게 자주 전화합니다. ❷ 저는 가능할 때마다 그들을 만나 커피나 저녁을 먹으려고 노력합니다. ❸ 가끔, 그 친구들이 저녁을 먹으러 우리 집으로 옵니다. ❹ 저는 요리를 잘 못해서, 보통 저희는 음식을 많이 시켜 먹습니다. ❺ 저희는 항상 함께 재미있게 놀고, 몇 시간 동안이고 수다를 떨 수 있습니다. ❻ 그 다음날 출근할 걱정 없이 놀 수 있어서 좋습니다. ❼ 저는 또한 휴가 기간 동안 가족들을 만나는 것을 좋아합니다. ❽ 가족들은 멀리 살아서 저는 며칠 동안 그들과 함께 있곤 합니다. ❾ 저희는 뭔가 특별한 것을 하진 않지만, 함께 있는 시간을 즐깁니다. ❿ 전반적으로, 저의 휴가는 제가 아끼는 사람들을 볼 수 있는 좋은 시간입니다.

Q03 Give specific examples of things you did while on your last vacation at home. Describe everything you did from the start to the end of the vacation. What activities did you do? Who did you see?

가장 최근에 집에서 휴가를 보낼 때 당신이 했던 일들의 구체적인 예를 들어주세요. 휴가의 시작부터 끝까지 당신이 한 모든 것을 말해주세요. 어떤 활동을 하셨나요? 누구를 만났나요?

❶ I did a lot of different things during the last vacation I spent at home. ❷ On the first day, I went out to do some grocery shopping so I would have enough food to eat at home. ❸ On that day, I also cleaned my apartment because I had been too busy to do it before. ❹ The next day, my parents came over to visit me, and we had dinner together. ❺ I hadn't seen them in a few months, so there was a lot to catch up on. ❻ During the next couple of days, I mostly stayed inside, watching TV and shopping online. ❼ At the end of the week, I went out to meet my friends. ❽ We had the whole day to hang out, so we went shopping, saw a movie, and ate dinner together. ❾ I stayed out late because I was still on vacation. ❿ In general, it was really relaxing and enjoyable.

❶ 저는 가장 최근에 집에서 보낸 휴가 동안 많은 다양한 일들을 했습니다. ❷ 첫째 날에는, 집에서 먹을 음식을 충분히 하기 위해 장을 보러 나갔습니다. ❸ 그날, 저는 또한 아파트를 청소했는데, 이것은 이전에 너무 바빠서 하지 못했기 때문입니다. ❹ 그 다음날, 부모님이 저를 방문하기 위해 오셨고, 우리는 함께 저녁을 먹었습니다. ❺ 저는 부모님과 몇 달 동안 만나지 못했어서 밀린 이야기가 많았습니다. ❻ 그다음 며칠 동안, 저는 대부분 실내에 머물면서 TV를 보고 온라인 쇼핑을 했습니다. ❼ 그 주의 끝에는 친구들을 만나러 나갔습니다. ❽ 우리는 하루 종일 어울려 놀 시간이 있어서, 쇼핑도 하고 영화도 보고 저녁도 같이 먹었습니다. ❾ 저는 아직 휴가 중이었기 때문에 늦게까지 밖에 있었습니다. ❿ 전반적으로, 그것은 정말 편안하고 즐거웠습니다.

Q04 Describe a memorable vacation you had at home. When was it? What did you do during it? Who did you see? Why was it special?

당신이 집에서 보낸 기억에 남는 휴가에 대해 말해주세요. 그것은 언제였나요? 그 기간 동안 당신은 무엇을 했나요? 누구와 만났나요? 그것이 특별했던 이유는 무엇이었나요?

❶ My most memorable vacation at home took place last summer. ❷ I didn't go anywhere like I usually do because I was trying to save money. ❸ I went to the museum once and saw some movies, but other than that, I just stayed at home. ❹ At one point, I got bored and decided to catch up with some friends. ❺ Everyone was busy with their own lives, so it was hard to find time to see one another. ❻ I invited my close friends over. ❼ I was really excited and planned to cook a nice meal. ❽ However, once they arrived, I started talking to them and forgot I was supposed to be cooking. ❾ I will always remember this vacation because I accidentally burned all the food. ❿ I was embarrassed, and we ended up having to get food delivered.

❶ 저의 가장 기억에 남는 집에서 보낸 휴가는 지난여름에 있었습니다. ❷ 저는 돈을 아끼려고 했기 때문에 평소에 가던 것처럼 어딘가로 가지 않았습니다. ❸ 박물관에 한 번 가고 영화를 몇 편 보았지만, 그 외에는 그냥 집에 있었습니다. ❹ 어느 순간, 저는 지루해져서 몇몇 친구들과 오랜만에 만나기로 결심했습니다. ❺ 모두들 각자의 삶으로 바빴기 때문에, 서로를 볼 시간을 내기 어려웠습니다. ❻ 저는 친한 친구들을 초대했습니다. ❼ 저는 정말 신이 났고 맛있는 음식을 만들 계획을 세웠습니다. ❽ 하지만, 그들이 도착하자, 저는 그들과 이야기하기 시작했고 제가 요리를 하고 있어야 했다는 것을 잊었습니다. ❾ 실수로 음식을 다 태웠기 때문에 저는 이 휴가를 항상 기억할 것입니다. ❿ 저는 당황스러웠고, 우리는 결국 음식을 배달시키게 됐습니다.

해변가기

Q05 내가 좋아하는 해변 묘사 → Q06 최근에 해변에서 했던 일 → Q07 해변에서 있었던 기억에 남는 경험

Q05 In your background survey, you mentioned that you enjoy visiting beaches. What is your favorite beach and why? Where is it? What does it look like? Give me as many details as possible.

당신은 설문 조사에서 해변에 가는 것을 즐긴다고 했습니다. 당신이 가장 좋아하는 해변은 무엇이고, 그 이유는 무엇인가요? 그곳은 어디에 있나요? 그곳은 어떻게 생겼나요? 되도록 자세히 알려주세요.

❶ My favorite beach is located about an hour's drive outside of the city. ❷ The beach is not that big, but it has a beautiful view of the sea. ❸ I enjoy the walking trails along the beach because the scenery is so calm and peaceful. ❹ There are cafés near the beach that have a great view of the water. ❺ During the summer, the beach gets crowded because it is such a popular destination. ❻ People like to go swimming in the water and get a tan on the beach. ❼ It's common to see people sitting on beach chairs under umbrellas or playing beach volleyball. ❽ Kids often look for seashells at the edge of the water and build sandcastles. ❾ I like this beach more than any other beach because it has everything you need to enjoy yourself.

❶ 제가 가장 좋아하는 해변은 차로 한 시간 정도 떨어진 도시 외곽에 위치해 있습니다. ❷ 그 해변은 그렇게 크지는 않지만, 바다의 아름다운 경치를 가지고 있습니다. ❸ 저는 그 경치가 너무 조용하고 평화롭기 때문에 해변의 산책로를 따라 걷는 것을 즐깁니다. ❹ 해변 근처에 바다가 잘 보이는 카페들이 있습니다. ❺ 여름에 이 해변은 매우 인기 있는 여행지이기 때문에 붐비게 됩니다. ❻ 사람들은 물속에서 수영하고 해변에서 선탠하는 것을 좋아합니다. ❼ 파라솔 아래의 해변용 의자에 앉아 있거나 비치발리볼을 하는 사람들을 흔히 볼 수 있습니다. ❽ 아이들은 종종 물가에서 조개껍데기를 찾고 모래성을 짓습니다. ❾ 저는 이 해변을 다른 어떤 해변보다 더 좋아하는데, 이곳에는 즐거운 시간을 보내기 위한 모든 것이 있기 때문입니다.

Q06 Tell me about your last trip to the beach. Which beach did you go to? Did you go by yourself or with someone else? What was your day like?

당신의 마지막 해변 여행에 대해 말해주세요. 당신은 어느 해변에 갔었나요? 혼자 갔나요, 아니면 다른 사람이랑 같이 갔나요? 당신의 하루는 어땠나요?

❶ The last time I went to the beach was a couple months ago with my friends. ❷ We drove to the east coast of the country. ❸ The hotel we booked was right by the water. ❹ So we just walked straight to the beach once we arrived. ❺ We spent the whole first day swimming and playing games like beach volleyball. ❻ We also brought cold drinks and snacks so that we wouldn't get thirsty or hungry. ❼ In the evening, we watched the sunset over the water and then went to dinner. ❽ There was a lot of delicious fresh seafood there that we could enjoy. ❾ The second day of our trip was less active since it was cloudy and we were all pretty tired. ❿ So we grabbed our books and spent time at a café. ⓫ Overall, it was a great weekend with friends.

❶ 제가 마지막으로 해변에 갔던 것은 몇 달 전 친구들과 함께였습니다. ❷ 우리는 동쪽 해안으로 운전해서 갔습니다. ❸ 우리가 예약한 호텔은 바다 바로 옆에 있었습니다. ❹ 그래서 우리는 도착하자마자 해변으로 곧장 걸어갔습니다. ❺ 우리는 첫날을 하루 종일 수영하고 비치발리볼과 같은 게임을 하면서 보냈습니다. ❻ 우리는 또한 목이 마르거나 배가 고파지지 않도록 시원한 음료와 간식을 챙겨갔습니다. ❼ 저녁에, 우리는 바다 위의 일몰을 보고 나서 저녁 식사를 하러 갔습니다. ❽ 그곳에는 우리가 즐길 수 있는 맛있는 신선한 해산물이 많았습니다. ❾ 여행 둘째 날은 날씨가 흐리고 우리 모두 꽤 피곤해서 활동량이 적었습니다. ❿ 그래서 우리는 책을 들고 카페에 가서 시간을 보냈습니다. ⓫ 전반적으로, 친구들과 함께한 즐거운 주말이었습니다.

Q07 Have you ever had a scary or memorable experience while at the beach? For instance, did you get stuck in bad weather or encounter something that stopped you from having fun? Tell me about the experience from beginning to end.

당신은 해변에 있는 동안 무서웠거나 기억에 남는 경험을 해본 적이 있나요? 예를 들어, 당신은 악천후를 만나거나, 당신이 즐기지 못하게 하는 무언가에 직면했나요? 그 경험에 대해 처음부터 끝까지 말해주세요.

❶ My most memorable experience at the beach was the time when I almost drowned. ❷ I was ten years old at the time. ❸ My family took a trip to the beach during the summer. ❹ I went to play in the water, and my parents stayed on the beach to take care of my younger sister. ❺ While I was in the water, I felt a cramp in my leg. ❻ I couldn't use my leg to stay afloat, so I started to drown. ❼ Thankfully, my dad saw me struggling in the water, and he ran to save me. ❽ He jumped into the water and grabbed me before my head went under. ❾ Even though I was fine, something terrible could have happened if it hadn't been for my dad. ❿ I'll never be able to forget it.

❶ 해변에서의 가장 기억에 남는 경험은 제가 거의 물에 빠져 죽을 뻔했던 때였습니다. ❷ 그 당시에 저는 10살이었습니다. ❸ 우리 가족은 여름에 해변으로 여행을 갔습니다. ❹ 저는 물놀이를 하러 들어갔고, 부모님은 여동생을 돌보기 위해 해변에 머물렀습니다. ❺ 물속에 있는 동안, 저는 다리에 쥐가 난 것을 느꼈습니다. ❻ 저는 물 위에 떠 있기 위해 다리를 쓸 수 없어서 물에 잠기기 시작했습니다. ❼ 다행히도, 아빠는 제가 물속에서 허우적거리는 것을 보고 저를 구하러 달려오셨습니다. ❽ 아빠는 제 머리가 잠기기 전에 물에 뛰어들어 저를 붙잡았습니다. ❾ 비록 아무 일 없었지만, 아빠가 아니었더라면 끔찍한 일이 일어날 수도 있었습니다. ❿ 저는 그 일을 절대 잊을 수 없을 것입니다.

인터넷

Q08 내가 자주 이용하는 웹사이트 묘사 → Q09 과거와 현재의 인터넷 비교 → Q10 프로젝트를 위해 인터넷을 이용한 경험

Q08 What is a website you use often? What do people use it for, and what do you do on it? What made you begin visiting this site?

당신이 자주 사용하는 웹사이트는 무엇인가요? 사람들은 무엇을 하기 위해 그것을 사용하고, 당신은 그곳에서 무엇을 하나요? 이 사이트를 방문하기 시작한 계기는 무엇인가요?

❶ One website that I visit all the time is Youtube. ❷ Youtube is a video-sharing site. ❸ I first started watching it for funny videos. ❹ For instance, I would watch short clips of cute cats. ❺ Basically, I used the site to kill a little time every once in a while. ❻ But a few years ago, I started following vloggers closely. ❼ I began watching everything that certain creators made. ❽ So I sometimes spent a few hours on Youtube instead of a few minutes. ❾ These days, I watch Youtube mostly for product reviews. ❿ You can find videos on every possible product. ⓫ And I've gotten some great recommendations from reviewers on Youtube. ⓬ I actually bought my coffeemaker after seeing a Youtuber recommend it. ⓭ I'm really happy with the coffeemaker. ⓮ Nowadays, before I buy just about anything, I look for Youtube reviews first.

❶ 제가 항상 방문하는 한 웹사이트는 유튜브입니다. ❷ 유튜브는 동영상 공유 사이트입니다. ❸ 저는 처음에 재미있는 비디오를 위해 그것을 보기 시작했습니다. ❹ 예를 들어, 저는 귀여운 고양이들의 짧은 동영상을 봤습니다. ❺ 다시 말해, 저는 가끔 시간을 조금 때우기 위해 그 사이트를 이용했습니다. ❻ 하지만 몇 년 전부터, 저는 브이로거들을 유심히 챙겨보기 시작했습니다. ❼ 저는 특정 제작자들이 만든 모든 것들을 보기 시작했습니다. ❽ 그래서 저는 가끔 몇 분이 아닌 몇 시간을 유튜브에서 보냈습니다. ❾ 요즘은, 저는 주로 제품 리뷰를 보기 위해 유튜브를 봅니다. ❿ 당신은 온갖 제품의 동영상을 찾을 수 있습니다. ⓫ 그리고 저는 유튜브의 리뷰어들로부터 아주 좋은 추천 몇몇을 받았습니다. ⓬ 저는 사실 제 커피메이커를 어느 유튜버가 추천하는 걸 보고 구매했습니다. ⓭ 저는 그 커피메이커에 정말로 만족합니다. ⓮ 요즘은, 거의 모든 물건을 사기 전에 유튜브 리뷰를 먼저 찾습니다.

Q09 What are some changes to the Internet that you notice since you first started using it? How have websites changed? Give detail.

당신이 인터넷을 처음 사용하기 시작한 이후로부터 당신이 알아차린 인터넷의 변화들은 무엇인가요? 웹사이트는 어떻게 변했나요? 자세히 알려주세요.

❶ The Internet has become a lot faster in recent years. ❷ In the past, websites were mostly composed of text. ❸ Pictures and videos took too long to load. ❹ I used social media a lot back then. ❺ And I remember only seeing a few pictures and videos. ❻ A lot of posts shared links to articles, and people replied to these posts with long comments. ❼ But nowadays, videos and pictures load in instantly. ❽ Now, social media sites often show pictures and music with almost no text. ❾ People mainly share videos and photos. ❿ Faster Internet has also made it possible for people to play online games together. ⓫ They can even do this on their phone now.

❶ 인터넷은 최근 몇 년 동안 훨씬 더 빨라졌습니다. ❷ 과거에는, 웹사이트들이 대부분 텍스트로 이루어져 있었습니다. ❸ 사진과 비디오는 로딩되는 데 시간이 너무 오래 걸렸습니다. ❹ 그 당시에 저는 SNS를 많이 했었습니다. ❺ 그리고 몇 개의 사진과 동영상만이 보였던 것이 기억이 납니다. ❻ 많은 게시물이 기사 링크를 공유했고, 사람들은 이 게시물들에 긴 댓글로 답변을 달았습니다. ❼ 하지만 요즘에는 동영상과 사진이 즉시 로딩됩니다. ❽ 이제, SNS사이트는 종종 텍스트는 거의 없이 사진과 음악을 보여줍니다. ❾ 사람들은 주로 동영상과 사진을 공유합니다. ❿ 더 빨라진 인터넷은 또한 사람들이 온라인 게임을 함께 하는 것을 가능하게 만들었습니다. ⓫ 사람들은 심지어 이제 자신의 휴대폰으로 게임을 할 수 있습니다

Q10 Reflect on something you had to work on that required a lot of research on the Internet. What was the project? When did you work on it? How did you use the Internet to complete the project?

인터넷으로 많은 조사를 해야 했던 일에 대해 떠올려보세요. 그 프로젝트는 무엇이었나요? 그것을 언제 하셨나요? 프로젝트를 완료하기 위해 인터넷을 어떻게 사용했나요?

❶ Honestly, I can't imagine doing any big project without the internet. ❷ For example, I had to do some remodeling in my house a few years ago. ❸ There was some black mold on my bedroom wall, so the wallpaper needed to be replaced. ❹ At first, I considered changing the wallpaper myself, and I looked in online forums about remodeling. ❺ But I realized this would be too difficult. ❻ So I went back and did a different search. ❼ This time, I searched for a contractor who could change the wallpaper for me and found some recommendations. ❽ I also used a site that rated different contractors in my city. ❾ Then, I emailed a few of them to ask about pricing and hired the cheapest one. ❿ Basically, every step of the process was done on the internet until the contractor came to my house.

❶ 솔직히, 저는 인터넷 없이 큰 프로젝트를 하는 것은 상상할 수 없습니다. ❷ 예를 들어, 저는 몇 년 전에 집에 리모델링을 좀 해야 했습니다. ❸ 제 침실 벽에 검은 곰팡이가 좀 있어서, 벽지가 교체되어야 했습니다. ❹ 처음에는, 벽지를 직접 바꾸는 것을 고려했고, 리모델링에 대한 온라인 커뮤니티를 둘러보았습니다. ❺ 하지만 저는 이것이 너무 어려울 것이라는 것을 깨달았습니다. ❻ 그래서 저는 다시 돌아가서 다른 검색을 했습니다. ❼ 이번에는, 저를 위해 벽지를 바꿔줄 수 있는 도급 업체를 찾아봤고 몇몇 추천을 찾았습니다. ❽ 저는 또한 제가 사는 도시의 여러 도급 업체들을 평가하는 사이트를 이용했습니다. ❾ 그러고 나서, 견적을 문의하기 위해 그들 중 몇 곳에 이메일을 보냈고, 가장 저렴한 쪽을 고용했습니다. ❿ 요컨대, 도급 업체가 우리 집에 올 때까지의 모든 과정이 인터넷에서 이루어졌습니다.

전화

Q11 휴대폰을 구입하기 위해 판매원에게 질문하기 → Q12 휴대폰이 잘못 배달된 상황을 설명하고 교환 받기 위해 대안 제시하기 → Q13 물건이 잘못 배달된 경험 말하기

Q11	**I'd like to give you a situation to act out. Pretend you are in a store shopping for a new cell phone. Ask the salesperson three or four questions in order to get more information about their products.**	당신에게 연기할 상황을 드릴게요. 당신이 새 휴대폰을 사기 위해 상점에 와있다고 가정해보세요. 제품에 대한 자세한 정보를 얻기 위해 판매원에게 서너 가지 질문을 해주세요.
	❶ Hi, I'm interested in buying a new cell phone. ❷ The screen on my current phone is too small, so I would like something bigger. ❸ I see you have many models that have large screens. ❹ Could you recommend one that is not too expensive? ❺ I'm on a tight budget. ❻ So please help me find an affordable option. ❼ How much would a monthly plan for the device cost? ❽ I rarely make calls or send texts. ❾ I just need lots of data. ❿ I'm also wondering about phone insurance. ⓫ Would the insurance cover a lost or stolen phone? ⓬ If it's not too much, I'd like to include that too. ⓭ Thanks for your help.	❶ 안녕하세요, 저는 새 휴대폰을 사는 것에 관심이 있습니다. ❷ 지금 휴대폰의 화면이 너무 작아서, 좀 더 큰 것을 원해요. ❸ 보아하니 화면이 큰 기종을 많이 가지고 계시더라고요. ❹ 너무 비싸지 않은 것으로 하나 추천해 주시겠어요? ❺ 예산이 빠듯해서요. ❻ 그러니 제가 저렴한 옵션을 찾을 수 있게 도와주세요. ❼ 기기의 한 달 요금제는 얼마인가요? ❽ 저는 전화를 걸거나 문자 보내는 것은 거의 하지 않아요. ❾ 저는 그저 많은 데이터만 필요합니다. ❿ 그리고 휴대폰 보험에 대해서도 궁금합니다. ⓫ 보험이 분실되거나 도난당한 휴대폰도 보장하나요? ⓬ 만약 너무 비싸지 않다면, 그것도 포함하고 싶어요. ⓭ 도와주셔서 감사합니다.

Q12	**I'm sorry, but there is a problem I'd like you to solve. You received the phone that you purchased online, but it is the wrong model. Call the store, tell them about the problem, and make two or three suggestions to solve the problem.**	미안하지만, 당신이 해결해줬으면 하는 문제가 있습니다. 당신은 온라인으로 구매한 휴대폰을 받았는데, 그것은 잘못된 기종입니다. 가게에 전화해서, 문제에 대해 말하고, 문제를 해결하기 위한 두세 가지 제안을 해주세요.
	❶ Hello I'm calling about a phone I ordered. ❷ I received the delivery this week from your store, but there was a problem. ❸ The phone I received was not the model that I had ordered. ❹ I am calling to find out what you can do to resolve this problem. ❺ Could you send a delivery person to my house with the correct phone and pick up the one I have here? ❻ If that's not possible, I could come in to your store. ❼ What information would I need to bring with me to exchange this phone for the other one? ❽ If I cannot return or exchange this phone, then I suppose I can keep it. ❾ However, I would appreciate a partial refund on the amount I spent. ❿ Please let me know what you can do.	❶ 안녕하세요 제가 주문한 휴대폰 때문에 전화드렸습니다. ❷ 이번 주에 그쪽 가게로부터 배송을 받았는데, 문제가 있었습니다. ❸ 제가 수령한 휴대폰은 제가 주문했던 기종이 아니었습니다. ❹ 이 문제를 해결하기 위해 가게에서 무엇을 해주실 수 있는지 알기 위해 전화 드렸습니다. ❺ 배달원을 통해 올바른 휴대폰을 우리 집으로 보내주시고 제가 여기 가지고 있는 휴대폰을 가져가 주시겠어요? ❻ 만약 그게 불가능하다면, 제가 당신의 가게로 방문할 수도 있습니다. ❼ 이 휴대폰을 다른 휴대폰으로 교환하려면 어떤 정보를 챙겨 가야 하나요? ❽ 제가 이 휴대폰을 반품하거나 교환할 수 없다면, 이것을 그냥 가져도 될 것 같아요. ❾ 하지만, 제가 쓴 금액에 대한 부분 환불을 해주시면 감사하겠습니다. ❿ 가게에서 무엇을 해줄 수 있는지 알려주세요.

Q13	**That's the end of the situation. Has something similar ever happened to you? Did you ever get the wrong product delivered? How did you resolve this issue? Please describe the experience in detail.**	이것으로 상황은 종료됐습니다. 당신에게 비슷한 일이 한 번이라도 일어난 적이 있나요? 혹시 당신은 잘못된 제품을 배송받았나요? 그 문제를 어떻게 해결했나요? 그 경험을 자세히 설명해 주세요.
	❶ One time, I ordered a white T-shirt while I was shopping online. ❷ I thought it would match perfectly with a pair of pants I already had. ❸ When it arrived, I opened the package and found a black T-shirt instead. ❹ I immediately requested an exchange from the seller. ❺ I explained that I had ordered a white T-shirt, but I received a black one. ❻ I also asked him to exchange the items without charging me a delivery fee. ❼ The seller agreed because it was his mistake that I received the wrong product. ❽ He sent a delivery person to pick up the black T-shirt and drop off the white one. ❾ Although it was annoying to have to wait for so long, the problem was eventually resolved.	❶ 한 번은 온라인 쇼핑을 하다가 흰색 티셔츠를 주문했습니다. ❷ 제가 이미 가지고 있던 바지와 딱 어울릴 것 같다고 생각했습니다. ❸ 그것이 도착했을 때, 저는 소포를 열었고 대신 검은색 티셔츠를 발견했습니다. ❹ 저는 즉시 판매자에게 교환을 요청했습니다. ❺ 저는 흰색 티셔츠를 주문했는데 검은색 티셔츠를 받았다고 설명했습니다. ❻ 저는 또한 그에게 배송비를 부과하지 않고 교환해달라고 요청했습니다. ❼ 그 판매자는 제가 제품을 잘못 받은 것이 자신의 실수였기 때문에 동의했습니다. ❽ 그는 배달원을 보내서 검은색 티셔츠를 수거하고 흰색 티셔츠를 놓고 갔습니다. ❾ 비록 매우 오래 기다려야 했던 것이 짜증 났지만, 문제는 결국 해결되었습니다.

영화보기

Q14 과거와 현재의 영화 비교 → Q15 요즘 영화의 주요 이슈

Q14 Have movies changed from when you were you younger? How are they different now? Please describe the differences in detail.

당신이 어렸을 때로부터 영화가 달라졌나요? 요즘 영화들은 어떻게 다른가요? 차이점을 상세히 설명해 주세요.

❶ Movies today have many more special effects than the movies I watched growing up. ❷ When I was young, only some effects were created by computers. ❸ A lot of special effects were done with lights, mirrors, lenses, and other techniques. ❹ Sometimes they looked more realistic because they weren't made by computers, but sometimes they looked fake. ❺ Today, computers are used to create most special effects, making it possible to produce a wider variety of effects. ❻ For example, dynamite had to be used for movie explosions in the past. ❼ So it was hard to control what the explosions looked like. ❽ With computers, explosions can be any size, shape, and color. ❾ There are no limits to the kinds of special effects people can create today with computers. ❿ They really make movies spectacular to watch.

❶ 오늘날의 영화는 제가 자라면서 본 영화보다 더 많은 특수효과가 포함되어 있습니다. ❷ 제가 어렸을 때는 몇 가지 효과만이 컴퓨터로 만들어졌습니다. ❸ 많은 특수 효과들이 조명, 거울, 렌즈, 그리고 다른 기술들로 만들어졌습니다. ❹ 어떤 때는 컴퓨터에 의해 만들어진 것이 아니기 때문에 더 사실적으로 보이기도 했지만, 어떤 때는 가짜처럼 보이기도 했습니다. ❺ 오늘날, 대부분의 특수 효과를 만드는 데 컴퓨터가 사용되는데, 이는 더욱 다양한 효과를 만들어 내는 것을 가능하게 합니다. ❻ 예를 들어, 과거에는 영화의 폭발 장면을 위해 다이너마이트가 사용되어야 했습니다. ❼ 그래서 그 폭발 장면이 어떻게 보이는지를 통제하기 어려웠습니다. ❽ 컴퓨터를 사용하면, 폭발 장면은 그 어떤 크기, 모양, 색깔로든 가능합니다. ❾ 오늘날 사람들이 컴퓨터로 만들 수 있는 특수 효과의 종류에는 제한이 없습니다. ❿ 그들은 정말로 영화를 보기에 극적이게 만들어줍니다.

Q15 I'd like to know about an issue or concern about the movie industry. In what way does it impact people? What can be done about the problem?

영화 산업에 대한 이슈나 우려 사항에 대해 알고 싶어요. 그것은 사람들에게 어떤 방식으로 영향을 미치나요? 그 문제에 대해 무슨 조치를 할 수 있나요?

❶ There is too much violence in movies today. ❷ It's really hard to avoid because it's a part of many types of movies. ❸ It's even in comedies and animated films for teenagers and children. ❹ I think this can cause problems in society. ❺ If young people see too much violence, they may not think it is shocking or wrong. ❻ They could become used to it, and they might become violent, too. ❼ Of course, movie makers are not going to stop making such films. ❽ This is why I think parents need to monitor what their children watch. ❾ If their child wants to see a movie, they should make sure it is OK to watch. ❿ In addition, streaming services like Netflix and Disney have controls that parents can use. ⓫ They can change the setting so kids cannot watch movies and shows for adults.

❶ 오늘날의 영화에는 폭력이 너무 많이 나옵니다. ❷ 폭력은 많은 종류의 영화에 포함되어 있기 때문에 그것을 피하기가 정말 어렵습니다. ❸ 그것은 심지어 십 대들과 어린이들을 위한 코미디와 애니메이션 영화에도 나옵니다. ❹ 저는 이것이 사회에서 문제를 일으킬 수 있다고 생각합니다. ❺ 만약 젊은 사람들이 폭력을 너무 많이 본다면, 그들은 그것이 충격적이거나 잘못되었다고 생각하지 않을 수 있습니다. ❻ 그들은 그것에 익숙해질 수 있고, 또한 그들도 폭력적으로 변할 지도 모릅니다. ❼ 물론, 영화 제작자들은 그러한 영화를 만드는 것을 멈추지 않을 것입니다. ❽ 그렇기 때문에 저는 부모님들이 자녀들이 보는 것을 관리할 필요가 있다고 생각합니다. ❾ 만약 아이가 영화를 보고 싶어 한다면, 그들은 영화가 봐도 괜찮은 것인지 확인해야 합니다. ❿ 게다가, 넷플릭스나 디즈니와 같은 스트리밍 서비스들은 부모들이 사용할 수 있는 자녀 보호 기능이 있습니다. ⓫ 그들은 어린이들이 어른들을 위한 영화와 쇼를 볼 수 없도록 설정을 바꿀 수 있습니다.

모범 답변 및 해석 p.266

4회 실전모의고사 풀어보기

QR 코드를 스캔하여 실전과 비슷한 화면으로 모의고사를 풀어보세요. 그 후 모범답변 및 해석을 확인하고 나의 답변과 비교해보세요.

◀ 실제 화면으로 풀어보기

Question 1 of 15

Let's start the interview now.

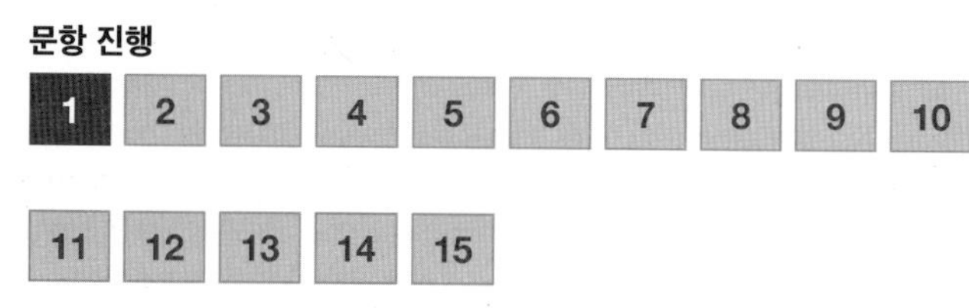

Next >

질문 음성만 듣고 풀어보기 ▶

자기소개	**Q01** Let's start the interview now. Tell me a little bit about yourself.
집안일 거들기 [돌발 주제]	**Q02** How are household tasks divided in your home now? What chores do you normally do? What tasks do your family members usually complete? How do you feel about this distribution? Is it fair? **Q03** Has something interesting or special ever happened while you were doing housework? When was it? What were you doing? Describe the experience in detail. **Q04** How have your duties at home changed? What sort of things did you have to do when you were little? What types of chores do you do now? Are they very different? Tell me about it in detail.
영화보기 [설문 주제]	**Q05** Which movie theater do you go to most often? Where is it? Is there anything special about it? Why do you like going there? **Q06** Describe your usual routine when you go to watch a movie. What do you do before and after the film? Describe a typical day when you visit a movie theater from start to finish. **Q07** Tell me about something memorable that happened to you at the theater. Please describe the incident and tell me why it was special.
국내·해외여행 [설문 주제]	**Q08** You mentioned in your background survey that you like to travel domestically. What places do you enjoy visiting? Do you like going to mountains or beaches more? Tell me about a specific area you like to visit, and explain why you like going there. **Q09** People must prepare before they travel. What do you do to prepare for travel? Do you research in advance or make reservations? What special things do you do? Please describe your preparations in detail. **Q10** Describe the most memorable experience you have had while on a trip. When was it, and where were you? What happened? Why was it so unforgettable? Describe the experience in detail.
MP3 플레이어 [롤플레이 주제]	**Q11** You want to purchase an MP3 player. One of your friends knows a lot about them. Call this person and ask three or four questions in order to get more information about buying this device. **Q12** Please suggest some solutions for a problem. You broke a friend's MP3 player by accident while borrowing it. Call this friend, and explain the situation. Then, give two or three solutions for how to solve this issue. **Q13** Think of a time when something went wrong with an electronic device you had borrowed. What happened? What was the problem? How did you deal with this?
명절·모임 [돌발 주제]	**Q14** Describe a major holiday or event that is celebrated in your country. Have they changed in any way since you were a child? Please tell me about it in detail. **Q15** Are there any problems or issues regarding holidays? How are those issues addressed?

주제	문항
자기소개	Q01 자기소개
집안일 거들기	Q02 가족 구성원들이 각자 맡고 있는 집안일 Q03 집안일을 하던 중 겪은 기억에 남는 경험 Q04 어렸을 때와 지금 내가 맡은 집안일 비교
영화보기	Q05 내가 자주 가는 영화관 Q06 영화 보러 갈 때 내가 하는 일 Q07 극장에서 있었던 기억에 남는 경험
국내·해외여행	Q08 내가 좋아하는 국내 여행지 묘사 Q09 내가 여행을 준비하는 방법 Q10 가장 기억에 남는 여행 경험
MP3 플레이어	Q11 MP3에 대해 친구에게 질문하기 Q12 빌린 MP3를 실수로 고장 낸 상황을 설명하고 대안 제시하기 Q13 빌린 물건에 문제가 생긴 경험 말하기
명절·모임	Q14 어렸을 때의 명절과 요즘 명절 비교 Q15 명절/모임 관련 이슈

※ <자기소개>의 모범답변은 p.30에서 확인하세요.

집안일 거들기

Q02 가족 구성원들이 각자 맡고 있는 집안일 → Q03 집안일을 하던 중 겪은 기억에 남는 경험 → Q04 어렸을 때와 지금 내가 맡은 집안일 비교

Q02 How are household tasks divided in your home now? What chores do you normally do? What tasks do your family members usually complete? How do you feel about this distribution? Is it fair?

지금 당신의 집에서는 집안일을 어떻게 나누고 있나요? 당신은 보통 어떤 집안일을 하나요? 당신의 가족 구성원들은 보통 어떤 일을 완수하나요? 이 분배에 대해 어떻게 생각하나요? 공평한가요?

❶ In my household, everyone helps with the household chores. ❷ I am usually responsible for doing the dishes after dinner and the laundry twice a week. ❸ However, that's not really all I do. ❹ If a room looks messy, I will always tidy it up and put things back where they belong. ❺ My younger brother takes out the trash and waters the plants. ❻ He's also responsible for keeping his room clean. ❼ My father vacuums and sometimes does the grocery shopping. ❽ If something breaks around the house, he tries to fix it. ❾ My mother cooks and does most of the cleaning around the house. ❿ However, I don't think it's fair that she does almost all the housework since she also has a full-time job. ⓫ I think we should help her out more.

❶ 우리 집에서는, 모두가 집안일을 돕습니다. ❷ 저는 보통 저녁 식사 후 설거지하는 것과 일주일에 두 번 빨래하는 것을 담당하고 있습니다. ❸ 하지만, 그것이 제가 하는 일의 전부는 아닙니다. ❹ 만약 어느 방이 지저분해 보이면, 저는 항상 그곳을 정리하고 물건들을 원래 있던 곳에 돌려놓을 것입니다. ❺ 제 남동생은 쓰레기를 버리고 식물에 물을 줍니다. ❻ 그는 또한 그의 방을 깨끗하게 유지하는 것을 책임지고 있습니다. ❼ 아빠는 청소기를 돌리고 가끔 장을 봅니다. ❽ 집에서 무언가 고장이 나면, 아빠는 그것을 고치려고 합니다. ❾ 엄마는 요리하고 집 안 청소의 대부분을 합니다. ❿ 하지만, 엄마는 일도 하고 있기 때문에 엄마가 거의 모든 집안일을 하는 것이 불공평하다고 생각합니다. ⓫ 저는 우리가 엄마를 더 많이 도와야 한다고 생각합니다.

Q03 Has something interesting or special ever happened while you were doing housework? When was it? What were you doing? Describe the experience in detail.

집안일을 하던 중에 재미있거나 특별한 일이 일어난 적이 있었나요? 그것은 언제였나요? 당신은 무엇을 하고 있었나요? 그 경험을 자세히 설명해 주세요.

❶ A few years ago, my family and I had a nice dinner together at home. ❷ We used our expensive plates and glasses for the dinner. ❸ These are only used for special occasions like birthdays and holidays. ❹ After we finished eating, I offered to wash the dishes. ❺ There were lots to wash, so it was taking a long time. ❻ I was almost finished with everything and only had a couple of big plates left. ❼ But while I was washing one of these, I accidentally dropped it in the sink. ❽ It broke into many pieces and made a loud noise. ❾ My mom came over and saw what happened. ❿ She was upset because the plate had cost a lot of money. ⓫ However, she was also relieved because no one had been hurt when it broke.

❶ 몇 년 전에, 우리 가족과 저는 집에서 맛있는 저녁 식사를 함께했습니다. ❷ 우리는 저녁 식사에 비싼 접시와 유리잔을 사용했습니다. ❸ 그것들은 생일이나 명절과 같은 특별한 날에만 사용되는 것들이었습니다. ❹ 식사를 마친 후에, 저는 제가 설거지를 하겠다고 제안했습니다. ❺ 설거지할 것이 많아서, 시간이 오래 걸리고 있었습니다. ❻ 저는 거의 모든 설거지를 끝냈고 큰 접시 몇 개만 남아 있었습니다. ❼ 그런데 그중 하나를 씻다가, 저는 실수로 그것을 싱크대에 떨어뜨렸습니다. ❽ 그것은 많은 조각으로 부서졌고 큰 소리를 냈습니다. ❾ 엄마가 와서 무슨 일이 일어났는지 봤습니다. ❿ 접시가 상당히 비싼 것이기 때문에 엄마는 속상해했습니다. ⓫ 하지만, 접시가 깨졌을 때 아무도 다치지 않았기 때문에 엄마는 또한 안도했습니다.

Q04 How have your duties at home changed? What sort of things did you have to do when you were little? What types of chores do you do now? Are they very different? Tell me about it in detail.

집에서 당신의 의무는 어떻게 바뀌었나요? 어렸을 때 당신은 어떤 일을 해야 했나요? 당신은 지금 어떤 종류의 집안일을 하나요? 그것들은 많이 다른가요? 그것에 대해 자세히 말해주세요.

❶ Over time, my responsibilities related to cleaning my family home have increased. ❷ When I was a child, my parents didn't give me many chores. ❸ They only made me take care of my room. ❹ This included making my bed, hanging my clothes in the closet, and tidying my desk. ❺ They wanted me to spend more time studying, so they didn't have me help out with cleaning other rooms. ❻ However, I do a lot more chores these days. ❼ I wash the dishes after meals, and I'm the one who normally takes out the trash. ❽ Sometimes, I'll also mop the floor or do the laundry. ❾ Whenever we do a deep clean of the house, I scrub the bathroom to make sure it's clean. ❿ These chores have become part of my routine.

❶ 시간이 지나면서, 우리 가족의 집을 청소하는 것에 대한 저의 책임이 늘어났습니다. ❷ 제가 어렸을 때, 부모님은 제게 많은 집안일을 맡기지 않았습니다. ❸ 부모님은 제가 제 방만 관리하게 했습니다. ❹ 이것은 제 침대를 정리하고, 옷장에 옷을 걸고, 책상을 정리하는 것을 포함했습니다. ❺ 부모님은 제가 공부하는 데 더 많은 시간을 쓰기를 원해서, 다른 방을 청소하는 것을 제가 돕지 않게 했습니다. ❻ 하지만, 요즘 저는 훨씬 더 많은 집안일을 합니다. ❼ 저는 식사 후에 설거지를 하고, 보통 쓰레기를 버리는 사람도 저입니다. ❽ 가끔, 저는 또한 바닥을 닦거나 빨래를 합니다. ❾ 우리가 집의 대청소를 할 때마다, 저는 욕실을 깨끗하게 하기 위해 그것을 문질러 청소합니다. ❿ 이 집안일들은 제 일과의 일부가 되었습니다.

영화보기

Q05 내가 자주 가는 영화관 → Q06 영화 보러 갈 때 내가 하는 일 → Q07 극장에서 있었던 기억에 남는 경험

Q05 Which movie theater do you go to most often? Where is it? Is there anything special about it? Why do you like going there?

당신은 어느 영화관에 가장 자주 가나요? 그곳은 어디에 있나요? 그곳만의 특별한 점이 있나요? 당신은 왜 그곳에 가는 것을 좋아하나요?

❶ The movie theater I go to most often is located near my home. ❷ It's a large theater in a shopping mall. ❸ I like going there because it plays independent movies as well as blockbusters. ❹ You can buy your tickets at the counter, but there are also ticket vending machines. ❺ These are convenient if you've already purchased tickets online and just need to collect them. ❻ They help you avoid waiting in line. ❼ The seats are really great because the theater was recently renovated. ❽ They're large and comfortable to sit in, even during long movies. ❾ Another reason why I like this theater is that it's always clean and the staff is friendly. ❿ Last but not least, the food and drinks they sell are some of my favorite. ⓫ I especially like the gourmet popcorn with flavors like caramel and chocolate.

❶ 제가 가장 자주 가는 영화관은 집 근처에 위치해 있습니다. ❷ 그곳은 쇼핑몰 안에 있는 큰 극장입니다.❸ 그곳은 블록버스터뿐만 아니라 독립영화도 상영하기 때문에 저는 그곳에 가는 것을 좋아합니다. ❹ 매표소에서 표를 살 수 있지만, 티켓 판매 기기도 있습니다. ❺ 그것은 당신이 이미 온라인으로 티켓을 구매하고 수령하기만 하면 되는 경우에 편리합니다. ❻ 그것들은 줄을 서서 기다리지 않아도 되게끔 도와줍니다. ❼ 그 극장은 최근에 리모델링돼서 좌석이 정말 훌륭합니다. ❽ 좌석들은 크고, 심지어 긴 영화를 보는 동안에도 앉아 있기에 편안합니다. ❾ 제가 이 극장을 좋아하는 또 다른 이유는 항상 깨끗하고 직원들이 친절하기 때문입니다. ❿ 마지막이지만 중요한 것으로, 영화관에서 파는 음식과 음료는 제가 가장 좋아하는 것들입니다. ⓫ 저는 특히 캐러멜이나 초콜릿 같은 맛의 고급 팝콘을 좋아합니다.

Q06 Describe your usual routine when you go to watch a movie. What do you do before and after the film? Describe a typical day when you visit a movie theater from start to finish.

영화를 보러 갈 때 당신의 일반적인 루틴을 설명해 주세요. 당신은 영화 보기 전과 후에 무엇을 하나요? 당신이 영화관을 방문하는 날에 일반적으로 하는 일을 처음부터 끝까지 설명해 주세요.

❶ Typically, when I want to watch a movie, I search for what movies are playing and check out the reviews. ❷ If there's something I'm interested in, I ask my friends to go with me. ❸ We select the seats we want and buy tickets online. ❹ I don't like to be late for a movie, so I try to get to the theater early. ❺ There are no big theaters in my neighborhood, so I have to take a bus downtown. ❻ Once I get to the theater, I almost always buy snacks. ❼ I usually get a combo that has popcorn and soda. ❽ After the film, my friends and I sometimes go out for dinner and talk about the movie. ❾ When I get home, I go online to see what other people thought of the film. ❿ It's interesting to see so many different opinions.

❶ 일반적으로, 제가 영화를 보고 싶을 때, 저는 어떤 영화들이 상영하고 있는지 검색하고 후기를 확인합니다. ❷ 만약 제 관심을 끄는 것이 있으면, 친구들에게 같이 가자고 합니다. ❸ 우리는 온라인으로 원하는 좌석을 선택하고 티켓을 구매합니다. ❹ 저는 영화에 늦는 것을 좋아하지 않기 때문에, 극장에 일찍 도착하려고 노력합니다. ❺ 우리 동네에는 큰 극장이 없어서, 시내로 버스를 타고 가야 합니다. ❻ 일단 극장에 도착하면, 저는 거의 항상 간식을 삽니다. ❼ 저는 주로 팝콘과 탄산음료가 있는 콤보를 구매합니다. ❽ 영화가 끝난 후, 친구들과 저는 가끔 저녁을 먹으러 나가서 영화에 대해 이야기합니다. ❾ 집에 도착하면, 저는 다른 사람들이 이 영화에 대해 어떻게 생각하는지 보기 위해 인터넷에 접속합니다. ❿ 매우 다양한 의견들을 보는 것은 흥미롭습니다.

Q07 Tell me about something memorable that happened to you at the theater. Please describe the incident and tell me why it was special.

영화관에서 당신에게 있었던 기억에 남는 일에 대해 말해주세요. 그 사건을 설명하고 그것이 왜 특별했는지 알려주세요.

❶ One time I went to the movie theater with my friend. ❷ I was feeling tired that day, so I bought an iced coffee to bring into the theater. ❸ I was also rather thirsty, so I drank the whole coffee in the first 15 minutes. ❹ Since I no longer felt tired, I could actually focus on the movie, and I was really enjoying it. ❺ However, soon I felt like I had to get up to use the bathroom. ❻ During a slow part of the movie, I quickly ran to the bathroom and came back. ❼ Soon I felt like I had to use the bathroom again. ❽ I ended up going three times, and I missed really important scenes. ❾ I had ruined the experience by drinking too much coffee.

❶ 한 번은 제 친구와 영화관에 갔습니다. ❷ 저는 그날 피곤해서, 영화관에 가지고 들어갈 아이스 커피를 샀습니다. ❸ 저는 또한 상당히 목이 말라서, 커피를 처음 15분 안에 다 마셔버렸습니다. ❹ 저는 더 이상 피곤함을 느끼지 않았기 때문에, 확실히 영화에 집중할 수 있었고, 그것을 정말 즐기고 있었습니다. ❺ 하지만, 곧 화장실에 가기 위해 일어나야 할 것 같은 기분이 들었습니다. ❻ 영화에서 시시한 부분이 나왔을 때, 저는 재빨리 화장실로 달려갔다 왔습니다. ❼ 머지않아 저는 또다시 화장실을 가야 할 것 같은 느낌이 들었습니다. ❽ 저는 결국 세 번이나 갔고, 정말 중요한 장면들을 놓쳤습니다. ❾ 커피를 너무 많이 마셔서 그 경험을 망쳤습니다.

국내·해외여행

Q08 내가 좋아하는 국내 여행지 묘사 → Q09 내가 여행을 준비하는 방법 → Q10 가장 기억에 남는 여행 경험

Q08 You mentioned in your background survey that you like to travel domestically. What places do you enjoy visiting? Do you like going to mountains or beaches more? Tell me about a specific area you like to visit, and explain why you like going there.

당신은 설문 조사에서 국내에서 여행하는 것을 좋아한다고 했습니다. 당신은 어떤 장소를 방문하는 것을 좋아하나요? 당신은 산에 가는 것을 더 좋아하나요, 아니면 해변에 가는 것을 더 좋아하나요? 당신이 방문하기 좋아하는 특정 지역에 대해 알려주시고, 왜 그곳에 가는 것을 좋아하는지 설명해 주세요.

❶ When I travel domestically, one of my favorite destinations is Busan. ❷ Not only are there many cultural attractions, but the scenery is beautiful. ❸ Busan is a coastal city, so it has a lot of beaches. ❹ It's also surrounded by mountains, so it offers the best of both worlds. ❺ I enjoy going to the Haeundae Beach. ❻ It gets a bit crowded during the summer, but it's still worth visiting. ❼ There's nothing like swimming on really hot summer days. ❽ At night, there are a lot of musicians who perform in the areas surrounding the beach, and I really enjoy that sort of atmosphere. ❾ Finally, I'd recommend going to Busan for its delicious food. ❿ If you're a fan of seafood like me, it's kind of like paradise.

❶ 제가 국내에서 여행을 할 때, 가장 좋아하는 장소 중 한 곳은 부산입니다. ❷ 그곳은 문화적 명소가 많을 뿐만 아니라, 풍경도 아름답습니다. ❸ 부산은 해안 도시라서 해변이 많습니다. ❹ 그곳은 또한 산으로 둘러싸여 있어서, 두 가지 장점을 모두 제공합니다. ❺ 저는 해운대 해변에 가는 것을 좋아합니다. ❻ 그곳은 여름 동안에는 약간 붐비지만, 갈만한 가치가 있습니다. ❼ 정말 더운 여름날에 수영만큼 좋은 것은 없습니다. ❽ 밤에는, 해변 주변의 공간에서 공연하는 음악가들이 많은데, 저는 그런 분위기를 아주 좋아합니다. ❾ 마지막으로, 저는 맛있는 음식을 위해 부산에 가는 것을 추천합니다. ❿ 당신이 만약 저처럼 해산물을 좋아한다면, 그곳은 천국 같은 곳입니다.

Q09 People must prepare before they travel. What do you do to prepare for travel? Do you research in advance or make reservations? What special things do you do? Please describe your preparations in detail.

사람들은 여행 가기 전에 반드시 준비를 해야 합니다. 당신은 여행 준비를 위해 무엇을 하나요? 당신은 사전에 조사를 하거나, 예약을 하나요? 당신이 하는 특별한 일들은 무엇인가요? 당신이 준비하는 것을 자세히 설명해 주세요.

❶ I plan very carefully whenever I travel. ❷ After I decide where I want to go, I arrange time off from work and book my flight. ❸ Then, I start looking for hotels. ❹ I can't choose just any hotel, though. ❺ I want to stay at a nice and comfortable one, so I read all the reviews of my options. ❻ I also look at how close they are to the different attractions I want to see. ❼ I don't want to spend a lot of time traveling, so the hotel's location is important to me. ❽ I also look up how much things cost in the place I plan to travel. ❾ This way, I am able to set a budget. ❿ Another thing I do is start packing a few days ahead of time. ⓫ Finally, I make sure to get travel insurance because you never know what could happen.

❶ 저는 여행할 때마다 매우 신중하게 계획을 세웁니다. ❷ 제가 가고 싶은 곳을 정한 후, 저는 회사에 휴가를 신청하고 항공편을 예약합니다. ❸ 그러고 나서, 저는 호텔을 찾기 시작합니다. ❹ 하지만, 아무 호텔이나 고를 수는 없습니다. ❺ 저는 좋고 편안한 호텔에 묵고 싶기 때문에, 제 선택지에 대한 모든 리뷰를 읽어봅니다. ❻ 저는 또한 제가 보고 싶은 여러 명소들과 호텔들이 얼마나 가까운지 알아봅니다. ❼ 저는 이동하는 데 많은 시간을 쓰고 싶지 않기 때문에, 저에게 호텔의 위치는 중요합니다 ❽ 저는 또한 제가 여행하기로 계획한 곳의 물가가 어떤지 알아봅니다. ❾ 이렇게 하면, 예산을 정할 수 있습니다. ❿ 제가 하는 또 다른 일은 며칠 전부터 미리 짐을 싸기 시작하는 것입니다. ⓫ 마지막으로, 무슨 일이 일어날지 모르기 때문에 저는 여행 보험에 꼭 가입합니다.

Q10 Describe the most memorable experience you have had while on a trip. When was it, and where were you? What happened? Why was it so unforgettable? Describe the experience in detail.

여행 중 가장 기억에 남는 경험을 말해주세요. 언제 있었던 일이고 당신은 어디에 있었나요? 무슨 일이 벌어졌나요? 그것이 이토록 잊히지 않는 이유는 무엇인가요? 그 경험을 자세히 설명해 주세요.

❶ Many years ago, my parents and I went to Canada on vacation. ❷ However, when we arrived at the airport, our bags were nowhere to be found. ❸ After waiting in the baggage claim area, my father reported our luggage as missing. ❹ Luckily, the airport staff managed to locate our luggage. ❺ Apparently, it had been put on a flight to Africa. ❻ We were told it would take several days for us to get it back. ❼ We had packed everything we needed for our vacation in our luggage. ❽ We didn't want to put our vacation on hold, so we ended up going shopping to buy some necessary items. ❾ Our bags were delivered to us five days later, but I will always remember how our lost luggage almost ruined the trip.

❶ 수년 전에, 부모님과 저는 캐나다에 휴가를 갔습니다. ❷ 하지만, 우리가 공항에 도착했을 때, 우리의 가방은 어디에서도 찾을 수 없었습니다. ❸ 수화물 찾는 곳에서 기다린 후, 아버지가 우리 짐이 없어졌다고 신고했습니다. ❹ 다행스럽게도, 공항 직원이 우리 짐의 위치를 알아냈습니다. ❺ 알고 보니, 그것은 아프리카행 비행기에 잘못 실렸던 것이었습니다. ❻ 우리는 그것을 되찾는 데 며칠이 걸릴 것이라고 전해 들었습니다. ❼ 우리는 휴가에 필요한 모든 것을 짐가방에 챙겼습니다. ❽ 우리는 휴가를 미루고 싶지 않았기 때문에, 결국 필요한 물건들을 사러 쇼핑을 가게 되었습니다. ❾ 우리의 가방은 5일 후에 우리에게 배달되었지만, 저는 우리의 잃어버린 짐이 어떻게 여행을 거의 망쳤는지 항상 기억날 것입니다.

MP3 플레이어

Q11 MP3에 대해 친구에게 질문하기 → Q12 빌린 MP3를 실수로 고장 낸 상황을 설명하고 대안 제시하기 → Q13 빌린 물건에 문제가 생긴 경험 말하기

Q11 **You want to purchase an MP3 player. One of your friends knows a lot about them. Call this person and ask three or four questions in order to get more information about buying this device.**

당신은 MP3 플레이어를 구매하고 싶어 합니다. 당신의 친구 중 한 명이 그것에 대해 많이 알고 있습니다. 이 친구에게 전화를 걸고 이 기기를 구입하는 것에 대한 자세한 정보를 얻기 위해 서너 가지 질문을 해주세요.

❶ Hi, Jiwon. ❷ It's Yumi. ❸ I'm calling to ask a couple of questions. ❹ I'm thinking of getting an MP3 player, but I don't know much about them. ❺ I know you still use one, so I was wondering if you might help me pick a model to buy. ❻ First, what is the storage capacity of your MP3 player? ❼ I'm not really sure what a good size for the device is. ❽ And is any brand more reliable than the others? ❾ Do you recommend a particular brand or model? ❿ Also, where would you recommend I purchase an MP3 player? ⓫ I know I can buy them online, but I'd rather buy one in person. ⓬ Thanks in advance for helping me out.

❶ 안녕, 지원아. ❷ 나 유미야. ❸ 몇 가지 질문을 하려고 전화했어. ❹ MP3 플레이어를 살까 생각 중인데, 그것에 대해 아는 게 많지 않거든. ❺ 너는 아직 그것을 사용한다고 알고 있는데, 혹시 내가 구매할 기종을 고르는 데 도움을 줄 수 있을지 궁금해서. ❻ 우선, 너의 MP3 플레이어의 저장 용량은 얼마야? ❼ 그 기기의 적절한 용량이 얼마인지 잘 모르겠어. ❽ 그리고 혹시 다른 브랜드들보다 더 믿을 만한 브랜드가 있어? ❾ 너는 특정 브랜드나 기종을 추천하니? ❿ 또, MP3 플레이어를 어디서 구매하는 것을 추천하니? ⓫ 인터넷으로 살 수 있다는 건 알지만, 나는 그걸 직접 사고 싶어. ⓬ 나를 도와줘서 미리 고마워.

Q12 **Please suggest some solutions for a problem. You broke a friend's MP3 player by accident while borrowing it. Call this friend, and explain the situation. Then, give two or three solutions for how to solve this issue.**

문제에 대한 해결 방법을 몇 가지 제안해주세요. 당신은 친구의 MP3 플레이어를 빌렸다가 실수로 고장 냈어요. 이 친구에게 전화해서, 상황을 설명하세요. 그런 다음, 이 문제를 해결할 방법으로 서너 가지 해결책을 제시해주세요.

❶ Hi, Jiwon, it's Yumi. ❷ I have some bad news. ❸ I dropped the MP3 player you loaned me, and the screen shattered. ❹ I've come up with a couple of solutions, but I need to know how you'd like me to proceed. ❺ I've contacted the official service center, and they can replace the screen. ❻ But we'd need to ship the machine to them and wait for them to repair it and ship it back. ❼ This option would guarantee the quality of the repair, but it would take a few weeks. ❽ Alternatively, I could take it to a local repair shop and get it fixed tomorrow. ❾ So this is a much faster option, but it is a little riskier. ❿ Give me a call back when you get the chance, and let me know which option you prefer.

❶ 안녕 지원아, 나 유미야. ❷ 안 좋은 소식이 있어. ❸ 네가 빌려준 MP3 플레이어를 떨어뜨렸는데, 화면이 산산조각이 났어. ❹ 몇 가지 해결책을 생각해냈는데, 너는 내가 어떻게 진행하기를 원하는지 알아야 해서. ❺ 공식 서비스 센터에 문의했는데, 그곳에서 화면을 교체해 줄 수 있대. ❻ 하지만 기기를 그들에게 배송해줘야 하고, 그들이 그것을 수리하고 다시 배송해 줄 때까지 기다려야 해. ❼ 이 옵션은 수리의 품질을 보장하지만, 몇 주가 걸릴 거야. ❽ 아니면, 내일 동네 수리점에 가져가서 수리받을 수도 있어. ❾ 그래서 이건 훨씬 더 빠른 옵션이지만, 조금 더 위험해. ❿ 기회가 될 때 나에게 전화해서, 너는 어떤 옵션을 선호하는지 알려줘.

Q13 **Think of a time when something went wrong with an electronic device you had borrowed. What happened? What was the problem? How did you deal with this?**

당신이 빌린 전자제품에 문제가 있었던 때를 떠올려보세요. 무슨 일이 일어났나요? 무엇이 문제였나요? 당신은 이걸 어떻게 처리했나요?

❶ There was one time when I borrowed my roommate's laptop. ❷ This happened a few years ago when I was a student. ❸ My roommate lent me his laptop so that I could write an important report for an English class. ❹ I was quite stressed because I was writing it late at night, and it was due in the morning. ❺ Then, in the middle of writing, the laptop suddenly shut off. ❻ I thought it was just out of power, so I plugged the laptop in. ❼ But nothing happened. ❽ Even though my roommate was asleep, I decided to wake him up. ❾ He was a bit irritated and didn't want to get up. ❿ However, I eventually convinced him to help. ⓫ Apparently, the laptop's battery was loose. ⓬ He had to take it out and put it back in. ⓭ Then, it worked again like magic.

❶ 한 번은 제가 룸메이트의 노트북을 빌렸던 적이 있습니다. ❷ 이것은 몇 년 전에 제가 학생이었을 때 일어난 일입니다. ❸ 제 룸메이트는 제가 영어 수업의 중요한 보고서를 쓸 수 있도록 자신의 노트북을 빌려주었습니다. ❹ 밤 늦은 시간에 그것을 작성하고 있었기 때문에 저는 매우 스트레스를 받고 있었고, 그것은 아침까지 제출하기로 되어 있었습니다. ❺ 그러다가, 글을 쓰던 중, 노트북이 갑자기 꺼졌습니다. ❻ 저는 그냥 전원이 나갔다고 생각하고, 노트북을 전원에 연결했습니다. ❼ 하지만 아무 일도 일어나지 않았습니다. ❽ 비록 제 룸메이트는 잠들어 있었지만, 저는 그를 깨우기로 결심했습니다. ❾ 그는 약간 짜증을 냈고 일어나기 싫어했습니다. ❿ 하지만, 저는 결국 그를 설득해서 도와달라고 했습니다. ⓫ 알고 보기, 노트북의 배터리가 헐거워진 것이었습니다. ⓬ 그는 그것을 뺐다가 다시 껴 넣어야 했습니다. ⓭ 그러자, 그것은 마법처럼 다시 작동했습니다.

명절·모임

Q14 어렸을 때의 명절과 요즘 명절 비교 → Q15 명절/모임 관련 이슈

Q14 **Describe a major holiday or event that is celebrated in your country. Have they changed in any way since you were a child? Please tell me about it in detail.**

당신의 나라에서 기념되는 주요 명절이나 행사에 대해 설명해 주세요. 당신이 어렸을 때부터 그것들이 변한 게 있나요? 그것에 대해 자세히 알려주세요.

❶ Two of the biggest holidays in Korea are the Lunar New Year and Korean Thanksgiving. ❷ Both of these are family holidays, when people gather to see loved ones and eat traditional foods. ❸ Originally, both holidays involved preparing a huge number of dishes ahead of time. ❹ However, there are a few things that have changed over the years. ❺ People don't want to spend so much time preparing food anymore. ❻ These days, you can buy holiday dishes at the market or online. ❼ Another thing that has changed is travel. ❽ In the past, almost everyone visited their family in their hometown for these holidays. ❾ Nowadays, however, there are a lot of people who go abroad instead. ❿ This is because gathering with so many people can be stressful. ⓫ Conflicts can arise, and family members can become angry with each other. ⓬ So people want to relax on their time off instead.

❶ 한국에서 가장 큰 명절 두 개는 음력 설과 추석입니다. ❷ 이 둘 모두 사람들이 사랑하는 사람들을 보기 위해 모여서 전통 음식을 먹는 가족 명절입니다. ❸ 원래, 두 명절 모두 엄청난 양의 요리를 미리 준비하는 것을 포함했습니다. ❹ 하지만, 몇 년 사이에 변한 것들이 몇 가지 있습니다. ❺ 사람들은 더 이상 음식을 준비하는 데 그렇게 많은 시간을 보내고 싶어하지 않습니다. ❻ 요즘에는, 시장이나 온라인에서 명절 음식을 살 수 있습니다. ❼ 변화된 또 다른 것은 여행입니다. ❽ 과거에는, 거의 모든 사람들이 이 명절들에 고향에 있는 가족을 방문했습니다. ❾ 하지만, 요즘에는, 대신 해외로 나가는 사람들이 많습니다. ❿ 이는 많은 사람들과 함께 모이는 것은 스트레스받는 일이 될 수 있기 때문입니다. ⓫ 갈등이 발생할 수 있으며, 가족들이 서로에게 화가 날 수 있습니다. ⓬ 그래서 사람들은 대신 휴일에 휴식을 취하고 싶어 합니다.

Q15 **Are there any problems or issues regarding holidays? How are those issues addressed?**

명절과 관련된 문제나 이슈가 있나요? 이러한 문제들은 어떻게 해결되나요?

❶ Although the holidays are normally a time for celebration, many issues can arise during these periods. ❷ For example, enjoying the holidays can be very expensive. ❸ When families gather, huge meals are necessary to feed everyone. ❹ Even if the family cooks and eats at home the entire time, the food alone will cost a lot of money. ❺ Therefore, holidays can present a major financial burden. ❻ Another problem is that these gatherings can lead to conflicts. ❼ Family members have different opinions. ❽ So arguments can break out when people gather and share their views. ❾ This can lead to tension. ❿ Because of these challenges, many people choose not to gather with their whole family these days. ⓫ Instead, they stay at home with only a few family members or even go abroad to enjoy the holiday.

❶ 비록 명절은 보통 기념해야 할 시간이지만, 이 기간 동안 많은 문제들이 발생할 수 있습니다. ❷ 예를 들어, 명절을 즐기는 것은 매우 돈이 많이들 수 있습니다. ❸ 가족들이 모일 때, 모든 사람들을 대접하기 위해서는 엄청난 양의 음식이 필요합니다. ❹ 가족들이 명절 내내 집에서 요리하고 먹는다고 해도, 그 음식만으로도 많은 돈이 들 것입니다. ❺ 그러므로, 명절은 큰 재정적 부담을 줄 수 있습니다. ❻ 또 다른 문제는 이런 모임들이 갈등으로 이어질 수 있다는 것입니다. ❼ 가족들은 서로 다른 의견을 가지고 있습니다. ❽ 그래서 사람들이 모여서 그들의 의견을 공유할 때 논쟁이 일어날 수 있습니다. ❾ 이는 갈등으로 이어질 수 있습니다. ❿ 이러한 문제들 때문에, 요즘 많은 사람들은 온 가족과 모이지 않는 선택을 합니다. ⓫ 대신, 그들은 소수의 가족들과 함께 집에 머무르거나 심지어 휴일을 즐기기 위해 해외로 갑니다.

모범 답변 및 해석 p.274

5회 실전모의고사 풀어보기

QR 코드를 스캔하여 실전과 비슷한 화면으로 모의고사를 풀어보세요. 그 후 모범답변 및 해석을 확인하고 나의 답변과 비교해보세요.

◀ 실제 화면으로 풀어보기

Question 1 of 15

Let's start the interview now.

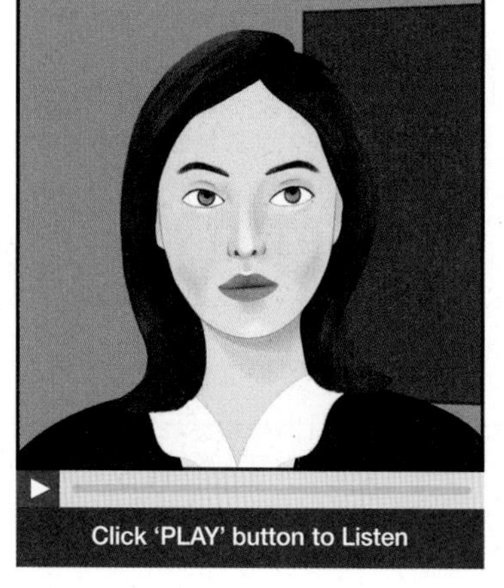

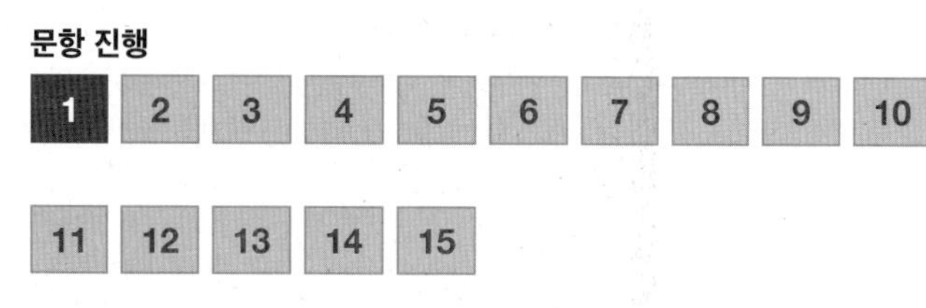

Next >

질문 음성만 듣고 풀어보기 ▶

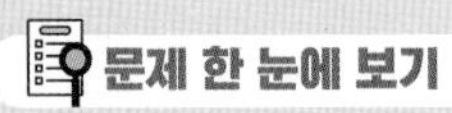

주제	문제
자기소개	**Q01** Let's start the interview now. Tell me a little bit about yourself.
공원가기 [설문 주제]	**Q02** What activities do you enjoy doing while at the park? For example, do you like to walk or exercise while there? Do you like to go with other people to the park, or do you prefer going alone? Tell me about a normal day at the park for you.
	Q03 Describe a park that you visit frequently and the activities that people do there. What do children do at the park? What do the adults do? Do they do similar or different things? Please tell me about the differences in detail.
	Q04 Tell me about the last time you went to a park. Which park did you go to? What did you do and who did you go with? Did anything special happen while you were there?
날씨·계절 [돌발 주제]	**Q05** What are the seasons like in your country? How many are there? How are they different from one another? Talk about the weather in each one.
	Q06 What is your favorite season? Tell me about some popular activities people do during that season in your country. What do you like to do during this season?
	Q07 Tell me about a time when unexpected weather caused an issue for you. What was the problem, and how did you deal with it? Was anyone with you? Describe the situation and outcome.
재활용 [돌발 주제]	**Q08** What has your experience with recycling been like? Do you recycle daily? Where do you put your recycling? Do you have to follow any rules? Give examples from your recycling experiences.
	Q09 The process of recycling has changed over time. Describe what it was like in the past. How has recycling evolved? Give as many details as you can.
	Q10 What is a memorable experience you've had while recycling? Have you ever had a problem while recycling? Or have you been shocked by something while doing it? Describe the experience in detail.
공연·영화보기 [롤플레이 주제]	**Q11** I'd like to give you a situation to act out. Your friend told you about a new movie that they think is good. You wonder if you should watch it, too. Ask your friend some questions about the movie to decide if you should see it.
	Q12 I need you to resolve a problem. You are at the movie theater with a friend. However, you want to leave because the movie is so boring. Let your friend know and make a few suggestions about what to do.
	Q13 That is the end of the issue. Do you remember the last time you watched a boring movie? Were you able to watch until the end? Describe the experience for me in detail.
집에서 보내는 휴가 [설문 주제]	**Q14** You mentioned in your background survey that you like staying at home more than traveling during your vacations. Why do you prefer being at home? What do you do during this time at home? Give as many details as you can.
	Q15 Why do people need to take a vacation? Do you think a vacation means something different depending on the person? In what different ways do people take vacations?

5회 모범답변

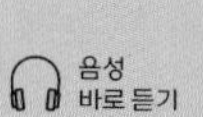

문제구성

주제	문제
자기소개	Q01 자기소개
공원가기	Q02 내가 공원에서 주로 하는 활동
	Q03 공원에서 아이와 어른이 하는 활동 비교
	Q04 최근에 공원에서 했던 일
날씨·계절	Q05 우리나라의 계절/날씨 묘사
	Q06 내가 가장 좋아하는 계절/날씨 묘사
	Q07 예상치 못한 날씨 변화로 인해 겪은 문제
재활용	Q08 내가 재활용하는 방법
	Q09 과거와 현재의 재활용 방식 비교
	Q10 재활용과 관련된 기억에 남는 경험
공연·영화보기	Q11 친구가 본 영화에 대해 질문하기
	Q12 지루한 영화를 그만 보고 싶은 상황을 설명하고 대안 제시하기
	Q13 지루한 영화를 봤던 경험 말하기
집에서 보내는 휴가	Q14 집에서 휴가를 보낼 때 주로 하는 활동
	Q15 사람들이 휴가를 필요로 하는 다양한 이유

※ <자기소개>의 모범답변은 p.30에서 확인하세요.

공원가기

Q02 내가 공원에서 주로 하는 활동 → Q03 공원에서 아이와 어른이 하는 활동 비교 → Q04 최근에 공원에서 했던 일

Q02 What activities do you enjoy doing while at the park? For example, do you like to walk or exercise while there? Do you like to go with other people to the park, or do you prefer going alone? Tell me about a normal day at the park for you.

당신은 공원에 있는 동안 어떤 활동을 즐겨 하나요? 예를 들어, 당신은 그곳에 있는 동안 산책하거나 운동하는 것을 좋아하나요? 당신은 다른 사람들과 공원에 가는 것을 좋아하나요, 아니면 혼자 가는 것을 선호하나요? 당신에게 있어 공원에서의 평범한 하루에 대해 말해주세요.

❶ When I go to a park, I usually just go there for fresh air. ❷ I often do this on sunny days. ❸ Being among trees for a little while really refreshes me. ❹ Mostly, I like to go by myself, though sometimes I go with a friend. ❺ On a typical occasion, I go there by myself and sit by the fountain. ❻ It's a pretty spot that gets plenty of sunlight, so it's usually warm there. ❼ If the weather is really nice, I'll stay for a long time. ❽ Sometimes I bring a novel to read. ❾ After sitting, I usually stroll along the trails. ❿ I don't like to walk too fast because I'm interested in enjoying the environment. ⓫ The last part of my routine is enjoying the walk all the way back home.

❶ 제가 공원에 갈 때, 저는 보통 신선한 공기를 마시기 위해 그곳에 갑니다. ❷ 저는 화창한 날에 종종 이것을 합니다. ❸ 잠시 동안 나무들 사이에 있는 것은 저를 정말 상쾌하게 합니다. ❹ 보통, 저는 혼자 가는 것을 좋아하지만, 가끔은 친구와 함께 가기도 합니다. ❺ 보통의 경우에, 저는 혼자 그곳에 가서 분수대 옆에 앉습니다. ❻ 그곳은 햇빛이 많이 드는 예쁜 장소라서 보통 따뜻합니다. ❼ 만약 날씨가 정말 좋다면, 저는 오랜 시간 머뭅니다. ❽ 가끔 저는 읽을 소설을 가져갑니다. ❾ 앉아 있은 후에, 저는 주로 산책로를 따라 산책합니다. ❿ 저는 주변 환경을 즐기는 것에 관심이 있기 때문에 너무 빨리 걷는 것을 좋아하지 않습니다. ⓫ 제 루틴의 마지막 부분은 집으로 돌아오는 내내 산책을 즐기는 것입니다.

Q03 Describe a park that you visit frequently and the activities that people do there. What do children do at the park? What do the adults do? Do they do similar or different things? Please tell me about the differences in detail.

당신이 자주 방문하는 공원과 그곳에서 사람들이 하는 활동에 대해 설명해 주세요. 아이들은 공원에서 무엇을 하나요? 어른들은 무엇을 하나요? 그들은 비슷한 활동을 하나요, 아니면 서로 다른 활동을 하나요? 그 차이점에 대해 저에게 자세히 알려주세요.

❶ I often visit a large park located by the river. ❷ There's large open field there, and kids like to run around on the grass and play games, laughing and shouting. ❸ On a windy day, the children often fly kites. ❹ By contrast, the adults at the park tend to be less active. ❺ They often gather in groups and socialize, some even bringing tents to sit in. ❻ Many of them choose to order beer and fried chicken for delivery to enjoy their time at the park. ❼ The kids also get food, but they're more interested in things from the convenience store like chips and ice cream. ❽ The two groups do have one thing in common, though. ❾ Most people in the park go there to be with a group of their friends or family members.

❶ 저는 강가에 있는 큰 공원에 자주 방문합니다. ❷ 그곳에는 넓은 공터가 있어서, 아이들은 웃고 소리치며 잔디 위를 뛰어다니고 게임을 하는 것을 좋아합니다. ❸ 바람이 부는 날에, 아이들은 종종 연을 날립니다. ❹ 대조적으로, 공원에 있는 어른들은 덜 활동적인 경향이 있습니다. ❺ 그들은 삼삼오오 모여 친목을 다지고, 어떤 사람들은 앉을 텐트도 가져옵니다. ❻ 그들 중 많은 사람들이 공원에서 즐거운 시간을 보내기 위해 맥주와 프라이드치킨을 배달 주문하는 것을 선택합니다. ❼ 아이들도 음식을 먹지만, 그들은 과자나 아이스크림 같은 편의점의 음식들에 더 관심이 있습니다. ❽ 하지만, 두 그룹은 한 가지 공통점을 가지고 있습니다. ❾ 공원에 있는 대부분의 사람들은 그들의 친구들이나 가족들과 함께하기 위해 그곳에 갑니다.

Q04 Tell me about the last time you went to a park. Which park did you go to? What did you do, and who did you go with? Did anything special happen while you were there?

당신이 마지막으로 공원에 갔던 때에 대해 알려주세요. 당신은 어느 공원에 갔나요? 당신은 무엇을 했고, 누구와 함께 갔나요? 당신이 그곳에 있는 동안 특별한 일이 있었나요?

❶ The last time I went to the park was just last week with my mom. ❷ We had gone to dinner at a restaurant in my neighborhood. ❸ After we ate, we decided to head to the park since the weather was so nice. ❹ The atmosphere was peaceful and calming at that point in the day. ❺ The park has a nice lake in the middle of it, so we walked around it for a while. ❻ We talked about what was happening in our daily lives as we did this. ❼ We also found some exercise equipment and used it for a bit. ❽ When it began to get dark, we decided to leave. ❾ We were probably at the park for about an hour. ❿ Even though it was a short visit, it was a refreshing way to end the day.

❶ 제가 마지막으로 공원에 간 것은 바로 지난주에 엄마와 함께 갔던 것입니다. ❷ 우리는 동네에 있는 식당에 저녁 식사를 하러 갔었습니다. ❸ 식사를 마친 후, 우리는 날씨가 너무 좋아서 공원으로 가기로 결정했습니다. ❹ 그날 그 시간의 분위기는 평화롭고 차분했습니다. ❺ 그 공원은 중앙에 멋진 호수가 있어서, 우리는 그 주변을 잠시 걸었습니다. ❻ 우리는 걸으면서 우리의 일상에서 일어나고 있는 일들에 대해 이야기했습니다. ❼ 우리는 또한 몇몇 운동 기구를 발견해서 잠시 동안 사용했습니다. ❽ 어두워지기 시작했을 때, 우리는 떠나기로 결정했습니다. ❾ 아마 우리는 한 시간 정도 공원에 있었던 것 같습니다. ❿ 비록 짧은 방문이었지만, 상쾌하게 하루를 마무리하는 방법이었습니다.

날씨·계절

Q05 우리나라의 계절/날씨 묘사 → Q06 내가 가장 좋아하는 계절/날씨 묘사 → Q07 예상치 못한 날씨 변화로 인해 겪은 문제

Q05 What are the seasons like in your country? How many are there? How are they different from one another? Talk about the weather in each one.

당신 나라의 계절들은 어떠한가요? 몇 개의 계절이 있나요? 그 계절들은 서로 어떻게 다른가요? 각 계절의 날씨에 대해 이야기해 주세요.

❶ There are four distinct seasons in Korea: spring, summer, fall, and winter. ❷ The weather is generally warm in spring. ❸ However, the weather occasionally gets cold, so you still need to wear a jacket. ❹ It's also a good idea to wear a mask because the air quality is often poor due to high levels of fine dust. ❺ Summer in Korea is very hot and humid. ❻ For a few weeks each summer, there is a lot of rain caused by monsoons. ❼ It starts to get cooler and drier in fall as the leaves turn to red and yellow. ❽ In my opinion, fall in Korea has the perfect weather for outdoor activities. ❾ Finally, it is usually very cold in the winter. ❿ There is sometimes snow, but the amount can vary a lot depending on where you live. ⓫ Clearly, the weather in Korea changes a lot from season to season.

❶ 한국에는 봄, 여름, 가을, 그리고 겨울의 네 가지 뚜렷한 계절이 있습니다. ❷ 봄에는 날씨가 대체로 따뜻합니다. ❸ 다만, 이따금 날씨가 추워지기 때문에, 여전히 가끔은 재킷을 입어야 합니다. ❹ 미세먼지가 많아 종종 공기의 질이 좋지 않기 때문에 마스크를 쓰는 것도 좋은 생각입니다. ❺ 한국의 여름은 매우 덥고 습합니다. ❻ 매년 여름 몇 주 동안, 장마로 인해 많은 비가 내립니다. ❼ 가을에는 나뭇잎들이 빨갛고 노랗게 변하면서, 점점 더 시원해지고 건조해지기 시작합니다. ❽ 제 생각에, 한국의 가을은 야외활동하기에 완벽한 날씨를 제공합니다. ❾ 마지막으로, 겨울에는 보통 매우 춥습니다. ❿ 가끔 눈이 오기도 하지만, 사는 곳에 따라 양이 많이 달라질 수 있습니다. ⓫ 확실히 한국의 날씨는 계절마다 많이 변합니다.

Q06 What is your favorite season? Tell me about some popular activities people do during that season in your country. What do you like to do during this season?

당신이 가장 좋아하는 계절은 무엇인가요? 당신의 나라에서 그 계절에 사람들이 하는 인기 있는 활동들에 대해 말해주세요. 당신은 이 계절에 무엇을 하는 것을 좋아하나요?

❶ My favorite season is fall. ❷ The weather is usually very cool yet sunny during the fall. ❸ So people like to do outside activities. ❹ Going hiking in the mountains is very popular because of the leaves changing colors. ❺ The trees become covered in bright red, yellow, and orange leaves at this time. ❻ People also like to have picnics near a river or a lake. ❼ It's fun to talk with friends and eat delicious food while enjoying the beautiful weather. ❽ What I like doing the most in the fall is camping. ❾ I often go to a campsite on the weekend with friends or family members. ❿ Cooking food over a campfire is a lot of fun. ⓫ And I like staying up late and looking at the stars sparkling in the sky. ⓬ Overall, camping is the perfect way to relieve my stress after a busy week.

❶ 제가 가장 좋아하는 계절은 가을입니다. ❷ 가을 동안 날씨는 보통 매우 시원하지만 동시에 화창합니다. ❸ 그래서 사람들은 야외활동을 하는 것을 좋아합니다. ❹ 산으로 하이킹을 가는 것은 변하는 나뭇잎의 색깔 때문에 매우 인기가 있습니다. ❺ 이 시기에 나무들은 밝은 빨간색, 노란색, 그리고 오렌지색 잎으로 뒤덮이게 됩니다. ❻ 사람들은 또한 강이나 호수 근처에 소풍 가는 것을 좋아합니다. ❼ 아름다운 날씨를 즐기면서 친구들과 이야기하고 맛있는 음식을 먹는 것은 즐겁습니다. ❽ 제가 가을에 가장 하기 좋아하는 것은 캠핑입니다. ❾ 저는 주말에 종종 친구들이나 가족들과 캠핑장에 갑니다. ❿ 모닥불 위에서 음식을 요리하는 것은 매우 재미있습니다. ⓫ 그리고 저는 늦게까지 깨어 있으면서 하늘에서 반짝이는 별들을 보는 것을 좋아합니다. ⓬ 전반적으로, 캠핑은 바쁜 한 주 후에 스트레스를 푸는 완벽한 방법입니다.

Q07 Tell me about a time when unexpected weather caused an issue for you. What was the problem, and how did you deal with it? Was anyone with you? Describe the situation and outcome.

예상치 못한 날씨가 당신에게 문제를 일으켰던 때에 대해 알려주세요. 무엇이 문제였고, 당신은 그것에 어떻게 대처했나요? 누군가 당신과 같이 있었나요? 그 상황과 결과를 설명해 주세요.

❶ A few months ago, I met my friends at the park for a picnic. ❷ There wasn't much sun because there were clouds in the sky. ❸ However, I didn't think it was going to rain. ❹ I'd checked the weather forecast in the morning, and it wasn't supposed to rain. ❺ My friends and I enjoyed our picnic, and then we relaxed for a while. ❻ While we were relaxing, it started raining. ❼ The rain wasn't coming down hard, so we thought it wouldn't last for very long. ❽ We continued talking and enjoying ourselves. ❾ Then, out of nowhere, there was a sudden downpour. ❿ None of us had an umbrella, unfortunately, and we got soaked. ⓫ We quickly packed up our picnic stuff and ran to the subway station. ⓬ I ended up catching a bad cold and was really sick for several days.

❶ 몇 달 전, 저는 소풍을 가기 위해 공원에서 친구들을 만났습니다. ❷ 하늘에 구름이 껴있어서 햇빛이 별로 없었습니다. ❸ 하지만, 저는 비가 올 거라고는 생각하지 못했습니다. ❹ 아침에 일기 예보를 확인했는데, 비가 오지 않는 것으로 되어 있었습니다. ❺ 친구들과 저는 소풍을 즐겼고, 그 후 잠시 휴식을 취했습니다. ❻ 우리가 휴식을 취하고 있을 때, 비가 내리기 시작했습니다. ❼ 비가 세게 내리지 않아서, 우리는 비가 아주 오래 내리지 않을 거라고 생각했습니다. ❽ 우리는 계속 이야기를 나누며 즐겼습니다. ❾ 그런데, 느닷없이, 갑작스런 폭우가 쏟아졌습니다. ❿ 불행하게도, 우리 중 누구도 우산을 가지고 있지 않았고, 우리는 흠뻑 젖었습니다. ⓫ 우리는 재빨리 소풍 짐을 싸서 지하철역으로 달려갔습니다. ⓬ 저는 결국 심한 감기에 걸리게 되었고 며칠 동안 정말 아팠습니다.

재활용

Q08 내가 재활용하는 방법 → Q09 과거와 현재의 재활용 방식 비교 → Q10 재활용과 관련된 기억에 남는 경험

Q08 What has your experience with recycling been like? Do you recycle daily? Where do you put your recycling? Do you have to follow any rules? Give examples from your recycling experiences.

재활용과 관련된 당신의 경험은 어땠나요? 당신은 매일 재활용을 하나요? 당신은 재활용품은 어디에 두나요? 당신은 어떤 규칙을 따라야만 하나요? 당신의 재활용 경험에서 예를 들어주세요.

❶ I take the recycling out probably two or three times per week. ❷ Our apartment complex has an outdoor area with bins for trash and recycling. ❸ But they get full quite quickly because there are so many people dumping things. ❹ There are a few special procedures that everyone has to follow. ❺ For one, you can only get rid of specific things on certain days of the week. ❻ You can only throw away plastic items on Tuesdays and Thursdays. ❼ You're also only supposed to put things in the area between 5 p.m. and 2 a.m. ❽ And there are also CCTV cameras watching everyone. ❾ If someone is caught disposing of waste improperly, they could be fined. ❿ Although there are quite a few rules to follow, I think it's a good system. ⓫ I'm happy to do my part to keep the apartment complex clean.

❶ 저는 일주일에 두세 번 정도 재활용품을 가지고 나갑니다. ❷ 우리 아파트 단지는 일반 쓰레기와 재활용품을 위한 쓰레기통이 있는 야외 공간이 있습니다. ❸ 하지만 아주 많은 사람들이 물건을 버리기 때문에 그것은 상당히 빨리 가득 차게 됩니다. ❹ 모두가 따라야 하는 몇 가지 특별한 절차가 있습니다. ❺ 우선, 일정한 요일에만 특정한 것들을 버릴 수 있습니다. ❻ 플라스틱 물건은 화요일과 목요일에만 버릴 수 있습니다. ❼ 또한 오후 5시에서 새벽 2시 사이에만 그 구역에 물건을 놓아두어야 합니다. ❽ 그리고 모든 사람들을 지켜보는 CCTV 카메라도 있습니다. ❾ 만약 누군가가 쓰레기를 부적절하게 버리다 걸리면, 그들은 벌금을 물게 될 수 있습니다. ❿ 비록 지켜야 할 규칙이 꽤 많지만, 저는 그것이 좋은 시스템이라고 생각합니다. ⓫ 저는 아파트 단지를 깨끗하게 유지하기 위해 기꺼이 제 역할을 합니다.

Q09 The process of recycling has changed over time. Describe what it was like in the past. How has recycling evolved? Give as many details as you can.

재활용 과정은 시간이 지나면서 변화해왔습니다. 그것이 과거에 어땠는지 설명해 주세요. 재활용은 어떻게 발전했나요? 가능한 한 자세히 알려주세요.

❶ When I was younger, recycling was not a regular practice. ❷ No one really cared about it or understood why it was important. ❸ So people threw everything away in the trash. ❹ Sometimes people would reuse things like plastic containers or cardboard boxes. ❺ But they did this to save money. ❻ People didn't do it for the environment. ❼ However, things have changed now. ❽ Because people care about the planet, recycling is handled very seriously. ❾ At home, people must separate recyclable products before taking their garbage out. ❿ There are different categories such as plastic, paper, and glass. ⓫ Organizing our recyclables ensures that we recycle as much as we can. ⓬ In addition, students are taught about recycling in school so they know more about it.

❶ 제가 더 어렸을 때, 재활용은 일반적인 관행이 아니었습니다. ❷ 아무도 그것에 정말로 신경을 쓰거나 그것이 왜 중요한지 이해하지 못했습니다. ❸ 그래서 사람들은 모든 것을 쓰레기통에 버렸습니다. ❹ 때때로 사람들은 플라스틱 용기나 판지 상자와 같은 것들을 재사용하곤 했습니다. ❺ 하지만 그들은 돈을 절약하기 위해 이것을 했습니다. ❻ 사람들은 환경을 위해 그것을 했던 것이 아니었습니다. ❼ 하지만, 지금은 상황이 많이 변했습니다. ❽ 사람들이 지구에 대해 관심을 갖고 있기 때문에, 재활용은 매우 심각하게 다루어집니다. ❾ 집에서, 사람들은 쓰레기를 버리기 전에 재활용 가능한 제품을 반드시 분리해야 합니다. ❿ 플라스틱, 종이, 유리와 같은 서로 다른 범주가 있습니다. ⓫ 재활용품을 분류하는 것은 우리가 할 수 있는 만큼 최대한 재활용하는 것을 보장합니다. ⓬ 게다가, 학생들은 재활용에 대해 학교에서 배워서 더 많이 알고 있습니다.

Q10 What is a memorable experience you've had while recycling? Have you ever had a problem while recycling? Or have you been shocked by something while doing it? Describe the experience in detail.

재활용을 하며 있었던 기억에 남는 경험은 무엇인가요? 재활용하던 중에 문제가 있었던 적이 있나요? 혹은 재활용을 하던 중 무언가로 인해 놀란 경험이 있나요? 그 경험을 자세히 설명해 주세요.

❶ I remember an issue I had a few years ago while in university. ❷ I lived in a building that had a recycling area in front of it. ❸ The problem was somebody was throwing away food trash with their recycling. ❹ The garbage collectors weren't picking up the recycling, and bugs began to gather. ❺ It was gross! ❻ So I called my landlord to complain. ❼ He promised that he would find whoever was responsible. ❽ Then, the next night, I ran into one of my classmates in front of the building. ❾ What was he holding in his hands? ❿ A plastic bag filled with food trash! ⓫ I scolded him and said he needed to separate his food trash and recycling. ⓬ He begged me not to tell the landlord. ⓭ In the end, I didn't tell on him, and he learned his lesson.

❶ 저는 몇 년 전 대학에 다닐 때 겪었던 문제가 기억납니다. ❷ 저는 앞에 재활용 구역이 있는 건물에서 살았습니다. ❸ 문제는 누군가가 자신의 음식물 쓰레기를 재활용품과 함께 버리고 있다는 것이었습니다. ❹ 쓰레기 청소부들은 그 재활용품을 수거하지 않았고, 벌레들이 꼬이기 시작했습니다. ❺ 그것은 정말 역겨웠습니다! ❻ 그래서 저는 집주인에게 항의하기 위해 전화했습니다. ❼ 그는 누구든 이것에 책임이 있는 사람을 찾아내겠다고 약속했습니다. ❽ 그러고 나서, 다음 날 밤, 저는 건물 앞에서 반 친구 중 한 명과 우연히 마주쳤습니다. ❾ 그의 손에 들려 있는 것은 무엇이었을까요? ❿ 음식물 쓰레기로 가득 찬 비닐봉지였습니다! ⓫ 저는 그를 꾸짖고 그가 음식물 쓰레기와 재활용품을 분리해야 한다고 말했습니다. ⓬ 그는 저에게 집주인에게 말하지 말아 달라고 빌었습니다. ⓭ 결국, 저는 그에 대해 고자질하지 않았고, 그는 교훈을 얻었습니다.

공연·영화보기

Q11 친구가 본 영화에 대해 질문하기 → Q12 지루한 영화를 그만 보고 싶은 상황을 설명하고 대안 제시하기 → Q13 지루한 영화를 봤던 경험 말하기

Q11	**I'd like to give you a situation to act out. Your friend told you about a new movie that they think is good. You wonder if you should watch it, too. Ask your friend some questions about the movie to decide if you should see it.**	당신에게 연기할 상황을 드릴게요. 당신의 친구는 본인이 재미있다고 생각하는 새 영화에 대해 알려줬습니다. 당신은 당신도 그 영화를 봐야 할지 궁금해합니다. 영화를 봐야 할지 결정하기 위해 친구에게 영화에 대한 몇 가지 질문을 해주세요.
	❶ Hey, Jinho. ❷ I see you had a great time watching the new movie last night. ❸ I was thinking about watching it myself, so I'd like to ask a few questions if you don't mind. ❹ I wasn't quite sure what genre the movie was. ❺ The trailer makes it look like a sci-fi film. ❻ Or is it mostly action? ❼ Also, who's the director? ❽ I heard it was directed by a famous European director. ❾ It would be interesting to see how the director made the movie. ❿ Are there any well-known actors in it? ⓫ Finally, is the story interesting? ⓬ I like movies that have an interesting or surprising plot. ⓭ Thanks for taking the time to answer some of my questions. ⓮ Let me know if you recommend the movie.	❶ 안녕, 진호야. ❷ 어젯밤에 새 영화를 보면서 즐거운 시간을 보냈구나. ❸ 나도 볼까 생각 중이었는데, 괜찮다면 몇 가지 질문을 하고 싶어. ❹ 나는 그 영화가 어떤 장르인지 잘 모르겠더라고. ❺ 예고편에서는 그것이 공상 과학 영화처럼 보였는데 말이야. ❻ 아니면 액션이 대부분인가? ❼ 그리고, 감독은 누구야? ❽ 유명한 유럽인 감독이 연출했다고 들었던 것 같아. ❾ 그 감독이 어떻게 영화를 만들었는지 보는 것은 흥미로울 것 같아. ❿ 유명한 배우들 중 누구라도 출연하니? ⓫ 마지막으로, 영화의 이야기는 재미있어? ⓬ 나는 흥미롭거나 놀라운 줄거리를 가진 영화를 좋아해. ⓭ 내 질문에 시간 내서 답변해줘서 고마워. ⓮ 네가 그 영화를 추천한다면 알려줘.

Q12	**I need you to resolve a problem. You are at the movie theater with a friend. However, you want to leave because the movie is so boring. Let your friend know and make a few suggestions about what to do.**	당신이 해결해줬으면 하는 문제가 있어요. 당신은 한 친구와 함께 영화관에 있습니다. 하지만, 당신은 영화가 너무 지루해서 떠나고 싶어 합니다. 친구에게 알리고 어떻게 해야 할지에 대한 몇 가지 제안을 해주세요.
	❶ Hey, I'm really sorry to bring this up right now, but I want to say something. ❷ I'm trying to enjoy the movie, but I just can't. ❸ It's so boring that I'm almost falling asleep. ❹ Do you want to finish watching it? ❺ If so, I'll be happy to wait outside for you. ❻ I'll wait at a café, and we can meet up afterwards. ❼ Or if you don't want to watch it either, how about we leave? ❽ We can grab a bite to eat instead. ❾ Or maybe we could see a different movie. ❿ Is there anything else you want to watch? ⓫ Maybe we could exchange tickets for something else? ⓬ It hasn't been long since the movie started. ⓭ Anyway, let me know what you'd like to do. ⓮ I'm sorry that I can't sit through this. ⓯ I hope you understand.	❶ 야, 지금 바로 이런 얘기를 해서 정말 미안한데, 하고 싶은 말이 있어. ❷ 영화를 즐기려고 노력하고 있지만, 도저히 그게 안 돼. ❸ 너무 지루해서 잠이 올 것 같아. ❹ 너는 이걸 끝까지 보고 싶니? ❺ 만약 그렇다면, 나는 기꺼이 밖에서 널 기다릴게. ❻ 카페에서 기다릴 테니, 우리는 그 뒤에 만날 수 있어. ❼ 아니면 만약 너도 이걸 보기 싫다면, 우리 나가는 게 어때? ❽ 이거 대신 간단히 뭘 좀 먹으러 갈 수 있어. ❾ 아니면 다른 영화를 볼 수 있을지도 몰라. ❿ 따로 보고 싶은 거 있어? ⓫ 혹시 다른 영화로 티켓을 교환할 수 있지 않을까? ⓬ 영화가 시작된 지 얼마 안 됐잖아. ⓭ 아무튼, 너는 어떻게 하고 싶은지 알려줘. ⓮ 이 영화를 끝까지 볼 수 없어서 미안해. ⓯ 네가 이해해주길 바라.

Q13	**That is the end of the issue. Do you remember the last time you watched a boring movie? Were you able to watch until the end? Describe the experience for me in detail.**	이것으로 상황은 종료됐습니다. 당신이 마지막으로 지루한 영화를 봤던 때를 기억하나요? 당신은 그것을 끝까지 볼 수 있었나요? 그 경험을 자세히 설명해 주세요.
	❶ Last month, I went to the movie theater with my friend to watch a new movie. ❷ We saw the preview for it a few months ago, and it looked very interesting. ❸ So I was really looking forward to it. ❹ Unfortunately, the movie turned out to be completely different from what I expected. ❺ First of all, the story was hard to follow and didn't make sense. ❻ On top of that, the actors were all terrible. ❼ I couldn't watch them because their acting made me cringe. ❽ My friend and I wanted to leave, but we didn't have the courage. ❾ We also didn't want to waste our money, so we just watched the whole thing. ❿ It was the two most boring hours of my life. ⓫ I can't believe I wasted money and time to watch such a terrible film.	❶ 지난달에, 저는 친구와 함께 새 영화를 보기 위해 영화관에 갔습니다. ❷ 우리는 몇 달 전에 그것의 예고편을 봤었고, 매우 흥미로워 보였습니다. ❸ 그래서 저는 정말 기대를 많이 했습니다. ❹ 안타깝게도, 그 영화는 제가 예상했던 것과 완전히 달랐습니다. ❺ 우선, 그 이야기는 이해하기 어려웠고 말이 되지 않았습니다. ❻ 게다가, 배우들은 모두 형편없었습니다. ❼ 그들의 연기가 저를 민망하게 만들어서 볼 수가 없었습니다. ❽ 친구와 저는 나가고 싶었지만 용기가 없었습니다. ❾ 우리는 또한 돈을 낭비하고 싶지 않았기 때문에, 그냥 영화를 다 봤습니다. ❿ 그것은 제 인생에서 가장 지루한 두 시간이었습니다. ⓫ 이런 끔찍한 영화를 보기 위해 돈과 시간을 낭비했다는 걸 믿을 수가 없습니다.

집에서 보내는 휴가

Q14 집에서 휴가를 보낼 때 주로 하는 활동 —▶ Q15 사람들이 휴가를 필요로 하는 다양한 이유

Q14	**You mentioned in your background survey that you like staying at home more than traveling during your vacations. Why do you prefer being at home? What do you do during this time at home? Give as many details as you can.**	당신은 설문 조사에서 휴가 동안 여행하는 것보다 집에 있는 것을 더 좋아한다고 했습니다. 당신이 집에 있는 것을 더 선호하는 이유는 무엇인가요? 당신은 이 시간 동안 집에서 무엇을 하나요? 되도록 자세히 설명해 주세요.
	❶ I prefer to spend my vacations at home because traveling can be stressful and expensive. ❷ It's not that I don't like traveling. ❸ I enjoy seeing the world and doing new things. ❹ But when I'm on vacation, I often feel like I have to do a lot of sightseeing. ❺ Usually, this makes me more tired in the end. ❻ I return to work feeling as though I need another vacation just to recover. ❼ However, when I spend my vacations at home, I can rest and recharge. ❽ I mainly catch up on sleep and engage in my hobbies. ❾ I also relax by watching my favorite TV shows and going for long walks in the park. ❿ Furthermore, I make an effort to spend quality time with my family. ⓫ We get together and enjoy good food while catching up.	❶ 여행은 스트레스를 주거나 비용이 많이 들 수 있기 때문에 저는 집에서 휴가를 보내는 것을 선호합니다. ❷ 제가 여행을 좋아하지 않는다는 것은 아닙니다. ❸ 저는 세계를 돌아보고 새로운 것을 하는 것을 즐깁니다. ❹ 하지만 휴가를 가면, 저는 종종 많은 관광을 해야 한다고 느낍니다. ❺ 보통, 이것은 결국 저를 더 피곤하게 만듭니다. ❻ 저는 오직 회복하기 위해 또 다른 휴가가 필요한 것 같은 기분으로 직장에 복귀하게 됩니다. ❼ 하지만, 집에서 휴가를 보낼 때, 저는 쉬고 재충전할 수 있습니다. ❽ 저는 주로 잠을 보충하고 취미생활을 합니다. ❾ 저는 또한 제가 가장 좋아하는 TV쇼를 보고 공원에서 긴 산책을 하면서 휴식을 취합니다. ❿ 뿐만이 아니라, 저는 가족과 함께 좋은 시간을 보내기 위해 노력합니다. ⓫ 우리는 함께 모여서 밀린 대화를 하면서 좋은 음식을 먹습니다.

Q15	**Why do people need to take a vacation? Do you think a vacation means something different depending on the person? In what different ways do people take vacations?**	사람들이 휴가를 필요로 하는 이유는 무엇인가요? 휴가가 사람에 따라 다른 의미를 가진다고 생각하나요? 사람들은 어떤 다양한 방법들로 휴가를 보내나요?
	❶ People need vacations so they can take a break from their daily routines. ❷ People tend to use their vacations for traveling and relaxing. ❸ Some people want to book overseas trips to somewhere very different from their own country. ❹ They want to see unusual sights and experience new things. ❺ They often pack their trips with interesting activities so they will always have something to do. ❻ Other people just like to stay home and relax during their vacations. ❼ They spend the time doing things they normally enjoy when they have free time, like watching movies and TV shows. ❽ Some people combine these two approaches. ❾ They pick a destination like a beach where they can go to sit out in the sun or swim leisurely. ❿ They get to experience a new place but don't feel the need to constantly do things while there.	❶ 사람들은 그들의 일상으로부터 휴식을 취하기 위해 휴가를 필요로 합니다. ❷ 사람들은 여행과 휴식을 위해 휴가를 사용하는 경향이 있습니다. ❸ 어떤 사람들은 자신의 나라와 매우 다른 어떤 곳으로 가는 해외 여행을 예약하고 싶어 합니다. ❹ 그들은 색다른 광경을 보고 새로운 것들을 경험하고 싶어 합니다. ❺ 그들은 항상 무언가를 할 수 있도록 보통 여행을 재미있는 활동들로 꽉 채웁니다. ❻ 다른 사람들은 휴가 동안 그냥 집에 머물면서 휴식을 취하는 것을 좋아합니다. ❼ 그들은 영화나 TV 쇼를 보는 것과 같이 그들이 여유 시간이 있을 때 보통 즐겨 하던 일을 하면서 시간을 보냅니다. ❽ 어떤 사람들은 이 두 가지 방법을 결합합니다. ❾ 그들은 햇볕을 쬐며 앉아있거나 여유롭게 수영을 할 수 있는 해변과 같은 목적지를 선택합니다. ❿ 그들은 새로운 장소를 경험하게 되지만 그곳에 있는 동안 계속해서 무언가를 할 필요는 느끼지 않습니다.

모범 답변 및 해석 p.282

6회 실전모의고사 풀어보기

QR 코드를 스캔하여 실전과 비슷한 화면으로 모의고사를 풀어보세요. 그 후 모범답변 및 해석을 확인하고 나의 답변과 비교해보세요.

◀ 실제 화면으로 풀어보기

Question 1 of 15

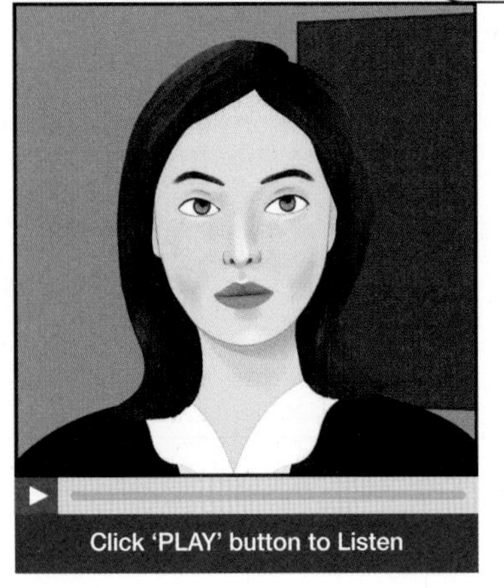

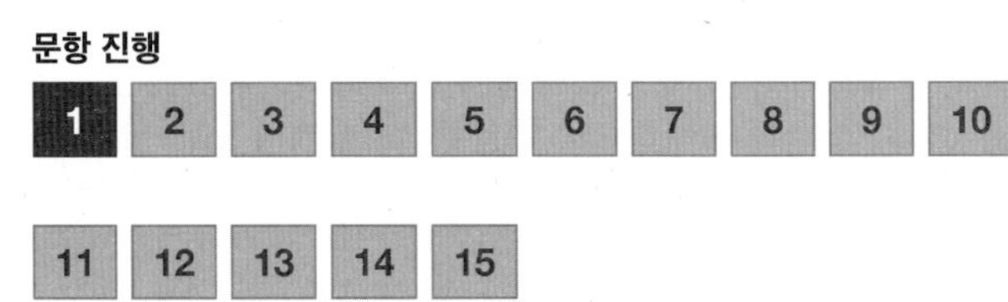

질문 음성만 듣고 풀어보기 ▶

문제 한 눈에 보기

주제	문제
자기소개	**Q01** Let's start the interview now. Tell me a little bit about yourself.
거주지 [설문 주제]	**Q02** Please tell me about your house. What's your favorite room? What does it look like? Why do you like that room?
	Q03 How is the home you lived in before different from the one you live in now? Compare the two places. Give as many details as possible.
	Q04 What did your house look like when you first moved in? What changes have you made to your house since then?
지형·야외활동 [돌발 주제]	**Q05** What are some of your country's geographic features? How do they compare to the geographic features of other countries? Describe them with as many details as you can.
	Q06 Which do you like, lakes, mountains, beaches, or something else? Is there a geographical feature that is your favorite? Describe it for me.
	Q07 Describe the most memorable outdoor experience that you've had. What happened? Where and when was it? Give as many details about it as you can.
음악 감상하기 [설문 주제]	**Q08** What kinds of music do you like? Tell me about some of your favorite musicians and artists.
	Q09 You indicated in your background survey that you enjoy listening to music. When did you first begin listening to music? How did you listen to it at first? What was your favorite type of music in the past, and how has it changed? Describe how your tastes have evolved.
	Q10 Reflect on a memorable experience when you were listening to live music. What happened? When and where was it? Were you with anyone? What band or artist was performing? Why was it so unforgettable?
국내·해외여행 [롤플레이 주제]	**Q11** I'd like you to act out the following situation. You are currently planning a vacation. Call a travel agent and ask them three or four questions about possible places to visit.
	Q12 Your travel agent has explained that an activity you wanted to participate in won't be available during your trip dates. Call your friend, describe the situation, and provide two or three alternatives in a message.
	Q13 Describe the most memorable experience you have had while on a trip. When was it, and where were you? What happened? Why was it so unforgettable? Describe the experience in detail.
산업 [돌발 주제]	**Q14** Talk about an industry or company that has changed a lot in your country. What is it like now? How has it changed? Talk about specific examples that show how the industry or company has evolved.
	Q15 Tell me about a time when a product failed to meet the expectations of the public. What was the problem? How did the public and the industry react to this issue? Describe the problem in detail.

문제구성

주제	문항
자기소개	Q01 자기소개
거주지	Q02 집에서 내가 가장 좋아하는 방 묘사 Q03 전에 살았던 집과 지금 사는 집 비교 Q04 이사 후 내가 집에 준 변화
지형·야외활동	Q05 우리나라의 지형 묘사 Q06 내가 좋아하는 지형 묘사 Q07 기억에 남는 야외활동 경험
음악 감상하기	Q08 내가 좋아하는 음악과 가수 묘사 Q09 음악을 듣게 된 계기와 취향의 변화 Q10 라이브 음악을 들었던 기억에 남는 경험
국내·해외여행	Q11 가고 싶은 여행지에 대해 여행사에 질문하기 Q12 여행 상품을 이용할 수 없는 문제를 설명하고 대안 제시하기 Q13 기억에 남는 여행 경험 말하기
산업	Q14 특정 산업의 변화와 발전 Q15 소비자의 기대에 못 미친 상품/서비스

※ <자기소개>의 모범답변은 p.30에서 확인하세요.

거주지

Q02 집에서 내가 가장 좋아하는 방 묘사 → Q03 전에 살았던 집과 지금 사는 집 비교 → Q04 이사 후 내가 집에 준 변화

Q02 Please tell me about your house. What's your favorite room? What does it look like? Why do you like that room?

당신의 집에 대해 알려주세요. 당신이 가장 좋아하는 방은 어딘가요? 그곳은 어떻게 생겼나요? 당신은 그 방을 왜 좋아하나요?

❶ I live in an apartment with a kitchen, living room, and bedroom. ❷ Of these, I think I prefer my bedroom the most. ❸ The first thing you see in my bedroom is my bed. ❹ It's large and comfortable, with lots of pillows and cushions. ❺ A small window with nice curtains is right next to the bed. ❻ I open the curtains in the morning to let in sunlight. ❼ Next to my bed is my desk with my computer on it. ❽ I spend a lot of time at my desk either watching movies or playing online games. ❾ My bedroom is a perfect place to relax. ❿ On the weekends, I stay in my bedroom almost all day, only leaving to eat. ⓫ I also like to open the window and enjoy the breeze.

❶ 저는 부엌, 거실, 그리고 침실이 있는 아파트에 삽니다. ❷ 이중 저는 제 침실을 가장 좋아하는 것 같습니다. ❸ 제 침실에서 제일 먼저 보이는 것은 제 침대입니다. ❹ 그것은 크고 베개와 쿠션이 많아서 편안합니다. ❺ 침대 바로 옆에 멋진 커튼이 달린 작은 창문이 있습니다. ❻ 저는 햇빛이 들어오게 하기 위해 아침에 커튼을 엽니다. ❼ 제 침대 옆에는 컴퓨터가 올려져 있는 책상이 있습니다. ❽ 저는 많은 시간을 책상에서 영화를 보거나 온라인 게임을 하면서 보냅니다. ❾ 제 침실은 휴식을 취하기에 완벽한 장소입니다. ❿ 주말에, 저는 거의 하루 종일 침실에 머물면서 식사할 때만 나갑니다. ⓫ 저는 또한 창문을 열고 바람을 쐬는 것을 좋아합니다.

Q03 How is the home you lived in before different from the one you live in now? Compare the two places. Give as many details as possible.

전에 살았던 집은 지금 사는 집과 어떻게 다른가요? 그 두 곳을 비교해 주세요. 되도록 자세히 설명해 주세요.

❶ My current home is much different from the one where I used to live. ❷ Until recently, I was living with my parents. ❸ They live in a four-bedroom apartment in a quiet neighborhood. ❹ It has large windows in every room, so there is always lots of sunlight. ❺ The apartment is in the suburbs, so there aren't many public transportation options. ❻ Now, I'm living in a one-bedroom apartment in the city. ❼ It has a cozy bedroom and a small living room. ❽ The only window in the apartment is in the living room. ❾ Because the place doesn't get much sunlight, it's sometimes hard to dry my laundry. ❿ But one great thing about my place is that it's in a great location. ⓫ Many restaurants are close by. ⓬ It's also near a subway station, so it's easy for me to get around.

❶ 지금 사는 집은 예전에 살던 곳과 많이 다릅니다. ❷ 최근까지, 저는 부모님과 함께 살고 있었습니다. ❸ 그들은 조용한 동네에 있는 방 네 개짜리 아파트에 살고 있습니다. ❹ 그곳은 모든 방에 큰 창문이 있어서, 항상 햇빛이 많이 들어옵니다. ❺ 그 아파트는 교외에 있어서, 대중교통 선택지가 별로 없습니다. ❻ 지금, 저는 시내에 있는 방 하나 짜리 아파트에서 살고 있습니다. ❼ 이곳은 아늑한 침실과 작은 거실이 있습니다. ❽ 이 아파트의 유일한 창문은 거실에 있습니다. ❾ 이 아파트는 햇빛이 잘 들지 않기 때문에, 가끔은 빨래를 말리기가 힘들기도 합니다. ❿ 하지만 제가 사는 곳의 한 가지 좋은 점은 훌륭한 위치에 있다는 것입니다. ⓫ 많은 식당들이 가깝습니다. ⓬ 그곳은 또한 지하철역 근처에 있어서 제가 돌아다니기 편합니다.

Q04 What did your house look like when you first moved in? What changes have you made to your house since then?

당신이 처음 이사 왔을 때 당신의 집은 어떻게 생겼었나요? 그 이후로 당신은 당신의 집에 어떤 변화를 주었나요?

❶ When I first moved into my current home, the rooms were almost completely empty. ❷ My place only had a few essential appliances, like a gas stove, air conditioner, and refrigerator. ❸ So I had to buy everything else myself. ❹ I bought a microwave and a TV, and I ordered some furniture online. ❺ Now, I have a sofa to sit on while watching TV and a coffee table in front of it. ❻ My bed is small, but it's soft and comfortable. ❼ Plus, I bought it secondhand, so it was really cheap. ❽ I also brought a dresser from my parents' home that they weren't using. ❾ Finally, I received a lot of plants from my friends as housewarming gifts. ❿ I think they're the best part about my house because they add color and life to the rooms.

❶ 지금 사는 집으로 처음 이사했을 때, 방들은 거의 완전히 비어 있었습니다. ❷ 우리 집에는 가스레인지, 에어컨, 냉장고와 같은 몇 가지 필수적인 가전제품만 있었습니다. ❸ 그래서 저는 다른 모든 것을 직접 사야 했습니다. ❹ 저는 전자레인지와 TV를 샀고, 인터넷으로 몇 개의 가구를 주문했습니다. ❺ 지금, 저는 TV를 볼 때 앉아 있을 소파와 그 앞에 커피 테이블이 있습니다. ❻ 제 침대는 사이즈가 작지만, 푹신하고 편안합니다. ❼ 저는 그것을 중고로 사서 정말 저렴했습니다. ❽ 저는 부모님이 사용하지 않는 서랍장도 부모님 집에서 가져왔습니다. ❾ 마지막으로, 저는 친구들로부터 집들이 선물로 많은 식물을 받았습니다. ❿ 그것들은 방에 색깔과 생기를 더해주기 때문에 우리 집에서 가장 좋은 부분이라고 생각합니다.

지형·야외활동

Q05 우리나라의 지형 묘사 → Q06 내가 좋아하는 지형 묘사 → Q07 기억에 남는 야외활동 경험

Q05 What are some of your country's geographic features? How do they compare to the geographic features of other countries? Describe them with as many details as you can.

당신 나라의 지리적 특징에는 어떤 것들이 있나요? 그것들은 다른 나라들의 지리적 특징들과 어떻게 비교되나요? 가능한 한 자세히 설명해 주세요.

❶ Korea is a peninsula, so it is surrounded by water on three sides. ❷ There's water to the west, south, and east of the country. ❸ In addition to Korea's many beaches, 70 percent of the country is covered by mountains. ❹ However, the mountains are not very tall compared to those in other countries. ❺ It only takes several hours to climb many of them, making them popular with hikers. ❻ Korea is also unique because it has thousands of small islands. ❼ Most of them are deserted, but many people live on Jeju, which is Korea's largest island. ❽ It is located in the south and has an inactive volcano called Hallasan in the middle. ❾ Hallasan is actually Korea's tallest mountain. ❿ Compared to other countries, Korea is quite small. ⓫ But in spite of this, it is geographically diverse.

❶ 한국은 반도라서, 삼면이 바다로 둘러싸여 있습니다. ❷ 이 나라의 서쪽, 남쪽, 그리고 동쪽에 바다가 있습니다. ❸ 한국의 많은 해변 외에도, 이 나라의 70퍼센트는 산으로 덮여 있습니다. ❹ 하지만, 그 산들은 다른 나라에 있는 것들에 비해 그리 높지 않습니다. ❺ 대부분 등산하는 데 몇 시간밖에 걸리지 않아서, 등산객들에게 인기가 있습니다. ❻ 한국은 또한 수천 개의 작은 섬들이 있기 때문에 독특합니다. ❼ 그것들 대부분은 사람이 없지만, 한국에서 가장 큰 섬인 제주에는 많은 사람들이 살고 있습니다. ❽ 그것은 남쪽에 위치해 있고 중간에 한라산이라고 불리는 휴화산이 있습니다. ❾ 한라산은 사실 한국에서 가장 높은 산입니다. ❿ 다른 나라들과 비교했을 때, 한국은 꽤 작습니다. ⓫ 하지만 그럼에도 불구하고, 이곳은 지리적으로 다양합니다.

Q06 Which do you like, lakes, mountains, beaches, or something else? Is there a geographical feature that is your favorite? Describe it for me.

당신은 호수, 산, 해변 또는 다른 어떤 것 중 어느 것을 좋아하나요? 당신이 가장 좋아하는 지형이 있나요? 그것에 대해 설명해 주세요.

❶ Although I enjoy visiting mountains and lakes, my favorite geographical feature is a beach. ❷ Beaches are not only beautiful, but they're also very peaceful. ❸ The sound of the waves, the feeling of the sand, and the smell of the salty air makes me feel relaxed. ❹ Korea has many beaches, but in my opinion, the best ones are located on the east coast of the country. ❺ These are wonderful because they are so clean. ❻ The water is really clear while the sand is soft and white. ❼ I love swimming there, but these beaches can also become very busy in the summer. ❽ That's why I love going to the east coast in the winter. ❾ That way, I can spend time at the beach without huge crowds. ❿ This makes it easy to relax and enjoy nature.

❶ 비록 저는 산과 호수를 방문하는 것을 좋아하지만, 제가 가장 좋아하는 지형은 해변입니다. ❷ 해변은 아름다울 뿐만 아니라, 또한 매우 평화롭습니다. ❸ 파도의 소리, 모래의 감촉, 소금기 머금은 공기의 냄새가 제 마음을 편안하게 해줍니다. ❹ 한국에는 많은 해변이 있지만, 제 생각에 가장 좋은 해변들은 동해안에 위치해있습니다. ❺ 그곳들은 매우 깨끗하기 때문에 훌륭합니다. ❻ 물은 정말 맑고 모래는 부드럽고 하얗습니다. ❼ 저는 그곳에서 수영하는 것을 좋아하지만, 이 해변들은 여름에 매우 붐비게 될 수도 있습니다. ❽ 그것이 제가 겨울에 동해안에 가는 것을 좋아하는 이유입니다. ❾ 그래야 많은 사람들 없이 해변에서 시간을 보낼 수 있습니다. ❿ 이것은 쉽게 휴식을 취하고 자연을 즐길 수 있게 만듭니다.

Q07 Describe the most memorable outdoor experience that you've had. What happened? Where and when was it? Give as many details about it as you can.

당신에게 있었던 가장 기억에 남는 야외 경험을 설명해 주세요. 무슨 일이 있었나요? 그것은 어디였고, 언제였나요? 가능한 한 그것에 대해 자세히 말해주세요.

❶ When I was in middle school, my class visited a nearby mountain. ❷ I didn't think climbing it would be very tough, and I was excited to go. ❸ When I got ready on the morning of the trip, I wore comfortable clothes. ❹ However, I didn't think about my shoes and just wore my regular sneakers. ❺ This was a mistake as I should have worn hiking boots. ❻ The trail was more difficult than I thought it would be. ❼ It had rained the night before, so the ground was wet and slippery. ❽ As I was walking up a steep part of the trail, I slipped. ❾ Thankfully, my friend caught me before I fell down. ❿ I could have twisted an ankle or even broken my leg. ⓫ Because of this, I know how important it is to be prepared for outdoor activities.

❶ 제가 중학생이었을 때, 우리 반은 근처 산을 방문했습니다. ❷ 저는 그것을 오르는 것이 매우 힘들 것이라고 생각하지 않았고, 가는 것이 신이 났습니다. ❸ 여행 당일 아침에 준비할 때, 저는 편안한 옷을 입었습니다. ❹ 하지만, 저는 신발에 대해 생각하지 않고 그냥 평소 신는 스니커즈를 신었습니다. ❺ 등산화를 신었어야 했는데 이건 실수였습니다. ❻ 산길은 제가 생각했던 것보다 더 힘겨웠습니다. ❼ 전날 밤에 비가 와서, 땅이 축축하고 미끄러웠습니다. ❽ 산길의 가파른 부분을 걸어 올라가던 중, 저는 미끄러졌습니다. ❾ 다행히도, 제가 넘어지기 전에 친구가 저를 잡았습니다. ❿ 저는 발목을 삐거나 심지어 다리가 부러질 수도 있었습니다. ⓫ 이로 인해, 저는 야외활동에 채비를 갖추는 것이 얼마나 중요한지 깨달았습니다.

음악 감상하기

Q08 내가 좋아하는 음악과 가수 묘사 → Q09 음악을 듣게 된 계기와 취향의 변화 → Q10 라이브 음악을 들었던 기억에 남는 경험

Q08 What kinds of music do you like? Tell me about some of your favorite musicians and artists.

당신은 어떤 종류의 음악을 좋아하나요? 당신이 가장 좋아하는 몇몇 음악가와 아티스트들에 대해 말해주세요.

❶ Although I enjoy listening to many different types of music, I like pop music the most. ❷ I love it because the songs are upbeat, joyful, and really positive. ❸ They put me in a good mood when I'm sad and relieve my stress. ❹ There are many great pop artists that I like, but I've recently been listening to Ed Sheeran a lot. ❺ He has a very unique voice that is soft and calming but powerful at the same time. ❻ The melodies of his songs are also very interesting and memorable. ❼ In addition, the lyrics in his songs speak to me because they talk about his life experiences. ❽ I feel like many of my own experiences are like his, so I connect with his songs. ❾ That's why I love listening to his music.

❶ 비록 저는 다양한 종류의 음악을 듣는 것을 좋아하지만, 저는 팝 음악을 가장 좋아합니다. ❷ 노래들이 경쾌하고, 즐겁고, 굉장히 긍정적이기 때문에 그것을 좋아합니다. ❸ 그것들은 제가 슬플 때 기분을 좋게 해주고 스트레스를 덜 수 있도록 도와줍니다. ❹ 제가 좋아하는 훌륭한 팝 아티스트들이 많지만, 최근에는 에드 시런을 많이 듣고 있습니다. ❺ 그는 부드럽고 차분하지만 동시에 힘이 있는 매우 독특한 목소리를 가지고 있습니다. ❻ 그의 노래의 멜로디 또한 매우 흥미롭고 기억하기 쉽습니다. ❼ 게다가, 그의 노래에 있는 가사는 그의 인생 경험들에 대해 이야기하기 때문에 저에게 와닿습니다. ❽ 저는 제 자신의 많은 경험들이 그의 것과 같다고 느껴서, 그의 노래들과 마음이 통합니다. ❾ 그것이 제가 그의 음악을 듣는 것을 좋아하는 이유입니다.

Q09 You indicated in your background survey that you enjoy listening to music. When did you first begin listening to music? How did you listen to it at first? What was your favorite type of music in the past, and how has it changed? Describe how your tastes have evolved.

당신은 설문 조사에서 음악 듣는 것을 즐긴다고 했습니다. 당신은 언제 처음으로 음악을 듣기 시작했나요? 처음에는 그것을 어떻게 들었나요? 과거에 당신이 가장 좋아하던 음악의 종류는 무엇이었고, 어떻게 바뀌었나요? 당신의 취향이 어떻게 변화했는지 설명해 주세요.

❶ I first became interested in music when I was very young. ❷ However, I only listened to songs from animated movies at that point. ❸ When the characters in the movie sang, I would sing along with them. ❹ As I got older, my music preferences changed, and I began to explore other types of music. ❺ I listened to hip-hop as a teenager and really enjoyed it for a while. ❻ It's catchy and the lyrics are powerful, so I felt like it gave me energy. ❼ I found out that I like songs that are upbeat because they put me in a good mood. ❽ These days, I listen to pop music the most. ❾ This is because it's joyful and the songs have positive messages. ❿ When I'm stressed or feeling sad, I listen to some pop music to feel better.

❶ 저는 아주 어렸을 때 처음으로 음악에 관심을 갖게 되었습니다. ❷ 하지만, 저는 그 시점에서는 오직 애니메이션 영화의 노래만을 들었습니다. ❸ 영화 속의 등장인물들이 노래를 부를 때, 저는 그들과 함께 노래를 따라 불렀습니다. ❹ 나이가 들면서, 제 음악 취향이 바뀌었고, 저는 다른 종류의 음악을 탐구하기 시작했습니다. ❺ 저는 십 대 때 힙합을 들었고 한동안 그것을 정말 즐겼습니다. ❻ 귀에 쏙쏙 들어오고 가사가 파워풀해서 힘이 나는 것 같았습니다. ❼ 저는 기분을 좋게 해주기 때문에 경쾌한 노래를 좋아한다는 것을 알게 되었습니다. ❽ 요즘, 저는 팝 음악을 가장 많이 듣습니다. ❾ 그 노래들은 즐겁고 긍정적인 메시지를 가지고 있기 때문입니다. ❿ 스트레스를 받거나 슬플 때, 저는 제가 기분이 나아지도록 팝 음악을 듣습니다.

Q10 Reflect on a memorable experience when you were listening to live music. What happened? When and where was it? Were you with anyone? What band or artist was performing? Why was it so unforgettable?

라이브 음악을 듣고 있었을 때의 기억에 남는 경험을 떠올려보세요. 무슨 일이 있었나요? 언제 그리고 어디였나요? 당신은 누군가랑 같이 있었나요? 어떤 밴드나 아티스트가 공연하고 있었나요? 그것이 이토록 잊히지 않는 이유는 무엇인가요?

❶ I can still remember the time I attended my first concert very clearly. ❷ When I was a teenager, I was obsessed with this idol and really wanted to see him in concert. ❸ I had listened to his music for years and knew all of his songs by heart. ❹ When I heard that he was going to be performing in my city, I begged my parents for a ticket. ❺ I was thrilled when they agreed to let me go. ❻ I was 15 and had never been to a live show before, so I was very excited. ❼ As soon as the lights suddenly dimmed and he came on stage, the audience went wild. ❽ I started cheering at the top of my lungs. ❾ It was a dream come true to see my favorite singer in real life.

❶ 저는 제가 처음 콘서트에 참석했을 때를 아직도 선명하게 기억할 수 있습니다. ❷ 제가 10대였을 때, 저는 어느 아이돌에 사로잡혀 있었고 콘서트에서 그를 꼭 보고 싶었습니다. ❸ 저는 수년간 그의 음악을 들었고 그의 모든 노래를 외웠습니다. ❹ 그가 우리 도시에서 공연한다는 소식을 들었을 때, 저는 부모님께 티켓을 간청했습니다. ❺ 부모님이 저를 보내주기로 동의했을 때 저는 황홀했습니다. ❻ 저는 15살이었고 전에 라이브 쇼에 가본 적이 없었기 때문에 매우 흥분되었습니다. ❼ 갑자기 조명이 어두워지고 그가 무대에 등장하자마자 관객들은 열광했습니다. ❽ 저도 있는 힘껏 소리 지르며 응원하기 시작했습니다. ❾ 제가 좋아하는 가수를 실제로 보게 되어 꿈이 이루어졌습니다.

국내·해외여행

Q11 가고 싶은 여행지에 대해 여행사에 질문하기 → Q12 여행 상품을 이용할 수 없는 문제를 설명하고 대안 제시하기 → Q13 기억에 남는 여행 경험 말하기

Q11 I'd like you to act out the following situation. You are currently planning a vacation. Call a travel agent and ask them three or four questions about possible places to visit.

당신이 다음의 상황을 연기해주길 바라요. 당신은 지금 휴가를 계획하고 있습니다. 여행사에 전화해서 방문할 수 있는 장소에 대해 서너 가지 질문을 해주세요.

❶ Hi, my name is Jiyoon. ❷ I am planning my summer vacation. ❸ But I have a few questions about the destinations I'm considering. ❹ Are the beaches in Jeju crowded in late July? ❺ I really don't want to deal with large crowds. ❻ Another option is Bali. ❼ How long is the flight from Seoul to Bali? ❽ I tend to get airsick, so I'd prefer a short journey. ❾ I'm also interested in the Philippines. ❿ My friend recommended that I visit Boracay. ⓫ Could you tell me about my transportation options and how much they cost? ⓬ Thank you for taking the time to respond to all my questions.

❶ 안녕하세요, 제 이름은 지윤입니다. ❷ 저는 여름휴가를 계획하고 있어요. ❸ 그런데 제가 고려하고 있는 여행지들에 대해 몇 가지 질문이 있어요. ❹ 제주도의 해변은 7월 말에 붐비나요? ❺ 저는 많은 사람들을 정말 상대하고 싶지 않아요. ❻ 또 다른 선택지는 발리에요. ❼ 서울에서 발리까지의 비행시간은 얼마나 되나요? ❽ 저는 비행기 멀미를 하는 경향이 있어서, 짧은 여행을 선호해요. ❾ 저는 필리핀에도 관심이 많아요. ❿ 친구가 저에게 보라카이에 가보라고 추천해줬어요. ⓫ 제 교통수단 옵션과 그것들의 비용에 대해 알려주시겠어요? ⓬ 시간을 들여 제 모든 질문에 답변해 주셔서 감사합니다.

Q12 Your travel agent has explained that an activity you wanted to participate in won't be available during your trip dates. Call your friend, describe the situation, and provide two or three alternatives in a message.

여행사 직원은 당신의 여행 일정 가운데 당신이 참여하고 싶어 했던 활동을 이용할 수 없게 됐다고 설명했습니다. 친구에게 전화를 걸어, 상황을 설명하고, 메시지로 두세 가지 대안을 제공해주세요.

❶ Hi, Jisu. ❷ I know you are excited to visit Disneyland when we're in Hong Kong, but I have some bad news. ❸ Our travel agent just told me that the park will be closed for construction while we're there. ❹ So he gave us a few options for our trip. ❺ There will be an arts fair taking place when we visit Hong Kong. ❻ Our travel agent can get us all-day passes to this event. ❼ Another option is to change our travel dates. ❽ As you know, we planned to be in Hong Kong from June 6th to 7th after visiting Macao. ❾ However, we can instead go to Hong Kong before Macao and switch our dates around. ❿ If we do this, we would be able to visit Disneyland. ⓫ Anyway, let me know which of these options you like. ⓬ I am really looking forward to our vacation together!

❶ 안녕, 지수야. ❷ 우리가 홍콩에 있을 동안 디즈니랜드를 방문하는 것을 네가 기대하고 있다는 것을 알지만, 안 좋은 소식이 좀 있어. ❸ 여행사 직원이 방금 우리가 그곳에 있는 동안 그 놀이공원이 공사 때문에 폐쇄될 거라고 알려줬어. ❹ 그래서 그는 우리에게 우리 여행을 위한 몇 가지 선택지를 줬어. ❺ 우리가 홍콩을 방문할 때, 아트페어가 열릴 거래. ❻ 여행사 직원이 이 행사의 종일 이용권을 구해줄 수 있대. ❼ 또 다른 선택지는 우리의 여행 날짜를 바꾸는 거야. ❽ 너도 알다시피, 우리는 마카오를 방문한 후 6월 6일부터 7일까지 홍콩에 있을 계획이었잖아. ❾ 그런데, 대신 마카오보다 먼저 홍콩에 가는 것으로 날짜를 바꿀 수 있어. ❿ 이렇게 하면, 우리는 디즈니랜드를 방문할 수 있을 거야. ⓫ 아무튼, 이 옵션들 중에서 어떤 것이 마음에 드는지 알려줘. ⓬ 우리가 함께하는 휴가가 정말 기대돼!

Q13 Describe the most memorable experience you have had while on a trip. When was it, and where were you? What happened? Why was it so unforgettable? Describe the experience in detail.

여행 중 가장 기억에 남는 경험을 말해주세요. 언제 있었던 일이고 당신은 어디에 있었나요? 무슨 일이 벌어졌나요? 그것이 이토록 잊히지 않는 이유는 무엇인가요? 그 경험을 자세히 설명해 주세요.

❶ Many years ago, my parents and I went to Canada on vacation. ❷ However, when we arrived at the airport, our bags were nowhere to be found. ❸ After waiting in the baggage claim area, my father reported our luggage as missing. ❹ Luckily, the airport staff managed to locate our luggage. ❺ Apparently, it had been put on a flight to Africa. ❻ We were told it would take several days for us to get it back. ❼ We had packed everything we needed for our vacation in our luggage. ❽ We didn't want to put our vacation on hold, so we ended up going shopping to buy some necessary items. ❾ Our bags were delivered to us five days later, but I will always remember how our lost luggage almost ruined the trip.

❶ 수년 전에, 부모님과 저는 캐나다에 휴가를 갔습니다. ❷ 하지만, 우리가 공항에 도착했을 때, 우리의 가방은 어디에서도 찾을 수 없었습니다. ❸ 수화물 찾는 곳에서 기다린 후, 아버지가 우리 짐이 없어졌다고 신고했습니다. ❹ 다행스럽게도, 공항 직원이 우리 짐의 위치를 알아냈습니다. ❺ 알고 보니, 그것은 아프리카행 비행기에 잘못 실렸던 것이었습니다. ❻ 우리는 그것을 되찾는 데 며칠이 걸릴 것이라고 전해 들었습니다. ❼ 우리는 휴가에 필요한 모든 것을 짐가방에 챙겼습니다. ❽ 우리는 휴가를 미루고 싶지 않았기 때문에, 결국 필요한 물건들을 사러 쇼핑을 가게 되었습니다. ❾ 우리의 가방은 5일 후에 우리에게 배달되었지만, 저는 우리의 잃어버린 짐이 어떻게 여행을 거의 망쳤는지 항상 기억날 것입니다.

산업

Q14 특정 산업의 변화와 발전 ⟶ Q15 소비자의 기대에 못 미친 상품/서비스

Q14 Talk about an industry or company that has changed a lot in your country. What is it like now? How has it changed? Talk about specific examples that show how the industry or company has evolved.

당신의 나라에서 상당히 많이 변화한 산업이나 회사에 대해 말해주세요. 지금은 어떤가요? 그것은 어떻게 변했나요? 그 산업이나 회사가 어떻게 발전해 왔는지 보여주는 구체적인 예시를 들어 말해주세요.

❶ The Korean entertainment industry has grown significantly over time. ❷ In the past, content such as Korean music was mostly made to fit the tastes of domestic audiences. ❸ It was popular in some other countries such as China and Japan, but it wasn't well-known everywhere. ❹ However, these days Korean entertainment has gone global. ❺ K-pop especially has become a sensation in many countries all over the world. ❻ Nowadays, it's not surprising to see a few K-pop songs in the top spots of the international Billboard chart. ❼ Korean movies are also receiving international awards. ❽ This has led to more Korean films being shown in foreign movie theaters. ❾ With people becoming more interested in Korean entertainment, the industry is only going to grow in time. ❿ It's definitely one of the most promising industries of the country.

❶ 한국의 연예 산업은 시간이 지나면서 크게 성장했습니다. ❷ 과거에, 한국 음악과 같은 콘텐츠는 대부분 국내 관객들의 취향에 맞게 제작되었습니다. ❸ 그것은 중국과 일본과 같은 몇몇 다른 나라에서 인기가 있었지만, 모든 곳에서 잘 알려지지는 않았습니다. ❹ 하지만, 요즘 한국 연예계는 전 세계로 진출했습니다. ❺ 특히 K팝은 전 세계 많은 나라에서 센세이션을 일으키고 있습니다. ❻ 요즘에는, 몇 곡의 K팝 노래가 세계적인 빌보드 차트의 상위권에 있는 것을 보는 것은 놀라운 일이 아닙니다. ❼ 한국 영화 또한 국제적 상들을 받고 있습니다. ❽ 이것은 더 많은 한국 영화들이 외국 영화관에서 상영되는 것으로 이어졌습니다. ❾ 사람들이 한국 연예계에 더 관심을 가지게 되면서, 그 산업은 시간이 지남에 따라 성장할 일만 남았습니다. ❿ 그것은 분명히 이 나라에서 가장 유망한 산업 중 하나입니다.

Q15 Tell me about a time when a product failed to meet the expectations of the public. What was the problem? How did the public and the industry react to this issue? Describe the problem in detail.

제품이 대중의 기대에 미치지 못했던 때에 대해 말해주세요. 무엇이 문제였나요? 이 문제에 대해 대중과 업계는 어떻게 반응했나요? 그 문제를 자세히 설명해 주세요.

❶ In the recent past, there were some issues with the batteries of smartphones. ❷ Some of them exploded and caused property damage. ❸ This was because of a manufacturing defect. ❹ The public was very angry, and the company had to recall many phones. ❺ In addition, the batteries of newer phones were running out faster than those of previous models. ❻ Because of this, many people had to carry around their portable phone chargers. ❼ This could be very inconvenient since the chargers can be quite heavy. ❽ Customers were very disappointed and felt like their expectations were not met. ❾ The industry became aware of these problems and worked hard to solve them. ❿ However, some issues are challenging to resolve due to technological limitations.

❶ 최근에, 스마트폰의 배터리에 문제가 좀 있었습니다. ❷ 그들 중 일부가 폭발했고 재산 피해를 입혔습니다. ❸ 이것은 제조상의 결함으로 인한 것이었습니다. ❹ 대중들은 매우 분노했고, 그 회사는 많은 휴대폰들을 회수해야만 했습니다. ❺ 게다가, 새로운 휴대폰들의 배터리는 이전 기종들보다 더 빨리 닳았습니다. ❻ 이로 인해, 많은 사람들은 휴대용 보조 배터리를 가지고 다녀야 했습니다. ❼ 보조 배터리가 꽤 무거울 수 있기 때문에 이것은 매우 불편할 수 있습니다. ❽ 고객들은 매우 실망했고 그들의 기대가 부응 받지 못한 것처럼 느껴졌습니다. ❾ 업계는 이러한 문제들을 인식하게 되었고, 이를 해결하기 위해 열심히 노력했습니다. ❿ 그러나 일부 문제는 기술적 한계로 인해 해결하기가 어렵습니다.

교재에 수록된 문제를 실전처럼 풀어보는

QR 랜덤 모의고사

QR랜덤 모의고사는 교재에 수록된 문제들을 오픽 실제 시험처럼 조합되는 프로그램입니다. QR코드를 스캔할 때마다 교재 내 문제들로 새롭게 조합된 모의고사 1회분이 나옵니다. 각 문제에 대한 모범답변이 제공되므로 문제를 풀어본 후 자신의 답변을 모범답변과 비교하여 실력 점검 및 실전 대비가 가능합니다.

프로그램 화면 안내

시험 진행

• 실제 시험을 친다는 생각으로 문제를 풀어봅니다.

내 답변 및 모범답변 확인

• 나의 답변과 모범답변을 비교하며 들어봅니다.
• 나의 답변은 핸드폰에 음성으로 저장할 수 있습니다.

QR 랜덤 모의고사 풀어보기

QR 코드를 스캔하여 실전과 비슷한 화면으로 모의고사를 풀어보세요. 그 후 모범답변 및 해석을 확인하고 나의 답변과 비교해보세요.

◀ 실제 화면으로 풀어보기

3단계 서베이부터 실전까지 해커스 오픽 매뉴얼

1 시험장 위기 상황 대처 표현

2 당장 버려야 하는 콩글리시 표현

시험장 위기 상황 대처 표현

시험장에서 예상치 못한 상황이 닥쳤을 때 사용할 수 있는 여러 대처 표현들을 확실히 암기해두세요. 각 상황별 표현들을 적절히 사용하면, 위기 상황에 조금 더 자연스럽게 대처할 수 있어요.

 답변을 생각할 시간이 필요할 때

잠시만요.	**Well… Let me see.** 음… 잠시만요.
잠시 생각할 시간이 좀 필요해요.	**I may need a moment to think about this.** 잠시 생각할 시간이 필요해요.
흥미로운 질문이네요.	**Wow, this is an interesting question. Let me see what I can tell you.** 와, 흥미로운 질문이네요. 제가 무슨 말을 해볼 수 있는지 생각해 볼게요.
그 주제에 대해 익숙하지 않아요.	**I'm not familiar with the subject, but I'll give it my best shot.** 그 주제에 대해 익숙하지 않지만, 최선을 다해볼게요.

 영어로 표현이 떠오르지 않을 때

(표현이) 생각이 날 듯 말 듯 해요.	**It's on the tip of my tongue.** 생각이 날 듯 말 듯 해요.
정확한 표현이 떠오르지 않네요.	**I can't seem to think of the correct expression right now.** 지금은 정확한 표현이 떠오르지 않네요.
쉬운 말로 풀어서 설명해 볼게요.	**I'm not sure how to put it. Let me explain it in simple terms.** 어떻게 말해야 할지 잘 모르겠네요. 쉬운 말로 풀어서 설명해 볼게요.

예상치 못한 주제에 대해 물어볼 때

그런 경험을 해본 적이 없어요.	**This is embarrassing. I've never had that kind of experience.** 당황스럽네요. 저는 그런 경험을 해본 적이 없어요.
이런 상황에 처해진 적이 없어요.	**Honestly, I've never been in this kind of situation.** 솔직히 말하자면, 저는 이런 상황에 처해진 적이 없어요.
좀 어려운 질문이네요.	**This is a tough one. I don't have much to say about this.** 어려운 질문이네요. 저는 이것에 대해 별로 할 말이 없어요.
비슷한 상황에 대해 말해볼게요.	**Let me talk about a somewhat similar situation instead.** 대신 비슷한 상황에 대해 말해볼게요.

이미 답변한 내용에 대해 물어볼 때

앞에서 말했다시피~	**Like I said before,** 앞에서 말씀드렸다시피 ~
그래도 다시 한번 해볼게요.	**I think I talked about that earlier. Let me try again, though.** 아까 그것에 대해 답변한 것 같아요. 그래도 다시 한번 해볼게요.
이번엔 세부 내용을 말해볼게요.	**I've already discussed this, but I'll give additional details this time.** 이미 이전 답변에서 얘기 했지만. 이번엔 추가적인 세부 내용을 이야기해 볼게요.

마지막 몇 문제에 답변 시간이 부족할 때

시간이 부족하네요.	**There's so much more to say, but I've run out of time.** 할 얘기가 너무 많지만, 시간이 부족하네요.
여기서 마무리해야 할 것 같네요.	**I'm afraid I have to wrap things up now.** 안타깝지만 여기서 마무리해야 할 것 같네요.

당장 버려야 하는 콩글리시 표현

한국 사람들이 흔히 실수하는 콩글리시 표현들을 엄선했습니다. 채점관이 못 알아듣는 틀린 영어 표현을 사용하면 등급에 치명적인 영향을 미칠 수 있습니다. 올바른 영어표현으로 말할 수 있도록 확실히 연습하세요.

01 "저는 가끔 저의 SNS에 사진을 올려요."

 I sometimes post pictures on my ~~SNS~~.

 I sometimes post pictures on my social media.

인스타그램, 유튜브, 페이스북과 같은 SNS는 social media라고 말해요. SNS라고 하면 문자 메시지를 의미하는 SMS와 혼동할 수 있어요.

02 "저는 원피스를 자주 입어요."

 I often wear a ~~one-piece~~.

 I often wear a dress.

원피스는 one-piece가 아닌 dress라고 말해요. dress라고 하면 파티용 드레스 같은 화려한 의상이 떠오르기 쉽지만, 평소에 입는 캐주얼한 원피스도 dress라고 부릅니다.

03 "그 식당에는 다양한 메뉴가 있어요."

The restaurant has a variety of ~~menu~~.

 The restaurant has a variety of dishes.

식당의 메뉴는 menu가 아니고, dish라고 말해요. 영어로 menu는 메뉴판 자체를 의미하기 때문에 식당에 다양한 메뉴가 있다는 표현은 상당히 어색하게 들릴 수 있어요.

04 "고장 난 휴대폰을 A/S 센터에 가지고 갔어요."

 I took my broken cell phone to the ~~A/S center~~.

 I took my broken cell phone to the repair shop.

A/S센터는 A/S center가 아니고, repair shop또는 customer support center라고 말해요. A/S를 Aftersales Service로 풀어서 표현한다면 의미를 전달할 수 있지만, 흔히 사용되는 표현이 아니라 어색하게 들릴 수 있어요.

05 "저는 항상 노트북을 가지고 다녀요."

 I always carry a ~~notebook~~.

 I always carry a laptop.

노트북은 notebook이 아니고, laptop이라고 말해요. notebook은 공책을 가리켜요. notebook computer라고 표현한다면 의미를 전달할 수 있지만, laptop을 훨씬 더 많이 사용해요.

06 "캐리어에 제 짐을 챙겼어요."

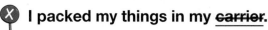

Ⓧ I packed my things in my ~~carrier~~.

Ⓞ I packed my things in my suitcase.

바퀴가 달린 여행용 가방은 carrier가 아니고, suitcase라고 말해요. carrier는 항공사, 통신사, 배달원 등을 가리켜요.

07 "저는 최근에 핸드폰을 새로 샀어요."

Ⓧ I recently bought a new ~~hand phone~~.

Ⓞ I recently bought a new cell phone/mobile phone.

스마트폰을 포함한 핸드폰은 hand phone이 아니고, cell phone, cellular phone 또는 mobile phone이라고 말해요. 셋 중 어느 표현을 사용해도 의미가 전달되지만, 미국에서는 cell phone, 영국에서는 mobile phone을 더 자주 사용해요.

08 "우리는 함께 아이쇼핑을 하며 하루를 보냈어요."

Ⓧ We spent the day ~~eye-shopping~~ together.

Ⓞ We spent the day window-shopping together.

상품을 살 생각 없이 구경만 하는 쇼핑은 eye-shopping이 아니고, window-shopping이라고 말해요. 참고로 eye-shopping은 신체기관인 눈을 산다는 무서운 의미로 받아들여질 수 있으므로 사용하지 않도록 주의하세요.

09 "저는 비닐 봉지를 사용하지 않으려고 노력해요."

 I try not to use ~~vinyl bags~~.

 I try not to use plastic bags.

비닐 봉지는 vinyl bag이 아니고, plastic bag이라고 말해요. 비닐은 영어로 vinyl이 맞지만 비닐을 플라스틱의 일종으로 보기 때문에 별도로 구별하지 않고 모두 플라스틱이라고 불러요.

10 "저는 운동할 때 트레이닝복을 입어요."

 I wear ~~training clothes~~ when I work out.

 I wear repair shop when I work out.

운동할 때 입는 트레이닝복은 training clothes가 아니고, sweat suits라고 말해요. 영어로 training은 교육, 훈련을 의미하기 때문에, training clothes라고 하면 어떤 특정 훈련을 받기 위해 입는 유니폼 같은 옷이라고 이해할 수 있어요.

11 "친구와 함께 셀카를 찍었어요."

 I took a ~~selca(self camera)~~ with my friend.

 I took a selfie with my friend.

셀카는 selca(self camera)가 아니고, selfie라고 말해요. selca(self camera)는 영어에 없는 표현이므로, 발음만 듣고 sell car(차를 팔다)로 이해할 가능성이 높아요.

MEMO

MEMO

해커스 오픽 매뉴얼

초판 1쇄 발행 2023년 3월 10일

지은이	해커스 어학연구소
펴낸곳	㈜해커스 어학연구소
펴낸이	해커스 어학연구소 출판팀
주소	서울특별시 서초구 강남대로61길 23 ㈜해커스 어학연구소
고객센터	02-566-0001
교재 관련 문의	publishing@hackers.com
동영상강의	HackersIngang.com
ISBN	978-89-6542-586-1 (13740)
Serial Number	01-01-01

한국사능력검정시험 **1위* 해커스!**

해커스 한국사능력검정시험
교재 시리즈

* 주간동아 선정 2022 올해의 교육 브랜드 파워 온 · 오프라인 한국사능력검정시험 부문 1위

빈출 개념과 **기출 분석**으로
기초부터 문제 해결력까지
꽉 잡는 기본서

해커스 한국사능력검정시험
심화 [1·2·3급]

스토리와 **마인드맵**으로 **개념잡고!**
기출문제로 **점수잡고!**

해커스 한국사능력검정시험
2주 합격 심화 [1·2·3급] 기본 [4·5·6급]

회차별/시대별 기출문제로
한 번에 합격 달성!

해커스 한국사능력검정시험
회차별/시대별 기출문제집 심화 [1·2·3급]

시대공략으로 **개념잡고!**
회차공략으로 **점수잡고!**

해커스 한국사능력검정시험
기출 600제 기본 [4·5·6급]

빈출 개념과 **기출 선택지**로
빠르게 합격 달성!

해커스 한국사능력검정시험
초단기 5일 합격 심화 [1·2·3급]
기선제압 막판 3일 합격 심화 [1·2·3급]

베스트셀러 1위* 해커스의 노하우가 담긴

오픽 무료 학습 자료

* [해커스 어학연구소] 알라딘 외국어 베스트셀러 OPIc/인터뷰 영어 분야(2013~2022 역대베스트 기준, Start Intermediate 3회/Advanced 7회)

오픽 기출유형특강

최신 출제경향 완벽 분석으로
단기 고득점 전략 확인!

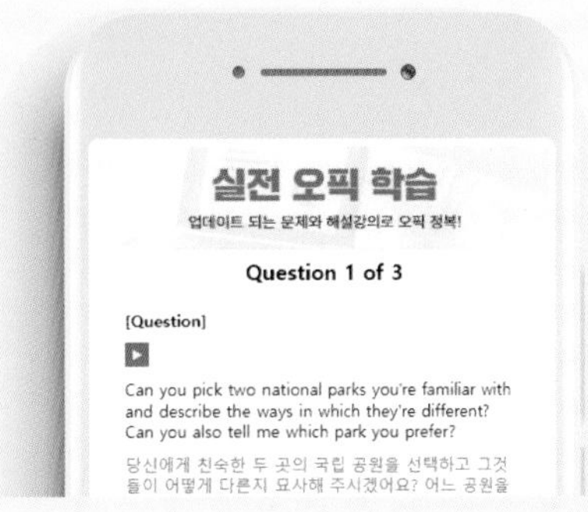

실전 오픽 학습 & 해설강의

실전문제 & 모범답변으로
오픽 고득점 정복하기!

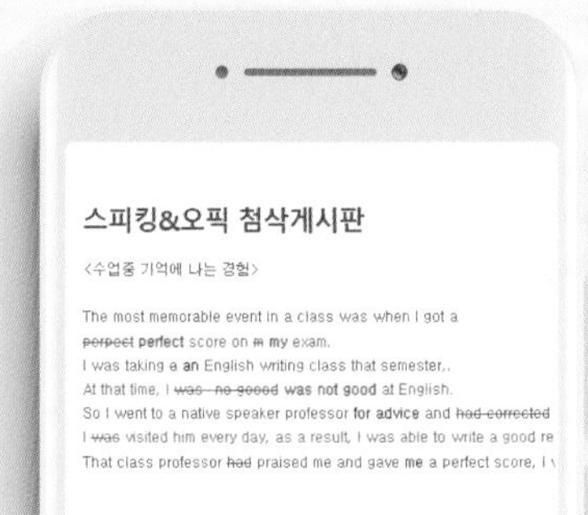

오픽 첨삭게시판

이럴 때는 어떤 표현이 좋을까?!
내 답변 1:1 첨삭 받고 고민 해결!

오픽 풀서비스

만능 템플릿부터 실제 답변 예시까지
자료집+해설강의로 고득점 10일 완성!

커스만의 무료 자료를 마음껏 누리고 싶다면 해커스영어 검색

해커스영어
바로가기 ▶

18년 연속 베스트셀러 1위*
대한민국 영어강자 해커스!

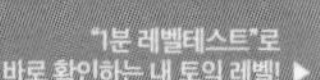

오픽 교재 시리즈

해커스 오픽 스타트 [Intermediate 공략]

서베이부터 실전까지 해커스 오픽 매뉴얼

해커스 오픽 [Advanced 공략]

토익스피킹 교재 시리즈

해커스 토익스피킹 스타트

만능 템플릿과 위기탈출 표현으로 해커스 토익스피킹 5일 완성

해커스 토익스피킹

해커스 토익스피킹 실전모의고사 15회

토익 교재 시리즈

유형+문제

~450점 왕기초	450~550점 입문	550~650점 기본	650~750점 중급	750~900점 이상 정규

현재 점수에 맞는 교재를 선택하세요! ⟺ : 교재별 학습 가능 점수대

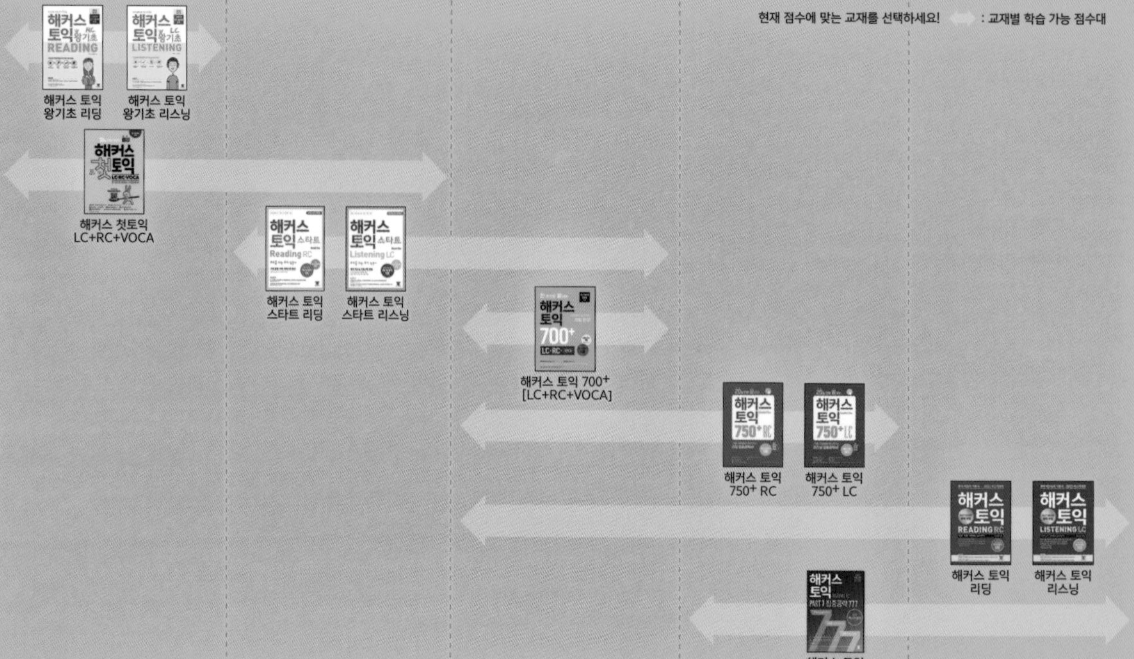

해커스 토익 왕기초 리딩
해커스 토익 왕기초 리스닝
해커스 첫토익 LC+RC+VOCA
해커스 토익 스타트 리딩
해커스 토익 스타트 리스닝
해커스 토익 700+ [LC+RC+VOCA]
해커스 토익 750+ RC
해커스 토익 750+ LC
해커스 토익 리딩
해커스 토익 리스닝
해커스 토익 Part 7 집중공략 777

실전모의고사

해커스 토익 실전 LC+RC

해커스 토익 실전 1200제 리딩

해커스 토익 실전 1200제 리스닝

해커스 토익 실전 1000제 1 리딩/리스닝 (문제집 + 해설집)

해커스 토익 실전 1000제 2 리딩/리스닝 (문제집 + 해설집)

해커스 토익 실전 1000제 3 리딩/리스닝 (문제집 + 해설집)

보카

해커스 토익 기출 보카

문법 · 독해

그래머 게이트웨이 베이직

그래머 게이트웨이 베이직 Light Version

그래머 게이트웨이 인터미디엇

해커스 그래머 스타트

해커스 구문독해 100

*[해커스 어학연구소] 교보문고 종합 베스트셀러 토익/토플 분야 1위
(2005~2022 연간 베스트셀러 기준, 해커스 토익 보카 10회/해커스 토익 리딩 8회)

정가 23,000원

13740
9 788965 425861
ISBN 978-89-6542-586-1

따라만 하면 다 되는 **OPIc 단기 공략서**

해커스 오픽 매뉴얼

- 답변하기 가장 쉬워지는 **최적의 서베이 항목** 제시
- 쉽게 외워 바로 써먹는 **모범답변** 수록
- 철저한 기출 분석을 통해 엄선한 **주제별 빈출 문제** 수록
- 반복 연습으로 실력 쌓는 **QR 랜덤 모의고사** 추가 제공

해커스 어학연구소

추가 자료
해커스영어 Hackers.co.kr | 무료 오픽 기출유형특강 · 오픽 무료 첨삭 게시판 · 무료 오픽 실전문제 및 해설강의/모범답안
해커스인강 HackersIngang.com | 본 교재 인강(할인쿠폰 수록) · 온라인 실전모의고사 · 랜덤 모의고사 · 교재 MP3